Von dem schweizerischen Maler Karl Bodmer, der 1832 die Expedition des Prinzen Maximilian zu Wied ins Innere Nordamerikas begleitete, stammen mit die eindrucksvollsten Landschaftsdarstellungen aus der Neuen Welt

Klaus Harpprecht / Thomas Höpker

Amerika

Die Geschichte der Eroberung von Florida bis Kanada

Gestaltung: Franz Braun
Dokumentation: Dr. Friedel H. Bastein
Bildrecherche USA: Sybille Millard
Herstellung: Jürgen Hartmann, Druckzentrale G+J
Lithografie und Druck: Brillant Offset GmbH & Co.

Herausgeber: Adolf Theobald
Lektorat: Ortwin Fink
Bildredaktion: Sabine Wuensch

1. Auflage 1986
ISBN: 3-570-07996-1

© GEO im Verlag
Gruner+Jahr AG & Co., Hamburg

**Der Irrweg
zum Garten Eden**
Seite 4

**Der mörderische Zug
durch Urwald und Sümpfe**
Seite 16

**Aufbruch
ins Land der Pueblos**
Seite 72

**Die verlorenen
Kolonien**
Seite 116

**Frankreichs
rote Kinder**
Seite 160

**Das Imperium
des Sieur de La Salle**
Seite 210

**Der lange
Marsch zum Pazifik**
Seite 270

Zeittafel Seite 337
Stichwort-Verzeichnis
Seite 342
Literatur zum Thema
Seite 346
Bildnachweis
Seite 348

EINLEITUNG

Der Irrweg zum Garten Eden

Die späte Sonne steht gelb über dem Marschland, das sich nach Westen verliert, konturlos, ohne nennbare Formen und Farben. Das Grau und Braun der Erde löst sich unter der sengenden Hitze in ein weißliches Grün. Nichts hält das Auge fest. Ein paar Dünen nach Nordosten zeigen die Nähe der Bucht an. Im Schatten der flachen Erhebungen einige halbverfallene Häuser: Vielleicht gehören sie Fischern, vielleicht auch Leuten aus der Stadt, die sich von der weltverlassenen Melancholie dieses Landstrichs nicht einschüchtern lassen.

Ein verwittertes Holzschild zeigt den Weg zum Friedhof. Die kleine Straße – nicht mit Schotter, sondern mit Muschelschutt befestigt – windet sich zwischen brackigen Tümpeln zu einem kleinen Feld, über das einige Dutzend Grabsteine verstreut liegen, ohne erkennbare Ordnung, ein paar bescheidene Obelisken, meist flache Tafeln, manche umgestürzt, manche noch aufrecht. Poröser Sandstein, von der Salzluft zerfressen, keine Kreuze. Die Namen lassen sich kaum mehr entziffern. Ich bücke mich, um die Buchstaben mit dem Finger nachzuzeichnen. „Henriette Kleinicke", lese ich mit Mühe, dann auf Deutsch den Trost: „Ruhe in Frieden". Ich stolpere über das Grab eines Herrn Wilhelm von Stirnberg, der im Februar 1821 zur Welt gekommen und hier am 1. Oktober 1865 gestorben ist. An den Pfützen hacken Wasservögel triumphierend auf die Schalen von Krebsen ein. Dann bricht ihr Geschrei plötzlich ab.

1865: Das war ein Jahrzehnt vor dem großen Hurrikan, der Stadt und Hafen Indianola nahezu dem Erdboden gleichmachte. Der graue Landstrich von heute – nichts als Salzgras zwischen dem Friedhof und der Bucht – war damals von Straßen und Plätzen überzogen: Häuser, Geschäfte, Lagerhallen voll quirlenden Lebens, Wirtshäuser und Hotels, Kirchen und Schulen, Villen mit blühenden Gärten, vermutlich das eine oder andere Bordell. Indianola galt nach seiner Gründung zwei oder drei Jahrzehnte lang als einer der wichtigsten Häfen von Texas, das Tor zu den riesigen Regionen zwischen dem Atlantik und den Rocky Mountains, die in jener Epoche erschlossen wurden.

Mehr als siebentausend Seelen zählte die Stadt, die im Jahre 1844 zunächst Carlshafen getauft wurde, zu Ehren des Fürsten Carl zu Solms-Braunfels, der aus Hessen, Baden und der Pfalz einige tausend Söhne und Töchter armer Kleinbauern zur Auswanderung überredet hatte, ehrenhaften Impulsen folgend, da es für dieses junge Volk zu Hause keine Äcker, keine Arbeit, kein Brot gab, aber auch von dem naiven Ehrgeiz getrieben, auf amerikanischer Erde eine deutsche Kolonie zu gründen, die – wer weiß? – eines Tages ein Grundstein deutscher Weltgeltung auf dem fernen Kontinent sein könnte.

Draußen steigen mit heiseren Rufen die Wasservögel auf. Was verstört sie? Nehmen sie plötzlich den Wanderer zur Kenntnis, der hier eine Geisterstadt sucht? Es gibt sie nicht, die Stadt.

Im Jahre 1886 gab ein zweiter Hurrikan dem Gemeinwesen den Rest. Der Hafen versandete. Die Landungsstege zerfielen. Von den Straßen und Häusern blieb nichts. Ein Jahrhundert war genug, eine Stadt und ihre Zivilisation zurückzunehmen in die Natur, fast ohne Spur: ein kleiner, verwilderter Friedhof, mehr blieb nicht.

Die Dämmerung senkt sich nun rasch. Auf der schmalen Schotterstraße fahre ich nordwestwärts, Port Lavaca zu, dem Fischerstädtchen, dessen Name nach Auskunft der Regionalgeschichte auf die spanische Gründung im Jahre 1815 hindeutet.

Nach zwei oder drei Kilometern holpernder Fahrt sehe ich die Umrisse einer mächtigen Statue an der Gabelung des Weges. Ich steige aus.

Im letzten Licht erkenne ich das stilisierte Denkmal des Sieur de La Salle, 1936 an dieser sachten Überhöhung der Landschaft errichtet, zweihundertfünfzig Jahre nach der Landung des großen Forschers und Eroberers.

Der Herr von La Salle hatte nicht die Absicht, die texanische Küste und ihr melancholisches Hinterland zu erkunden. Ein Navigationsfehler ließ ihn die Mündung des Mississippi – nach der er, von Frankreich kommend, suchte – um mehr als siebenhundert Kilometer verfehlen. Er geriet in die Matagorda-Bucht. Mit seinen erschöpften Kolonisten watete er an Land – hier, vielleicht auch eine Meile weiter westlich; es ist nicht mehr festzustellen. Auf den Sandbänken strandeten seine Schiffe. Der Rückzug übers Meer war abgeschnitten. Er baute ein Fort, vierzig oder fünfzig Kilometer landeinwärts. Der geniale Mann, der mehr für die Erschließung der Neuen Welt geleistet haben mag als jeder andere, wurde ein Jahr danach auf dem Marsch nach

Nach den Vorstellungen des Mittelalters war die Erde eine Scheibe, Jerusalem lag im Zentrum und der Osten war oben: Das Altarbild in der Kathedrale der englischen Stadt Hereford, um 1290 entstanden, zählt zu den frühesten erhaltenen Weltkarten. Christoph Columbus war noch weitgehend in diesem Weltbild befangen, als er nach Westen segelte, um Indien, China – oder den Garten Eden zu finden

Amerigo Vespucci, auf dem Kupferstich von 1585 mit allegorischen Figuren umgeben, brach fünf Jahre nach Columbus auf, um für Portugals König die Neue Welt zu erkunden. Er erkannte, daß es sich um einen besonderen, zusammenhängenden Erdteil handelt. Der deutsche Geograph Martin Waldseemüller taufte den Kontinent 1507 nach dem Vornamen des Florentiners: „America"

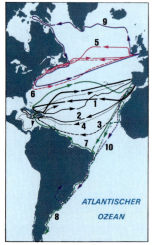

Entdeckungsfahrten in die Neue Welt
1. Kolumbus 1492–93
2. Kolumbus 1493–96
3. Kolumbus 1498
4. Kolumbus 1502–04
5. John Cabot 1497
6. John Cabot 1498
7. Amerigo Vespucci 1499–1500
8. Amerigo Vespucci 1501–02
9. Sebastian Cabot 1509
10. Sebastian Cabot 1526

Nordosten, dem Mississippi und der Rettung zu, von rebellischen und verzweifelten Weggenossen ermordet.

La Salles Schicksal war nicht ungewöhnlich. Glück brachte die Neue Welt den wenigsten der Entdecker, der Forscher und Eroberer. Der Reichtum, soweit sie ihn jemals erlangten, verfloß in der Regel rasch, und der Ruhm schien noch zu ihren Lebzeiten zu welken. Später strahlte er umso grandioser, doch das nutzte ihnen wenig.

Jacques Marquette, der Jesuitenpriester, mit dem La Salle das Verdienst an der ersten Erkundung des Mississippi zu teilen hatte, starb, fast 38jährig, am Übermaß der Entbehrungen.

Mit Jacques Cartier, dem wichtigsten Vorgänger, der Kanada für die Krone Frankreichs aufschloß, war das Schicksal gnädiger: Er kehrte immer wieder in seine Vaterstadt St. Malo in Frankreich zurück, dort starb er auch, ein geachteter Bürger, Mitte sechzig.

Samuel de Champlain, der Gründer von Quebec, machte die Neue Welt zu seiner Heimat, in der er, 65 oder 68 Jahre alt (man weiß es nicht), einen friedlichen Tod fand.

Mit ihren spanischen Vorläufern ging das Leben hart um. Christoph Columbus starb, ein erschöpfter und bitterer Mann, von den Bürokraten verfolgt und von seinen Konkurrenten gehaßt, mit 55 Jahren in Valladolid. Er war ein miserabler Regent und Verwalter, dieser große Seefahrer, ein Phantast, der im Orinoco einen der vier Ströme des irdischen Paradieses erkannte (das nach einer mittelalterlichen Karte – der Hereford map von 1280 – nördlich von Indien liegen mußte). Die karibischen Inseln hielt er für Japan, das Festland für China. So mischten sich in diesem genialen Mann Realismus und wilde Spekulation.

Seinem italienischen Landsmann Amerigo Vespucci, Entdecker Brasiliens, fiel durch eine Laune des Schicksals die höchste Auszeichnung zu, die eher Columbus zugestanden hätte: Der deutsche Humanist Martin Waldseemüller und sein elsässischer Kollege Matthias Ringmann übernahmen Ves-

AMERICVS VESPVCCIVS
incolumis maiores, te nullis ant.

RENTINVS portentosa navigatione ad Occasum atque ad Austrum duas Orbis terrarum partes, nostris oris quas bis notas sæculis, aperuit, quarum alteram de suo nomine AMERICAM mortalium consensus nominavit. An. sal. ∞ IIID.

puccis Einsicht, daß er jenseits des Atlantik nicht auf einen Teil Asiens, sondern auf eine „Neue Welt" gestoßen sei. So schlugen die Kartographen in ihrer Bearbeitung der ptolemäischen Weltkarte vor, daß jene neuen Ländereien „America" genannt würden. (Bartolomé de Las Casas, der große Bischof, Anwalt der Indianer, Reformer und Historiker, wollte den Kontinent zu Ehren des Columbus lieber „La Colomba" nennen.)

Hernando Cortez, der erfolgreichste und herrischste unter den Conquistadores, raffte während seiner Herrschaft in Mexiko unermeßliche Reichtümer zusammen, doch Mißtrauen gegen seinen Machthunger und die Eifersucht der Höflinge Karls V. beraubten ihn schließlich seiner Glorie. Seine Schätze wurden vom „Indienrat", der höchsten Autorität für das Kolonialreich, konfisziert, und der Eroberer hatte eine Degradierung zu erdulden. Er starb, 62jährig, auf seinem Gut bei Sevilla: auch er enttäuscht und bitter.

Francisco Pizarro, der Eroberer von Peru, wurde von seinem Widersacher Almagro im Juni 1541 erschlagen. Dieser herrische Mann hatte den unseligen Vasco Núñez de Balboa auf der Expedition über den Isthmus von Panama begleitet. Die beiden waren die ersten Weißen, die 1513 den Pazifik mit eigenen Augen sahen, und sie zögerten nicht, von allen Küsten dieses „Südmeeres" Besitz für den König von Kastilien zu ergreifen. König Ferdinand ernannte Balboa zum Gouverneur. Doch ein paar Jahre danach ließ ihn sein Schwiegervater und Erzrivale Pedro Arias de Ávila zum Tode verurteilen und enthaupten.

Ponce de León, der Gouverneur von Puerto Rico, entdeckte auf der Suche nach dem märchenhaften Bimini eine weitgestreckte Halbinsel, die er Florida nannte. Acht Jahre später, 1521, kehrte er dorthin zurück, um das Territorium zu besetzen, doch schnell stieß er auf den Widerstand von Indianern. Er rettete sich mit einer schweren Verwundung nach Kuba. Einige Tage danach starb er an seiner Verletzung.

Sieben Jahre später, 1528, brach dann Pánfilo de Narváez mit einigen hundert Gefolgsleuten zu einem neuen Versuch der Eroberung Floridas auf. Das unwegsame Land und die Feindseligkeit der Indianer zwangen die Expedition zum Rückzug. Narváez' Schiff zerschellte. Er ertrank, keine 50 Jahre alt, vor der texanischen Küste. Nur vier Mitglieder des Expeditionskorps überlebten als Gefangene der Indianer, unter ihnen der Schatzmeister, Cabeza de Vaca, der sich nach Jahren der Sklaverei mit einem schwarzen Gefährten in einer weiten Wanderung bis zur pazifischen Küste zu den Spaniern in Mexiko durchschlug.

Hernando de Soto, der sein Geld bei Pizarro in Peru gemacht hatte, war nach Lucas Vázquez de Ayllón der vierte, der in Florida und den Carolinas ein Reich für das spanische Königshaus errichten wollte. Ayllón starb, kaum älter als fünfzig Jahre, während einer tropischen Epidemie, die seine gerade gegründete Kolonie in South Carolina 1526 auslöschte. De Soto erlag nach dreijährigen Irrwegen 1542 am Mississippi dem Gelben Fieber. Nur ein Haufen von zwei oder drei Dutzend ausgemergelten Gestalten konnte sich über den Strom und die texanischen Küstengewässer nach Mexiko retten.

Zu gleicher Zeit stieß im Westen des Kontinents Francisco Vázquez de Coronado zu den Siedlungen der Pueblo-Völker vor, auch er besessen von dem Verlangen, Gold- und Silberschätze, wenigstens Edelsteine und Perlen zu finden, die der Beute des Cortez bei den Azteken und der des Pizarro bei den Inka gleichkämen. Der Norden bot aber nichts als Hunger, Entbehrung und die blutige Resistenz der Indianer. Geschlagen und abgerissen schleppte sich die Soldateska 1542 nach Mexiko zurück. Coronado hatte sich wegen der Ausschreitungen gegen die Indianer zu verantworten. Resigniert nahm der Conquistador einen undeutlichen Freispruch hin. Er starb, nicht reich und auch nicht arm, in seinem 43. Jahr.

So gnädig kam der Franzose Jean Ribaut nicht davon, der 1562 zum ersten

Hernando Cortez, wie ihn ein unbekannter Künstler des 16. Jahrhunderts in Öl darstellte. Angeblich ließ der Eroberer des Aztekenreiches nach der Landung an der mexikanischen Küste seine Schiffe vernichten, um seiner kleinen Heerschar den Rückzug abzuschneiden. Eine indianische Darstellung von 1579 zeigt die Übergabe der goldenen Schätze durch den Herrscher Montezuma an den Conquistador, den die Indianer als einen Gott oder als Boten der Götter ansahen

Mal mit hugenottischen Soldaten und Seeleuten ein kleines Fort an der Südküste von South Carolina errichtete und drei Jahre später mit einem Gefolge von dreihundert Menschen wiederkam, um eine Kolonie im äußersten Norden des atlantischen Ufers von Florida zu gründen. Eine spanische Flotte unter Pedro Menéndez de Avilés überfiel die französische Niederlassung. Die Soldaten Philipps II. hieben jeden Ketzer, dessen sie habhaft werden konnten, in Stücke. Sie schonten auch Ribaut nicht, der um eine ehrenhafte Kapitulation gebeten hatte.

Die Autoritäten fern in Europa legten den Entdeckern, Erforschern und Eroberern Amerikas die härtesten Prüfungen auf. Ihre königlichen Herrinnen und Herren, ohne deren verbrieften Segen und materielle Ermutigungen keiner der Erkundungszüge gelingen konnte, wachten streng über alle Unternehmen der lizenzierten Abenteurer. Sie waren – wenigstens auf dem Papier – genaue Rechenschaft für jeden ihrer Schritte schuldig. Stets wurden ihrem Gefolge Kontrolleure und Spitzel zugeordnet – manchmal ihre Vertreter, oft Offiziere, auch Priester –, die hinter dem Rücken der Kommandeure Berichte an den Hof schickten. Die Herrscher schienen, ausnahmslos, von der Furcht besessen, die Statthalter in den fernen Kolonien könnten ihrer Aufsicht entwachsen. Der Neid der Höflinge und ihre wuchernden Intrigen, die Kleinlichkeit der Bürokraten, das Mißtrauen der geistlichen Behörden zogen immer neue Stolperdrähte. Columbus warf man am Hofe vor, daß seine Unternehmungen nur Geld gekostet und nichts eingebracht hätten.

Es ist wahr, daß er seine Schiffe nicht mit Gold und nicht mit Gewürzen beladen konnte, doch seine Bezwingungen des Atlantik waren das Signal, das die kühnsten Geister von Spanien, Portu-

Die Schauplätze der Erkundungen, Expeditionen und sonstiger Ereignisse, auf die in den Karten mit angegebenen Seitenziffern näher eingegangen wird

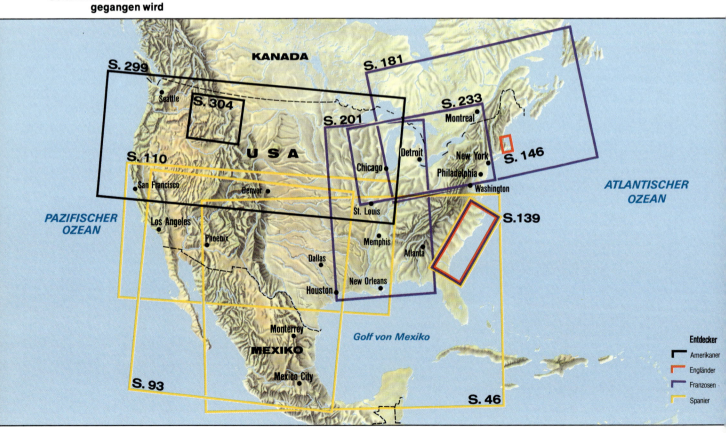

gal und bald auch Großbritannien, aber auch Abenteurer und Gauner ermutigte, durch Dutzende und schließlich Hunderte von Operationen, voneinander unabhängig oder (selten genug) koordiniert, die Erkundungen und Eroberungen der Neuen Welt zu beginnen. „Jeder Schneider fährt zu Entdeckungsreisen aus", stöhnte Columbus schließlich.

Für den großen Aufbruch in jener Epoche gibt es vielleicht nur eine Parallele: die Eroberung des Weltraums in unserem Jahrhundert. Doch die Astronauten, die unsere Erde umkreisen oder zum Mond unterwegs waren, brauchten, dank des Radios, nicht eine Minute lang die Verbindung zum heimatlichen Stützpunkt zu entbehren. Die Entdecker und Eroberer am Morgen der Neuzeit aber nahmen eine Einsamkeit auf sich, aus der sie erst wieder erlöst wurden, wenn sie nach Jahren zu einem der karibischen Vorposten der Zivilisation oder an die europäischen Küsten zurückkehrten.

Für Columbus und seine Nachfolger war das wichtigste Ziel: endlich einen Seeweg nach Asien ausfindig zu machen, der es erlaubte, das lästige und teure Monopol der Venezianer beim Import von orientalischen Gewürzen, Heilmitteln und Seidenstoffen zu brechen. Die gleichen Pläne verfolgten ihre portugiesischen, englischen, französischen Konkurrenten. (Ein Blick auf die Speisekarte der Höfe, der Adelspaläste und großer Bürgerhäuser bestätigt, daß Verdauungsschwierigkeiten ein nicht ganz beiläufiges Motiv für die Gründung der kolonialen Imperien gewesen sind: Ohne Pfeffer und andere Spezereien schienen die Massen von Fleisch schwer in den Mägen zu liegen — wie so oft war das Banale dem Grandiosen eng benachbart.)

Wirtschaftliche Energien begannen die Gesellschaft Europas zu verändern. Die Produktion der Handwerker weitete sich aus. Die Kaufleute setzten mehr Ware um. Die Funktion des Geldes wurde wichtiger. Die Patrizier ge-

Nur ein halbes Jahrhundert nach der ersten Reise von Columbus über den Atlantik waren die Umrisse der Neuen Welt deutlich. Der deutsche Kosmograph Sebastian Münster sammelte alle Angaben aus Berichten der Entdecker, ehe er diese erste selbständige Karte Amerikas zeichnete und 1450 als Holzschnitt drucken ließ

wannen Macht und Prominenz. Die Unruhe einer neuen sozialen Dynamik, das Aufbegehren der Armen, religiöse Erregungen und schließlich die Erschütterungen der Reformation begannen die Welt revolutionär zu verändern.

Knapp zehn Jahre, ehe Columbus zu seiner ersten Reise aufbrach, war Martin Luther zur Welt gekommen. Im Jahre 1517 schlug er, angeblich, seine kritischen Thesen an der Kirchentür von Wittenberg an. Der intellektuelle und moralische Aufbruch, den Luther signalisierte, nährte sich nicht nur aus dem sensiblen Gewissen des gelehrten Mönches.

Brillante Phantasien entzündeten sich an den Idealen der antiken Klassik, die nach dem Beispiel der italienischen Humanisten auch im Norden Europas studiert, debattiert und gefeiert wurden. Zugleich lenkten die permanente Krise des Papsttums und der skandalöse Verfall der spirituellen Autorität zu den biblischen Wurzeln des Christentums und den Lehren der großen Kirchenväter zurück. Das Volk, gepreßt und gedrückt, von Seuchen verängstigt, von der Willkür der Herren gepeinigt, oft hungernd, beugte sich unter die furchtsame Erwartung der Endzeit. Die immer aufwendigere Wirtschaft der weltlichen und geistlichen Fürsten brauchte immer neue Ressourcen, für die Bauern und Handwerker mit ihrem Schweiß zahlten. Also galt es, nach anderen Mitteln Ausschau zu halten, um die kostspieligen Hofhaltungen und die teuren Heere, die Bischofsresidenzen und die Klöster zu füttern.

Waren die fernen Reiche dieser Erde, die man aus Mythen und Märchen kannte, nicht voller Schätze, die erschlossen werden konnten? Mahnte die Geistlichkeit nicht, es sei die Pflicht jedes Christenmenschen, die armen exotischen Völkerschaften zur Kirche Christi zu bekehren und damit Millionen Seelen zu erretten?

Man sagte später, die Conquistadores hätten noch einmal die fromme Passion der mittelalterlichen Kreuzfahrer in die Welt getragen. Dies war ein Irrtum.

In seinem 1526 gedruckten Prachtwerk „Triumphzug Kaiser Maximilians I." bildete Hans Burgkmair unter dem Titel „Leute von Calicut" nicht nur Inder, sondern ganz unbekümmert auch Indianer ab: Dieser Holzschnitt ist die erste Darstellung von Maispflanzen in der europäischen Kunst

13

Das religiöse Heil der unterworfenen Indianer interessierte sie wenig. Sie brauchten die Arbeitskraft der Sklaven. Die Priester und Mönche kostete es gelegentlich Mühe, für die Indianer die Schonfrist zu erbetteln, die notwendig war, den Taufakt noch rasch vor dem Tod zu vollziehen.

Die wachsende Unruhe und das immer stärkere Verlangen nach Reformen rieten den Mächtigen, den Alltag der Gesellschaft – ob Adel, Bürgertum oder Bauernschaft – einer stets schärferen Aufsicht zu unterwerfen, der schließlich keine Lebensregung entging. Die Inquisition war selten untätig. Ihre Schergen preßten nach der Rückeroberung der islamischen Regionen Spaniens Hunderttausende von Moslems und Juden zur Zwangstaufe. Die Alternativen: Austreibung oder Tod.

Im Geburtsjahr Martin Luthers gestand Papst Sixtus IV. der kastilischen Krone das Recht zur Ernennung der Großinquisitoren zu. Durch die Vereinigung der geistlichen und weltlichen Macht in einer einzigen Institution lieferte er ihnen das schreckliche Instrument einer totalitären Kontrolle der Gesellschaft aus.

Mit gleicher Erbarmungslosigkeit wie Juden, Moslems und Ketzer verfolgten die geistlichen Herrscher Frauen und Kinder, die in den Verdacht der Hexerei gerieten. Die Zahl der Menschen, die im Gang der Jahrhunderte unter der Anklage der Hexerei ermordet wurden, mag in die Hunderttausende oder Millionen gegangen sein.

Aber auch das mag ein Antrieb zum Aufbruch in neue Welten gewesen sein: Die Beziehungen zwischen den Geschlechtern wurden im Hochmittelalter und im Anbruch der Reformation einer bedrückenden Ordnung unterworfen. Die Repression der Sexualität könnte unter den tatkräftigsten und lebenshungrigsten Kavalieren und Handelsleuten die Sehnsucht nach dem Abenteuer angetrieben haben. Draußen unter den wilden Völkerschaften gab es Frauen genug, die der Macht der Priester entzogen waren. In keinem Expeditionsbericht fehlt der Hinweis, daß die Conquistadores neben den Heeren männlicher Träger auch stets Hunderte von Frauen in ihre Sklavendienste nahmen. Bei den frühen Illustrationen der amerikanischen Abenteurer – wie sie Theodor de Bry für die Bücher über die ersten Kolonien in Florida, Virginia und Brasilien entwarf – war mitunter eine erotische Phantasie am Werk, in der sich unterdrückte Wunschträume zu sammeln schienen. Der Künstler zeichnete, was den eigenen Vorstellungen, vielleicht auch der allgemeinen Erwartung entsprach.

Der Anbruch des Zeitalters der Entdeckungen und Eroberungen läßt sich kaum aus dem einen entscheidenden Motiv herleiten, das alle anderen Ursachen überschattet. Wie immer, wirkte eine Vielfalt von Elementen zusammen: politische, gesellschaftliche, soziale, religiöse, biologische. Die großen Länder des europäischen Westens waren im Begriff, sich als Nationen auszuformen. Spanien hatte, nach fast sieben Jahrhunderten, die islamische Bedrohung gebannt. Nicht lang danach verei-

Nach der zu Beginn des 17. Jahrhunderts besonders beliebten Manier stellte der Illustrator und Kupferstecher François van den Hoeye die Schiffe der Entdecker vor Kuba in einen allegorischen Rahmen

nigte Karl V. die spanische Königs-
krone und die deutsche Kaiserwürde.
Dies war die logische Stunde, über historische Beengungen hinauszugreifen:
Die Frage nach der Weltmacht
sprengte die bisherigen Begriffe. Um
Weltmacht aber ging es. Anders hätte
kein Anlaß bestanden, von Papst Alexander VI. einen Schiedsspruch einzu-
fordern, den Erdkreis zwischen den
Einflußsphären Spaniens und Portugals
aufzuteilen. Dies geschah schon ein
Jahr nach Columbus' erster Ausfahrt.

Als Columbus seine dritte Reise in die
Neue Welt unternahm, 1497, segelte
der Venezianer Giovanni Caboto im
Dienst des englischen Königs James I.
entlang des 60. Breitengrades – Columbus hielt sich an den 30. – über die
Nordroute nach Labrador, Newfoundland und Nova Scotia. Die Wikinger
hatten jene Gestade wohl schon ein halbes Jahrtausend zuvor erreicht, das
Vynland der nordischen Sagen. Von einer zweiten Reise kam John Cabot, wie
er von den Engländern genannt wurde,
nicht zurück. Sein Sohn war der Gründer einer amerikanischen Dynastie, die
bis heute in Boston eine bedeutende gesellschaftliche Position behauptet.

Ein Jahr vor der Jahrhundertwende
drangen Alonso de Ojeda und sein Gefährte Amerigo Vespucci in die Mündung des Orinoco ein. Álvares Cabral
entdeckte Brasilien im Jahre 1500. Der
Florentiner Vespucci trat, da er mit seinen Plänen am spanischen Hof nicht
durchdrang, in portugiesische Dienste
und kundschaftete 1501 und 1502 die
Küste Südamerikas bis zum Rio de la
Plata aus. 1509 besetzten Sklavenjäger
Kuba und Jamaika. Erste Niederlassungen in Kolumbien und Panama
scheiterten an der Feindseligkeit der
Indianer und des tropischen Klimas.

Im Jahr 1519 brach der Portugiese
Fernão de Magalhães zu seiner Weltumsegelung im Dienst des spanischen
Königs auf. Mit drei Schiffen bezwang
die Expedition Kap Hoorn, ließ sich
vom Humboldt-Strom an der chileni-
schen Küste entlangtragen, kreuzte
hinüber nach Guam in der Südsee und
gelangte zu den Philippinen. Der Kom-

mandant wurde im April 1521 auf der
philippinischen Mactán-Insel getötet.
Nur ein Schiff kehrte im September
1522 mit 17 (von 265) Europäern, vier
Indern und einer Ladung von Gewürzen zurück.

Um 1517 setzte Diego de Velázquez
de Cuéllar von Kuba auf die Yukatan-
Halbinsel hinüber und stand staunend
vor den Tempeln und Pyramiden der
Maya-Kultur. Ihm gelang es, eine
ganze Schiffsladung von Gold zu erhan-
deln, die er via Kuba nach Madrid ex-
pedierte. Durch die Maya wurden ihm
Gerüchte von den Schätzen der Azteken zugetragen. Nach zwei Erkun-
dungsvorstößen landete im Februar
1519 Hernando Cortez mit 600 Mann,
13 Büchsen, 10 Geschützen, 32 Armbrüsten und 16 Pferden auf mexikani-
schem Boden. Ehe er den Vorstoß ins
Landesinnere begann, ließ er – so die
Legende – nach klassischem Vorbild
die Schiffe verbrennen, um seinen Leuten und sich selber jeden Gedanken an
einen Rückzug abzuschneiden.

Das Imperium der Azteken war jung
– noch kein Jahrhundert alt, ein Werk
rascher Eroberungen und Unterwer-
fungen. Die prangenden Gaben des
verängstigten Herrschers Montezuma
– eine mächtige Goldscheibe von der
Größe eines Wagenrades, das Symbol
der Sonne, die noch größere Silber-
scheibe, das Abbild des Mondes – reizten nur den Appetit des Generalkapi-
täns. Die spanische Soldateska stürzte
sich auf alles gleißende Metall: „Wie
hungrige Schweine sind sie gierig nach
Gold", sagt eine aztekische Überlieferung. Der Chronist des Feldzuges
schrieb naiv: „Es war etwas ganz Wunderbares – so viel Gold."

In einem Sturmzug wurden die Karibik, Zentralamerika und die Hochtäler
des südlichen Subkontinents binnen
weniger Jahre unterworfen. Nun machten sich die Vertreter der Kaiser und
Könige, in deren Reich die Sonne nicht
unterging, ans Werk, den Norden
Amerikas zu öffnen. Nach einem halben Jahrhundert der grausamen Trium-
phe begann eine Epoche der grausamen Niederlagen.

16

Der mörderische Zug durch Urwald und Sümpfe

Schon bald nach der Entdeckung der Neuen Welt drangen vier spanische Expeditionen von der Karibik aus durch Mangroven-Dickicht, durch Sümpfe, durch Urwälder ins Innere von Florida und weiter nach Norden vor. Doch sie scheiterten allesamt: Juan Ponce de León, der nach dem Quell der ewigen Jugend suchte, Pánfilo de Narváez, der mit dem Rest seiner Mannschaft im Golf von Mexiko ertrank, Lucas Vázquez de Ayllón, der mit einer ersten nordamerikanischen Kolonie zugrunde ging, und schließlich Hernando de Soto, dessen Truppe auf der Suche nach einem Reich des Goldes drei Jahre lang durch mörderische Wildnis irrte

Der weite Strand der Apalachicola Bay im Nordwesten Floridas gibt auch heute noch einen Begriff von der Leere und der Verlorenheit, mit denen die ersten Europäer in dem riesenhaften unbekannten Land konfrontiert waren

Im Dickicht der Mangroven — hier in den Everglades von Florida — verbargen sich die Späher der mißtrauischen Indianer. Mühselig bahnten sich die Eroberer in ihren ungefügen Rüstungen den Weg zu den Dörfern, wo sie Hinweise auf die großen Reiche im Landesinneren zu finden hofften

In den düsteren Zypressenwäldern, die sich aus den schier unzugänglichen Sümpfen erheben, waren die spanischen Reiter mit ihren unhandlichen Waffen hilflos — den mit Pfeil und Bogen ausgerüsteten leichtfüßigen Indianern meist nicht gewachsen

Der Mississippi — hier bei Natchez — war für Hernando de Soto kein Hindernis, vor dem er aufgab. Mitten unter feindseligen Indianern, setzten die Spanier im Schutz der Nacht auf rasch zusammengezimmerten Flößen über den großen Fluß und zogen weiter nach Arkansas

Noch lange nach der Entdeckung der Neuen Welt arbeiteten Botaniker und Zoologen an der Bestandsaufnahme der oft absonderlich erscheinenden Lebewesen Nordamerikas. Aus dem 1771 erschienenen Werk „The Natural History of Carolina, Florida and the Bahama Islands" des englischen Illustrators Mark Catesby stammen die detailgenauen Zeichnungen der Zornnatter (großes Bild) sowie von Amberbaum mit Rotkehl-Anolis (1), Zephirblume mit Virginischer Wachtel (2), Schlauchpflanze mit Carolina-Engmaulfrosch (3), Mangrove mit Alligator (4), Baßtölpel (5), Meerbarsch mit Stachelfisch (6), schließlich Fieberstrauch mit Kugelfisch (7)

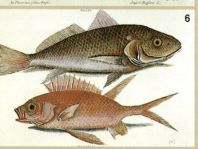

27

Die Expedition von Hernando de Soto stieß bis zu den Hot Springs in Arkansas vor, den heißen Quellen, in denen die geschundenen Männer Erholung suchten. Doch dann drängte der Kommandeur zum Rückmarsch. Widerstrebend mußte er einsehen, daß er das Dorado, das goldene Reich im Norden, nicht gefunden hatte

In den trügerischen Sümpfen — hier der Okefenokee Swamp in Florida — versanken die Träume der Eroberer vom raschen Reichtum. Am Anfang der Erschließung Nordamerikas stand kein schneller Siegesritt, sondern Schritt für Schritt ein mühseliges Vorantasten

Der flämische Grafiker Theodor de Bry, der in Frankfurt ein Druckhaus betrieb, fertigte nach den Berichten der spanischen und französischen, englischen und deutschen Seefahrer sorgsame Darstellungen vom Leben der Indianer. Der kolorierte Kupferstich von 1591 zeigt Männer vom Stamm der Apalachen beim Goldwaschen

Dekorativ und melancholisch hängen im tiefen Süden der Vereinigten Staaten die Schleier des Spanischen Mooses von den Bäumen: eine Landschaft der dramatischen Spannungen und der jähen Katastrophen in der Natur

Die Säulen des Südens. Gut anderthalb Jahrhunderte nach dem Tod Hernando de Sotos nicht weit von Natchez gründeten Franzosen die ersten Forts und Siedlungen an den Ufern des Mississippi. Im 19. Jahrhundert blühte hier bis zum Bürgerkrieg eine aristokratische Kultur der klassizistischen Ideale — erwirtschaftet durch die Arbeit von Sklaven

Auch im Süden der Vereinigten Staaten sind heute die Siedlungen und Straßen oft von den Wucherungen der Tankstellen- und Fast-Food-Zivilisation übersät. Reklame bedeckt das schöne Land wie ein böser Ausschlag

Man mag die Statue kein Kunstwerk nennen: Arrogant und etwas unbeholfen steht der Herr auf dem Sockel von weißem Feldstein, zu kurzbeinig und untersetzt, um imposant zu wirken, obschon er grimmig genug unter seinen dicken schwarzen Augenbrauen hervorschaut, schwarz auch der Bart. Im hellen Mittagslicht hebt er sich scharf vom glänzenden Metall des Brustpanzers ab. Weiß-blau gestiefelte Pumphosen, lila Beinkleider, schwarze Stulpenstiefel, auf dem Kopf – es versteht sich – ein spanischer Eisenhut, die Hellebarde in der Hand. Über der Schulter ein roter Mantel.

Sah der Conquistador Juan Ponce de León so aus, wie es die Statue an der Bucht bei Punta Gorda darstellt? Trat er in solch grellbunter Kostümierung vor die Indianer, die beim Anblick dieser Erscheinung vor Schreck und Bewunderung in die Knie gesunken sein mögen?

Ein so einschüchterndes Wesen, es ist wahr, mußte ein Gott oder ein Teufel sein. Freilich ist nicht anzunehmen, daß der Gouverneur nach einer mühseligen Seereise von Europa über den noch kaum bekannten Atlantik in der Neuen Welt in vollem Ornat an Land stieg. Pomp und Glorie sind in den Augenblicken, die man historisch nennt, selten anwesend. Dem Señor Ponce de León stand, als er dieses Stück Erde für die spanische Krone in Besitz nahm, vermutlich der Schweiß im Gesicht. Vielleicht war seine Hose zerfetzt, der Brustpanzer, falls er ihn in der elenden Hitze überhaupt trug, halb vom Rost zerfressen. Die Salzluft zermürbte auch die schönsten Arbeiten der Schmiede von Toledo.

Der Caballero war kein grüner Junge. Er hatte in jenem Jahr 1513 nahezu zwei Jahrzehnte Dienst in den Expeditionskorps und den tropischen Kolonien hinter sich. Mit Christoph Columbus war er nach Española, wie man diesen Winkel der Neuen Welt nannte, schon auf der zweiten Reise herübergekommen. Er gründete die erste europäische Siedlung auf der Insel Puerto Rico: die Festung Caparra, nicht weit von der späteren Hauptstadt San Juan.

Die Indianer dort erzählten ihm wundersame und wilde Geschichten von einem Land namens Bimini, in dem alles Gestein pur Gold und Silber sei, ja es gebe in jenem Zaubergarten einen Quell, der ewige Jugend verleihe und alle Gebrechen heile, wenn man aus ihm trinke. Wer in seinem Wasser bade, brauche das schlimmste, weil unabänderliche Gebrechen des Menschengeschlechtes nicht länger zu fürchten: das Alter. Einer der ihren, sagten sie, den schreckliche Krankheiten peinigten, habe den Quell gefunden und sei als ein Jüngling wiedergekehrt.

Ponce de León horchte auf. Er hatte die Fünfzig überschritten und war, nach den Realitäten jener Epoche, ein alter Mann. Doch wie einen Schwärmer behexte ihn die Vision des märchenhaften Bimini. 1513 rüstete der Gouverneur, der den Titel „Adelantado" trug, einige seiner Karavellen aus, um den lockenden Hinweisen der Indianer zu folgen. Er segelte mit einer der Nußschalen, in denen man sich heute kaum über den Bodensee wagte, in nordöstlicher Richtung durch die Bahamas, erkundete diese und jene Insel, von denen keine den Schilderungen von Bimini entsprach. Danach nahm er nordwestlichen Kurs und fand in Höhe des 30. Breitengrades eine Flußmündung, die einen sicheren Ankerplatz gewährte.

Das Uferland wirkte köstlich: voller Blumen und blühendem Gesträuch, vermutlich fruchtbar. Da Ostersonntag und somit Frühling war, gab der Adelantado der vermeintlichen Insel den schönen Namen Pascua Florida. Er kreuzte vom St. Johns River beim späteren St. Augustine an der Ostküste Floridas bis zu den Key-Inseln, die sich von Miami aus wie eine Kette aufreihen. Er nannte sie die Märtyrer-Inseln, weil ihre verkrümmten Formen ihn an leidende Menschenwesen erinnerten.

Versuchte Ponce de León die Sümpfe der Everglades zu erkunden, dieses riesenhafte flache Flußbett, mehr als hun-

Juan Ponce de León kolonisierte Puerto Rico und unternahm zwei Expeditionen nach Florida. In einem Gefecht mit Indianern erlitt er eine schwere Verwundung, an deren Folgen er 1521 auf Kuba starb

Die Legende vom gesegneten Land Bimini lockte Ponce de León und seine Männer nach Florida. Der romantisierende Stich aus dem 19. Jahrhundert stellt den Traum des Eroberers dar. Aus dem „Quell der ewigen Jugend" wollte er neues Leben schöpfen. Den Quell fand er nicht — aber in die Zeit Ponce de Leóns reicht der amerikanische Mythos vom immerwährenden Jungsein zurück

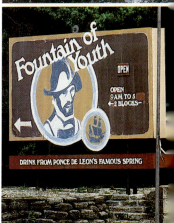

dert Meilen weit, von abertausend Inseln übersät, Dschungel voller Orchideen, Rehe und Hasen, Schlangen und Alligatoren, ein Paradies tropischer Vögel, Heimstatt von Flamingos und Pelikanen? Die Gewässer sind nur auf flachen Booten passierbar. Gegen das Meer werden die Everglades durch das Dickicht der Mangroven abgeschirmt: eine fast undurchdringliche Barrikade von bizarrem Geäst, Wurzelwerk und fettgrünen Blättern, das brackige Wasser ein Gemisch von Meer und Fluß.

Der Mangrovendschungel zieht sich weit an der Golfküste von Florida hinauf. Dem Unkundigen verwehrt er den leichten Zugang zum Land. Er umschließt auch heute noch im Westen der Everglades das Ufer an der Bucht von Punta Gorda bei Charlotte Harbor, die Ponce de León frommen Sinnes Bahía Espíritu Santo getauft hatte.

Vielleicht entdeckten die Seeleute und Landsknechte Ponce de Leóns eine Öffnung in der Wildnis, vielleicht hieben sie sich den Weg mit ihren Schwertern frei, fanden festen Boden unter den Füßen, einen sicheren Fleck, auf dem sie lagern und einige Hütten bauen konnten. Huschende Gestalten in den Sumpfwäldern, Indianer, die vorsichtig aus den Büschen traten, nachdem sie die Fremden aus ihren Verstecken lang genug beobachtet hatten. Kamen sie mit Geschenken, mit Mais und Wurzeln, Frischzeug, auf das sich die Weißen gierig stürzten, obwohl jeder Zahn wackelte, sofern sie noch Zähne hatten, allesamt Opfer des Skorbuts, dieser Mangelkrankheit, die sie auf jeder Reise heimsuchte? Boten die Weißen ihre billigen Glasperlen gegen Wildbret und Fisch? Bemächtigten sich die Spanier, wie üblich, des einen oder anderen, um ihn mit Worten und Gesten, oft mit Drohungen und Schlägen, manchmal mit glühenden Eisen, nach dem Garten Eden von „Bimini", nach Gold, Silber und mit beziehungsreichen Gebärden nach dem Quell der Jugend zu befragen? Forderten sie Frauen, die sie für eine Stunde oder zwei unter die Schenkel nehmen und zu allen möglichen Diensten anstellen konnten?

Die Magnolienblüte gilt als Symbol der Schönheit des amerikanischen Südens und seiner Frauen. Der Weißköpfige Seeadler, Wappentier der Vereinigten Staaten, ist heute fast ausgerottet. Auch von den Papageien der Carolinas existieren nur noch wenige Exemplare. Flamingos leben vor allem in den Everglades von Florida. Alle diese Darstellungen stammen aus dem 1771 veröffentlichten Werk des englischen Künstlers Catesby

Bei der Darstellung von Indianern auf der Alligatorenjagd geriet dem Illustrator Theodor de Bry das Tier zum Abbild eines gigantischen Ungeheuers. Doch die Techniken des Tötens sind in seinem 1591 gedruckten Werk ebenso exakt wiedergegeben wie die Methoden des Ackerbaues. Männer bearbeiten den Boden mit Hacken, Frauen bringen die Saat aus

Wagten sie sich auf eigene Faust ein paar Meilen in die Urwälder vor, dem Lauf des Flusses folgend, der später den kaum verdienten Namen Peace River erhielt?

Von Ponce de Leóns erster Expedition nach Florida ist keine authentische Chronik überliefert. Da er für einen längeren Aufenthalt nicht ausgerüstet und ohne jeden Nachschub war, brach er das Unternehmen rasch ab, angeblich von Indianern bedroht, die seine Karavelle mit einer Flotte von Kanus anzugreifen versuchten.

Der Gouverneur reiste von Kuba ohne längeren Aufenthalt nach Madrid, um am Hofe über seine Entdeckung Bericht zu erstatten und ein Patent für die Eroberung Floridas zu erlangen. Die Finanzierung des Unternehmens war, wie üblich, Sache des Expeditionschefs. Förmliche Verträge gestanden ihm das Recht zu, die neu erforschten und besiedelten Gebiete als Adelantado im Namen des Königs zu regieren. Auch fiel ihm ein Anteil an der Beute zu, in der Regel ein Fünftel.

Ponce de León schlug sich zunächst mit allen möglichen Schwierigkeiten in der Karibik herum. Erst im Februar 1521 kehrte er nach Florida zurück, nun mit zwei Schiffen, zweihundert Männern, fünfzig Pferden sowie Schweinen, Hühnern und landwirtschaftlichem Gerät, um eine erste Kolonie in seinem künftigen Herrschaftsbereich zu gründen.

Von Anfang an herrschte ein böser Mangel an Arbeitskräften. Die spanischen Kolonisatoren dachten nicht daran, auf den Feldern, beim Hausbau, bei der Goldwäscherei auch nur einen Finger zu rühren. Sie waren, mit den Worten von Bischof Las Casas, nicht nach Amerika gekommen, um die Erde zu pflügen. Sie waren Caballeros. Körperliche Arbeit galt ihnen als entwürdigend. Das entsprach übrigens der sozialen Ordnung der Indianer; auch bei ihnen wollten die Männer mit der bescheidenen Landwirtschaft und der Hausbestellung nichts zu schaffen haben. Das war Sache der Frauen. Männer waren für die Jagd und den Krieg zuständig.

Um dem Mangel an Arbeitskräften abzuhelfen, suchten spanische Piraten bald auch die Küsten von Florida nach „Menschenmaterial" ab, Sklaven, die nach Santo Domingo, Havanna oder zu den Forts von Puerto Rico verschleppt werden konnten. So war es nicht erstaunlich, daß Ponce de León nach der zweiten Landung an der Küste von Florida rasch in aufreibende Scharmützel mit Indianern verstrickt wurde. Sie ließen sich kaum fassen. Sie schossen ihre Pfeile aus dem Hinterhalt. Sümpfe und

Dickicht verwehrten den Angriff mit Pferden, die von den Eingeborenen gefürchtet wurden wie die Kavallerie des Leibhaftigen.

Ponce de León erlitt eine schwere Verwundung. Da sich der heilende Quell der Jugend nicht finden ließ, entschloß er sich, nach Kuba zurückzusegeln. Seine Kolonisten wollten ohne den Gouverneur nicht in Florida bleiben. Das Unternehmen scheiterte. Der Conquistador starb wenige Tage nach der Rückkehr, etwas über 60 Jahre alt.

Seine Niederlage, die man nicht tragisch nennen mag, trug am Ende zu einer romantisierten Überhöhung seines Ruhmes bei. Die Suche nach dem Born der ewigen Jugend entsprach einem uralten Traum der Menschheit. Er hat sich in Amerika nicht erfüllt. Aber der Mythos der Jugend und ihre Glorie schienen über die Gesellschaft in der Neuen Welt eine prägende Macht zu gewinnen. Nirgendwo anders erlebte das Ideal des Jungseins eine solche Vergötterung wie in der Neuen Welt, in der jener Zustand lang als sittlicher Zustand bejubelt wurde, während Alter, Krankheit, Verfall und Tod unter dem Verdacht der Ungehörigkeit und des moralischen Versagens standen.

War dies nicht die Botschaft, die Ponce de León hinterließ, der einer aberwitzigen Hoffnung an der Küste Floridas nachjagte? Er war nicht der einzige, der sich inmitten der tropischen Realitäten, die eher melancholisch und bedrückend waren, die Bereitschaft bewahrte, auch den absurdesten Phantasien Glauben zu schenken. Columbus wollte rotglühende und springende Schlangen gesehen haben, Insekten so groß wie Vögel und Vögel so klein wie Bienen. Ernste Gottesmänner kehrten von ihren missionarischen Wanderungen mit der Behauptung zurück, sie hätten Menschen angetroffen, denen nur ein Bein gewachsen sei, dies allerdings so groß, breit und kräftig, daß sie damit über jedes Hindernis hüpfen könnten.

Noch zu Lebzeiten Ponce de Leóns, im Sommer 1521, lockte der spanische Abenteurer Lucas Vázquez de Ayllón (vielleicht war es auch sein Vertreter, Kapitän Francisco Gordillo) nicht weit von Cape Fear, gut hundert Meilen nordöstlich von Charleston, an die hundertfünfzig Indianer an Bord seiner Schiffe und verschleppte sie nach Española. Angeblich wurde der Kommandeur vom Vizekönig (der ein Sohn des Columbus war) zurechtgewiesen und gezwungen, seine Fracht zu den heimatlichen Gestaden zurückzubefördern und dort in Freiheit zu setzen, da neue Reformdekrete aus Madrid die Versklavung der Indianer verboten. Man darf daran zweifeln, daß dieser Auftrag gehorsam erfüllt wurde.

Einige der Gefangenen hatten sich taufen lassen, unter ihnen ein junger Mann, der fortan den Namen Francisco Chicora trug. Sein Herr nahm ihn mit nach Madrid und führte ihn stolz bei Hofe vor. Den Chronisten erzählte der verwirrte Jüngling von einem Land, das von Perlen und Juwelen übersät sei. Es werde von einem riesenhaften König namens Datha regiert und von Männern bewohnt, denen knöcherne Schwänze aus dem Hinterteil wüchsen, so daß sie sich nur auf die Erde setzen könnten, wenn sie zuvor ein Loch gruben. Einer der Chronisten verschwieg seine Zweifel nicht, doch die Mehrzahl der Zeitgenossen saß den monströsen Gerüchten willig auf.

Ayllón erlangte von Kaiser Karl V. das Privileg, das Land nördlich von Florida auszuforschen und zu unterwerfen. Er sollte ferner eine nördliche Wasserstraße nach Asien ausfindig machen. Einer seiner Lotsen suchte die gesamte Atlantikküste Amerikas ab, bis hinauf nach Labrador, wo gut zwanzig Jahre zuvor John Cabot von England aus gelandet war: Seit Columbus' erster Reise mit der Entdeckung der Neuen Welt waren noch keine drei Jahrzehnte vergangen, und in dieser knappen Frist wurden die Küsten des gesamten amerikanischen Kontinents befahren, von Kap Hoorn bis hinauf an die Grenze der Arktis.

Der Dominikaner Bartolomé de Las Casas lehnte sich als Bischof in der Karibik mit leidenschaftlichen Appellen an Kaiser und Papst gegen die Ausrottung der Indianer auf

Europäische Siedlungen 1513

Nachdem sie in der Karibik Fuß gefaßt hatten, begannen die Conquistadores nicht nur den Süden des riesigen Doppelkontinents zu erkunden, sie drangen schon bald auch in den unwirtlichen Norden vor. Und sie kamen – unter unvorstellbaren Anstrengungen und von Katastrophen begleitet – erstaunlich weit

Auch Ayllón setzte es sich in den Kopf, eine Kolonie zu gründen. Er verließ Santo Domingo im Juli 1526 mit fünfhundert Männern und Frauen, unter ihnen einige schwarze Sklaven, dazu an die hundert Pferde und die übliche Schweineherde, die als Lebendproviant mitgeführt wurde. Den Fluß, der am heutigen Cape Fear in den Ozean mündet, nannte er den Jordan, einer biblischen Inspiration folgend. Doch der neugebackene Christenmensch Francisco, der ihm mit seiner Kenntnis indianischer Sprachen als Dolmetscher und Pfadfinder unentbehrlich war, nutzte die erste Gelegenheit, um zu entkommen. So schifften sich die Kolonisten wieder ein und segelten südwestwärts zum Pee Dee River.

Feierlich wurde die Siedlung San Miguel de Gualdape gegründet. Das Land erwies sich, trotz tropischer Vegetation, als karg. Hunger überkam die Siedler. Mit den Moskitos überfiel sie das Gelbe Fieber. Ayllón starb. Die Offiziere stritten sich um die Nachfolge. Die Sklaven meuterten. Die Indianer revoltierten. Sie sahen nun eine Chance, die Eindringlinge rasch wieder loszuwerden. Sie hatten Erfolg. Im Winter schifften sich hundertfünfzig Überlebende ein. Fünfhundert Kolonisten waren gekommen.

Anders als die Karibik, Zentralamerika oder der Süden des Kontinents, schien der Norden die weiße Invasion nicht zu dulden. Er schüttelte die Eroberer ab wie lästige Fliegen.

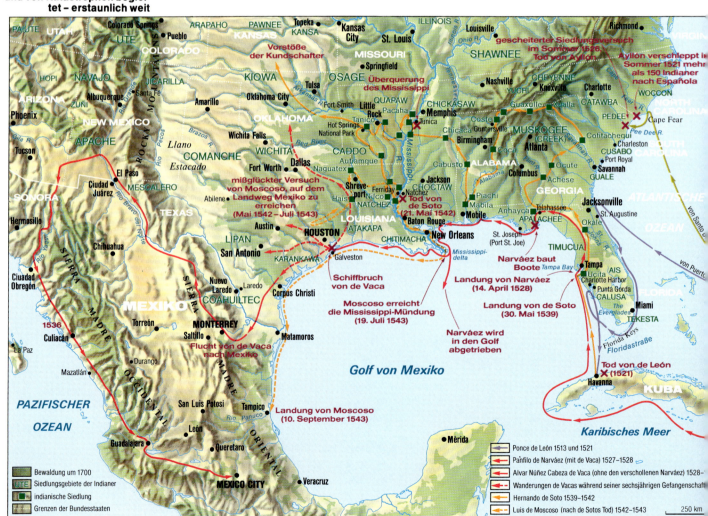

46

Einer der ersten Chronisten der Erschließung Nordamerikas bemerkte mit dem Blick auf Florida, das Land biete den schönsten Anblick, doch es schenke dem Wanderer nichts. Von der tropischen Pracht der Blüten, die auf der sumpfigen Erde gediehen, von Orchideen und Bougainvillea, Hibiskus und Rhododendron konnte sich kein hungriger Landsknecht ernähren. Es fiel auch nicht leicht, dem Wild mit schweren Büchsen, ungefügen Armbrüsten und hinderlichen Hellebarden ins Dickicht zu folgen. Mit Pfeil und Bogen gingen die Indianer besser um. Sie waren geübter, Beeren und Wurzeln, Schnecken und Muscheln zu sammeln, mit denen man für eine Weile auskommen mochte, wenn es nichts anderes gab. Die auszehrende Sonne waren die Krieger und Seeleute halbwegs gewohnt, aber die Moskitos peinigten sie Nacht für Nacht bis aufs Blut. Wenn sich der Himmel öffnete, dann stürzte das Wasser in Fluten herab. Die Stürme waren von solcher Gewalt, daß sich die Palmen bis zur Erde bogen. Das Land schien stärker als der harte Wille der Männer und wenigen Frauen, die ausgezogen waren, es zu erobern.

Wie rasch sich alle Spuren verloren: von den Hurrikans fortgewischt und von der Wildnis überwuchert . . . Vor knapp eineinhalb Jahrhunderten, 1838, stellte sich in dem Städtchen St. Joseph nicht weit von der nördlichen Golfküste eine stattliche Versammlung von Farmern und Kaufleuten, Kapitänen und Jägern ein, um eine Verfassung für das Territorium zu entwerfen, das endlich Mitgliedsstaat der Union werden sollte. Spanien hatte Florida 1819 nach vielen Wirren an die Vereinigten Staaten abgetreten. Die Aufschließung der Halbinsel wurde durch den Widerstand der Seminole-Indianer behindert. Es ist nicht überliefert, daß einer jener Verfassungsväter in St. Joseph gegen die Brutalität protestierte, mit der jene Stämme ausgetrieben wurden, weit nach Westen, über den Mississippi in die Steppen von Oklahoma: Hungermärsche, auf denen Tausende starben.

Sie führten sich staatsmännisch und bedeutend auf, die Gesetzgeber, die sich von den Zeitungsschreibern gern nach antiker Tradition als die Nachfahren von Solon und Lykurg feiern ließen. Es gab, das versteht sich, Journale genug in der Hauptstadt. Die Gazetten, im Museum nachzulesen, annoncierten eine Schiffsfracht alter Weine aus Boston: Madeira und Sherry, Malaga, Muskat, auch Champagner. Außerdem Cognac, holländischen Gin, Rum aus Jamaika und Whisky, Kaffee und Tee.

Man lebte nicht allzu schlecht in St. Joseph. Es gab Kneipen. In den besseren Häusern wurde von englischem Porzellan gegessen. Die rechtwinklig angelegten Straßen waren nach Washington, Franklin und Columbus benannt. Die Stadt zählte sechstausend Seelen.

Ein Nest? St. Joseph war die größte Stadt Floridas. Der Hafen, schrieben die Zeitungen, sei ein Wald von Masten gewesen. Zwei Eisenbahnlinien erreichten die Stadt. Geschäfts- und Warenhäuser wurden gebaut. Der Handel blühte. Man verschiffte jährlich an die 150 000 Ballen Baumwolle. In den Hotels, den Tavernen und Bordellen ging es hoch her.

Im Jahre 1841 brach, angeblich aus Südamerika eingeschleppt, das Gelbe Fieber aus. Drei Jahre später schlug, von einem Hurrikan vorangepeitscht, eine riesenhafte Flutwelle in die Straßen. Auch die festesten Gebäude stürzten zusammen. Die überlebenden Einwohner flohen. Neue Sturmfluten ebneten die Ruinen ein. Der Dschungel nahm die verlassenen Grundstücke zurück. Gebüsch wucherte. Bäume wuchsen, erreichten eine stattliche Höhe. Es läßt sich nicht einmal ahnen, wo einst die Straßen, wo die Bahnlinien liefen.

Nur der Friedhof blieb, ein Stück hinter den vermuteten Grenzen der Stadt. Aus späteren Jahren einige aus Klinker gemauerte Grabstätten, die an alte Backöfen erinnern: Man schloß die Toten ein, denn Hyänen hätten sie aus der Erde gewühlt. Keine Steine aus frühen

Kaum mehr als dieser verwitterte Stein an der Nordwestküste Floridas erinnert an St. Joseph, noch vor eineinhalb Jahrhunderten eine blühende Siedlung mit 6000 Einwohnern und größte Stadt der Halbinsel

Tagen in dem sandigen Boden, auf dem hier nur ein stacheliges Gras gedeiht. Der berühmte Vers Bertolt Brechts beschreibt exakt das Schicksal jener Siedlung: „Von diesen Stätten wird bleiben, was durch sie hindurchging: der Wind ..."

Nicht weit von hier retteten sich im Jahre 1528 die Überlebenden des zweiten Versuchs der Erkundung und Kolonisierung Floridas auf fünf elende Schiffe, die sie selber gebaut hatten. Der genaue Standort der improvisierten Werft ist nicht zu ermitteln. Vermutlich lag er einige Meilen ostwärts an der Apalachicola Bay.

Dies war das Ende der Expedition des Großkonstablers Pánfilo de Narváez, den die Zeitgenossen als einen rotbärtigen Riesen schilderten. In seinem Kampf gegen Cortez um das Oberkommando in Mexiko hatte er ein Auge verloren. Der Conquistador hatte ihn erst auf Befehl aus Madrid freigelassen und mit zweitausend Goldpesos zu trösten versucht. Der Rotbart nahm das Geld. Versöhnt war er nicht.

Narváez dürstete nach Wiedergutmachung. Es verlangte ihn, sein eigenes Reich zu gründen. Karl V. gewährte ihm das Patent, Florida zu erforschen und zu unterwerfen. Im Juni 1527 brach der neuernannte Gouverneur von Spanien mit sechshundert Soldaten, Kolonisten und Ordensleuten auf. Zwei seiner Schiffe scheiterten in einem Hurrikan. In Santo Domingo entlief ihm ein Teil des Gefolges. Es ist anzunehmen, daß unter den Siedlern düstere Gerüchte über das Debakel von Ponce de León und Ayllón umliefen. Warum sollte man sich den Fährnissen einer Weiterreise aussetzen? Die Böden von Española waren fruchtbar. Sorgen ums tägliche Brot hatte man hier nicht. Längst hatten Menschenhändler begonnen, schwarze Sklaven zu importieren, die an der westafrikanischen Küste eingefangen worden waren.

So folgten nur noch gut dreihundert Abenteurer dem Rotbart im Februar 1528 nach Florida. Am Karfreitag, es war der 14. April, landete er – wie man annimmt – nahe der Tampa Bay, an die hundert Kilometer nordwestlich von Punta Gorda, wo Ponce de León ans Ufer gestiegen war.

Die Indianer – sie hatten die Sklavenjäger fürchten gelernt – zogen sich aus ihren Dörfern sofort in die Wälder zurück. In einer der Hütten fand Narváez ein kleines goldenes Ornament. Einige verschüchterte Indianer, die man eingefangen hatte, versicherten, weiter im Norden, im Herrschaftsgebiet der Apalachen, gebe es genug von dem gleißenden Metall. Da keiner den anderen verstand, wurde die Konversation mit Händen und Füßen geführt. Die Spanier hörten, was sie hören wollten. Die Resolutesten sollten, so entschied Narváez, mit ihm auf dem Landweg zu den Apalachen ziehen. Die Schiffe müßten unterdessen einen günstigen Ankerplatz in jener Region suchen, in der man das Goldreich vermutete.

Núñez Cabeza de Vaca, der Schatzmeister und Gerichtsoffizier des Unternehmens, warnte davor, Truppe und Flotte so weit voneinander zu entfernen, denn es sei höchst ungewiß, daß sie sich wiederfinden würden.

Der Gouverneur wollte davon nichts wissen. Er befahl, an jeden der Soldaten als eiserne Ration zwei Pfund Biskuit und ein halbes Pfund Speck auszugeben. Dreihundert Landsknechte mit einem halben Hundert Pferde, angeführt von einer Handvoll Offiziere und begleitet von zwei Mönchen, stapften in den Urwald. Ihre Marschroute läßt sich nicht nachzeichnen. Zwar fand der Feldzug in Núñez Cabeza de Vaca einen späten Chronisten, doch als der Schatzmeister seine Aufzeichnungen fertigte, war nahezu ein Jahrzehnt vergangen. Er hatte inzwischen nach eigenen Schätzungen an die siebentausend Meilen unter die Füße genommen. Wie sollte er sich an Einzelheiten aus den ersten Tagen des großen Abenteuers entsinnen?

Cabeza de Vaca erzählt von den Drohungen, mit denen ein Indianerstamm die Überquerung eines Flusses zu ver-

Kaiser Karl V., in dessen Reich die Sonne nicht unterging, gewährte den Indianern auf Drängen des Bischofs Las Casas einen gewissen Schutz vor Ausbeutung und Vernichtung. Doch für die Mehrheit der Inselstämme war es zu spät

hindert suchte. Es mag der Withlacoochee River oder, weiter im Osten, der Suwannee River gewesen sein. Die Kohorte strebte voran. Mehr als zehn oder zwölf Kilometer brachte sie in der Regel in einem Tagesmarsch nicht hinter sich. Wenn die Soldaten Glück hatten, konnten sie einem Jagdpfad der Indianer folgen.

Das Gelände war schwierig: Morast und Dickicht, Ströme, die man nur mit Mühsal furten konnte, giftiges Pflanzenwerk, das bei jeder Berührung die Haut anschwellen ließ. Skorpione, Schlangen, Alligatoren erwähnte Cabeza de Vaca nicht – sie gehörten dazu. Die schweren Rüstungen drückten und scheuerten die Haut wund. Die Verpflegung wurde knapp.

Ausgehungert erreichte die Truppe die angeblich goldene Stadt der Apalachen, nicht weit vom heutigen Tallahassee: kein Tempel, keine Paläste, kein silbernes Geschirr, keine Perlen, keine Edelsteine, kein Gold, vielmehr eine armselige Ansammlung von etwa vierzig Lehmhütten, nur von Frauen und Kindern bewohnt. Die Männer waren abwesend. Befanden sie sich auf der Jagd, oder führten sie anderswo Krieg?

Anderntags griffen die Indianer die Christen, wie Cabeza de Vaca seine Spanier hartnäckig nannte, überraschend an und zogen sich genauso flink in die Sümpfe zurück, in die ihnen die Weißen nicht zu folgen wagten. Immerhin konnten sich die Europäer an den Maisvorräten der Indianer sattessen. Nach knapp einem Monat zogen die Spanier weiter. Die Indianer, ihrer Reserven beraubt, begannen, den Eindringlingen mit Pfeilschüssen aus dem Hinterhalt zuzusetzen. Die Guerillataktik war zermürbend. Cabeza de

Dieser Stich aus der „Allgemeinen Geschichte der Länder und Völker von Amerika" von 1752 trägt den Titel „Gegend der Provinz Bemarin im Königreich Apalacha" und zeigt eine Hauptstadt „Melitot" – Auswüchse der blühenden Phantasie eines Künstlers, der seinen amerikanischen Traum auf eine idealisierte Landschaft Italiens übertrug

An der Apalachicola Bay im Nordwesten Floridas ließ Pánfilo de Narváez die letzten Pferde des Expeditionskorps schlachten, um seinen entkräfteten Männern Nahrung zu geben, während sie Boote für den Rückzug nach Mexiko bauten. Die Gebeine schimmerten weiß in der Sonne, als Hernando de Soto hier noch einmal ein Rendezvous mit seiner Flotte hatte

Vaca selber wurde verwundet. Alle Hoffnungen auf Ruhmestaten, glänzende Erorberungen und funkelnde Beute sanken in sich zusammen. Die Schritte der Marschierer wurden unsicher. Zeichen der Entkräftung mehrten sich. Die Männer litten an Durchfall. Unmut ging um.

Einige Edelleute der Kavallerie dachten an Flucht — wohin? —, doch dem Gouverneur blieb die Verschwörung nicht verborgen. Er überredete die Rebellen, bei der Truppe auszuharren. Nach gründlicher Beratung wurde beschlossen, das Unternehmen abzubrechen.

Narváez schickte Schatzmeister Cabeza de Vaca zur Küste, um nach den Schiffen Ausschau zu halten. Er fand sie nicht. Doch wenigstens sammelte der Kundschafter im seichten Wasser einer Bucht Austern, an deren Fleisch er sich kräftigen konnte.

Als er zurückkehrte, war das halbe Expeditionskorps krank und geschwächt. Dennoch befahl Narváez den Marsch zur Küste, an der Fische und Muscheln zusätzliche Nahrung böten. Da sich vermuten ließ, daß seine Flotte inzwischen den Heimweg nach Española angetreten hatte, ordnete er an, Boote zu bauen, mit denen die Mann-

schaft versuchen sollte, eines der spanischen Forts in Mexiko zu erreichen.

Die Männer waren so entkräftet, daß sie kaum mehr als arbeitsfähig bezeichnet werden konnten. Aber ohne Schiffe gab es keine Rettung. So machten sie sich diszipliniert und mit einem bewundernswerten Talent zur Improvisation ans Werk.

Holz gab es in den Wäldern genug, doch es trocknen zu lassen, hätte zu lang gedauert. Die verzweifelte Lage mahnte zur Eile. Narváez ließ jeden dritten Tag ein Pferd schlachten, um die Handwerker halbwegs bei Kräften zu halten. Aus den Mähnen wurden Taue geflochten. Die gegerbten Felle der Beine sollten als Wassersäcke dienen. Die großen Knochen brauchte man als Scharniere für die Steuerruder. Die Häute waren neben den Hemden der Soldaten als Segel zu gebrauchen. Aus den Hufeisen, sofern noch vorhanden, den Steigbügeln, den Sporen wurden Nägel und Klammern geschmiedet. Statt Werg nahmen die Schiffsbauer Moose und die Fasern der Palmettos, statt Pech das Harz der Kiefern.

Im September endlich ruderten sie in die Bucht hinaus, jedes der fünf Boote mit beinahe fünfzig Menschen beladen. Die Kähne waren so schwer, daß die Bordwände kaum aus dem Wasser ragten. Die Trinkwasservorräte reichten nicht weit. Fast jeden Tag legten sie irgendwo an, um nach Quellen und Nahrung zu suchen. Sieben Tage brauchten sie, ehe sie dem Gewirr der Inseln, Kanäle, Sandbänke, Buchten der Golfküste Floridas entkamen und die offene See erreichten.

Sie hielten sich dicht unter Land. Dreißig Tage ruderten sie und kamen nicht weiter als bis zum heutigen Pensacola im äußersten Nordwesten Floridas. Auf einer wasserlosen Insel suchten sie im Sturm sechs Tage und sechs Nächte lang Schutz. Halb verdurstet wagten sie sich aufs Meer zurück. Die Unbeherrschten tranken Salzwasser. Erste Leichen wurden über Bord geworfen.

Der Schatzmeister schrieb später, eines Abends hätten sie an Land freundliche Aufnahme durch Indianer gefunden, doch in der Nacht seien die vermeintlichen Wohltäter über sie hergefallen. Narváez wurde verletzt.

Die Strömung des Mississippi trug die Kähne weit in die See. Nach drei Tagen gelangten sie wieder in Küstennähe. Die Winde hatten sie auseinandergetrieben.

Cabeza de Vaca begegnete noch einmal dem Schiff des Kommandeurs, das schneller vorankam als sein eigenes, denn Narváez hatte für seine Besatzung die kräftigsten Ruderer rekrutiert. Der Schatzmeister flehte den Gouverneur an, ihn ins Schlepptau zu nehmen: Er

51

mit seiner geschwächten Mannschaft könne nicht mithalten. Der Gouverneur antwortete, dies sei nicht die Zeit, in der einer dem anderen Befehle erteilen könne. Vielmehr möge jeder nach bester Einsicht versuchen, sein eigenes Leben zu retten. Genau das gedenke er zu tun.

Er fuhr davon. Cabeza de Vaca schloß sich einem dritten Boot an, das weiter draußen im Meer lag. (Die beiden anderen Barken waren offensichtlich verschollen.) Sie quälten sich Seite an Seite voran, Kurs nach Süden, Mexiko zu. Nach vier Tagen kam ein Sturm auf. Das andere Boot versank. Cabeza de Vacas Besatzung schien am Ende ihrer Kräfte zu sein. Sie ließ ihr elendes Schiff treiben. Plötzlich wurde es von einer riesenhaften Welle gepackt und an Land getragen. Die halbverdursteten, ausgehungerten Männer quälten sich auf Händen und Knien durch den Sand. Sie fanden eine Quelle. Indianer zeigten sich. Sie gehörten zu den Stämmen der Mariame und Yguace. Sie gaben den Gestrandeten Fisch, Wurzeln, Mais.

Cabeza de Vaca drängte zum Aufbruch. Die Truppe stieg halbwegs erholt in ihren Kahn. Sie kam nicht weit. Eine Sturzwelle brachte das Gefährt zum Kentern. Einige Männer ertranken. Der Rest rettete sich ans Ufer. Sie hatten nun nichts mehr, kaum einen Fetzen auf dem Leib, ausgemergelte Gestalten, Haut und Knochen.

Am Abend kehrten die Indianer wieder. Der Anblick der verzweifelten Erscheinungen griff ihnen so ans Gemüt, daß sie „wie die Tiere heulend" in Tränen und lauten Jammer ausbrachen. Vielleicht stimmten sie vorsorglich eine Totenklage an. Cabeza de Vaca nahm es, zu seinem Glück, nicht zur Kenntnis.

Die Indianer versuchten, die Schiffbrüchigen mit Speisen und Wasser aufzurichten. Cabeza de Vaca lieferte keinen präzisen Anhalt, wo er sich befand: Es mag Galveston Island oder Matagorda Island gewesen sein.

Ihr Mitgefühl hielt die Rothäute nicht davon ab, die Fremden mit den Bärten,

zottig-langen Haaren und „Kalkgesichtern" als Sklaven für sich arbeiten zu lassen. Ihr Respekt vor den Elendsgestalten schwand rasch, wie Cabeza de Vaca berichtet. Nein, das waren keine Weißen Götter mehr.

Manche der Spanier aßen das Fleisch ihrer toten Kameraden: „Fünf Christen", schrieb der Chronist, „die an der Küste hausten, gingen so weit, einander aufzuessen. Nur der Körper des letzten, den kein anderer mehr essen konnte, wurde unversehrt aufgefunden."

Die Nahrung war knapp, auch für die Indianer, die sich von Schnecken und Muscheln nährten, von Schlangen, von Beeren und Wurzeln, von Fisch, selten von Wild, das sich in jenen Revieren rar machte. Sie aßen, in der Not, auch Spinnen, Ameiseneier, Würmer, Eidechsen. Fischgräten und Schlangengerippe wurden zu Pulver zerrieben. Die Prickley Pear, eine Kakteenart, die nach Feigen schmeckt, war ein wichtiges Element ihrer Ernährung.

Dieser Diät waren die Europäer nicht gewachsen. Sie siechten dahin. Die meisten starben. Schließlich waren es noch vierzehn, unter ihnen Schatzmeister Núñez Cabeza de Vaca, ferner Alonso del Castillo aus Salamanca, Andres Dorantes aus Béjar und der Mohrensklave Estavanico aus Marokko.

Sie lebten nicht beieinander, diese letzten, vielmehr hatten sie ihren jeweiligen Herren auf der Jagd und bei der Nahrungssuche zu folgen. Nur manchmal trafen sie sich, so während der Austernsaison oder während der Ernte des wilden Spargels.

Cabeza de Vaca erzählt in seiner Chronik, er habe sich stets, von Anfang an, mit Fluchtgedanken getragen. Der Mohr Estavanico sei bereit gewesen, sich ihm anzuschließen. Castillo und Dorantes hätten gezögert. Geduldig habe er gewartet. Wenn ihn inmitten des texanischen Dornengestrüpps Verzweiflung übermannte, habe er sich in der Erinnerung an die Dornenkrone Christi aufgerichtet.

Die Indianer beobachteten aufmerksam, wie die Fremden zum Gebet auf

Von den Methoden der indianischen Krankenpflege erzählt Theodor de Bry auf diesem Stich in seinem Werk von 1591: Zum Aderlaß wurde der Kopf des Patienten mit einer Muschelscherbe angeritzt. Schwangere tranken das Blut zur Stärkung. Andere Kranke genasen angeblich durch die wohltuende Wirkung des Tabakrauchs

die Knie sanken, die ewigen Worte der lateinischen Fürbitten murmelnd, das Ave Maria, das Pater Noster, das Kreuzzeichen schlagend. Ritual und Feierlichkeit schienen die Ur-Amerikaner, gleich welchen Stammes, stets tief zu faszinieren. Kamen die Fremdlinge nicht aus einer anderen Welt? Waren sie Geschöpfe der Dämonen? Oder am Ende doch Götter? Kinder der Sonne? Oder der Hölle? Verfügten sie über heilende Kräfte?

Cabeza de Vaca gestand, er habe den Medizinmännern neugierig über die Schultern geschaut. Als seine bronzehäutigen Herren eines Tages von ihm forderten, er möge sie von quälenden Kopfschmerzen befreien, bediente er sich ihrer eigenen Tricks, ahmte die beschwörenden Gesten nach, hauchte seinen Atem über die schmerzende Stelle, sprach Gebete, schlug das Kreuz und befahl die eigene Seele unter Gottes Allmacht. Der Zauber half. Die Freude der Geheilten war so groß, schrieb er, daß sie ein prächtiges Fest ausrichteten und drei Tage nicht aufhörten, zu tanzen und zu singen.

Der weiße Sklave erlangte nun dank seiner Heilkunst einige Privilegien. Er begann, mit Fischreusen und allem möglichen Werkzeug zu handeln. Er gewann Bewegungsfreiheit, wanderte von Dorf zu Dorf, der Küste oder dem Sabine River bis nach Oklahoma folgend.

Sechs Jahre harrten er und seine drei Genossen in jener unwirtlichen Region unter den Rothäuten aus — arm und hungrig, „nackt wie jene". Sie wurden nicht immer gut behandelt. Manchmal hagelte es Schläge und Tritte — Sklavengeschick. Die Küstenstämme erwiesen sich als ungesittete Völker. Eltern, schrieb Cabeza de Vaca entrüstet, schienen jederzeit bereit, ihre Kinder zu töten, vor allem kleine Mädchen.

S<small></small>chließlich ließen sich Dorantes, Castillo und der Mohr überreden, eine Gelegenheit zur Flucht zu nutzen. Cabeza de Vaca machte sich seine Heilkunst zunutze. Bald eilte ihm der Ruf des Wunderdoktors voraus.

Von seinem Gefährten Castillo, dem Arztsohn, erwarb er wohl auch einige medizinische Kenntnisse, die europäischer Tradition entsprachen. Auch der Mohr Estavanico entfaltete als Medizinmann außergewöhnliches Talent. Seinen Auftritten verschaffte er mit Hilfe von Schellen und Rasseln besondere Effekte. So glänzte seine Glorie hell auf.

Der Ruhm dieser wandernden Ärzte war so groß, daß ihre Ankunft in einem Dorf oft wahre Volksaufläufe verursachte. Sie wurden verköstigt und mit Geschenken überhäuft. Da sie auf die Gastfreundschaft der Indianer angewiesen waren, folgten sie den Einladungen, die sie immer weiter nach Westen führten. Oft blieben sie Monate bei einem Stamm.

Cabeza de Vaca vermerkte staunend, wie so viele nach ihm, daß unter den Indianern „Eunuchen" lebten, als Frauen gekleidet, Frauenarbeit verrichtend, doch sie gingen auch mit Pfeil und Bogen um: Er nahm als erster das Transvestitentum unter den Rothäuten zur Kenntnis.

Die vier waren wohl die ersten Fremden, die in den weiten Prärien von Texas die riesenhaften Herden der Bisons sahen: Tausende, ja Zehntausende der höckrigen Rinder mit den zottigen Mähnen schienen die Ebene von Horizont zu Horizont zu füllen. Die Wanderer begegneten Stämmen, die ausschließlich von den Bisons ihr Leben fristeten und den Herden nachzogen, wohin sie auch trieben. Cabeza de Vaca meinte, das Fleisch der Tiere sei feiner als das der spanischen Rinder.

Schließlich gelangten die Flüchtlinge an ein Gebirge. Indianer folgten ihnen nun zu Hunderten – stets bis zum nächsten Dorf, das sie gründlich auf den Kopf stellten, ehe sie umkehrten. Der Troß schwoll oft auf Tausende an. Jedes Mitglied der Gemeinde bestand darauf, daß seine Nahrung von einem der Wundermänner gesegnet würde. Der Vormarsch der Fremden, immer von Wundertaten begleitet, wurde zum wahren Triumphzug. Mit einem Messer aus einer geschärften Muschelschale schnitt Cabeza de Vaca eine Pfeilspitze aus der Schulter eines Kriegers. Das Objekt wurde wie eine Reliquie herumgezeigt. Der Chirurg wurde mit Gaben überhäuft. Die vier lebten wie Gott in Amerika.

Sie drängten voran. Sie wollten nach Mexiko. Das Land im Westen sei von Feinden bewohnt, warnten ihre Gastgeber. Sie weigerten sich, Führer zu stellen. Trotz aller Beschwörungen schlugen die vier Männer schließlich den Weg in die Berge ein. Sie stießen auf feste Häuser, deren Mauern aus getrocknetem Lehm errichtet waren, auf Dörfer, die diesen Namen auch in den Augen der Weißen verdienten, ein Volk von Ackerbauern, die Mais, Bohnen, Kürbisse und Squash anbauten. Die Flüchtlinge entdeckten die Pueblo-Kultur. Da und dort sahen sie einfachen Schmuck aus Türkis und bunten Steinen, die sie für Smaragde hielten. Sie merkten auf. Ließ sich am Ende doch ein anderes Azteken-Reich entdecken?

Auch die Pueblo-Indianer waren rasch von den wundersamen Gaben der weißen Medizinmänner verzaubert. Cabeza de Vaca und sein schwarzer Gefährte wurden, recht besehen, auf ihrer

Die erste Darstellung eines Bisons in einem kolorierten spanischen Holzschnitt aus dem Jahre 1554. Der erste Europäer, der die zottigen Wildrinder Nordamerikas sah, war vermutlich Cabeza de Vaca, der zwischen 1529 und 1536 als weißer Sklave unter Indianern lebte

Wanderung die ersten der „faith healers" – jener Gesundbeter, die für die Leib- und Seelsorge Amerikas so wichtig sind, auch heute noch, fast ein halbes Jahrtausend später inmitten einer aufgeklärten Gesellschaft.

Sie liefen noch immer auf bloßen Füßen, waren halbnackt, sie jagten mit den Waffen der Indianer, wenn sie auch, wie Cabeza de Vaca gestand, niemals die gleiche Fertigkeit im Spurenlesen erlangten. Sie lernten die Sprachen der Völker, bei denen sie sich aufhielten. Sie erfuhren auch, daß kein gemeinsames Idiom der vielen Nationen oder Stämme existierte.

Die Flüchtlinge wandten sich von neuem nach Westen und kamen an einen Fluß, der ihnen so mächtig zu sein schien wie der Guadalquivir bei Sevilla: vermutlich der Rio Grande. Die Pueblo-Städte wurden stattlicher, die Kleider der Indianer bunter, der Federschmuck der Häuptlinge reicher.

Die Männer überstiegen die Mimbres- und die Cochise-Mountains in Arizona, wandten sich nach Süden und folgten dem Bernardino-Tal in die mexikanische Provinz Sonora. In einer Stadt am Rio Yaqui wurden den Sonnensöhnen angeblich sechshundert frische Hirschherzen als Opfergabe dargereicht.

Die Hoffnung, zu ihren Landsleuten heimzukehren, trieb sie weiter. Sie stießen endlich, nach sieben Jahren in der Wildnis, auf erste Spuren von Europäern. Castillo entdeckte, daß ein Indianer „einen merkwürdigen Gegenstand an seinem Hals trug" – die Schnalle eines Gürtels von jener Art, an den die Spanier ihren Säbel zu hängen pflegten. Woher er die Schnalle habe? Vom Himmel, sagte der Indianer. Wer habe die Gaben gebracht? Männer mit Bärten, mit Pferden, Speeren und Schwertern. Jene Besucher hätten zwei Indianer getötet.

Die vier Spanier dankten Gott. Sie kamen ihrer eigenen Zivilisation näher. Kein Zweifel, die Vertreter der Christenheit hatten in jener Region schon, wie üblich, im Segen gewirkt. Die Wanderer stießen nun auf niedergebrannte Dörfer, verlassene Siedlungen. Die Menschen waren vor den Sklavenfängern ins Gebirge geflüchtet. „Sie zittern wie vor dem Teufel, wenn sie die Namen der Christen hören", schrieb Las Casas. Er übertrieb gewiß nicht.

Dann, eines Tages, sahen sie die ersten Landsleute, vier waren es, zu Pferde. „Sie waren von meinem Anblick wie gelähmt, so seltsam und kleiderlos wie ich war, von Indianern umgeben. Sie starrten uns lange an, grüßten nicht und kamen nicht näher, um uns Fragen zu stellen." Mißtrauen erfüllte die Reitersleute. Konnten das Europäer sein, Spanier, Christen? Diese abgerissenen Erscheinungen, nichts als einen Lendenschurz aus Fellen auf dem Leib, von der Sonne verbrannt, Bärte und Haare verwildert?

Die Flüchtlinge verlangten, zum Kommandeur geführt zu werden. Den Kapitän Diego de Alcaraz überzeugten sie rasch davon, daß sie Untertanen des katholischen Königs seien, Christenmenschen wie er selber. Cabeza de Vaca hatte die Geistesgegenwart, sich von dem Hauptmann in einem Zertifikat bestätigen zu lassen, wann und wo und unter welchen Umständen er ihn angetroffen habe. Es war der 10. März 1536. Acht Jahre waren seit dem Aufbruch von Santo Domingo vergangen.

Die Reiter des Kapitäns machten Anstalten, den friedlichen Anhang der vier Heimkehrer – sechshundert Indianer zogen mit ihnen einher – in die Sklaverei zu treiben. Cabeza de Vaca und seine Gefährten wurden listig von ihrer Gemeinde getrennt. Hinter ihren Rücken führten die Spanier die Menschenbeute ab.

Cabeza de Vaca und seine Begleiter brachen wieder auf, irrten durch die mexikanische Steppe, dem Verdursten nahe. Nach bitteren Tagen gelangten sie zu dem spanischen Vorposten Culiacán. Cabeza de Vaca zog nach Mexico City weiter. Unterwegs sah er den Pazifik: der erste Europäer, der den Subkontinent von Ozean zu Ozean durchquert hatte. Cortez begrüßte ihn in der Hauptstadt der Kolonie.

Über Santo Domingo reiste Cabeza de Vaca nach Madrid. Mit aufgerissenen

Augen und offenen Mündern lauschten die Höflinge seinen Erzählungen. Nicht jeder schenkte ihm Glauben.

An die siebentausend Meilen, etwa elftausend Kilometer, hatte er nach eigenem Bekunden auf der großen Wanderung durch den Kontinent zurückgelegt. Nördlich von Mexiko hatte er nirgendwo Gold, nirgendwo Silber, nirgendwo Perlen gesehen, selten ein bißchen einfachen Schmuck. Aber Gerüchte von fernen Reichen und unermeßlichen Schätzen hatten die Indianer fast überall auch an seine Ohren getragen. Glaubte er den Phantasien? War er noch immer bereit, den Illusionen nachzulaufen, von denen er wissen mußte, daß sie wie Halluzinationen zurückwichen, wenn man ihnen näher kam? Träumte er noch immer die aberwitzigen Träume vom Dorado hinter den Meeren, den Urwäldern, den Gebirgen, den Wüsten?

Der Heimkehrer wies klar genug auf die Heimsuchungen und Entbehrungen hin, die er und seine Kameraden zu bestehen hatten. Er verbarg auch nicht, daß die Länder, die er durchforscht hatte, nach europäischen Begriffen bettelarm seien. Cabeza de Vaca fand Gelegenheit, seine Erfahrungen dem Kaiser selber vorzutragen. Höflinge behaupteten, er habe Karl V. wahre Wunderdinge geschildert. Hielt er es für angebracht, bei Seiner Majestät falsche Erwartungen zu wecken?

Wie auch immer: Er bewarb sich um das Patent für einen neuen, einen dritten Vorstoß nach Florida. Doch er kam zu spät. Das Privileg war an Hernando de Soto vergeben worden.

Warum gab er sich nicht mit einer Pension zufrieden, die ihm der König vermutlich früher oder später ausgesetzt hätte? Warum drängte er so unvernüftig nach Amerika zurück? Glaubte er wahrhaftig an die indianischen Gaukeleien von den „Sieben Städten von Cíbola", von denen unter den Stämmen in Texas und im nördlichen Mexiko die Rede gewesen war? Kein Zweifel, Cabeza de Vaca wollte vor allem reich werden wie Cortez und Pizarro, mächtig, wie es de Soto schon war.

Der Kaiser verlieh ihm schließlich Titel und Amt des Gouverneurs der Provinzen am Rio de la Plata. Auch mit diesem Auftrag ist er gescheitert. Die mörderische Hitze, die Regenstürme, die Moskitos, das Fieber, die Pfeile der Indianer waren zuviel für seine Krieger, als sie sich von der Küste durch den Dschungel ins Innere vorzukämpfen versuchten. Sie meuterten. In Asunción streckte die Malaria oder das Gelbe Fieber auch ihn aufs Lager.

Die Kolonisten lehnten sich gegen Reformen auf, die er ihnen aufzwingen wollte: Versklavung und Ausbeutung der Indianer waren nicht länger erlaubt, die Vergewaltigung von Frauen wurde unter Strafe gestellt, kurz, alles, was ihnen das Leben in der Wildnis begehrenswert machte, schien bedroht zu sein. Das nahmen sie nicht hin. Cabeza de Vacas allzu hoheitsvolle Manieren nährten überdies die Ressentiments der harten Männer. Sie setzten ihn kurzerhand ab und schickten ihn 1544 — wie vordem den großen Columbus — in Ketten nach Spanien zurück.

Bis 1551 mußte er zähneknirschend warten, dann erst machte ihm der Indienrat den Prozeß. Die Richter wiesen seine Rechtfertigungen zurück und folgten den Anschuldigungen des Vizegouverneurs, der die Verschwörung gegen Cabeza de Vaca inszeniert hatte. Der Angeklagte wurde zu achtjähriger Verbannung in Afrika verurteilt.

Nicht lange danach widerrief König Philipp II. das Urteil, gewährte dem Geprüften die verdiente Pension und ernannte ihn zum Mitglied der Audiencia, dem obersten Gerichtshof für die Kolonien. Cabeza de Vaca schrieb, nach dem Erfolg seines nordamerikanischen Reiseberichts, ein dickes Buch über die südamerikanischen Erfahrungen. Bald darauf, um das Jahr 1557, starb er, etwa 67 Jahre alt.

Die Bilder, die von Hernando de Soto überliefert sind, dem vierten unter den Conquistadores, die den Zugang zum nordamerikanischen Halbkontinent von Florida, von Georgia oder den Carolinas her aufzubrechen versuchten, zeigen einen straffen, sehnigen Mann, das Gesicht schmal, die Backenknochen ausgeprägt, kurzgeschorenes Haar, starke Brauen, ein dunkler Bart, eine lange und feine Nase, schwarze Augen, von denen die Zeitgenossen sagten, ihr Blick sei durchdringend gewesen: ein El Greco-Gesicht, doch es glühte nicht in religiöser Inbrust auf, sondern teilte Machtwillen, Hochmut, Grausamkeit und die Lust am Erfolg mit.

De Soto stammte aus der Estremadura, jener entlegenen, zerklüfteten und rauhen Landschaft im Südwesten Spaniens an der portugiesischen Grenze, aus der so viele der Conquistadores aufbrachen: Hernando Cortez, der in Medellina zu Haus war, die Brüder Pizarro, die aus der Stadt Trujillo kamen, Vasco Núñez de Balboa, der in Jerez de los Caballeros zur Welt kam.

Auch Hernando de Soto soll in jenem Städtchen zur Welt gekommen und aufgewachsen sein, und als Siebzehnjähriger soll er im Gefolge von Pedro Arias de Ávila, dem Gouverneur von Nicaragua, sein erstes transatlantisches Kommando übernommen haben. Er diente sich langsam empor, 17 oder 18 Jahre lang Geduld übend.

Francisco Pizarro, der 1531 das Patent erhielt, das peruanische Kaiserreich der Inka zu erobern, ernannte seinen Landsmann de Soto zu seinem Vertreter — und de Soto war es angeblich, der Cuzco mit all seinen Schätzen eroberte.

In Peru wurde er steinreich. Er konnte es sich leisten, eine Expedition aus eigenen Mitteln zu finanzieren. So bewarb er sich bei Karl V. um die Erlaubnis, das geheimnisvolle Florida zu erobern, an dem Ponce de León, Ayllón und Narváez so jämmerlich gescheitert waren. Der Kaiser gewährte ihm 1537 das Privileg. Die düsteren Nachrichten vom Schicksal seiner Vorgänger schreckten de Soto nicht ab.

Er war nun ein großer Herr. Zu seiner Flotte zählten zehn Schiffe, angeführt vom Flaggschiff „San Cristobal", achthundert Tonnen groß, dazu die „Magdalena", die nicht kleiner gewesen sein soll, die „Concepción" und die „Buena Fortuna" mit je fünfhundert Tonnen, die „San Juan" und „Santa Barbara", die ebenfalls als „große Schiffe" bezeichnet wurden, ferner die Galeone „San Anton" und zwei oder drei Karavellen.

Der Kommandeur warb etwa siebenhundert Freiwillige an, von denen die Hälfte aus der Estremadura stammte, seiner kargen Heimat, die so viele Ähnlichkeiten mit den bergigen Regionen von Mexiko aufwies. Unter den Söldnern waren fast alle Berufe vertreten: Schuhmacher und Schneider und Zimmerleute, Schmiede und Schiffsbauer, aber auch Notare und Trompeter. An Bord befanden sich ferner etliche Hunde und 13 Schweine.

Am 30. Mai 1539, elf Jahre nach Narváez, landete de Soto an der Küste von Florida in der Charlotte Bay südlich von Tampa. Sofort geriet er in ein Gefecht mit Indianern, die vielleicht hofften, sie könnten die Invasoren durch einen unverzüglichen Angriff zum Rückzug zwingen. Der Gouverneur ließ sich nicht beirren. Er besetzte ein Dorf, ließ sämtliche Bäume im Umkreis fällen, um vor Überraschungsattacken sicher zu sein, und befahl, alle Indianer, die sich in die Nähe wagten, bis in den Dschungel zu verfolgen.

Von den ersten Indianern, die seine Leute zu ergreifen vermochten, versuchte er, alle nur möglichen Informationen herauszupressen. In einer Hütte hatte man ein paar Perlen gefunden. Davon mußte es mehr geben. In welcher Himmelsrichtung?

Nach ein paar Tagen stießen seine Häscher auf eine abgerissene verwilderte Gestalt. Der Mann gab sich als Spanier zu erkennen. Er sagte, er heiße Juan Ortiz, sei mit Narváez nach Florida gekommen; als sich der Konstabler von seiner Flotte getrennt habe, sei er auf einem Schiff geblieben und schließlich nach Kuba zurückgekehrt. Von dort habe ihn die Frau des Narváez zurückgeschickt, um nach ihrem Mann zu suchen; an Land sei er bald in die Hände der Indianer gefallen.

Hernando de Soto, neben Cortez die eindrucksvollste Gestalt unter den spanischen Eroberern Amerikas, war ein kühner Mann, willensstark, voll natürlicher Autorität — und grausam

Hernando de Sotos Landung in Florida 1539 — nach den idealisierenden Vorstellungen eines Illustrators im 19. Jahrhundert. In Wirklichkeit gibt es von der Expedition und ihrem Marschweg keinerlei sichtbare Spuren. Man weiß aber aus zeitgenössischen Berichten, daß de Soto den Boden Floridas in der Charlotte Bay südlich von Tampa nicht weit von der heutigen Brücke betreten hat

Ortiz erzählte, die Tochter eines Häuptlings habe ihn gerettet: eine der schönen Indianer-Prinzessinnen (wie Pocahontas), die so oft voller Mitleid und Liebe weiße Abenteurer vor dem Marterpfahl bewahrten – sofern die Legenden zutreffen. Ortiz mochte hoffen, Gouverneur de Soto schicke ihn nach den Jahren der Sklaverei und Entbehrung in die Heimat zurück. Er täuschte sich. Er hatte in der Gefangenschaft mehrere indianische Sprachen gelernt. Das war ein unschätzbarer Vorzug. De Soto teilte den verlorenen Landsmann unverzüglich seinem Stab zu.

Von Ortiz und den Indianern will der Gouverneur „so unwahrscheinliche Dinge über die Großartigkeit" des Landes und der Stadt Aquerra gehört haben, „daß ich es nicht wage, sie für Euch zu wiederholen", schrieb er an den Stadtrat von Santiago de Cuba: „Sie sagten, daß wir dort alle Art von Geflügel finden würden, auch Hirsche, die in geschlossenen Parks leben. Außerdem Leute, die einen lebhaften Handel mit Gold und Perlen treiben, die in ihren Provinzen in großen Mengen gefunden werden. Ich hoffe zu Gott, daß dies so ist, denn ich habe ihnen angedroht, daß ich sie bestrafen würde, wenn sie versuchten, mich zu betrügen." Wußte es Ortiz nicht besser? Wagte der Landsmann keinen Widerspruch?

Das erste Marschziel war klar: Aquerra, nach Auskünften des Häuptlings, dem Juan Ortiz bisher gedient hatte, eine „große Stadt", angeblich nur drei Tagesreisen entfernt. Von dort aus sollte es nur zwei weitere Tage bis zu einer anderen mächtigen Stadt mit dem Namen Ocale sein.

Die Mitglieder der amerikanischen Regierungskommission, die vierhundert Jahre später die Erkundungszüge des Hernando de Soto und seiner kleinen Armee nachzuzeichnen versuchte, konnten sich an keine sichtbaren Spuren halten. Vielmehr waren sie auf vier Berichte angewiesen, deren Autoren mit unterschiedlicher Zuverlässigkeit vom Schicksal der Expedition erzähl-

Den Suwannee River durchquerten Narváez und de Soto mit ihren Männern watend und schwimmend. Oft wurde mit den Leibern der Pferde ein Schutzwall gegen die reißenden Fluten gebildet. Erst im weiteren Vormarsch lernten die Europäer, Flöße und Kanus nach Art der Indianer zu bauen

ten. Zwei der Chronisten waren Augenzeugen: der sogenannte Hidalgo von Elvas, ein Portugiese, der sich de Soto schon in Spanien angeschlossen hatte; der andere, Luis Hernández de Biedma, trug den Titel eines „Kommissars der kaiserlichen Majestät" und nahm einen hohen Rang im Gefolge de Sotos ein. Weitere Auskünfte stammen von Rodrigo Rangel, einem Sekretär des Kommandeurs, dessen Aufzeichnungen als verloren gelten, doch seine wichtigsten Mitteilungen scheinen in Oviedos „Allgemein- und Naturgeschichte der Indianer" Aufnahme gefunden zu haben.

Die vierte Chronik ist die ausführlichste, doch nicht die vertrauenswürdigste, weil der Verfasser seine Kenntnisse entweder aus den schon vorliegenden Berichten oder aus Hinweisen zweiter Hand bezog. Überdies hatte der Schreiber literarischen Ehrgeiz, was die Lektüre seines Buches unterhaltsamer, den Inhalt nicht immer glaubwürdiger macht. Der Autor, Garcilaso de la Vega, genannt der Inka, stammte aus Cuzco in Peru, Sohn einer indianischen Prinzessin und eines Spaniers, der sich Francisco Pizarro angeschlossen hatte.

Die nüchternen Wissenschaftler der Regierungskommission zogen die romantisch-poetische Erzählung des Inka nur mit Vorsicht zu Rate. Mit äußerster Sorgfalt verglichen sie die Angaben aller Quellen. Ihre regionalen Helfer prüften an Ort und Stelle den Verlauf von Flüssen und Bächen, die Lage von Sümpfen und Seen, Vegetation und Formation der Landschaft, um aus einer Vielzahl von Anhaltspunkten halbwegs solide Einsichten zu gewinnen, wo sich de Sotos Kolonne zu welcher Zeit aufgehalten haben mochte. Sie versuchten aus indianischen Namen eine sprachliche Zuordnung herauszuhören. Dann bemühten sie sich festzustellen, in welchen Regionen jene Idiome vor vier Jahrhunderten gesprochen wurden. Die Gegenwart bot dafür keine Aufschlüsse mehr. Viele der indianischen Nationen waren Wandervölker, die ihre Jagdreviere stetig wechselten. Sie wurden im 19. Jahrhundert aus dem Südosten vertrieben und, soweit sie die Hungermärsche überstanden, weit im Westen angesiedelt. In den Dschungeln Floridas überlebten nur einige hundert Seminolen.

Die ersten Spanier blieben schon einige Tage nach der Landung de Sotos an der Tampa Bay auf der Strecke. Die Kavalleristen machten ihre bösen Erfahrungen mit dem schwierigen Gelände. Die Pferde stolperten, von der Reise geschwächt, über die Wurzeln im Busch, stürzten oft und mit ihnen die Reiter in ihren Rüstungen, die in der feuchten Hitze so lästig wurden. Doch verzichteten die Soldaten nur ungern auf die Panzer, die halbwegs Schutz gegen die Pfeile der Indianer boten.

Als der Heerhaufen von der Tampa Bay, die de Soto Bahía Espíritu Santo nannte, nordwärts stampfte, überquerte er den Withlacoochee River und nach mühsamen Marschtagen den Suwannee River in der Höhe des späteren Branford. Die als glänzend geschilderten Städte Aquerra und Ocale erwiesen sich als Ansammlungen elender Lehmhütten. Doch fanden die Soldaten in Ocale wenigstens Maisvorräte, die für drei Monate auszureichen versprachen.

Dann marschierten die Landsknechte weiter, einer anderen Chimäre entgegen: der Stadt Caliquen, vermutlich nicht weit von der heutigen Grenze zu Georgia gelegen.

Nach böser Sitte bemächtigte sich de Soto des Häuptlings, der sich den Fremden zunächst friedfertig genähert hatte. Dessen Untertanen bereiteten, wie dem Dolmetscher Juan Ortiz zugetragen wurde, seine gewaltsame Befreiung vor. An die dreihundertfünfzig oder vierhundert Indianer sammelten sich um das Lager der Spanier.

Der Gouverneur bediente sich einer schlimmen List. Er führte den Häuptling selber aus der Hütte und machte einige Gesten, aus denen die Indianer schließen mußten, er sei im Begriff, ihn freizulassen. In diesem Augenblick erscholl die Trompete und die Spanier begannen, auf die überraschten Indianer einzuhauen. Sie wehrten sich tapfer, doch vor den schrecklichen Waffen der Weißen ergriffen sie schließlich die Flucht. Die Spanier verlegten ihnen den Rückzug. In ihrer Verzweiflung stürzten sich die Flüchtenden in einen See, den die Fremden alsbald umstellten. In der Nacht sahen die Wachen, daß sich Wasserlilien mit ihren riesenhaften Blättern auf das Ufer zubewegten. Die Indianer schwammen hinter der Tarnung so ruhig, daß sie zunächst kein Wasserschlag verriet. Als die Spanier den Ausbruchsversuch durchschauten, scheuchten sie die amphibischen Krieger ins Wasser zurück. Am Morgen gaben die meisten auf. Handschellen und eiserne Halskragen, massenhaft mitgeführt, klirrten.

Die erste Kolonne des Sklavenheeres, das de Soto von nun an auf seinem Marsch mit sich trieb, schulterte die Lasten des Expeditionskorps. Doch die Indianer ergaben sich auch jetzt nicht in ihr Schicksal. In der Dunkelheit erhoben sie sich gegen die Peiniger und ergriffen die Waffen der Weißen, die sie sehr wohl zu handhaben verstanden. Sie wurden dennoch niedergemacht. Die Spanier verloren nur vier Mann.

De Soto waren ermutigende Nachrichten über die Siedlungen der Apalachen zugetragen worden. Während der Erkundungen entdeckte einer seiner Spähtrupps die Baja de los Caballos – die Pferdebucht, in der der unglückselige Narváez seine Boote hatte bauen lassen. Weiß blinkten die ausgebleichten Gebeine der geschlachteten Pferde aus dem seichten Wasser.

De Soto glückte hier ein verabredetes Rendezvous mit seinen Schiffen. Er schickte zwanzig Sklaven nach Kuba. Den Kapitänen befahl er, sich übers Jahr Stelle wieder einzufinden.

Da in der Region Mais und Bohnen gediehen, entschloß er sich, hier sein erstes Winterquartier zu beziehen. Er besetzte ein Indianerdorf. Einer der Chronisten schrieb, die Siedlung habe aus sieben oder acht Holzhäusern bestanden, mit Palmblättern bedeckt: „Das Haus des Häuptlings stand nahe am Strand, auf einer sehr großen Erhebung, die von Hand für die Verteidigung aufgeworfen worden war. Am an-

Die erste botanische Darstellung von Mais stammt von dem spanischen Geschichtsschreiber Gonzalo Hernández de Oviedo y Valdés, dessen zwanzigbändige „Historia general y natural de las Indias" zwischen 1535 und 1537 erschien

deren Ende des Dorfes war ein Tempel, auf dessen Spitze eine hölzerne Henne angebracht war, mit vergoldeten Augen, in denen man einige Perlen geringen Wertes fand." Ein anderer notierte, in „jenem kalten Land" besitze jeder Indianer ein Winterhaus, das innen und außen mit Lehm verputzt sei. Die kleine Tür werde bei Einbruch der Dunkelheit geschlossen. Ein Feuer halte die Häuser so warm wie ein Ofen. Man brauche drinnen keine Kleider.

Noch hatte de Soto keines der Ziele seines Unternehmens erreicht. Er hatte kein Gold, kein Silber, keine Edelsteine entdeckt, nur minderwertige Perlen. Doch, von den phantastischen Erzählungen der Indianer genährt, gingen wiederum wilde Gerüchte um: Im Landesinnern verberge sich das Reich der goldenen Tempel. Wo? Man würde sehen . . .

Anfang März 1540 machte sich der Trupp wieder auf den Weg, Richtung Nordosten. Der Marsch war mühselig, von Beginn an. Seufzend schrieb einer der Chronisten, das Fleisch sei so spärlich geworden, daß sich die Männer wie besessen auf die „Hunde stürzten, die ihnen von den Indianern angeboten wurden". Spätere Historiker zweifelten daran, ob es sich bei jenen Kötern tatsächlich um Hunde handelte, wie sie die Spanier mit sich führten: reißende Tiere, die nicht zögerten, einen Menschen zu zerfetzen, der ihnen zum Fraß vorgeworfen wurde, wie es diesem und jenem Indianer widerfuhr, der sich in den Augen der Christen einer besonderen Versündigung schuldig gemacht hatte. Sie schienen das blutige Schauspiel allemal zu genießen, die Söhne der katholischen Majestät. Vermutlich war der schreckliche Brauch nicht nur in Spanien populär. An ihn erinnert auch die deutsche Redensart, daß ein Mensch „vor die Hunde" gehe.

Aber die indianischen Köter? Waren es gezähmte Hyänen oder Kojoten? Oder, wie einige Historiker vermuteten, eine Art von Beutelratten? Die Chronisten deuteten an, jene Hunde hätten nicht gebellt, sondern nur geheult.

Die Strapazen wuchsen von Tag zu Tag. Um mächtige Flüsse wie den Flint River zu durchqueren, die im Frühling Hochwasser führen, trieben die Spanier zuerst die Pferde in den Strom und versuchten, im Schutz der Tierleiber eine Kette zu bilden, die eine halbwegs gefahrlose Passage gewährte. So schleppten sie sich durch Georgia — angespornt von den Indianern, die Märchenhaftes vom Reich einer schönen und mächtigen Königin erzählten.

Würden sie am Ende doch die Amazonen treffen, nach denen die Spanier Ausschau hielten, seit sie ihren Fuß auf amerikanischen Boden gesetzt hatten? Columbus glaubte, sie hausten in den Wäldern hinter dem Orinoco. Unter den Maya ging eine Legende von der Insel der starken Frauen um, die ihre Männer einmal im Jahr empfingen, um sich Kinder machen zu lassen. Nur die Mädchen ließen sie bei sich aufwachsen; am Ende der Pubertätsjahre werde ihnen eine Brust abgeschnitten, damit sie ungehindert mit Pfeil und Bogen hantieren könnten. Cortez wiederum war davon überzeugt, daß die Amazonen in Kalifornien zu finden seien. Die Spanier, von so herrischer und oft gokkelhafter Männlichkeit, schienen von der Vorstellung femininer Herrschaft tief fasziniert zu sein. Sie witterten Lockung und Bedrohung zugleich.

War die Herrscherin von Cutifachiqui jene Königin der Amazonen, von der man so Wunderbares und Schreckliches raunte? Es gab jene Regentin, sie lebte, sie war kein Gerücht; die Indianer nannten ihren Namen voller Ehrfurcht. Als sich der spanische Heerhaufen dem Savannah River näherte, der heutigen Grenze zwischen Georgia und South Carolina, schickten sie de Soto ihre Nichte entgegen. Sie ließ dem Gouverneur bestellen, daß sie die Reisenden mit den freundschaftlichsten Gefühlen in ihrer Stadt erwarte — von der man heute vermutet, daß sie südlich von Augusta auf einem Hügel über dem Strom lag.

Schließlich kam die Hohe Dame selber zum Ufer. Sie wurde auf den Schultern von Bediensteten zu einem Kanu getragen, mit dem sie, von einer Flottille begleitet, den Fluß überquerte. In einer der Chroniken heißt es: „Sie sprach zum Gouverneur mit Anmut und ganz natürlich. Sie war ein junges Mädchen von guter Haltung. Von ihrem Hals nahm sie eine Kette von Perlen, die sie um den Nacken des Gouverneurs schlang, um ihm ihre Gunst und ihren guten Willen zu zeigen. Die ganze Armee setzte in Kanus über den Fluß und erhielt viele Geschenke von wohlgegerbten Fellen, von Decken, auch diese sehr gut, dazu unzählige Stücke von Rehfleisch und trockenen Waffeln, sehr gutes Salz im Überfluß. Sämtliche Indianer waren hinunter bis zu den Füßen mit feinen Häuten gut bekleidet ... sehr sauber und höflich und von der Natur gut ausgestattet."

Das Salz mag für viele der Spanier die Rettung gewesen sein. Einer der Chronisten beschrieb die Leiden, die Salzmangel verursachte, drastisch, wenn auch nicht völlig zutreffend: Ein langsames Fieber habe die Opfer heimgesucht, und schon nach drei oder vier Tagen hätten sie aus fünfzig Fuß Entfernung schlimmer gestunken als die Kadaver von Hunden und Katzen, ja, ihre Leiber seien schon vor dem Tod verfault und hätten sich von der Brust abwärts in grüner Verwesung gezeigt.

De Soto schien bestrebt, die ungeteilte Zuneigung der Fürstin zu gewinnen. Auch sie erwies dem Fremden jedes nur denkbare Entgegenkommen. Da die Perlen seine Begehrlichkeit geweckt hatten, verriet sie ihm, daß davon mehr als genug in den Tempeln und Gräbern lägen. Die Söldner machten sich sofort an die Arbeit — vielmehr: Sie ließen die Gräber durch Sklaven öffnen und sammelten laut der einen Chronik zweihundert Pfund, laut der anderen dreihundertfünfzig Pfund Perlen ein. Obendrein fanden sie Äxte, Rosenkränze und Glaskugeln, die von Ayllóns gescheiterter Kolonie in North Carolina übriggeblieben waren. Wie so

Das schönste Mädchen eines Indianerstammes wird dem König in einer Sänfte zugeführt, während Musikanten „Posaunen aus Baumrinde" blasen. Zu dieser Szene wurde Theodor de Bry vielleicht durch die Erzählungen über die Königin von Cutifachiqui angeregt, die Hernando de Soto so gastfreundlich empfing und die für ihren guten Willen schmählich büßen mußte

oft gaben der riesenhafte Kontinent und seine Natur unversehens einige verlorene Spuren europäischer Kundschafter preis – armselige und doch eindeutige Signale abenteuerlicher Schicksale, die, wie die Flaschenpost aus dem Ozean, aus einem Meer des Vergessens geborgen wurden.

Die Königin von Cutifachiqui hatte den Gästen willig Quartier eingeräumt. Die halbe Stadt wurde evakuiert, um für die Spanier Platz zu schaffen. Nach der Plünderung der Tempel und Gräber zog es die Regentin vor, in die Wälder zu flüchten. De Soto schickte ihr Suchtrupps nach. Eine ihrer Nichten vergiftete sich lieber, als das Versteck der Herrin zu verraten.

Schließlich kam die Königin aus freien Stücken zurück. De Soto wollte von ihr wissen, ob sie ein anderes Reich kenne, in dem er endlich Gold finden werde. Sie wies nach Norden, den Savannah River aufwärts, dem Bergland zwischen Georgia, Carolina und Tennessee zu. Glaubte sie, was sie dem Gouverneur erzählte? Oder wollte sie ihn nur loswerden, je schneller umso besser?

Von keiner Regung der Dankbarkeit beschwert, schleppte de Soto die gastliche Fürstin als Geisel mit. Ehe jedoch der Zug die Grenze ihres Herrschaftsgebietes überschritt, entschlüpfte sie ihren Bewachern. Die Häscher konnten sie im Dickicht nicht finden.

Der Marsch ging weiter. Die Mannschaften murrten. Im Winterlager hatten einige ihrer Sprecher den Gouverneur an das Schicksal von Narváez erinnert: Noch sei Gelegenheit, mahnten sie ihn, auf die Schiffe zu steigen, die an der Küste warteten. Davon wollte de Soto nichts wissen: Niemals werde er umkehren, sagte er kalt, ehe er nicht mit eigenen Augen gesehen habe, was ihm an unglaublichen Erscheinungen angekündigt worden sei.

In den Bergen bot die sommerliche Natur ein wenig Abwechslung, auch in der Kost: Man konnte Beeren pflücken. Bei den Indianern fanden die Spanier Nußöl und wilden Honig. Doch die Gastfreundschaft der Stämme schlug

stets in Widerstand um, wenn die Fremden von den Häuptlingen Träger und Frauen verlangten.

Am Hiwassee River wandte sich das Expeditionskorps nach Westen, bei Chattanooga stieß es auf den Tennessee River, marschierte an dessen Biegung bei Greenville nach Süden, dem Coosa River entgegen.

Tief unten in Alabama, der Küste zu, lockte von neuem ein angeblich goldfunkelndes Reich. In ihrer Not schienen die Indianer immer rascher bereit, den Fremden paradiesische Schätze vorzugaukeln, die in der Ferne, hinter dem Fluß und hinter den Bergen zu suchen seien, möglichst weit, am besten in einem feindlichen Land, dessen Häuptlinge man den Christen an den Hals wünschte.

Wie lang meinte de Soto das Schicksal herausfordern zu können? Die Indianer waren schwach, ihre Waffen, oft auch ihr Kampfgeist den Weißen unterlegen. Aber sie waren viele, und die Natur war mit ihnen verbündet. Die Spanier begannen, die eigenen Verluste zu spüren. Wie viele Männer hatten sie im ersten Jahr des großen Marsches verloren? Fünfzig, oder hundert?

Das gelobte Land, dem sie nun zustrebten, unterstand dem König Tuscaloosa von Mauvila, eine imposante Figur: hoch gewachsen, kräftig, voller Autorität. Nach einer der Chroniken trug er einen mit Federn geschmückten Mantel, der bis zum Boden reichte. Er saß auf einem Kissen. Um ihn reihten sich die Ältesten. Als der Gouverneur sich näherte, „erhob er sich nicht, sondern verhielt sich in perfekter Beherrschung völlig passiv".

Die Indianer tanzten beim Willkommensfest „nach der Art der spanischen Bauersleute, so daß es ein Vergnügen war, ihnen zuzuschauen". Doch als der König zur Nacht fortgehen wollte, befahl ihm der Kommandeur zu bleiben und nahm ihn gefangen. Der Fürst versprach ihm für den Abmarsch vierhundert Träger und hundert Frauen.

Zunächst setzten sich die Spanier in der Ansiedlung fest. De Soto erkundete das Umland: Es war fruchtbar und recht volkreich. Den König Tuscaloosa schleppte er mit sich.

Der gedemütigte Herrscher schien, so war aus manchen bedrohlichen Zeichen zu schließen, einen Aufstand zu planen. Die Spanier waren auf der Hut. Als der Gouverneur am Abend des 18. Oktober wieder in Mauvila einzog, nur von einer kleinen Leibgarde begleitet, wurde ein Fest zu Ehren der Gäste arrangiert. Es schien nichts als Wohlgefallen zu herrschen. Lang tanzten die Indianer und spielten auf ihren Flöten, doch als de Soto zum Aufbruch drängte, weigerte sich der König, ihm zu folgen. Er teilte dem Gouverneur mit, wenn er in Frieden zu gehen wünsche, möge er nicht zögern, doch er solle sich hüten, ihn mit Gewalt zu verschleppen.

De Soto witterte Gefahr und bemühte sich, den aufgebrachten Fürsten zu beschwichtigen. Der zog sich zu Beratungen mit seinen Ältesten zurück. De Soto rief einen der Unterhäuptlinge, der des Weges kam, zu sich herüber, um zu sehen, ob er ihn friedlich stimmen könne. Der Indianer hörte nicht. Empört packte ihn einer der Spanier am Kragen seines Mantels aus Marderfellen und zog ihm das Gewand über den Kopf.

Dies war für die Indianer das Signal: Mit schrecklichem Geschrei stürzten sie sich auf die Fremden. Den meisten der Spanier, unter ihnen de Soto, gelang die Flucht, doch fünf wurden getötet.

Die Truppe der Christen umzingelte die Stadt und steckte sie in Brand. Indianer, die zu entkommen versuchten, wurden in die Flammen zurückgetrieben. Ohne Schonung von Frauen und Kindern metzelten die Fremden das Volk des Königs Tuscaloosa nieder. Die Schlächterei dauerte so lang, daß viele Christen, von Durst überwältigt, zu einem nahen Weiher stürzten, um Wasser zu trinken, das „vom Blut der Getöteten gefärbt war". Einer der Chronisten schätzte die Zahl der ermordeten Indianer auf 2500. De Soto verlor 18 Mann und zwölf Pferde; 51 Spanier und siebzig Pferde wurden verletzt. Das Korps büßte fast sein gesamtes Gepäck ein, das in der Stadt verbrannte. Selbst die Zahl der Schweine war dezimiert.

Hernando de Soto glaubte nicht den Auskünften der Indianer, bei ihnen gebe es kein Gold. Welchen teuflischen Schrecken der europäischen Folter er die Rothäute unterzog, um ihnen ihre vermeintlichen Kenntnisse zu entlocken, zeigt der Stich von Theodor de Bry aus dem Jahr 1595

Für jene Wochen hatte der Gouverneur ein neues Zusammentreffen mit seinen Schiffen verabredet. Die Golfküste war nicht weiter als fünfzig Meilen entfernt. Unter den Indianern gingen Gerüchte um, die Flotte sei gesichtet worden. De Soto bat seinen Dolmetscher, diese Nachricht für sich zu behalten. Die Mannschaften und Offiziere sollten von der Chance eines Rückzuges nichts erfahren, und der Gouverneur scheute sich, im Zeichen einer Niederlage heimzukehren.

Das Gemüt de Sotos schien sich zunehmend zu verdüstern. Seine Rachsucht wuchs, die Grausamkeit wurde von Tag zu Tag ungehemmter. Nicht lang nach jener Schlacht schickte er einige Gefangene zu ihrem widerspenstigen Stamm zurück. Zur Abschreckung hatte er ihnen Hände und Nasen abschneiden lassen.

Seine eigenen Mannschaften waren entkräftet und aufsässig, die Offiziere entmutigt. Doch der Gouverneur duldete keine Diskussion: Der Marsch nach Süden, dem Meer entgegen,

wurde nicht angetreten. Nach 28 Tagen Rast, in der die Wunden halbwegs ausheilen konnten – sie wurden mit Bärenfett eingeschmiert –, brach die matte Kolonne nach Norden auf. Sie überquerte den Black River und bezog im Osten des späteren Staatsgebietes von Mississippi das zweite Winterquartier.

Im März 1541, als die Truppe zum großen Strom weitermarschieren wollte, verlangte der Kommandeur von den Chickasaw-Indianern nach seiner Gewohnheit die Rekrutierung einer Trägerkolonne. Dieser stolze Stamm, der zweihundert Jahre danach den Franzosen unter ihrem Kommandeur Bienville eine empfindliche Niederlage beibringen sollte, überfiel das Lager der Spanier mitten in der Nacht. Die Wachen schienen zu schlafen. Die Überraschung war vollkommen. In der Dunkelheit suchten die Söldner vergebens nach ihren Waffen. Sie flohen in panischer Hast. Die Pferde rasten verschreckt mit trommelnden Hufen durch die Dunkelheit. Das war Glück – für die Bedrängten. Die Indianer nahmen an, die gefürchtete Reitertruppe falle über sie her. Sie zogen sich zurück. Doch zuvor zündeten sie alles an, was brennbar war. So verloren die Spanier nur zwölf ihrer Leute, aber fast den gesamten Rest ihrer Vorräte, die sie aus der Katastrophe von Mauvila gerettet hatten. Manche von ihnen waren ohne Kleidung. Sie bedeckten sich nach Indianerart mit Gewändern aus Bast oder Häuten.

Als die Indianer zwei Wochen später zu einer neuen Attacke antraten, hatte de Soto den Widerstandsgeist seiner Landsleute wieder wachgerüttelt. Sie schüttelten die Angreifer ab. Ohne weitere Verluste drangen die Spanier nun zum Mississippi vor.

Die Auskunft der Historiker ist nicht eindeutig: Memphis, die große und schöne Hauptstadt von Tennessee, nimmt gern für sich in Anspruch, daß der Conquistador von ihren Steilufern als erster Europäer auf den „Vater der Ströme" hinabgeschaut habe; andere vermuten den Ort der Überquerung bei

Im Jahre 1541 erblickte Hernando de Soto als erster Europäer den Mississippi. Doch die Szene war wohl kaum so erhaben, wie es dieser Stich aus dem 19. Jahrhundert darstellt. In Wirklichkeit war das Expeditionskorps fast am Ende seiner Kräfte, von blutigen Zusammenstößen mit Indianern dezimiert

Tunica an der Einmündung des St. Francis River, an die fünfzig Meilen flußabwärts von Memphis. Experten rechneten aus, wieviele Tagesreisen der Rest des Expeditionskorps später unterwegs war, als es über den Mississippi den Ozean gewann. Der Fluß hat seinen Lauf seither beträchtlich geändert. Damit veränderten sich auch die Strömungsverhältnisse. Dies alles einkalkuliert, kamen die Historiker zu dem Schluß, der südlichste Punkt sei der wahrscheinlichste für die Überquerung des Mississippi gewesen. Allzu stark schien der mächtige Strom die Spanier nicht beeindruckt zu haben. Ein Chronist schrieb trocken, viele der Eroberer hätten geäußert, der Fluß sei „breiter als die Donau" – immerhin.

Es ist anzunehmen, daß de Soto Steilufer vermied und lieber flache Ausbuchtungen zu beiden Seiten für die Überquerung wählte. Aus den Bäumen der Uferwälder ließ er plumpe, robuste Transportkähne bauen. Die Planken wurden mit Klammern zusammengehalten, die aus den Handschellen und Halskragen für die Sklaven geschmiedet worden waren.

Die vier Kähne kreuzten den Strom zum erstenmal bei Anbruch der Dämmerung. Als die Sonne aufging, befand sich die gesamte Streitmacht von noch immer mehr als vierhundert Spaniern, einem halben Hundert Pferden und von vielen hundert Indianern schon am anderen Ufer in Arkansas. Die Schiffe wurden zerlegt, die Eisen und Klammern zu künftiger Verwendung zusammengeschnürt und auf die Rücken der Träger geladen.

Der Gouverneur zog nun ein Stück nach Norden, kehrte um, traf auf den Arkansas River, den er flußaufwärts bis in die Gegend von Little Rock verfolgte. Von den heißen Quellen in den Ouachita Mountains entsandte er Kundschafter nach Nordwesten, die bis nach Kansas gelangten: Sie brachten Nachricht von den großen Prärien und den unermeßlichen Bisonherden zurück.

Endlich schien sich der verbissene Conquistador der Einsicht zu beugen,

daß nördlich von Mexiko kein anderes goldenes Reich wie das der Azteken oder Inka zu erobern sei. Er befahl den Rückmarsch zum Mississippi. Es war an der Zeit, ein drittes Winterquartier aufzuschlagen. Dort wollte er Schiffe bauen lassen.

Der Dolmetscher Juan Ortiz war inzwischen dem Fieber erlegen. Übersetzerdienste leisteten nun, mehr schlecht als recht, die gefangenen Indianer, die ein bißchen Spanisch gelernt hatten. Doch man mußte vor ihnen auf der Hut sein. Sie führten, obschon zum Christentum bekehrt, die weißen Herren gern in die Irre.

Der Conquistador gab sich geschlagen. Seine Hoffnung und sein Lebenswille waren gebrochen. Doch ein letztes Mal bäumte er sich noch auf. Kurz vor seinem Ende befahl de Soto, vielleicht im Fieberwahn, sämtliche Indianer in einem nahen Dorf zu erschlagen. Sie hatten die Spanier nicht angegriffen. Ein Häuptling, der sich am anderen Ufer des Mississippi aufhielt, war freilich stolz und vorsichtig genug, eine Einladung des Gouverneurs abzulehnen. Er wußte, warum. Es war ihm nicht verborgen geblieben, daß die Weißen sich gern – mit allen Zeichen der Freundschaft – der Anführer der Indianer bemächtigten, sie mit Geschenken, Einladungen, Verhandlungsangeboten herbeilockten: Dann wurden sie festgehalten und in Ketten gelegt, um das Volk mit Hilfe der Geiseln kalt zu erpressen.

Die Spanier brauchten Bohnen und Mais, Fleisch und Fisch, Arbeitssklaven, Träger, Frauen; wider alle Vernunft und Erfahrung hofften die Eroberer noch immer, Perlen – die es da und dort gab –, Silber oder Gold zu finden. Der Häuptling Quigualtam aber hatte de Soto bestellen lassen, er möge doch selber den Fluß überqueren, wenn er ihn zu sehen wünsche. Mehr noch: Er solle den Mississippi trockenlegen, was gewiß in seinen Kräften stehe, wenn er tatsächlich der Sohn der Sonne sei. Kurz, der Häuptling schickte die hinterhältige Einladung de Sotos voller Hohn zurück.

Der fiebernde Gouverneur raste vor Wut. Kein Indianer hatte es vordem gewagt, ihm, dem Vertreter des spanischen Königs, so unbotmäßig zu begegnen. Er selber war zu schwach, um ein Exempel zu statuieren. So sandte de Soto fünfzehn Reiter und einen Trupp von Fußsoldaten aus, die ihm bei den Indianern durch blutige Abschreckung Respekt zu verschaffen hatten. Der Trupp machte an die hundert nieder und kam mit achtzig gefangenen Frauen und Kindern zurück.

Das Mordunternehmen änderte nichts an der Lage. Der willensstarke Mann, auf sein Ende wartend, war besiegt. Das Gelbe Fieber besorgte den Rest.

Mit den Tröstungen der heiligen Kirche versehen, sagte Hernando de Soto am 21. Mai 1542, einem strahlenden Sonntag, der Welt Adieu. Er war, sofern das Geburtsjahr 1496 zuverlässigen Angaben entspricht, bei seinem Tod 46 Jahre alt.

Der Nachfolger, Luis de Moscoso, ließ ein Grab inmitten der verlassenen Indianersiedlung ausheben, die den Spaniern als Feldlager diente. Die Landsknechte trampelten die Erde über der Ruhestätte fest. Sie richteten keine Tafel und kein Kreuz auf. Der Tod des Gouverneurs sollte den Rothäuten verborgen bleiben. Die Überlebenden ängstigten sich, das Ende des gefürchteten Mannes könnte einen Bann brechen; womöglich fühlten sich die benachbarten Stämme durch seinen Tod ermutigt, über die dezimierte Truppe herzufallen.

Die gefangenen Indianer schienen fragende Blicke auf die Stelle zu werfen, an der de Soto verscharrt lag. So gruben die Spanier in der Nacht seine Leiche aus, luden sie in ein Kanu, beschwerten sie mit Steinen und versenkten die sterblichen Überreste ihres Anführers in der Mitte des Flusses. Sie setzten Hernando de Soto im Mississippi bei wie die Goten ihren König Alarich im Busento. Doch sie sangen nicht. Sie entzündeten keine Fackeln. Vielleicht murmelte einer der Mönche ein Gebet. Sie atmeten auf, als sie ihr Lager unbehelligt wieder erreichten.

Seinem Nachfolger hatte de Soto den Rat hinterlassen, sich auf dem Landweg nach Mexiko durchzuschlagen, da nicht auszumachen war, wie weit es bis zur Mündung des großen Flusses ins Meer sei. Die Späher hatten deprimierende Auskünfte zurückgebracht: Nach acht Tagesreisen stromabwärts deutete sich die Nähe des Ozeans noch immer nicht an. Fast nirgendwo eine Lichtung in den Urwäldern, die das Ufer säumten. Sümpfe links und rechts, Tümpel, Seen, Buchten, unübersehbare Zuläufe zu dem mächtigen Strom, den sie Río del Espiritu Santo nannten, „Fluß des Heiligen Geistes". Auch die Indianer konnten oder wollten nicht sagen, wie lang man zum Ozean unterwegs sein würde.

Wo befanden sie sich − außer in Gottes Hand, wie die Mönche versicherten? Die Männer wußten es nicht. Es gab keine Karten. Kein Weißer hatte vor ihnen dieses Territorium betreten.

Der Rat der Offiziere unter dem Vorsitz Moscosos beschloß, alle waren sich einig, abermals nach Westen aufzubrechen; dort müsse sich, nach den Hinweisen der Indianer, die große Ebene befinden, über die man schließlich nach Mexiko gelange. Wenn sie sich dann nach Süden wendeten, würden sie, irgendwann und irgendwo, auf die Niederlassungen ihrer Landsleute stoßen.

Wie einst die Goten ihren König Alarich im Busento bestatteten, so übergaben die Spanier in einer Mainacht des Jahres 1542 die Leiche ihres Kommandeurs de Soto den Fluten des Mississippi. Die Fackel in der Hand des Priesters ist eine Zutat des Illustrators im 19. Jahrhundert. In Wahrheit verhielten die Männer sich so heimlich wie möglich, um von den Indianern nicht entdeckt zu werden

Die gut dreihundert überlebenden Spanier folgten zunächst der Route durch Arkansas, die sie mit de Soto erkundet hatten, in nordwestlicher Richtung. Am Red River wandten sie sich nach Westen. Sie überquerten den Sabine River, gelangten mit einiger Sicherheit bis zum Trinity River nordwestlich des späteren Houston, vielleicht noch ein Stück weiter bis zum Brazos River.

Das Land war ungastlich. Die Indianer versuchten ihre ohnedies kargen Maisvorräte vor den Fremden zu verbergen. Der neue Chef des Expeditionskorps, Moscoso, stand seinem Vorgänger an Brutalität nicht nach. Nachrichten von Greueln zogen der Kolonne voraus. Die verängstigten Landeskinder flüchteten, sofern noch Zeit blieb, mit ihrem Proviant in den Busch.

Nackter Hunger zwang die spanischen Krieger zur Umkehr. Der Entschluß der Offiziersversammlung wurde nicht einstimmig gefällt. Eine Minderheit bestand darauf, den Marsch fortzusetzen. Sie wollte nicht ohne Gold in die Zivilisation zurückkehren. Eine Teilung der geringen Kräfte hätte den sicheren Untergang bedeutet. So fügte sich die Minderheit dem Votum der Mehrheit. Freiwillig zurück blieb, den Chronisten zufolge, nur ein Spanier: Er hatte beim Spiel seine indianische Sklavin verwettet, doch wollte er sich von ihr nicht trennen und folgte ihr lieber in die Wildnis. Auf dem Rückzug forderte Moscoso den Deserteur durch indianische Boten auf, sich bei ihm einzufinden. Eine Strafe werde ihm erlassen. Der Flüchtling bestätigte auf einem Stück Papier per Kurier, daß er lebe. Sein Versteck verließ er nicht.

Nach bitteren Strapazen erreichte das Korps wieder den Mississippi. Mit letzten Energien, Improvisationskunst und mit einem erstaunlichen Handwerksgeschick wurden in wenigen Wochen halbwegs stabile Schiffe gebaut. Die größere Zahl der Pferde fiel unters Schlachtmesser. Das Fleisch wurde eingesalzen. Für den Rest der Tiere konstruierte man separate Kähne.

Am 2. Juli 1543 bestiegen gut dreihundert Spanier und einige Indianer die Barken. Die Stämme der Region gewährten ihnen keinen friedlichen Abgang. Vielmehr griffen sie mit ihren Kanugeschwadern die kleine Flotte bei Tag und Nacht an. Die Pferdekähne waren schwer zu lenken und hielten die Reise auf. So wurden auch die letzten Tiere geschlachtet. Nach 17 Tagen erreichten die Schiffe die Mündung des Mississippi.

Die Spanier ruderten und segelten nach Westen, immer in Küstennähe, um während der Nacht Schutz unter Land zu suchen und die Vorräte an Süßwasser aufzufrischen. Am 10. September 1543 gelangten sie in die Mündung des Pánuco River. Als sie nahe der Siedlung der Kolonisten an Land wankten, wurden sie von ihren Landsleuten bestaunt, als seien sie von den Toten auferstanden. Niemand hatte geglaubt, von de Sotos Expedition werde je eine Seele zurückkehren.

Unter den Überlebenden aber hub, wie einer der Chronisten berichtet, nach dem Tedeum unverzüglich ein Streit an: Manche der Geretteten weigerten sich, die Vergeblichkeit des absurden Unternehmens zuzugeben. Sie bestanden darauf, daß sie das Dorado gewiß gefunden hätten, wäre die Mehrheit nicht von Schwäche und Feigheit besiegt worden.

Die amerikanische Historikerin Martha M. Bigelow schrieb, die Wildnis am Mississippi sei nach dem Abzug von de Sotos Trupp für hundertfünfzig Jahre ungestört geblieben: „Aber das Leben der Indianer war dennoch nicht mehr dasselbe . . . Der weiße Mann hinterließ Krankheiten, gegen die die Indianer nicht geschützt waren. Epidemien, Gerüchte von neuen spanischen Eroberungen, die Erinnerung an die Grausamkeiten Sotos bewirkten Furcht und Spannung, aber auch eine religiöse Renaissance, die man als den südlichen Toten- oder Bussardkult bezeichnet. Die Passion hielt die Dezimierung der Indianer nicht auf. Wo de Sotos Chronisten indianische Dörfer vorgefunden hatten, stießen die Franzosen später nur auf eine wuchernde Wildnis. Man schätzt, daß in jener Periode die indianische Bevölkerung um achtzig Prozent vermindert wurde." Das große Sterben hatte begonnen.

Es ließ sich bis heute nicht mit Sicherheit ausmachen, an welcher Stelle des Mississippi der Leichnam des Gouverneurs dem Wasser übergeben wurde. Jene Kommission der amerikanischen Bundesregierung, die – von enthusiastischen Lokalhistorikern unterstützt – zur vierhundertjährigen Wiederkehr der Landung de Sotos in Florida im Jahre 1939 einen minutiösen Bericht über die Marschroute der Expedition ausarbeitete, kam trotz detektivischer Akribie nicht immer zu klaren Ergebnissen. Das letzte Feldlager und das Flußgrab vermuteten die Historiker unweit des Ortes Ferriday in Louisiana, nur wenige Meilen von dem Städtchen Natchez auf dem anderen Mississippi-Ufer, diesem Kleinod südstaatlicher Tradition.

Dort, in Natchez, scheint die Zeit – nein, nicht stillzustehen, doch sehr viel langsamer vorzurücken als in New Orleans oder auch in der emsigen kleinen Hauptstadt Baton Rouge, von Washington nicht zu reden.

Aus den Schatten der Magnolienbäume mit ihrem dunkelgrün-glasierten Blattwerk leuchten die klassizistischen Fassaden der alten Herrenhäuser, manche von heiterer Grazie, elegant in der Führung der Linien, andere hinter wuchtigen Säulen verborgen, schwer und majestätisch, voll brütender Trauer: Zeugen der kolonialen Kultur, die mit de Sotos Todeszug begann. Sie war prangend und anmaßend, diese Kultur, die ohne Sklaven nicht hätte leben können. Die Schönheit ausgelassener Feste machte sie mitunter heiter und leicht, sie konnte ebenso wild und unkontrollierbar sein, eine Welt empfindsamer und leidenschaftlicher Seelen. Immer scheint über den blühenden Büschen und Beeten der Parks in der Last der Mittagshitze eine unnennbare Schwermut zu schweben, dunkel und zart wie die grauschwarzen Schwaden des spanischen Mooses, das wie Trauerflor in den Ästen der mächtigen Bäume hängt.

Zu de Sotos Zeiten flochten sich die Indianermädchen aus Girlanden des spanischen Mooses kleine Schürzen, um ihre Lenden zu bedecken. Die Melancholie hatte ihre eigene Süße. Sie wohnte nicht weit von den Spannungen, die das Leben in diesen großen Häusern prägten, der Lust und den südlichen Passionen, die mit dem Tod so vertraut waren.

Knapp zweihundert Jahre nach dem Tod des spanischen Entdeckers gründeten französische Siedler hier die ersten Plantagen. Sie bauten ein Fort, das von den Indianern gestürmt und zerstört wurde. Krieger der Natchez massakrierten Bauern und Besatzung. Die Strafaktion der Franzosen war nicht zimperlicher, als man es von den Spaniern kannte.

Das Städtchen blühte erst auf, als hier eine Versammlung der Bürger des Mississippi-Territoriums den Anschluß an die Vereinigten Staaten vorbereitete.

Im Bürgerkrieg dampfte ein Kriegsschiff den Mississippi hinauf und beschoß das Fort, das ein wichtiger Stützpunkt der Südstaaten war. Später wurde eine Brücke vom Steilufer über den Strom nach Vidalia geschlagen. Sie ist weit in den Uferwäldern verankert, den mächtigen Damm überspannend, dem die Straße 131 folgt.

Nordwärts führt nur ein Schotterweg, zum Fluß hin wildes Gestrüpp, riesenhafte Farne, Ulmen, Rot- und Wassereichen, Weiden, die bis zu dreißig Meter hoch werden. Nach den Regenstürzen des Frühjährs sind die Fluten des Stromes braun und grau. In den Seitenarmen springen Fische, starke Burschen, einen Meter hoch und höher.

Wenn sich der Lärm der Schiffsmotoren für einige Minuten verliert, ist es an diesen Ufern so still wie zu de Sotos letzten Tagen: nichts als das Geräusch einer berstenden Natur. Dieses Land und seine tropischen Energien waren für den harten Spanier zu groß.

Aufbruch ins Land der Pueblos

Mit einer eindrucksvollen Heerschar zog Francisco Vázquez de Coronado 1540 von Mexiko aus, um die legendären „Sieben Städte von Cíbola" mit ihren Toren aus Türkis und mit ihren silbergepflasterten Straßen zu finden. Doch was die Männer entdeckten, waren lediglich die ärmlichen Pueblos der Indianer. Für die Wunder der Natur, die sie als erste Europäer sahen, hatten sie wenig Sinn: den Grand Canyon, die gewaltigen Ebenen des Mittleren Westens, die unüberschaubaren Bisonherden. Den Conquistadores stand der Sinn nach Reichtum. Eine indianische Armband-Affäre war der blutige Höhepunkt des Abenteuers

Nicht die Schönheit des gewaltigen Grand Canyon interessierte den Spähtrupp des Hauptmanns Cárdenas, sondern das Wasser des Colorado, das vom Grund der Schlucht heraufschimmerte. Doch ein Versuch, den Fluß zu erreichen, scheiterte. Auch dieser Vorstoß öffnete nicht das erträumte Imperium

Die bizarren Formationen am Grand Canyon mochten die Conquistadores an ihre spanische Heimat erinnern. Vielleicht deshalb fanden Größe und Würde dieser Landschaft in ihren Berichten keinen Niederschlag

Der hohe Himmel von Arizona mit seinen gewaltigen Wolkengebilden, in der Ferne die machtvollen Massive der kahlen Berge und ringsum die Wüste: Das war die tägliche Einsamkeit in einer unermeßlichen Natur, gegen die sich das Selbstgefühl der Europäer zu behaupten hatte

Die Missionskirchen der Spanier, aus gebackenen Lehmziegeln zusammengefügt wie die Adobe-Bauten der Pueblo-Indianer, wurden mit ihrer schlichten Schönheit erste Inseln westlicher Kultur in der Neuen Welt

Selbstbewußtsein prägt heute wieder die Navajo-Indianer in Santa Fe, der Hauptstadt von New Mexico. Ihre Vorfahren wurden oft gnadenlos verfolgt und unterdrückt; die Enkel nehmen den Schutz der Gesetze als freie Bürger für sich in Anspruch

Die Gebirge von Arizona und New Mexico: Es ist, als habe der liebe Gott seine Schöpfung hier als eine Art Bauplatz hinterlassen, auf dem er mit allen Formen natürlicher Architektur experimentierte

Sichtbare Vergangenheit: die Ruinen des Betatakin-Pueblo im Nordosten von Arizona; das Bandelier National Monument mit Wohnhöhlen in New Mexico; der Pueblo Bonito mit etwa 800 Wohneinheiten im Chaco Canyon wurde lange vor Ankunft der Europäer aus unbekannten Gründen aufgegeben; Gran Quivira bei Salinas in New Mexico war Schauplatz blutiger Massaker spanischer Truppen unter den Indianern

Taos in New Mexico, einst Zentrum der Pueblo-Kultur, ist heute eine Kolonie intellektueller Künstler und ihrer Mäzene, die in diesem abgelegenen Winkel Zuflucht vor der lärmenden Welt der Zivilisation suchen

Das Monument Valley in Arizona und Utah liegt im Reservat der Navajo. Ob sich der Schutzstatus mit solcher modernen Pop-Kunst auf indianisch vereinbart, bleibt eine Frage des Geschmacks

Antonio de Mendoza, seit 1535 erster spanischer Vizekönig in Mexico City, zerbrach sich selten den Kopf über das Geschick von Hernando de Soto, der im fernen Florida das neue Dorado suchte. Mendozas Interessen galten dem unbekannten Norden seines Herrschaftsbereichs.

Gerüchte, daß weit hinter den Bergen der Sierra Madre Occidental prächtige Städte, ja ganze Reiche verborgen seien, die dem Reichtum und Ruhm von Mexico City gleichkämen, schwirrten schon lang durch die koloniale Gesellschaft. Man kolportierte wundersame Erzählungen der Indianer von einer glänzenden Zivilisation, die sich dort befinde: die „Sieben Städte von Cíbola", deren Tore aus Türkis gebaut, deren Straßen mit Silber gepflastert seien und deren Handwerker nichts als das köstlichste Geschmeide aus Gold und Edelsteinen fertigten.

Der Vizekönig war kein Träumer, aber auch kein Hitzkopf, der zu jähen Entschlüssen neigte. Er wollte sichergehen, daß sich die Investition für ein größeres Unternehmen lohne. An seinem Hof war nicht lang zuvor der Franziskaner Marcos de Niza eingetroffen, der in Santo Domingo, später in Peru und Guatemala seine Erfahrungen mit der Neuen Welt gemacht hatte. Bruder Marcos übernahm es, den geheimnisvollen Norden auszuforschen, ehe ein Expeditionskorps in Marsch gesetzt wurde.

Als Pfadfinder und Dolmetscher wurde ihm der Mohr Estavanico zugewiesen, der sich mit Cabeza de Vaca acht Jahre lang so wacker durch den Kontinent geschlagen hatte. Er war noch immer Sklave. Man darf dennoch annehmen, daß der Mohr die Reise voller Enthusiasmus begann. Die kleine Pilgerschar unter dem Mönch war auf seinen Rat angewiesen; so fiel ihm eine gewisse Autorität zu. Überdies genoß er die Freiheit der Wildnis.

Am Ostersonntag des Jahres 1539 gelangte die kleine Kundschaftergruppe mit ihrem indianischen Anhang zum Rio Mayo, ein gut Stück Wegs in der späteren Provinz Sonora. Hier entschied der Franziskaner, daß sein schwarzer Adjutant, der ein wenig leichtfüßiger war als er selber, vorauseilen sollte, um die Marschroute zu bestimmen.

Dem Mohren war die Selbständigkeit nicht unwillkommen. Unverzüglich schlüpfte er wieder in die Rolle, auf die er sich an der Seite Cabeza de Vacas so großartig verstanden hatte: Den Indianern bot er sich abermals als der große Medizinmann an, den der liebe Gott mit magischen Gaben versehen hatte. In der buntesten Kostümierung trat er auf, mit Federn und glänzenden Ornamenten geschmückt. Schellen und Rasseln kündigten sein Kommen an, das die Indianer stets mit Furcht und Entzücken erfüllte. Sie brachten ihm, wie er es gewohnt war, reiche Geschenke dar und schickten willig ihre Frauen, ihre Töchter, ihre Schwestern zu seinem Lager.

Estavanico sollte sich mit Bruder Marcos durch einen einfachen Code verständigen: Wenn er auf eine kleine Stadt von ärmlicher Beschaffenheit stoße, werde ihm der Mohr durch Boten ein nur handgroßes Holzkreuz schicken; das Signal für eine mittlere Stadt sei ein mittleres, für eine der sieben Goldstädte ein großes Kreuz.

Nach einigen Tagen keuchte ein indianischer Läufer mit einem mannshohen Kreuz heran. Nun beeilte sich auch der Mönch. Er holte Estavanico nicht ein: Immer war ihm der Schwarze einen Sprung voraus, diesen und jenen Hinweis hinterlassend, doch nie allzu präzise Angaben. Wollte der Sklave seinen geistlichen Herrn abschütteln? Man weiß es nicht.

Unterdessen folgte der Mönch dem Sonora River nach Norden, überstieg die Berge ins heutige Gebiet der Vereinigten Staaten, gelangte ins Tal des San Pedro River, passierte das Gebiet, in dem später die Stadt mit dem düsteren Namen Tombstone entstand, schlug sich durch eine steinige Wildnis zum Gila River durch, gelangte schließlich zum Zuni River. Dort überbrachten ihm erschöpfte, verwundete Indianer

Antonio de Mendoza, spanischer Vizekönig in Mexiko, rüstete die Expedition Coronados großenteils auf eigene Kosten aus, um seinen Herrschaftsbereich weit in den unbekannten Norden des Kontinents auszudehnen

Den Trupp der geistlichen Begleiter führte Marcos de Niza an, inzwischen zum Provinzial seines Ordens ernannt. Der Bischof von Mexiko schrieb, es sei der Wunsch des Vizekönigs, die Eroberung möge christlich, apostolisch und nicht eine Schlächterei sein.

Die Zahl der indianischen und schwarzen Diener übertraf jene der Soldaten um gut das Doppelte. Sklaven waren indes nur die Afrikaner. Die indianischen Bediensteten hatten sich, nach Auskunft neuerer Historiker, aus freien Stücken zu dem Zug nach Norden gemeldet. Die Reformgesetze Kaiser Karls V. waren noch nicht in Kraft, doch die geistliche und weltliche Obrigkeit drängte immer entschiedener auf eine menschliche Behandlung der Indianer. Coronado soll nicht einmal erlaubt haben, daß Eingeborene als Lastträger eingesetzt wurden. Also mußten Maultiere und Pferde bereitgestellt werden.

Die jugendlichen Herren des Verbandes – selbst Coronado war kaum dreißig Jahre alt – gingen den Feldzug gemächlich an. Niemand schien sich überanstrengen zu wollen. Einen ganzen Monat brauchte die Kolonne für eine Strecke von dreihundertfünfzig Meilen. Um das Tempo zu beschleunigen, teilte Coronado seine Armee. Eine Avantgarde von etwa hundert Mann mit kleinem Troß schritt rascher aus. Bruder Marcos wies ihr den Weg.

Am 7. Juli 1540 erreichte die Vorausabteilung Cíbola, von dem sich die spanischen Anführer und ihre Soldaten alle Herrlichkeiten eines irdischen Paradieses versprochen hatten. Die Enttäuschung war schrecklich. „Statt der großen Stadt, die vor Juwelen funkelte, sahen die ermatteten Schatzsucher", so ein amerikanischer Historiker, „auf einer Erhöhung einen kleinen Pueblo. Die Häuser waren nicht aus Stein gemauert, sondern nach der Adobe-Technik aus Lehm gefügt. Von Gold, von Silber keine Spur."

Überdies zeigten die Bewohner nicht die geringste Neigung, die Fremden gastlich aufzunehmen. Sie zogen, wie es ihrer Sitte entsprach, mit geweihtem Maismehl eine Linie außerhalb des Pueblo und zeigten an, daß diese Grenze nicht überschritten werden dürfe. Coronado ließ ihnen zurufen, er

Die Expedition Coronados – wie sie ein Künstler des 19. Jahrhunderts nachempfand. 320 Kriegern zu Pferde und zu Fuß folgte ein Troß von doppelt so vielen indianischen Hilfskräften und schwarzen Sklaven

sei in friedlicher Absicht gekommen und wolle den indianischen Kindern des großen Kaisers nur seinen Schutz angedeihen lassen. Er ließ seine Männer demonstrativ die Waffen niederlegen und forderte die Indianer auf, es ihnen nachzutun. Die freilich eröffneten sofort den Angriff. Sie kämpften mit Pfeilen, Äxten, Händen und Füßen. Sie wälzten Felsbrocken von den Dächern. Coronado wurde durch Steine im Gesicht verletzt. Ein Pfeil traf seinen Fuß. Adjutanten deckten ihn mit ihren Körpern. Schließlich nahmen die Spanier die Siedlung ein, die Bewohner flohen. Der Bruder Marcos aber ritt nach der Schlacht gedemütigt davon. Die Soldaten schleuderten ihm ihre Verwünschungen hinterher.

Gewiß hatte der Mönch seine Landsleute nicht vorsätzlich auf eine falsche Fährte gelockt. Aber was mag ihn zu seinen Phantastereien bewogen haben? War sein Blick von Furcht verschleiert und von den Strapazen getrübt? Waren seine Wünsche und Hoffnungen so zielgerichtet, daß sie die ärmliche und feindselige Wirklichkeit des Indianerdorfes in eine Goldene Stadt verwandeln konnten? War er, wie so viele der Conquistadores und Missionare vor ihm, etwa ein Opfer der eigenen Illusionen geworden, die immer wieder stark genug waren, alle Realitäten zu verneinen?

Es ist nicht überliefert, wie sich Bruder Marcos de Niza vor dem Bischof und dem Vizekönig rechtfertigte. Coronado lehnte es ab, die Expedition als gescheitert zu erklären, obschon sich erwies, daß nicht nur das schäbige Cíbola — der Zuñi-Pueblo Hawikuh —, sondern auch alle anderen der „Sieben goldenen Städte" elende Siedlungen waren, in denen sich außer handgeflochtenen Teppichen und Mais nichts holen ließ. In seinem Bericht nach Mexico City schenkte Coronado dem Vizekönig reinen Wein ein: „Um eine lange Geschichte kurz zu machen, kann ich Ihnen versichern, daß der Pater Provinzial in nichts die Wahrheit gesagt hat. In allen Einzelheiten trifft genau das Gegenteil seiner Erzählungen zu . . ."

Dennoch, Coronado blieb. Er setzte sich in Cíbola fest. Die Einwohner des Pueblo kamen zögernd zurück. Der Kommandeur bemühte sich, sie mit kleinen Geschenken zu versöhnen. Sie schienen Vertrauen zu fassen. Nach und nach stellten sich Besucher aus den benachbarten Dörfern der Zuñi ein. Coronado schilderte die Menschen als recht groß. Sie schienen ihm auch intelligent zu sein. Freilich bedeckten sie sich nur mit einem Lendenschurz.

Wieder liefen Gerüchte um: Weiter im Norden sollte man nach der Stadt Totonteac suchen, von der die Indianer im Gefolge des Bruders Marcos geschwärmt hatten, und im Nordosten, an den Ufern eines großen Flusses, fände man viele Städte von prangendem Reichtum.

Der Kommandant dachte an das Vermögen, das er und der Vizekönig in die Expedition gesteckt hatten. Er gab nicht auf. Vielmehr ließ er das Gros seiner Streitmacht nachrücken. Seine fähigsten Offiziere schickte er aus, die Wildnis zu erkunden, die angeblich von Bären, Tigern, Löwen und Stachelschweinen bewohnt war. Coronado sprach in seinem Bericht von Hirschen und Rehen, ferner von Leoparden, die er mit Berglöwen verwechselte. Er glaubte außerdem, „Schafe, so groß wie Pferde mit sehr großen Hörnern und kleinen Schwänzen" gesehen zu haben. Von den Indianern bekam er erste Hinweise auf die höckrigen Zottelrinder der Ebene: Bisons.

Der Hauptmann Pedro de Tovar ritt von den Zuñi-Dörfern mit siebzehn Soldaten und dem Frater Juan Padilla nach Nordwesten. Sie überquerten den kleinen Colorado River, der aus der Painted Desert, der „bemalten Wüste", kommt, in der die ausgetrocknete Erde und das Gestein im späten Licht in allen Farben von hellstem Rot bis zum sanften Lila aufleuchten. Der Highway 58 freilich, der sich heute dort hinzieht, ist mit Indianerkitsch auf langen Strecken verstellt. Erst wenn eine Kultur verdrängt ist, scheint sie dazu geeignet, in der Andenkenindustrie eine sentimentale Auferstehung zu feiern.

Die Würde der Wüste aber widersteht aller Erniedrigung. Die toten Seelen des „Versteinerten Waldes" sind heute nicht weniger eindrucksvoll als vor viereinhalb Jahrhunderten, da Pedro de Tovar den Indianerpfaden folgte, die dem heutigen Highway 87 entsprechen, der hinaufführt zur Zweiten Mesa, auf deren Felsbastionen immer noch Hopi-Indianer wohnen. Die Reklameschilder bleiben an der großen Straße zurück, auch der Verkehr der Lastwagen und die Ströme der blitzenden Limousinen. Im Bereich der Reservate begegnet man Autos selten.

Kein Haus, keine Hütte, kaum ein Baum, selten ein Strauch, gelegentlich eine Schafherde, die ein Reiter gemächlich durchs schützende Steppengras treibt. In der Ferne, blau-grau verschleiert, die bizarren Formationen der Mesa: Tafelberge, weitgestreckt, in der Annäherung sich verdunkelnd, Pyramiden, spitze Kegel, grau-braun und rot — keine irdische Landschaft, sondern eine steinerne Vision, von anderen Sternen herabgeträumt, eine Science-Fiction-Laune der Schöpfung.

Die Steppen, die Schroffheit der verkarsteten Berge, die Dramatik der ersten Canyons mögen die Conquistadores nicht völlig überrascht haben. Sie kannten ähnliches von Mexiko und den Landschaften ihrer Heimat. Sie waren die kargen Weiten und die Melancholie der ausgebrannten Erde gewohnt.

Die Chronisten der Expedition hielten sich mit Naturschilderungen nicht auf, aber manche Andeutungen besagen, daß diese Urwelt auch ihnen den Atem nahm. Schönheit kümmerte sie für gewöhnlich wenig. Sie fürchteten die Lebensfeindlichkeit, die tödliche Drohung, die in der Majestät der Wüsten und Gebirge wartete, die Hungerqualen, den Durst. Auch wenn sich die Mitglieder des Spähtrupps — gut ein Dutzend Männer, selten mehr — vor der Feindseligkeit der Indianer ängstigten: Es blieb ihnen nichts anderes, als deren Siedlungen aufzusuchen, denn nur dort gab es Wasser und Nahrung.

Die Dörfer der Hopi waren noch aus einer Meile Entfernung nicht zu erken-

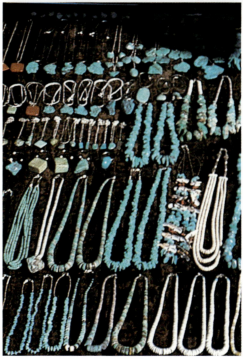

Noch heute gründet sich die Fertigung von Türkis- und Silberschmuck auf indianischer Überlieferung. Produkte dieses Handwerks weckten die Begehrlichkeit der spanischen Eroberer, die erst sehr viel später darauf kamen, die Silber- und Goldvorkommen des Landes durch Bergbau auszubeuten

97

Manche Siedlungen der Hopi-Indianer im amerikanischen Südwesten — hier Walpi in Arizona — scheinen sich auf den ersten Blick in den Jahrhunderten seit der Ankunft der Europäer nur wenig verändert zu haben. Doch das täuscht. Zwar ist die bitterste Not gebrochen, aber der Alkoholismus wurde zum bedrückenden Problem, auch unter den Bewohnern der Second Mesa, die wie eine Festung über der Wüste aufragt. — Die alte indianische Zeichnung zeigt einen Hopi beim Schlangentanz

nen: Perfekt getarnt kauern sie sich −
damals wie heute − in die Felszinnen
des Gebirgskammes, der jäh aus dem
grau-braunen Tal aufspringt. Dorniges
Gestrüpp, das die Flanken der Berge
schrundig übersät, einige Yucca-Büsche. Im Frühjahr gedeiht dort vielleicht ein schütteres Grün. Die Wüste
blüht − eine Woche oder zwei. Dann
verdorrt die Erde.

Die Indianer, die im Tal ihre Felder
bestellten, beherrschten die Kunst, den
spärlichen Regen geschickt zu nutzen,
um Mais und Bohnen gedeihen zu lassen. Die Jagd war dürftig. Gelegentlich
gelangte im Tausch getrocknetes Bisonfleisch von den Prärie-Indianern bis
zu den Hopi. Die Balance ihres Wirtschaftens und ihrer Ernährung war stets
gefährdet. Die verletzliche Harmonie,
die ihnen ein Überleben gewährte, ertrug keine Störung. In ihren unzugänglichen Bergnestern wurden sie vermutlich allzu oft von nomadisierenden
Apachen belästigt.

Nun, ein halbes Jahrtausend später,
führen zu den Dörfern der Mesa Straßen hinauf, die steil sind und nicht mit
äußerster Sorgsamkeit gebaut.

Die Häuser sind solide, die Feldsteinmauern fest verfügt − die Klos allerdings hängen so leichtfertig über den
schwindelnden Abgründen, daß jede
Böe sie zu Tal befördern könnte. Die
Hänge sind mit Abfall übersät, Büchsen, Plastikflaschen, jede Art von Zivilisationsschutt, und auf manchen Dächern hocken riesenhafte Geier, denen
die Funktion einer Sanitärpolizei zufällt, finster und abschreckend − Wappentiere der Isolation, ohne deren
Schutz dieses verschlossene Volk rasch
zugrunde ginge.

Damals, an einem späten Tag des Jahres 1540, beobachteten die Hopi den
Anmarsch der Patrouille des Hauptmanns Pedro de Tovar mit angebrachtem Mißtrauen. Als die Spanier näherkamen, demonstrierten sie, daß sie für
einen Kampf gerüstet seien. Der
Hauptmann lud sie ein, den Kaiser als
ihren Herrn anzuerkennen. Statt einer
Antwort markierten die Hopi mit ihrem Maismehl die magische Grenze.

Die Spanier schenkten dem Ritual
keine weitere Beachtung. Ein Indianer
prügelte auf eines der Pferde ein. Der
Franziskaner Juan Padilla, ein Mann
von herkulischer Figur, rief nun zum
Kampf. Rasch sanken einige Indianer
zu Boden. Die Hopi flohen in ihre unangreifbaren Häuser. Dann schickten
sie Friedensboten und Geschenke.

Pedro de Tovar brachte von seinem
Erkundungszug die Nachricht ins
Hauptlager, weiter im Westen, am
Ufer eines großen Stromes, siedelten
größere Hopi-Stämme. Coronado beschloß, eine weitere Patrouille unter
Cárdenas auszusenden. Dessen Reiter
standen eines Tages vor einer mächtigen Schlucht, die ohne Ankündigung
die alpine Landschaft der Föhren und
Fichten zerriß: der Grand Canyon. Von
unten schimmerte türkisfarben das
Wasser des Flusses herauf, darüber
türmten sich die Gesteinsschichten wie
mit einem Lineal gezogen − rot, ockerfarben und schwarz-grau − in wohlgeordneten Formationen. Es war, als
habe Gott selber mit seiner Faust eine
riesige Schneise in das Erdreich geschlagen, um seine Schöpfung im Urzustand, vielmehr als einen riesigen Bauplatz der Welt vorzuführen.

Die Spanier hielten sich nicht lang damit auf, die gewaltige Schönheit des
Grand Canyon zu bestaunen. Sie hatten Durst − und dort unten war Wasser. Castañeda, der Chronist der Expedition, schrieb: „Drei Tage lang versuchten wir, einen Weg nach unten zum
Fluß zu finden, der von dort oben aus
nur ein Bach zu sein schien, doch nach
den Aussagen der Indianer mehr als
eine Meile breit war . . . Der Abstieg
erwies sich als unmöglich." Ein Trupp
wagemutiger Kletterer kehrte zurück,
ohne die Talsohle erreicht zu haben.
Sie berichteten, die Felsbrocken, von
denen sie aufgehalten wurden, seien
höher gewesen als der höchste Turm
von Sevilla.

Gold und Silber hatten auch diese
Kundschafter nicht gefunden. So kehrten sie um.

Unterdessen war ein dritter Trupp
nach Westen aufgebrochen, von Her-

nando de Alvarado kommandiert, der sich der Führung von zwei indianischen Häuptlingen aus dem Norden anvertraute. Den einen nannten die Spanier nur den Kaziken, den anderen hießen sie Bigotes. Die beiden hatten, vielleicht nur von ihrer Neugier getrieben, den Fremden im Sommerlager bei den Zuñi ihre Aufwartung gemacht und von ihren Siedlungen erzählt.

Zunächst gelangte die Mannschaft nach Ácoma, einem Pueblo 120 Meter über dem Flachland auf einer Felskrone, nur über enge Stufen zu erreichen, die in den Stein gehauen waren. Die Stadt galt, beinahe zu Recht, als uneinnehmbar, denn die Verteidiger brauchten nur die Leitern hochzuziehen und die schmalen Zugänge sorgsam zu bewachen, um sich der Zudringlichkeit von Feinden zu erwehren. Solange die Vorräte für Essen und Trinken reichten, konnte ihnen nichts geschehen.

Doch die Bewohner zeigten sich freundlich, umsorgten die Wanderer mit Speise und Trank und ließen sie nach einer guten Rast wieder ziehen.

Alvarado begab sich mit seinen zwanzig Soldaten, unter dem Geleit von Bigotes und dem Kaziken, weiter ostwärts. Bei Isleta, südlich der späteren Stadt Albuquerque, stieß er auf den ersten Pueblo der Tiguex-Indianer, deren Dörfer am Rio Grande aufgereiht waren – die Kette reichte weiter nordwärts bis hinauf nach Taos. Die würfelförmigen Bauten – zwei, drei oder vier Stockwerke hoch – erinnerten alte Soldaten, die gegen die Mauren gefochten hatten, an die Kasbahs Nordafrikas. Die einzelnen Wohnblöcke waren über Leitern oder Stufen erreichbar. Zwischen den rechtwinkligen Komplexen befanden sich die kreisrunden Kivas, die heiligen Räume, aus denen die Gebete zur Sonne geschickt wurden.

Alvarado übermittelte an Coronado, der noch immer bei den Zuñi verharrte, den Vorschlag, das Gros der Expedition möge zu den Tiguex-Pueblos vorrücken, die mit reicheren Vorräten ausgestattet seien als die dürftigen Siedlungen im Süden.

Das Land am Rio Grande soll in seiner Ursprünglichkeit erhalten bleiben und steht deshalb unter Naturschutz. Das State Monument trägt den Namen eines der großen Entdecker: Coronado. Einer seiner Hauptleute war Alvarado, der den Stoßtrupp zu den Pueblos der Tiguex-Indianer am Rio Grande anführte

101

Die Nachricht war Coronado willkommen. Er hatte unterdessen eine Abordnung unter Kapitän Melchior Díaz zur Küste geschickt, um nach einer Flotte Ausschau zu halten, die Nachschub heranschaffen sollte. Die Verabredung war, wie üblich, ungenau. Von Cíbola-Hawikuh bis zur Einmündung des Colorado River in den Golf von Mexiko sind es an die sechshundert Kilometer – in der Luftlinie. Als Díaz die Küste erreichte, fand er in die Rinde eines freistehenden Baumes Zeichen geschnitten, die besagten, daß hier Briefe vergraben seien. In ihnen stand, die Flotte habe vergebens auf einen Boten von Coronado gewartet. Kalifornien sei übrigens, auch das teilten die Schreiben mit, keine Insel. Aus der Mitteilung ging ferner hervor, daß die Flotte nun den Colorado River erkunde.

So wandte sich auch Díaz nordwärts, in der Hoffnung, die Schiffe schließlich zu finden. Dabei widerfuhr ihm ein schreckliches Unglück: Aus dem Galopp warf er seine Lanze nach einem Hund, der inmitten einer Herde von Schafen ein Tier zu reißen versuchte. Die Waffe verfehlte ihr Ziel. Sie bohrte sich in die Erde. Dem Hauptmann gelang es nicht, sein Pferd herumzureißen, das auf die schräge Lanze zusprengte. Der Schaft drang in seinen Unterleib und durchstieß die Blase. Der tapfere Mann blieb noch zwanzig Tage am Leben.

Die Mannschaft des Melchior Díaz rettete sich nach San Gerónimo im Süden. Die Flotte war unauffindbar. Coronado wurde klar, daß er sich mit eigenen Mitteln über den Winter helfen mußte.

Kommandant Alvarado zog derweilen mit Bigotes und dem Kaziken zum Volk der beiden Häuptlinge, den Cicuique am Pecos River. Der Trupp wurde freundlich begrüßt. Zwei Gefangene aus einem Nachbarvolk, das jenseits der großen Ebenen siedelte, berichteten dem Spanier von der Stadt Gran Quivira: noch einem Dorado der goldenen Häuser und silbernen Straßen. Der ältere der beiden, den die Spanier wegen seines tatarischen Schnauzbartes El Turco, den Türken, nannten, tat sich mit seinen Schilderungen besonders hervor.

Bigotes bot die beiden als Führer für die Fortsetzung der Expedition an. So marschierte die Mannschaft voran, wandte sich vom Pecos River am Fuß des Sandre de Cristo-Gebirges nach Nordosten, überquerte den Canadian River. Nach vier Tagen erblickten die Kundschafter riesenhafte Herden der „monströsesten Bestien, die man jemals gesehen und über die man je gelesen hat ... Es gibt dort so viele von ihnen, daß ich nicht weiß, womit ich sie vergleichen könnte, wenn nicht mit den Fischen im Meer ... denn die Ebenen sind mit ihnen bedeckt. Ihr Fleisch ist so gut wie das der Rinder von Kastilien. Manche meinen, es sei sogar besser. Die Bullen sind groß und wild, obwohl sie nicht oft angreifen. Aber sie haben tückische Hörner, und sie stoßen voller Wildheit zu. Sie töteten einige unserer Pferde und verletzten andere. Wir stellten fest, daß die beste Waffe, um sie zu erledigen, der Speer ist, den man wirft, wenn sie rennen, und die Armbrust, wenn sie stillstehen."

Der „Türke" versuchte, die kleine Mannschaft des Alvarado mit immer

Ein Indianer, den die Spanier wegen seines Schnauzbartes El Turco nannten, lockte Coronados Trupp durch immer neue Märchen von einer „goldenen Stadt mit silbernen Straßen" nach Quivira, das sich als elendes Dorf erwies

phantastischeren Erfindungen voranzutreiben. Die Spanier lauschten seinen Märchen allzu gern. In einem Winkel ihres Bewußtseins aber regte sich Mißtrauen. Hatte ihr Pfadfinder auch nur den geringsten Beweis für die Existenz der fabelhaften Schätze im Reich von Quivira vorzuweisen?

Der „Türke" faselte etwas von einem goldenen Armband, das ihm der Häuptling Bigotes abgenommen habe. Der Spähtrupp kehrte um. Alvarado wollte das Schmuckstück sehen. Bigotes leugnete strikt, daß er jemals einen Goldreif besessen oder auch nur gesehen habe. Konnte man ihm glauben?

Die Spanier vergaßen die guten Dienste, die ihnen dieser liebenswürdige Mann erwiesen hatte. Das Reizwort Gold löschte jede humane Erwägung aus. Der Hauptmann nahm Bigotes und den alten Kaziken kurzerhand fest. Er legte auch den „Türken" in Ketten und schleppte sie alle zu Coronado.

Bigotes wurde einem scharfen Verhör ausgesetzt. Der Häuptling blieb dabei: Er wisse nichts von einem Armband. Er wurde gefoltert. Coronado drohte ihm mit den Hunden. Diesem hilfreichsten unter den Eingeborenen wurde die schlimmste Behandlung zuteil. Die Schmach, die diesem stolzen Menschen angetan wurde, sollte sich auf furchtbare Weise rächen.

Willig oder unwillig hatten die Tiguex-Indianer am Rio Grande den Soldaten einige Pueblos abgetreten und mit ihnen die Vorräte geteilt. Der Winter war ungewöhnlich hart. Der Mais ging zur Neige. Es gab auch keine Truthühner mehr, die den Spaniern zunächst so zahlreich dargeboten worden waren, oft mit devoten Beschwörungen, denen freilich keiner — der Sprache und der Sitten unkundig — entnehmen konnte, daß jene Vögel zum rituellen Opfer bestimmt waren.

Die Spanier wollten nicht hungern. So wurden immer neue Trupps zum Requirieren von Mais und Fleisch ausgeschickt. Die Soldaten froren in dieser Höhe: Die Pueblos um Albuquerque liegen 1500 Meter hoch. So wurden Decken beschlagnahmt.

Eines Tages lief das Gerücht unter den Einheimischen um, einer der Landsknechte habe eine indianische Frau vergewaltigt. Das war das Signal für die Rebellion, die schon lange drohte. Listig versuchten die Indianer, sich der Pferde zu bemächtigen, ohne die — das wußten sie wohl — die Spanier verloren waren.

Unverzüglich bereitete Coronado eine Strafaktion vor. Die Aufständischen eines Pueblo wurden, da sie nicht kapitulieren wollten, mit gewaltigen Feuern ausgeräuchert. Einer der Hauptleute ließ zweihundert Pfähle in den Grund rammen, an denen die Rebellen lebendigen Leibes verbrannt werden sollten. Als die Prozedur begann, versuchten die Überlebenden einen verzweifelten Ausbruch. Der Schlächterei entgingen nur wenige, die sich geschickt genug versteckt hatten. Viele Spanier erlitten Verletzungen. Über die Zahl der indianischen Opfer liegen nur ungenaue Angaben vor: Es mögen hundert oder zweihundert gewesen sein.

Coronado wußte, daß seine blutige Vergeltung das Mißlingen der Mission bedeuten konnte: Ohne eigenen Nachschub waren die Spanier mehr denn je auf die Indianer angewiesen. Doch ihn bedrückte kaum ein Gefühl der Schuld. Er hatte, wie jeder andere der Conquistadores, in einer schlichten Zeremonie im Namen des Königs Besitz von dem neuen Land genommen und die Einwohner, wie üblich, zu Kindern und Untertanen der katholischen Majestät erklärt. Ihn kümmerte nicht, ob sie verstanden hatten, was ihnen widerfuhr. Keine Seele klärte sie über die Konsequenzen auf: Daß fortan jeder Widerstand und jedes Aufbegehren als Verrat betrachtet und nach den Gewohnheiten spanischer Gerichte und der Inquisition bestraft werden konnte.

Die Bewohner der Pueblo waren nach der Schlächterei in die Berge geflohen. Trotz aller Lockungen der Spanier kamen viele von ihnen nicht zurück. Die Besatzungsarmee würde im kommenden Jahr mit knurrenden Mägen für ihre Grausamkeit büßen müssen:

Der wilde Truthahn — hier ein Kupferstich des amerikanischen Vogelmalers John James Audubon — war den Indianern heilig. Doch das wußten die Spanier nicht, als sie die Tiere für ihre Bratpfannen requirierten. Sie forderten als Tribut, was eine freiwillige Opfergabe sein sollte

Wenn die Indianer nicht ihre Äcker bestellten, gäbe es für sie nichts zu essen.

Coronado mit seiner kleinen Armee überstand den Winter unter äußersten Entbehrungen. Im Frühjahr brach er ins gelobte Land Quivira auf, von dem der „Türke" in immer wilderen Schilderungen schwärmte. Es gebe dort so viel Gold, schwadronierte er nun — vermutlich zitternd vor Angst —, daß die Pferde nicht stark genug seien, es fortzuschleppen.

Auf dem Weg in die Prärie ließ Coronado den Häuptling Bigotes und den Kaziken endlich frei. Den „Türken" und dessen Stammesbruder nahm er mit. Nun sah auch Coronado zum ersten Mal die Herden jener monströsen Tiere, von denen Castañeda geschrieben hatte, ihre Augen stünden so weit vor, daß sie rückwärts sehen könnten. Zudem hätten sie Bärte wie Ziegen und größere Höcker als Kamele.

Coronado begegnete Nomaden vom Volk der Apachen, die von den Bisons lebten: „Aus den Fellen bauen sie ihre Zelte, nähen sie ihre Gewänder, fertigen ihre Schuhe. Die Sehnen verwenden sie als Fäden. Aus den Knochen machen sie Werkzeuge. Den Dung nutzen sie als Brennstoff. Die Blasen dienen ihnen als Vorratsbehälter und Trinkschläuche. Sie nähren sich vom Fleisch der Tiere, essen es manchmal geröstet ... und manchmal roh ... Sie essen auch das rohe Fett, ohne es zu erwärmen, und trinken das Blut, wie es aus dem Rind herausfließt. Sie kennen keine andere Speise."

Unbehelligt gelangte Coronado, dem Canadian River folgend, in die Steppe, die heute „Texas Panhandle" heißt — die Bettlerbüchse im Nordwesten der Region. In der Ebene von La Vega, dreißig Meilen westlich der späteren Stadt Amarillo, stieß die Expedition auf eine Gabelung der Indianerpfade. Gegen den Protest seines Mitgefangenen wies der „Türke" nach Südwesten. So gelangte der Zug in den Palo Duro Canyon des Prairie Dog River, eines Zuflusses zum Red River.

Die Spanier wurden von den dort biwakierenden Tey-Indianern nicht unfreundlich aufgenommen. Durch sie erfuhr Coronado, daß ihn der „Türke" in die Irre geführt hatte. Er ließ ihn in Ketten legen. Die Aufgabe des Pfadfinders übernahm nun sein Landsmann Sopete.

Die Kolonne zog nach Nordosten davon. Sie passierte die düstere Einsamkeit der Black Mesa im Westen: jene dunklen und grau-braunen Berge, die auch heute noch kaum Spuren einer Besiedlung tragen.

In Boise City zum Beispiel, das keine Stadt, sondern nur ein größeres Dorf ist, gibt es an einem Sonntagnachmittag in der brütenden Hitze des Sommers kaum ein Anzeichen von Leben. Lediglich eine Kneipe hat geöffnet. Zwei oder drei Indianer spielen Billard. Der Wirt, der listig unter der randlosen Brille hervorschaut, um den Bauch eine blaue Schürze, sagt krächzend: „What's cooking in Boise City? Not a thing, not even mama's soup ..." Nichts wird ausgekocht in diesem Nest, noch nicht mal Mutters Suppe.

Vierzig Meilen im Umkreis keine andere Siedlung, außer einem Weiler, in dem zu Ostern Passionsspiele gefeiert werden, draußen in der Schlucht, über der hochragende Kreuze aufgebaut sind, darunter die weißen Säulen eines Tempels, durch den Schlangen huschen. Keine Seele weit und breit.

Wahrhaftig, die Gemüter der Spanier mußten gehärtet sein, um die Verlassenheit dieses Landes zu ertragen. Außer den Kuppen der schwarzen Berge sahen sie lange nichts — nur das wogende Gras der Steppe.

Die Hitze war barbarisch. Sie gelangten an den North Canadian River, liefen weiter zum Cimarron River, nun schon im Gebiet des späteren Bundesstaates Kansas, sie stießen auf den Arkansas River, den großen Strom, auf dem nach den Fabeleien des „Türken" die festlich geschmückte Flotte des Königs von Quivira daherkommen sollte.

Nichts davon. Nur ein paar Kanus. Die Städte mit den silbernen Straßen und goldenen Mauern erwiesen sich — auch dieses Mal! — als armselige Dörfer, deren Häuser aus Lehm geschichtet

Das Foto, um 1900 entstanden, zeigt einen Häuptling der Apachen. Die Steppenindianer lernten durch die Europäer das Pferd kennen, und als reitende Jäger gewannen sie eine Macht, die erst in der zweiten Hälfte des 19. Jahrhunderts gebrochen wurde

Die Voreltern der beiden Apachenmädchen auf dem Foto von 1880 fristeten ihr Dasein fast ausschließlich mit und von den Bisons: Sie aßen kaum etwas anderes als deren Fleisch, tranken das Blut, bespannten ihre Bögen mit den Sehnen, fertigten ihre Kleider und Zelte aus den Fellen. Die Apachen-Säuglinge sind nach traditioneller Weise gewickelt und gebettet

und mit Grasnarben gedeckt waren. Das Volk der Quivira hütete keine Schätze. Vielmehr baute es seinen Mais an, auch Kürbisse, Bohnen, ging zur Jagd, holte Fische aus dem Fluß. Die Fremden wurden verköstigt. Der „Türke" sann auf Ausbruch und versuchte, eine Verschwörung anzuzetteln. Eines Nachts wurde er kurzerhand mit der Garotte exekutiert.

Historiker wollen wissen, den Spaniern seien während dieses Aufenthaltes Gerüchte über die Anwesenheit bärtiger Männer ihres Schlages weiter im Osten zugetragen worden. Wenn das so war, dann mußte von de Soto die Rede gewesen sein, dessen Expedition einige Wochen später, dem Arkansas River folgend, angeblich auf die Höhe des späteren Fort Smith an der Grenze des heutigen Oklahoma gelangte. Einer seiner Spähtrupps könnte bis ins südliche Kansas vorgestoßen sein. Vermutlich waren die beiden Conquistadores nur weniger als dreihundert Meilen voneinander entfernt, inmitten des riesenhaften Kontinents.

Hätten sie einander getroffen, dann hätten sie beide den vernichtenden Mißerfolg ihrer Missionen eingestehen müssen. In jenen Wochen begann de Soto in der Tat, seine Niederlage zu begreifen. Auch Coronado blieb nichts anderes, als den Rückzug anzutreten. Den braven Pfadfinder Sopete ließ er bei dessen Landsleuten zurück.

Der Rückmarsch der Kolonne durch den Nordwesten von Mexiko wurde zur Qual. Überall befanden sich die Indianer nun in offenem Aufstand.

Nach der Heimkehr, die nicht triumphal war, hatte sich Coronado vor dem Vizekönig und dem Kolonialgericht in Mexico City zu verantworten. Im Jahr 1542 waren in Madrid die Reformgesetze für die Kolonien erlassen worden. Dem Conquistador warf man nun, 1544, vor, er habe seine Macht mißbraucht und die Indianer grausam behandelt. Doch man konnte ihm nicht nachweisen, daß er es war, der die Hunde auf Bigotes gehetzt hatte. Das Gericht sprach ihn in fast allen Punkten der Anklage frei. Doch einen großen Teil seines Vermögens hatte er verloren. Der Rest seines Lebens war unscheinbar.

Als Coronados Kolonne zurückmarschierte, blieb der kriegerische Franziskanermönch Juan de Padilla mit zwei spanischen Laienbrüdern, zwei bekehrten indianischen Helfern, einigen schwarzen Bediensteten und einem portugiesischen Reiter in Quivira zurück. Pater Juan wollte der Botschaft Christi hier eine Heimstatt schaffen. Da sich Coronados Truppe nicht allzu brutal und schäbig aufgeführt hatte, ließen sich viele der Indianer taufen. Danach aber wagte sich der Franziskaner auf das Gebiet eines Nachbarstammes. Er wurde erschlagen oder, nach anderen Berichten, von Kopf bis Fuß von Pfeilen durchsiebt: der erste Märtyrer der Missionierung Nordamerikas.

In den folgenden Jahrzehnten streiften Marodeure durch die Berge und Wüsten von New-Mexico und Arizona, um Jagd auf Sklaven zu machen. Sie

„Wie die Indianer das Gold aus den Bergen graben" lautet der Titel dieser Radierung von Theodor de Bry aus dem Jahr 1601. Obwohl es strikt verboten war, Indianer zu versklaven, kamen die Methoden der Ausbeutung in den Minen — hier in Patasi — der Sklaverei nahe

verstießen damit gegen das Gesetz und wurden bestraft, wenn man ihrer habhaft wurde. In den Einöden dort droben geschah dies nicht allzu oft. Die Priester und Bischöfe, vor allem aber die franziskanischen und dominikanischen Mönche bedrängten die Behörden unablässig, den Menschenjägern das Handwerk zu legen, ohne großen Erfolg. Immer wieder schickten sie geistliche Sendboten aus, die allein oder im Gefolge kleiner Expeditionen nach Norden zogen.

Die Neugier der Spanier auf dieses feindselige, unwirtliche, ja mörderische Land erlosch niemals ganz. Sie begannen nun, die geologischen Formationen mit halbwegs geübtem Auge auf mögliche Silber-, Gold- oder Kupfervorkommen abzusuchen. In Mexiko hatten sich blühende Erzminen aufgetan, die — Gesetze hin und her — dank der brutalen Ausbeutung der indianischen Arbeiter die schönsten Gewinne erzielten. Immer kühner stießen die Prospektoren nach Norden vor.

Die Erschließung der Schätze, die in der Erde verborgen waren, setzte eine Kolonisierung voraus. Es mußten dauerhafte Stützpunkte geschaffen werden, man brauchte Vorratslager und Transportwege, die gesichert werden konnten. Die geheimnisvollen Provinzen am Rio Grande und Colorado River bargen keine goldenen Städte und keine goldenen Tempel, doch sie waren — dessen glaubten die Kundschafter nun sicher zu sein — reich an edlen Mineralien, die nur zutage gefördert werden mußten. So blieb es eine Frage der Zeit, bis der Vizekönig und hernach auch die Krone sich mit einem neuen, wohlvorbereiteten Vorstoß einverstanden erklärten.

Die Historiker des amerikanischen Südwestens meinen übereinstimmend,

Die spanischen Eroberer erzwangen sich den Zutritt zu den Kivas, den indianischen Kulträumen, von denen diese Nachbildung im Grand Canyon einen Eindruck vermittelt. Heute ist Weißen das Betreten der sakralen Stätten ohne ausdrückliche Genehmigung untersagt

die langsamen Spanier seien durch eine überraschende Visite des Engländers Sir Francis Drake an der kalifornischen Küste aus ihrer bürokratisch-schwerfälligen Untätigkeit aufgeschreckt worden. In Madrid und in Mexico City war man davon überzeugt, daß Drake, Admiral der britischen Königin Elizabeth I., die nördliche West-Ost-Passage vom Pazifik zum Atlantik gefunden hatte, nach der die spanischen Fregatten an der Ostküste bis hinauf nach Labrador Ausschau hielten. Der Kapitän Giovanni da Verrazano, ein genialer Seefahrer italienischer Herkunft, gab sich der Hoffnung hin, daß die mächtige Chesapeake Bay zwischen Maryland und Virginia die Wasserstraße sei, die zum „Südmeer" führe. Die Hudson-Mündung – über die sich heute südlich von New York eine mächtige Brücke spannt, die seinen Namen trägt – war nach seiner Mutmaßung der Zugang zu einem Kanal, der beinahe geraden Weges nach Japan und China führen sollte.

An der Westküste machte sich 1542 Juan Rodriguez Cabrillo, ein Portugiese in spanischen Diensten, mit zwei kleinen Booten auf den Weg. Er entdeckte die Bucht von San Diego, die Inseln Santa Catalina und San Clemente, die Bucht von Santa Monica bei Los Angeles. Er fand auch die Bucht von Monterey mit ihrer bizarren Küste, doch an der verzauberten Half-Moon Bay bei Santa Cruz und am Golden Gate von San Francisco fuhr er vorbei. Sein Nachfolger gelangte hinauf bis nach Oregon. Die Ost-West-Passage fand auch er nicht.

Zu Anfang des 17. Jahrhunderts erkundete der spanische Kaufmann Sebastián Vizcaíno in einer Operation von bewundernswerter Kühnheit den westlichen Zugang zur Beringstraße. Als er mit seiner Besatzung nach Mexiko zurückgelangte, schrien die Skorbutkranken vor Pein, und die Gesünderen konnten nur noch auf allen Vieren von Bord kriechen.

Während Vizcaíno im Humboldt-Strom mit Orkanen kämpfte, die seine Nußschalen zu zertrümmern drohten, scheiterte im Landesinnern der dritte Versuch einer Kolonisierung Neu-Mexikos. Der neuernannte Kommandeur Juan de Oñate – sein Vater war Mitglied in der Expedition Coronados gewesen – hatte sich 1599 mit fünfhundert Menschen, unter ihnen gut zweihundert Soldaten, im Umkreis der Tiguex-Pueblos am Rio Grande festgesetzt, in denen Coronado nahezu sechs Jahrzehnte zuvor Winterquartier bezogen hatte.

In dem Pueblo Ácoma ereignete sich ein folgenschweres Mißgeschick. In seiner Unwissenheit kletterte Oñate über die Leiter in eine Kiva, den heiligen Raum, dessen Betreten keinem Fremden erlaubt ist. Mit knapper Not entkam er dem Zorn der aufgebrachten Indianer. Nun entsandte er eine kleine Streitmacht, die den Widerstand brechen sollte. An der Rückseite des Pueblo schoben die Spanier einen Balken über den Abgrund. Dreizehn Soldaten überschritten todesmutig die primitive Brücke. Ein Offizier wagte einen Sechs-Meter-Sprung in voller Ausrüstung. Ein anderer Trupp brachte in schwindelnder Höhe eine Kanone in Stellung. Zwei oder drei Tage wogte der Kampf hin und her. Die Zahl der toten Indianer wurde auf sechshundert bis achthundert geschätzt. Angeblich hatten die Spanier keine Verluste: Das für unbesiegbar gehaltene Ácoma fiel.

Der Sieg wurde teuer bezahlt. Er verkündete unmißverständlich, daß Oñate eine friedliche Kolonisierung der Territorien von New-Mexico und Arizona nicht glücken würde. Die Schlacht um die Himmelsfestung war vielmehr der Auftakt eines blutigen Eroberungskrieges.

Nach der schrecklichen Konfrontation von Ácoma versuchte Oñate, die Indianer einzuschüchtern. Die Gefangenen wurden – als Untertanen des Königs – einem Gerichtsverfahren unterworfen, in dem der Offizialverteidiger nichts ausrichtete. Das Urteil entsprach den Strafmaßen der Zeit: Den Männern von 25 Jahren aufwärts wurde ein Fuß abgeschnitten und sie wurden, obschon nur noch bedingt arbeitsfähig, zu 20

Jahren Frondienst verdammt. Knaben, junge Männer und Frauen blieben unverstümmelt, doch auch sie hatten Jahrzehnte der Strafarbeit zu erleiden.

Freilich bemühte sich Oñate hernach, bewaffnete Konflikte zu vermeiden. Seine Vorräte waren rasch erschöpft. So sahen sich auch diese Kolonisten gezwungen, Proviant und Kleidung in den Pueblos zu requirieren. Die Herzlichkeit der Beziehungen förderte das nicht, zumal das Jahr 1599 von mörderischer Trockenheit war und nur Mißernten brachte. Die Pueblo-Indianer waren selber von Hunger geschwächt. Die Apachen setzten ihnen noch heftiger zu als zuvor. Das Kriegervolk aus den Steppen − daran gewöhnt, Bisonhäute und Bisonfleisch gegen Mais und Kleider zu tauschen − verstand nicht, daß seine Handelspartner nur leere Hände vorzuweisen hatten. So versuchten die Apachen, nicht anders als die Spanier, gewaltsam zu holen, was ihnen nicht freiwillig gegeben wurde. Die Ausgewogenheit der Beziehungen blieb chronisch gestört. Die Veränderungen, die mit der Kolonialmacht in ihr Dasein traten, stürzten die Hopi und Zuñi in einen elenden Zustand.

In der Truppe Oñates wuchs mit dem Hunger der Mißmut. Die Silber- und Goldvorkommen in der Nachbarschaft von Taos − dem idyllischen Fleck, in dem sich drei Jahrhunderte danach eine Künstlerkolonie um D. H. Lawrence und Frieda von Richthofen ansiedelte − wurden übersehen. Oñate unternahm 1601 eine Erkundungsreise nach Quivira, auch hier auf den Spuren Coronados. Als er zurückkehrte, war die halbe Kolonie desertiert. Die Heimkehrer beklagten sich bitter über ihren Kommandeur. Oñate zog, 1604, zunächst nach Westen zum Colorado River, danach südwärts zum Golf von Kalifornien.

Nach Mexico City zurückgekehrt, sah er sich schweren Anschuldigungen wegen der Gemetzel und Mißerfolge im Norden gegenüber. 1607 gab er sein Amt zurück; man verbot ihm, die Provinz zu verlassen, ja wählte ihn zum Gouverneur auf Abruf, bis Madrid einen Nachfolger ernannte. Er weigerte sich, die Wahl anzunehmen und wurde schließlich wegen des Blutbades von Ácoma mit einer harten Geldstrafe belegt.

Die Missionare blieben. Im Jahre 1608 glückte ihnen, man weiß nicht warum, der große Durchbruch in ihrem Bekehrungswerk: Tausende von Indianern ließen sich taufen. Die dürftige Sied-

Aus einem Manuskript des 18. Jahrhunderts stammt die naive Darstellung der frühen Missionsarbeit: Erst versuchten die Priester, den in Scharen zusammengekommenen Indianern böse Geister auszutreiben, dann wurden die Landeskinder gleich gruppenweise getauft. Sie verstanden meist nicht, was mit ihnen geschah

lung in Santa Fe wurde ein Jahr später zum Sitz der Administration für Neu-Mexiko bestimmt. Der Gouverneurspalast, die barocken Arkaden, die Kirchen mit ihrer robusten Schönheit, die Santa Fe einen Begriff vom Zauber der Alten Welt vermitteln, sind allerdings erst Anfang des 19. Jahrhunderts errichtet worden.

Die Gründerjahre der Hauptstadt waren bitter. Alle drei Jahre sollte eine Karawane mit Bedarfsgütern und Handelsware von Mexico City heraufkommen, doch manchmal verging ein halbes Jahrzehnt, bis sich die Kolonne der Wagen, von Mauleseln gezogen, in der Bergstadt einfand. Die Reise hinauf dauerte sechs Monate, der Rückmarsch in der Regel genauso lang. Und es verging ein weiteres halbes Jahr, bis die Kolonne in Mexico City wieder ausgerüstet war; alles in allem ein aufwendiges Unternehmen.

Das tägliche Leben in Santa Fe wurde von chronischen Konflikten zwischen den Repräsentanten der kirchlichen und der weltlichen Macht überschattet. Die Pueblo-Indianer gingen ihrer Arbeit nach, doch halb verborgen schwelte das Feuer des Widerstandes. Die Angriffe der Apachen wurden zudringlicher, je weiter das Jahrhundert fortschritt. Das Jägervolk eignete sich Pferde an, die seine Krieger genial zu beherrschen lernten. Mit der Ankunft des weißen Mannes weitete sich der Radius ihrer Jagd und ihrer kriegerischen Aktionen dramatisch aus. Die Europäer veränderten die Existenz der Steppennationen von Grund auf – zunächst zu deren Vorteil. Pferde und Waffen der Spanier – durch Tauschhandel, später durch Raubzüge erworben – verliehen den Apachen eine Macht, die sie vorher nie gekannt hatten. Die Herrlichkeit dauerte knapp zwei Jahrhunderte. Dann wurden Herrschaft und Glorie durch den brutalen Vormarsch der weißen Siedler gebrochen.

Die Jagdvölker in den Prärien entzogen sich jedem Versuch einer Missionierung. Die seßhaften Pueblo-Stämme hingegen schienen sich an die Gegenwart der Europäer zu gewöhnen. Zähneknirschend nahmen sie die arroganten Manieren, die harte Justiz und die Ausbeutung durch die Soldateska samt deren Anhang von Glücksrittern und Galgenvögeln auf sich. Denn die Anwesenheit der Spanier und ihre gefürchteten Waffen gewährten ihnen einen gewissen Schutz vor den immer

Mit den Eroberungs- und Missionszügen des 16. Jahrhunderts hatte die Herrschaft der Spanier und später der Mexikaner über riesige Landstriche im Norden Mexikos begonnen. Zwei Jahrhunderte später aber drangen die Angloamerikaner unaufhaltsam nach Westen vor, und Mitte des 19. Jahrhunderts schließlich annektierten sie sämtliche mexikanische Besitzungen nördlich des Rio Grande

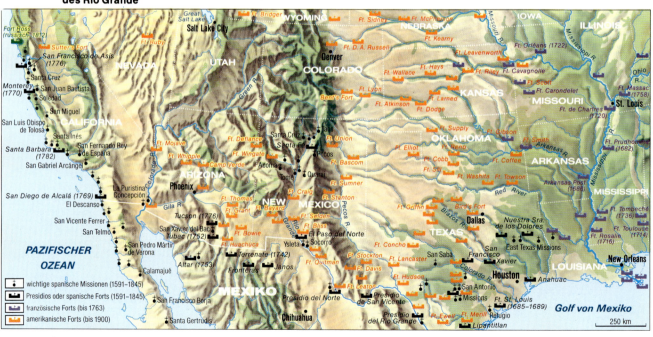

110

Missionskirche in Taos: Trotz blutiger Konflikte, trotz der Zwangskonversion, der indianischen Aufstände und ihrer Unterdrückung, wuchs im Umkreis der alten spanischen Missionen eine einfache Kultur, in der sich südeuropäische und indianische Elemente mischten

dreisteren Angriffen der Apachen. Die Priester taten ihr Missionswerk. Eine Koexistenz der beiden Rassen und ihrer Kulturen schien möglich zu sein.

Der Frieden täuschte. In der Neige des 17. Jahrhunderts bemächtigte sich der Pueblo-Indianer, die in stummer Duldung ihre Arbeit verrichteten, eine heimliche Unruhe. Nichts ließ erkennen, daß die Magie der angestammten Religiosität wieder Macht über diese demütigen Kinder Gottes gewinnen könnte. Sie hingen an den alten Bräuchen. Die Mönche nahmen es hin, da sie meinten, die Seelen erlitten durch solche Treue gegenüber der überkommenen Kultur keinen besonderen Schaden.

An die sechzehntausend indianische Christen zählte man um 1680 im Territorium von Neu-Mexiko, das sich von El Paso an die achthundert Kilometer nach Norden bis in die Berge von Taos erstreckte und nach Westen bis zu den Hopi-Dörfern in den Mesas des Colorado-Plateaus. Die Zahl der Spanier im Tal des Rio Grande zwischen Albuquerque, Santa Fe und Taos schätzte man auf gut zweieinhalbtausend. Wenn die Pueblo-Städte eine gemeinsame Anstrengung unternähmen, wäre es nicht zu schwierig, die Besatzung wegzufegen. Die unterdrückten Ressentiments mußten nur durch einen begabten Agitator mobilisiert werden.

Plötzlich war der Trommler da: ein Medizinmann mit dem merkwürdigen Namen Popé, der 1675 mit knapper Not einer Razzia der spanischen Obrigkeit entkommen war, die den verborgenen Einfluß der Schamanen zu brechen versuchte. Dreihundert „Zauberer" wurden damals hingerichtet.

Popé gelang es durch fleißige Agitation, fast sämtliche Pueblos im weiten Kreis um Santa Fe auf eine Revolte einzustimmen. Die Spanier erfuhren kein Wort. Der Anführer der Verschwörung, so die Legende, soll den eigenen Schwiegersohn ermordet haben, weil er

111

ihn als Verräter verdächtigte. Popé schickte Boten mit Kordeln aus, an deren Knoten seine Vertrauensleute ablesen konnten, an welchem Tag die Erhebung beginnen sollte. Selbst die Indianer in El Paso, vierhundertfünfzig Meilen weit flußabwärts, lud er zu einer Allianz ein: Sie sollten sämtliche fliehenden Spanier erschlagen.

Im letzten Augenblick kam dem Gouverneur eine Nachricht von der Revolte zu: Einer der Boten Popés war abgefangen worden. Eilig rief der Vertreter des Königs alle Siedler aus Santa Fe und die benachbarten Rancheros ins Fort. Auch das Vieh ließ er in die Befestigung treiben.

Popé schlug, durch die Gefangennahme seines Boten aufgeschreckt, früher los als geplant. Durch Läufer und Rauchzeichen alarmierte er seine Krieger. Innerhalb von Stunden und Tagen zerstörten sie nahezu sämtliche Güter und Farmen Neu-Mexikos. Sie stürmten die Missionsstationen und kleinen Befestigungen. Man nimmt an, daß etwa vierhundert Spanier, unter ihnen Frauen, Kinder und 17 Franziskanermönche, getötet wurden.

An die zweitausend Krieger belagerten dann die armselige Hauptstadt. Sie stellten dem Gouverneur ein Ultimatum: Er möge zwischen einem weißen und einem roten Kreuz wählen – das weiße bedeute freien Abzug, das rote Krieg bis zur Vernichtung. Der Statthalter wies die Erpressung zurück.

Nach vier Tagen gruben die Indianer die Wasserzufuhr ab. Der Gouverneur unternahm den ersten Ausbruchsversuch, bei dem angeblich dreihundert Indianer getötet wurden. Um weitere Verluste zu vermeiden, zogen es die indianischen Häuptlinge vor, die Eingeschlossenen abziehen zu lassen.

Die Spanier marschierten zunächst nach Isleta im Süden von Albuquerque – das idyllische Dorf ist heute ein Reservat der Indianer –, wo sich eine andere Gruppe der Kolonisten versammelt hatte, von einer kleinen Garnison beschützt. Die Vorräte in der Siedlung waren begrenzt. Es blieb nur die weitere Flucht nach Mexiko. Ende September oder Anfang Oktober 1680 traf die Kolonne – etwa zweitausend Menschen – in El Paso und Ciudad Juárez ein, unter ihnen dreihundert Indianer, die das Leben mit den Europäern der Herrschaft ihrer Landsleute vorzogen.

Es brauchte Jahrzehnte, ehe sich die nördlichen Grenzterritorien des neuspanischen Reiches von diesem Rückschlag erholten. Vielleicht hätte die Administration in Madrid die unwirtlichen Provinzen lieber sich selber überlassen, wären unterdessen nicht beunruhigende Nachrichten von der Landung französischer Kolonisten an der texanischen Küste eingetroffen. (Es handelte sich um Hinweise auf die letzte Expedition des Sieur de La Salle).

Dennoch wurde nichts überhastet. Vorsichtig erkundeten Spähtrupps das Gebiet der verlassenen Siedlungen. Sie stellten fest, daß Popés Einfluß seinen Triumph nicht allzu lang überlebt hatte. Kaum hatte sich Neu-Mexiko von der spanischen Herrschaft befreit, waren die alten Rivalitäten zwischen den Indianerstämmen von neuem aufgebrochen. Das war die beste Voraussetzung für die Spanier. Zwölf Jahre nach dem Abzug nahm der neue Gouverneur, Diego Don Vargas, Santa Fe wieder ein.

Die Indianer ließen sich durch das Versprechen einer Amnestie rasch versöhnen. Doch schon ein Jahr später waren die Spanier durch den Mangel an Proviant wieder gezwungen, harsche Forderungen an die Pueblos zu stellen. Die gereizten Auseinandersetzungen endeten, wie gewohnt, mit einer Metzelei. Einige Dutzend Indianer wurden getötet, nachdem sie sich ergeben hatten.

Drei Jahre später, 1684, erhoben sich die Pueblo-Völker ein letztes Mal. Nur fünf der Dörfer verweigerten die Teilnahme an der Rebellion. Der Aufstand wurde gnadenlos niedergeschlagen. Die Organisatoren des Widerstandes, soweit sie am Leben blieben, flüchteten zu den Apachen und Navajo oder zu den Zuñi und Hopi. Beide Völker – die Hopi in ihren Bergnestern waren resi-

Missionsstationen wurden fast immer in engster Nachbarschaft alter Pueblos gegründet. Noch um das Jahr 1700 zählte man nur etwa 15 Missionen und Presidios, wie die Forts genannt wurden, sowie Missionen in New Mexico und Arizona. Aber schon die um 1750 entstandene Missionskarte, eine Handzeichnung auf Pergament, nennt 64 Stationen in dem riesigen Bereich zwischen Rio del Norte, Rio Conchos und Rio Grande

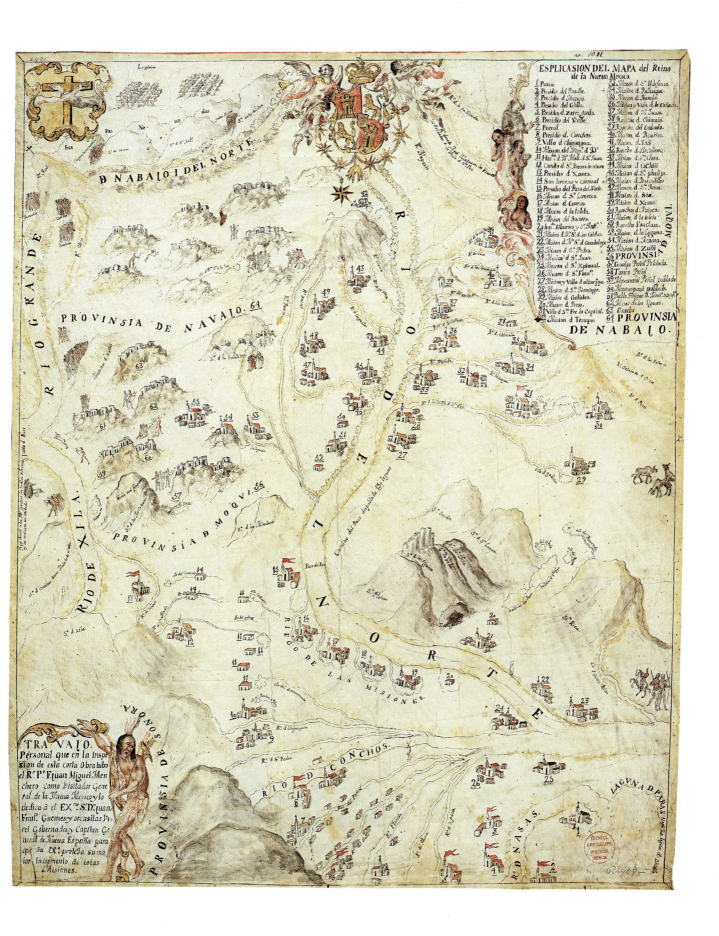

stenter als die Zuñi – verweigerten den Spaniern noch lang die Unterwerfung.

Das 18. Jahrhundert gehörte in den nördlichen Provinzen Neu-Spaniens vor allem den Mönchen. Unverdrossen zogen Franziskaner, Dominikaner und Jesuiten – Priester und Laienbrüder – von Stamm zu Stamm, um die Botschaft Christi zu verkünden.

Die Padres waren zu zweit, zu dritt unterwegs, manchmal von Bewaffneten begleitet, manchmal ohne Schutz. Sie scheuten keine Unwegsamkeit, nicht die tage- und wochenlangen Märsche, nicht die beschwerlichen Ritte durch ausgebrannte Steppen und Bergwüsten, nicht die verzehrende Hitze, nicht die eisige Kälte, nicht die wilden Bestien, die keine liebenswürdigen Spielgesellen aus einem Walt-Disney-Film waren: übermannsgroße Bären, die sich hoch aufgerichtet auf vermeintliche Angreifer stürzten, Klapperschlangen, gegen deren Gift es kein Serum gab, Pumas, denen man besser nicht zu nahe kam. Sie scheuten nicht die Einsamkeit ihrer Pilgerschaft durch die Hochtäler, aus denen die Felstürme so einschüchternd aufragten: wie Kathedralen oder monströse Festungen, von einem zornigen Gott gegen den Himmel gestellt.

Sie sahen voller Angst auf die fernen Rauchzeichen der Indianer, die Freundlichkeit oder Tod bedeuten konnten, ein Lager mit Wasser und Nahrung – oder Gefangennahme, Versklavung, Torturen, deren Bosheit die Teufeleien der spanischen Folterknechte womöglich übertraf. Hunderte starben den Märtyrertod.

Eine Frucht des Leidens und der Geduld: In den Jahrzehnten nach 1700 entstand das Netz der Missionsstationen, die heute die kraftvollsten Zeugnisse spanischer Kultur in Nordamerika sind. An die fünfzehn Presidios und Missionen wurden in New-Mexico und Arizona gebaut, fast immer den Pueblos benachbart, mehr als dreißig in Texas, an die vierzig in Florida, an die dreißig in Kalifornien.

Die Christianisierung war im 17. und 18. Jahrhundert das Werk vor allem der Franziskaner und Jesuiten, die geduldig und beharrlich eine Missionsstation nach der anderen gründeten: der prominenteste unter den Padres der Südtiroler Eusebio Francisco Kino (1645–1711; italienisch hieß er Chino), der von deutschen Jesuiten erzogen worden war. Man nannte ihn den „Pater zu Pferde". Er war noch lang der Meinung, Kalifornien sei eine Insel, doch bei einem Missionsritt von eintausendzweihundert Meilen stellte er fest, daß die südliche Halbinsel im Festland verankert ist.

Manche der Missionen sind wohlerhalten, wie die Stationen von San Antonio: schlicht barocke Formen, einer erdhaften Romanik verwandt, kleine Säulen, die hundert oder tausend Jahre alt sein könnten, meterdicke Mauern aus rotem Sandstein, andere aus sonnengetrocknetem Lehm nach der Adobe-Technik der Indianer gefestigt. Die Mission von San José im Südwesten der Stadt des heiligen Antonius feiert noch heute an jedem Sonntag die Messe auf mexikanische Art: mit schmetternden

Die tiefgläubige Missionierungsarbeit der frühen Spanier wirkt bis ins 20. Jahrhundert nach. „Die Heilige Familie" heißt dieses Altarbild, das Benito Ortega 1905 in New Mexico zu Ehren seiner Vorfahren schuf. Ortega war ein „Santero", wie man die Holzschnitzer nennt, die sich auf religiöse Darstellungen spezialisiert haben

Trompeten, Guitarren, Mariachi-Rhythmen und einem Chor, der die Passion dieser Melodien enthusiastisch interpretiert – eine grelle, scharf rhythmisierte, mitreißende und manchmal herzbewegend sentimentale Musik, die aus der Verschmelzung zweier Kulturen entstand.

Die katholischen Gemeindezentren von San Antonio, von El Paso, von San Diego, selbst einige Vorstädte von Los Angeles sind zu Zentralen einer anderen, einer friedlichen Eroberung geworden. Die spanischen Kolonien nördlich des Rio Grande und des Golfs von Kalifornien fielen 1845 und 1850 an die Vereinigten Staaten – durch Annexion oder durch Pression der angelsächsischen Siedler, die sich in Texas und anderswo breitgemacht hatten.

Die angelsächsischen Rancher, die Bergwerksunternehmer, die Eisenbahningenieure, die Manager der Fabriken kamen freilich ohne die Mexikaner und die Indianer nicht aus. Sie brauchten deren Arbeitskraft. Geduldig walkten die Lehrerinnen und Lehrer – diese wahren Baumeister der Vereinigten Staaten – das Englische in die dunklen Köpfe der Kinder. Zu Haus aber wurde spanisch gesprochen.

Dabei blieb es – bis heute. Die südlichen Grenzbezirke der USA von der Mündung des Rio Grande bis zu den Tälern Kaliforniens sind im Begriff, die Zweisprachigkeit zu akzeptieren, die in Florida durch die kubanische Kolonie schon selbstverständlich geworden ist. Das Land kehrt in gewisser Hinsicht zur spanischen Kultur der kolonialen Anfänge zurück. Das ist eine Art von Heimkunft.

Mit dem Abschied von der Epoche der Conquistadores zog kein idyllischer Friede in den Räumen zwischen der texanischen Atlantik- und der kalifornischen Pazifikküste ein. In den Silber- und Goldbergwerken schufteten indianische Tagelöhner, nicht besser als Sklaven gehalten, für einen Hungerlohn. Seuchen dezimierten die Stämme. Der ordinären Grippe, der Tuberkulose, der Syphilis, dem Alkoholismus war kein indianisches Kraut gewachsen. Die Medizin der Mönche richtete wenig aus. Rebellionen flakkerten immer wieder auf. Sie wurden allemal blutig unterdrückt.

Viele der Missionen verwaisten und wurden zerstört. In ihrem Verfall verschmolzen die Zeugnisse der spanischen Kultur mit der Natur Amerikas. Die robuste Schönheit der Kirchen in ihren einfachen Maßen fügt sich harmonisch in Szenerien, die zu groß und zu gewaltig sind, um einen allzu herrischen Bauwillen zu ertragen. Sie verlangen Bescheidenheit und Anpassung. Das braune Gestein der geborstenen Fassaden und gebrochenen Bögen der Mission von Quarai am Rande der Manzano-Berge in New-Mexico, das die späte Nachmittagssonne in ein dunkles Rot umfärbt, scheint die Idee jener Landschaft zu vollenden. Ein paar verwehte Vogelstimmen, Zikaden, der kräftige Geruch von Bergfichten, ein schabender Wind im Gebüsch und im mannshohen Gras . . .

Die alten Stimmen haben ihre Kraft nicht verloren. Sie beherrschen die Einsamkeit eines späten Nachmittags am Seminole Canyon dreißig Meilen nordwestlich von Del Rio in Texas, wenn aus der lastenden Hitze jähe Böen hochfahren, die es ratsam erscheinen lassen, den Hut festzuhalten. Der Himmel ist fahl. Ein Gewitter vielleicht in der Nacht. Der Wind springt auf, wirbelt über die riesenhaften Gesteinstrümmer und durch das gelbe Gras, über die staubigen Dornbüsche und an spiegelglatt polierten Felswänden vorbei ins ausgetrocknete Tal.

Dort drüben bei den Höhlen fand man über verrußten Lagerstätten archaische Malereien, denen die Jahrhunderte nichts anhatten. Ein Handbuch aus dem Jahr 1939 wußte von den Höhlenzeichnungen noch nichts. Doch es vermerkte, daß 1581 der Frater Augustin Rodriguez als erster weißer Mann den Pecos River erreichte, der hier in den Rio Grande mündet.

Vor der Leere und der machtvollen Einsamkeit, mit denen der Franziskaner konfrontiert war, zählen vier Jahrhunderte nichts.

116

Die verlorenen Kolonien

Der erste Versuch von Europäern, auf dem Boden Nordamerikas eine beständige Niederlassung zu gründen, scheiterte böse. Der französische Kapitän Jean Ribaut hatte 1562 an der Küste von South Carolina eine kleine Besatzung auf Parris Island abgesetzt. Doch sie flüchtete, von Hunger gepeinigt. Das Schicksal der Kolonie Fort Caroline, zwei Jahre später von französischen Protestanten unter Laudonnière errichtet, war grausamer: Ein spanisches Expeditionskorps überfiel die „Luteranos" und machte sie ausnahmslos nieder. Auch die Männer einer Entsatzflotte wurden von den katholischen Spaniern fast alle abgeschlachtet. Der europäische Religionskrieg griff nach Amerika über, noch ehe die Weißen dort festen Fuß gefaßt hatten

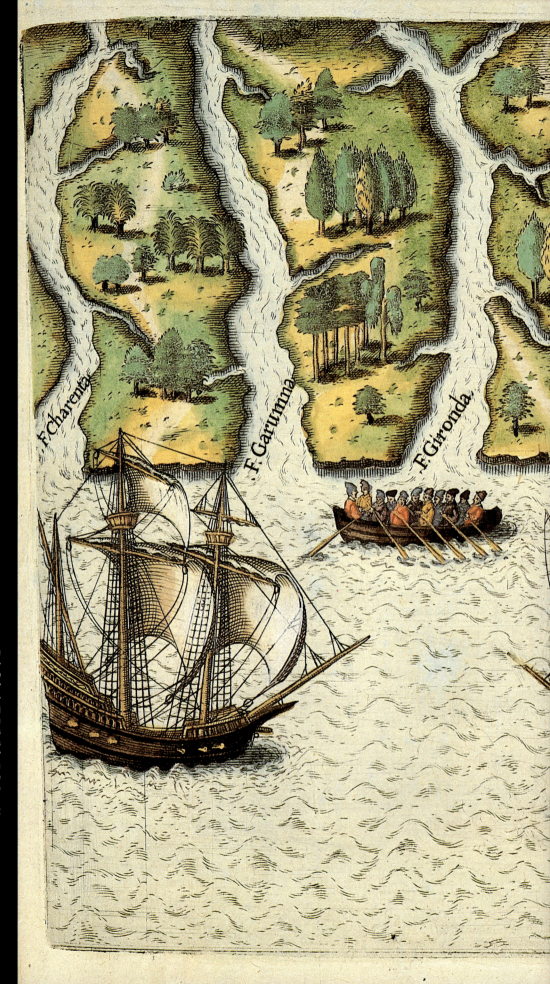

Nach den Vorlagen des Expeditionsteilnehmers Le Moyne fertigte der Kupferstecher Theodor de Bry seine große Bildreportage von der Landung der Hugenotten an den Küsten Floridas, Georgias sowie South Carolinas und der Gründung ihrer Kolonie. Den entdeckten Flüssen gaben die Franzosen mitunter die vertrauten Namen aus der Heimat

Am St. Johns River hatte Jean Ribaut 1562 eine Säule mit dem Wappen Frankreichs errichtet. Die Indianer verehrten sie wie ein Heiligtum, wie Laudonnière feststellte, als nur zwei Jahre später seine Expedition hier landete. Die Indianer haben – nach der Darstellung Theodor de Brys – zur Begrüßung Opfergaben vor der Säule niedergelegt

Jägerlatein — oder nicht: Staunend betrachtete man in Europa de Brys Bilder von indianischer Pirsch. Angeblich schlichen sich die Männer in den Fellen erlegter Hirsche zu den Tränken, um mit solch listiger Tarnung weitere Beute zu machen

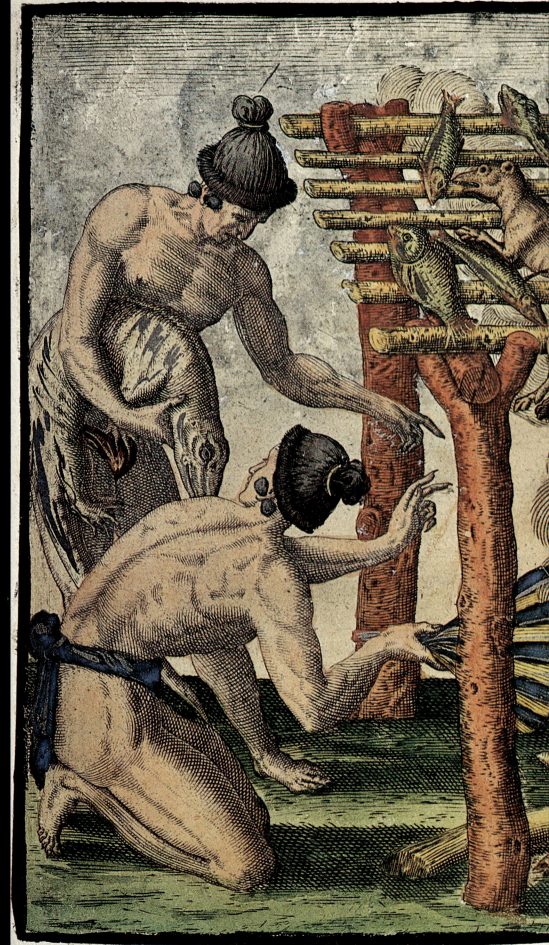

Die Indianer konnten in der Wahl ihres Wildbrets nicht immer wählerisch sein. Sorgsam legten sie Vorräte von geräuchertem Fleisch für die schlechten Monate an. Der europäische Betrachter dieser Darstellung de Brys erfuhr mit Schaudern, daß auch die Franzosen in der Neuen Welt oft Schlangen und Alligatoren essen mußten, wenn sie nicht verhungern wollten

Theodor de Brys Skizzen aus dem indianischen Alltag: Die Frauen gefallener Krieger werfen sich dem Häuptling klagend zu Füßen, um Rache für ihre Männer zu fordern — und um die Erlaubnis zur Wiederheirat zu erhalten. Mit Vergnügen registrierten die Franzosen, was die Einheimischen alles aufboten, um ein Gastmahl vorzubereiten — mit Abscheu jedoch nahmen sie die Sitte zur Kenntnis, dem Häuptling das Erstgeborene als Opfer darzubringen. Mit Bewunderung aber beobachteten die Fremden, wie die Jugend sich spielerisch im Handwerk des Jägers und Kriegers übte

„Viellustige Inseln" nannte Theodor de Bry die unzähligen kleinen Eilande vor der Küste; er nahm an, daß die Indianer sie schwimmend und watend aufsuchten, um an ihren idyllischen Gestaden ein geruhsames Picknick abzuhalten. Der Künstler hob hervor, daß sich die Männer den Köcher mit den Pfeilen auf den Kopf banden, damit die hölzernen Schäfte nicht naß und schwer wurden

Die Besatzung der ersten Siedlung von Jean Ribaut in South Carolina litt bald an Hunger. Zu dieser Szene erzählt Theodor de Bry, die Männer seien ausgefahren, um Hilfe zu suchen und dabei auf viele Alligatoren gestoßen, bis sie von einem Häuptling namens Quade und dessen Leuten freundlich aufgenommen und reich beschenkt wurden. Die Wirklichkeit war weniger erbaulich

Eine der ersten Schlachtenszenen auf amerikanischem Boden in der Darstellung Theodor de Brys: Die Franzosen griffen mit der gewohnten militärischen Ordnung in die Stammeskriege der Indianer ein — und waren am Ende erstaunt, daß ihre Bundesgenossen sich nicht geneigt zeigten, den geschlagenen Feind zu verfolgen und zu vernichten

Eine indianische Exekution hat Theodor de Bry festgehalten: Stolz ließ der eingeborene Herrscher dem Kommandanten der Hugenotten-Kolonie vorführen, wie unachtsame Wächter bestraft wurden. Mit einem flachen Scheit aus Hartholz versuchte der Scharfrichter dem Delinquenten den Schädel zu spalten — was nicht jedes Mal auf Anhieb gelang. Die europäischen Beobachter, an die entsetzlichen Hinrichtungsgewohnheiten ihrer eigenen Gesellschaft gewöhnt, nahmen die düstere Szene gleichmütig hin

Hübsche Villen, die sich diskret hinter blühendem Dogwood-Gebüsch und Oleander verbergen, von mächtigen Buchen und Ahornen überschattet. Nichts deutet in diesem bürgerlichen Vorortidyll darauf hin, daß sich hier, vor mehr als vier Jahrhunderten, die weltlichen und geistlichen Mächte Europas ein blutiges und absurdes Stelldichein gaben. Der Name des Weihers rechts an der Straße, halb von Seerosen überwachsen, weist auf die frühere Anwesenheit der Spanier hin – The Spanish Pond –, doch über Fort Caroline flattert das Lilienbanner der französischen Könige.

Ihre Untertanen hatten hier kein Glück. Sie starben einen elenden Tod, fast alle, von den Soldaten des düsteren Philipp II. von Spanien erhängt, soweit sie nicht im letzten Augenblick in die Sümpfe und Wälder entkamen. Sie wurden aufgeknüpft, weil sie „Luteranos", nicht weil sie Franzosen waren, wie eine Tafel verkündete, die – nach protestantischer Legende – von den Offizieren der katholischen Majestät über einem Galgen angebracht wurde. Einhundertfünfzig Männer sollen dieses schmähliche Ende erlitten haben, nur siebzig waren es nach anderen Quellen.

Wieviele es auch gewesen sind: Nicht einmal ihre Gebeine lassen sich finden, denn der St. Johns River nahm unterdessen ein gutes Stück Land mit sich fort und schwemmte die Überreste der französischen Siedlung in den Atlantik. Die gepflegten Anlagen von heute, denen französische Aufschriften den Charme der Alten Welt verleihen sollen, sind nette Repliken. Kleine Kanonen stehen wie Spielzeuge herum. Die Festungswälle, die großen Mauern, die Blockhäuser laden Kinder zum Umhertollen ein. So ist es allemal: Die Richtstätten der Geschichte werden Parks oder Spielplätze.

Kaum einer gedenkt der Tränen und der Todesschreie. Niemand nimmt die Trostlosigkeit wahr, in der vier Jahrhunderte zuvor eine Handvoll verzweifelter Männer ums Überleben kämpfte.

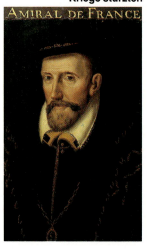

Admiral Gaspard de Coligny sah als Führer der französischen Protestanten in der Gründung einer amerikanischen Hugenotten-Kolonie einen Ausweg aus den mörderischen Konfessionskonflikten, die seine Heimat in schier endlose Kriege stürzten

Auf der Halbinsel Florida fand sich um 1560 kaum eine Menschenseele europäischer Herkunft, nur einige Schiffbrüchige und Versprengte aus ersten Erkundungsversuchen, die bei indianischen Stämmen Zuflucht gesucht hatten. Am französischen Hof hatte man wenig Anlaß, dem fernen Territorium allzu große Aufmerksamkeit zu schenken. Der Gold- und Silbertaumel hatte nachgelassen. Zuviel Silber aus den ergiebigen spanischen Minen in Südamerika überschwemmte den europäischen Markt und minderte den Wert der um-

136

Das heutige Fort Caroline bei Jacksonville im Nordosten Floridas ist eine Rekonstruktion im Stil eines idyllischen kleinen Parks. Man nimmt an, daß der ursprüngliche Standort der alten Befestigung inzwischen von Sturmfluten ins Meer gespült wurde. Das Wappen der französischen Könige ziert den Torbogen

laufenden Münzen. Europa erlebte seine erste Inflation. Sie richtete Spekulanten und einige Bankiers zugrunde, schmälerte die Einkünfte der Fürsten und ruinierte viele Handwerker.

Doch eines Tages legte Admiral Coligny, der Führer der Protestanten in Frankreich, am Hof zu Paris den Plan vor, seinen unruhigen Glaubensgenossen eine Ausflucht durch die Gründung einer überseeischen Kolonie zu schaffen. Damit könnten sie sich, das war sein Hauptargument, zugleich hohe Verdienste um die Krone Frankreichs erwerben.

Katharina von Medici, die Königinmutter, die für ihre Söhne das Zepter führte, sah nicht ein, warum sie Amerikas Reichtum ein- für allemal den Spaniern und Portugiesen überlassen sollte, die sich auf die Teilung der Welt durch den Papst, manifestiert im Vertrag von Tordesillas 1494, beriefen. Man erwog in Paris zwar keine Massenauswanderung, jedenfalls nicht fürs erste. Aber man wollte in der Neuen Welt Stützpunkte errichten, Zugänge ins Innere erschließen, Handel treiben. Wer weiß, vielleicht entdeckte man, trotz aller entmutigenden Berichte, einen Verbindungsweg nach Cathay, dem mysteriösen Reich der Chinesen? Zu den Gewürzinseln, nach Indien?

Unablässig suchten harte und kühne Kapitäne die Buchten, die Flußmündungen Nord- und Mittelamerikas nach der Wasserstraße hinüber zum Pazifik ab, unter ihnen Jacques Cartier aus St. Malo, der fast drei Jahrzehnte zuvor die ausgedehnten Küsten des Sankt-Lorenz-Golfs erforscht hatte.

Der Verkehr über den Atlantik war den Seeleuten und Fischern schon fast selbstverständlich geworden. Franzosen, Engländer, Portugiesen und Spanier holten Kabeljau und Schellfisch von den Bänken vor Newfoundland. Der getrocknete Stockfisch, den sie nach Haus brachten, war in den Küchen des Adels und der Bürger unentbehrlich geworden. Chroniken berichten, vielleicht übertreibend, um 1545 sei nahezu jeden Tag ein Boot in Richtung Newfoundland ausgefahren.

Katharina von Medici wußte wohl, daß ihr spanischer Schwiegersohn Philipp II. die Herrschaft über Florida und den gesamten Süden Nordamerikas in Anspruch nahm. Dem König aber wäre, in seiner frommen katholischen Unerbittlichkeit, vor allem der Gedanke unerträglich gewesen, daß sich in der Neuen Welt französische Ketzer festsetzen sollten. Katharina hatte kaum die Absicht, den verwandten Nachbarn im Süden bis aufs Blut zu reizen. Aber das Risiko einer Expedition nach Florida schien ihr nicht zu groß. So willigte die Königinmutter in den Plan Colignys ein.

Umgehend beauftragte Gaspard de Coligny, der den höfischen Titel eines Admirals von Frankreich trug (er war niemals zur See gefahren), den tüchtigen Kapitän Jean Ribaut aus Dieppe mit der Ausrüstung einer kleinen Flottille. Dieser Mann, vierzigjährig, galt als charakterfest und intelligent, zuverlässig in seinem reformierten Glauben, frei von tyrannischen Allüren, ein begabter Militär.

Das Abenteuer, auf das sich Ribaut und seine Mannschaft einließen, mochte für sie die Befreiung aus dem Alptraum fanatischer religiöser Verfolgung durch die katholische Gegenreformation sein. Die Nußschalen, bemannt mit einigen Dutzend Freiwilliger, legten am 13. Februar 1562 in Le Havre ab.

Am 30. April, knapp sieben Wochen später, erreichten sie die Küste Floridas an der Lagune von St. Augustine, die keinen schlechten Ankerplatz bot. Indes forschte Ribaut nach einem besseren Ort für den Bau einer Siedlung. Er gelangte schon einen Tag später, am 1. Mai, in die weite Mündung des St. Johns River, den er den Mai-Fluß nannte. Entzückt beschrieb er den Reichtum der subtropischen Landschaft, die er als die „fruchtbarste und angenehmste der Welt" bezeichnete. Selbst die Seidenraupen schienen ihm hier fleißiger zu sein als ihre armseligen Artverwandten in Europa. Am Hals ei-

Katharina von Medici, die Frankreich für ihren Sohn Karl IX. regierte, begünstigte zunächst die Pläne des protestantischen Admirals Coligny, in Nordamerika eine Hugenotten-Kolonie zu errichten. Doch nach der Hochzeit ihrer Tochter mit dem König von Spanien schreckte sie davor zurück, die Interessen ihres katholischen Schwiegersohns in Übersee zu verletzen

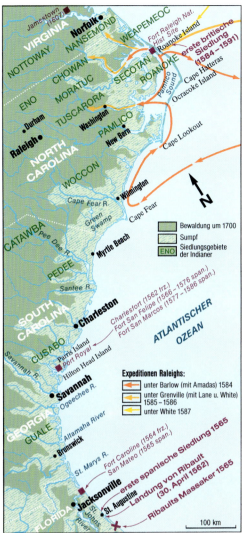

Schon in der zweiten Hälfte des 16. Jahrhunderts begann ein Wettlauf der europäischen Mächte um die Teilhabe an der Neuen Welt. Zumal Franzosen und Briten errichteten Stützpunkte. Die Spanier aber setzten alles daran, die Rivalen zu vertreiben. Die Inschrift auf der Gedenktafel im heutigen Fort Caroline besagt: Dies ist eine Nachbildung des Marksteins, den Jean Ribaut hier oder in der Nähe am ersten Mai 1562 gesetzt hat zum Zeichen der Inbesitznahme Floridas für Frankreich

ner Indianerin sah er eine Perle „so groß wie eine Eichel." Unverzüglich überließen sich die Franzosen spanischen Imaginationen. Auch sie träumten von dem legendären Reich Cíbola mit seinen sieben goldenen Städten und ungenannten Reichtümern.

Jean Ribaut ließ in eine Steinsäule das Wappen des Königs einmeißeln und errichtete sie am Eingang des natürlichen Hafens, auf einem schönen Hügel mit Zypressen, Buchen und Palmen. Der Besitzanspruch der französischen Krone wurde in der Erde Amerikas festgemauert.

Danach setzte Ribaut die Erkundungen weiter nach Norden fort. Den nächsten stattlichen Strom, dessen Mündung er kreuzte, nannte er ebenso loyal wie phantasielos die Seine. Er passierte, um nur die großen Flüsse zu nennen, den Altamaha River, den Ogeechee River, den Savannah River und fuhr – nun schon im Bereich des späteren South Carolina – schließlich in eine Flußmündung ein, die er Baie Port Royal nannte. Weiter wollte er sich nicht wagen. Die Vorräte an Proviant waren begrenzt.

Der strahlend weiße Strand von Hilton Head Island – an dem sich unterdessen die Geldaristokratie in sorgsam abgeschirmten Villen niedergelassen hat – schien ihm für den Bau eines Forts zu ungeschützt. Parris Island, einige Meilen landein, bot sich eher als

Garnison an: Die Kasernen des Marinekorps beweisen es noch heute. (Die flache Insel wurde nachmals zur härtesten militärischen Schleifmühle Amerikas.)

Ribaut schlug seiner Truppe vor, hier eine kleine Besatzung zurückzulassen. Er selber wolle Verstärkungen aus der Heimat holen. Es meldeten sich Freiwillige genug, die bis zu seiner Rückkehr ausharren wollten. Vielleicht versprachen sie sich einen vergnügten Sommer in der Fremde. Die Reserven an Lebensmitteln waren dürftig. Doch das ängstigte keinen. Der Kapitän wollte sich nach wenigen Monaten mit Nachschub zurückmelden.

Die Indianer in der Nachbarschaft waren friedlich. Der Besuch der Weißen schien ihnen schieres Vergnügen zu bereiten. Sie zeigten sich gastlich. Freilich hatten sie selber nicht mehr als ein bißchen Mais, Bohnen und Squash. So machte sich ein Requirierungstrupp nach Süden auf. Er kam mit reichen Gaben wieder. Wohlhabende Stämme in der Mündung des Savannah River hatten die Franzosen üppig beschenkt. Doch dann brannte die Vorratshütte nieder. Der Winter zog herauf. Die Indianer in der Nachbarschaft halfen aus, ihre eigenen Rationen aber wurden nun knapp.

Die Franzosen, von Mangel und Langeweile geplagt, gerieten in Streit untereinander. Ein roher Soldat namens Albert riß das Kommando an sich. Er schüchterte seine Kameraden ein und begann eine tyrannische Herrschaft. Wer ihm widerstand, wurde aus dem Weg geräumt. Schließlich stachen ihn aufgebrachte Gefährten nieder. Sie wählten einen Nachfolger. Ordnung zog ein. Doch vergebens hielten die Männer Ausschau nach den Schiffen Ribauts. Schließlich glaubten sie nicht mehr an seine Rückkehr. So machten sie sich ans Werk, selber ein Schiff zu bauen, um nach Frankreich heimzusegeln. Es wurde ein elender Kahn, aber er erwies sich als halbwegs seetüchtig. Ihre Hemden vernähten sie zu Segeln.

Zunächst machten sie gute Fahrt und waren „trunken vor übermäßiger

Authentische Spuren der französischen Befestigung auf Parris Island gibt es nicht mehr. Doch am Rande des Gebiets, wo sich heute das große Ausbildungslager der US-Marines befindet, muß die kleine französische Siedlung gelegen haben. Offiziere und Soldaten weisen Touristen gern auf die historische Reminiszenz hin — wohl auch, um das Bild von der schlimmen militärischen Schleifmühle ein wenig freundlicher erscheinen zu lassen

Freude". Dann blieben sie auf hoher See drei Wochen in einer Flaute liegen. Die tägliche Zuteilung wurde auf zwölf Maiskörner herabgesetzt. Sie kauten ihre Schuhe und Lederriemen, versuchten ihren Durst mit dem eigenen Urin oder, schlechter noch, mit Salzwasser zu stillen. Schließlich bestimmten sie durch Los ein Opfer, dessen Blut sie vor dem Verdursten, dessen Fleisch sie vor dem Verhungern retten sollte. Kaltblütig töteten sie einen jungen Gefährten. Ein englisches Schiff fischte sie auf. Man präsentierte sie der Königin Elizabeth in London, die aufmerksam die Unternehmungen der Franzosen in der Neuen Welt registrierte.

Einer ihrer Kameraden, der sechzehnjährige Guillaume Rouffi, war in Amerika zurückgeblieben. Er traute dem rasch zusammengezimmerten Boot und den Gefährten nicht. Lieber überließ er sein Schicksal der fremden Erde und der Freundlichkeit der Indianer. Oder hoffte er noch immer auf Ribaut?

Tatsächlich erspähten die Indianer eines Tages helle Segel. Sie gehörten zu einem spanischen Schiff, das ausgesandt worden war, um die Operation der Franzosen an der amerikanischen Südküste zu beobachten. Denn Ribauts Aufbruch im Februar 1562 war nicht unbemerkt geblieben.

Der Kapitän des Erkundungsschiffes, Manrique de Rojas, besichtigte die traurigen Trümmer von Charlesfort auf Parris Island und ordnete unverzüglich ihre völlige Zerstörung an. Er ließ den kleinen Franzosen vorführen, und der Knabe berichtete willig, was der Kapitän Philipps II. zu hören wünschte und zugleich fürchtete: Daß Admiral Coligny in der Tat mit sorgsamer Umsicht die Gründung einer französisch-protestantischen Kolonie in Florida betrieb.

Jean Ribaut hatte seine Besatzung auf Parris Island nicht vergessen. Doch als er nach Frankreich zurückkam, befand sich das Land im offenen Bürgerkrieg. Städte und Dörfer standen in Flammen. Amerika war plötzlich weit entrückt. Niemand hatte Interesse an einer Nachschubflotte für das Abenteuer in Florida.

Ribaut beteiligte sich an der Verteidigung seiner Heimatstadt Dieppe. Als sie kapitulierte, floh er nach England. Die protestantische Königin Elizabeth, so hoffte er, würde ihm helfen, den Brückenkopf in Florida zu retten. Die Königin schlug ihm vor, sich an einer britischen Expedition zu beteiligen, doch danach stand ihm nicht der Sinn. Als Ribaut gewahr wurde, daß er in London nichts erreichen würde, versuchte er, ohne Erlaubnis nach Frankreich heimzureisen. Königliche Häscher fanden ihn noch vor dem Auslaufen an Bord eines flämischen Schiffes. Ribaut wurde ins Gefängnis geworfen. Er schmachtete im Tower, als seine Gefährten von Charlesfort am englischen Hof präsentiert wurden.

In Paris beauftragte Admiral Coligny nach dem Burgfrieden im Religionskrieg den Offizier René Goulaine de Laudonnière mit der Vorbereitung einer zweiten Expedition. Der Edel-

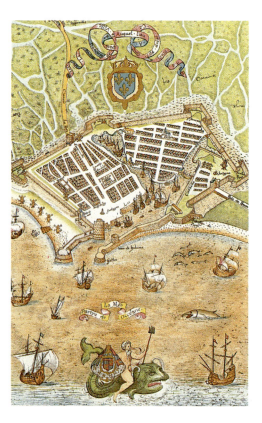

Le Havre, wie es ein Plan von 1588 zeigt, war Ausgangspunkt der ersten großen transatlantischen Unternehmungen Frankreichs. Auf Schiffen, die eher Schaluppen glichen, brachen die Hugenotten unter dem Kommando von Jean Ribaut im Februar 1562 in die Neue Welt auf

142

mann, 34 Jahre alt, auch er aus Dieppe, hatte Ribaut während der ersten Exkursion als Stellvertreter begleitet. So kannte er die Gewässer von Florida. Er galt als guter Hugenotte. Seine Aufzeichnungen deuten an, daß er zur Geckenhaftigkeit neigte. Er putzte sich, auch in der Hitze der Tropen, mit geradezu höfischer Eleganz heraus. Indes war er kein Liederjan. Vielmehr bewährte er sich als ein gewissenhafter, wenn auch nicht allzu schlauer oder umsichtiger Kommandeur auf schwierigem Posten.

Am 22. April 1564 stach Laudonnière von Le Havre mit hundertfünfzig Offizieren und Soldaten, fünfzig afrikanischen Sklaven, vier Frauen und, wie die Chronik sorgsam vermerkt, acht Artilleriegeschützen in See.

Die Passage war ereignislos. Am 22. Juni 1564 gelangte der Kapitän zur Mündung des St. Johns River und begann mit dem Bau einer Befestigung, die er Fort Caroline nannte.

Die Häuptlinge begrüßten, wenn man Laudonnières eigenem Zeugnis glauben darf, die Franzosen wie verlorene Söhne. Jene steinerne Säule mit der französischen Lilie, die Ribaut zwei Jahre zuvor hatte errichten lassen, war unterdessen für die Indianer das Objekt kultischer Verehrung geworden. Häuptling Saturiba warb – mit seinem etwas kruden Charme – um die Gunst der Fremden, denn von den fürchterlichen Waffen der gepanzerten Krieger erhoffte er sich rasche Siege über seine Erbfeinde weiter im Westen. Laudonnière versprach ihm, ein wenig voreilig, seinen Beistand, denn auch ihn zog die

Am St. Johns River, den die Franzosen den Mai-Fluß nannten, begann das Expeditionskorps unter Kommandeur Laudonnière unverzüglich mit dem Bau einer Festung, wie es Theodor de Bry nach den Schilderungen des Expeditionsteilnehmers Le Moyne darstellt. Das fertige Werk gibt Aufschluß über die Verteidigungspläne: Die Anlage wurde gegen mögliche Feinde aus Übersee zum Meer hin stärker gesichert als landwärts. Von den Indianern schien wenig Gefahr zu drohen

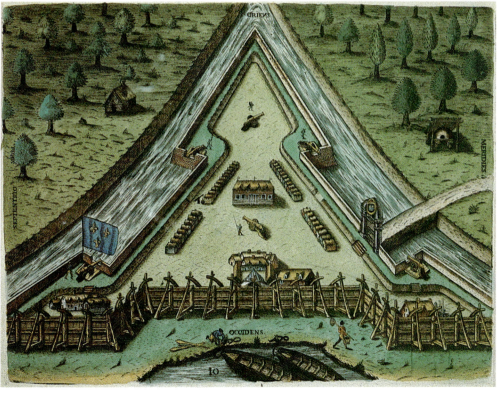

143

Die Kriegführung der Indianer kannte Theodor de Bry nur vom Hörensagen: Im Schutz der Dunkelheit schlichen sich die Rothäute angeblich an die feindlichen Dörfer und schossen brennende Pfeile in die mit Palmblättern gedeckten Holzhütten. Doch zur Nacht wurden Kampfhandlungen für gewöhnlich abgebrochen. Die Schlachtordnung einer Heerschar von Indianern, angeführt von ihrem rot bemalten Häuptling und von Herolden gelenkt, ist wohl nach europäischem Vorbild stark idealisiert. In Wirklichkeit entzogen sich die indianischen Kriegertrupps meist der Disziplin der Fremden aus Übersee

Hoffnung auf Gold und Silber ins Landesinnere, obschon nicht mit der mörderischen Besessenheit der Conquistadores. Natürlich sagte der Häuptling den Franzosen, was sie am liebsten hörten: Im Nordwesten, hinter dem Gebirge der Appalachen, fänden sie alle Schätze, auf die ihr Sinn gerichtet sei.

Die Stämme an der Küste besaßen keinen Schmuck, der die Begehrlichkeit der Gäste hätten wecken können. Sie liefen nackt einher, und sie waren von Tätowierungen übersät. Nur die Frauen verbargen ihre Scham unter einem kleinen Fellschurz.

Die Chronisten der Franzosen vermerkten, die Eingeborenen äßen kein Menschenfleisch, seien gutartig und wohlgebaut. Sie lobten den Mais, den die Rothäute anbauten, ihre Fertigkeiten im Fischfang und auf der Jagd nach Hirschen. Die Einheimischen verschmähten auch das Fleisch von Krokodilen nicht, das an Kalbfleisch erinnere, und in der Not verspeisten sie Schlangen, die nach Huhn schmeckten.

Im Umkreis der Siedlung wuchsen Nußbäume, Kastanien und wilde Trauben, die von den Franzosen geerntet, gepreßt, gekeltert, kurz, in einen trinkbaren Wein verwandelt wurden. Die Indianer, schrieben sie, berauschten sich an einem Trank, den sie Casin nannten, aus Kräutern gebraut, ein wahrer Höllensaft: Nur die stärksten Männer könnten ihn schlucken, spürten dann weder Hunger noch Durst oder Angst; schwächere Gesellen spuckten das Zeug gepeinigt aus.

Die Häuser der Indianer, aus Balken gefügt und mit Palmblättern bedeckt, verglichen die Fremdlinge hochmütig mit Taubenschlägen. Voller Genugtuung notierten sie, daß nicht nur sie, die Kinder Europas, sondern auch die „Wilden" unter den Schwärmen der Moskitos litten − manchmal so sehr, daß sie unter den groben Holzrosten, auf denen sie schliefen, kleine Feuer glimmen ließen, damit der Rauch die Quälgeister vertreibe. Eines war so schlimm wie das andere: die Erstickungsanfälle, die entzündeten Augen, die Attacken der Insekten.

Wenige Wochen nach der Ankunft beorderte Laudonnière zwei seiner Schiffe nach Frankreich zurück. Sie sollten so rasch wie möglich mit Verstärkung und neuem Proviant wiederkehren. Zugleich sandte er Späher flußaufwärts, die nach Gold und Silber forschen sollten. Sie fanden einige gleißende Metallstücke und ermutigende Hinweise auf größere Silbervorkommen in den Bergen.

Sein Freund, der Häuptling Saturiba, drängte auf die Eröffnung der Kampfhandlungen gegen die feindlichen Nachbarn. Da die Franzosen kein Interesse an Blutvergießen zeigten, begann er seinen Feldzug auf eigene Faust. Triumphierend brachte er eine Handvoll Gefangener ein. Laudonnière bemächtigte sich der armen Teufel und schickte sie zu ihrem Stamm zurück, dessen Gunst er mit der ungewöhnlichen Geste zu gewinnen hoffte.

Dieser Handstreich kostete ihn das Vertrauen Saturibas. Der Winter nahte. Der Proviant der Pioniere schwand dahin. Sie waren, wenn sie nicht hungern wollten, auf den guten Willen ihrer indianischen Nachbarn angewiesen. Die hatten, wie üblich, selber nicht viel. Als sie zu Tausch und milden Gaben nicht länger bereit waren, holten sich die Fremden gewaltsam, was sie brauchten. Nach bösem spanischen Vorbild entführten sie den Häuptling eines Stammes, der in den Dörfern stromaufwärts hauste. Der Erpressungsversuch war vergebens. Die Indianer dachten nicht daran, die Freiheit ihres Häuptlings mit Mais und Bohnen zu erkaufen. Sie zogen es vor, ihre Würde mit vollen Mägen zu verteidigen.

Laudonnière meldete seine Forderungen härter an. Mit einem bewaffneten Trupp brach er in die Dörfer ein, ließ die Büchsen krachen und erzwang die Herausgabe beträchtlicher Vorräte. Als seine Männer mit der Beute alle Hände voll zu tun hatten, wurden sie von einem Pfeilhagel überschüttet. Sie retteten nur zwei Säcke in die Boote.

Der Hunger wurde hartnäckiger. Die verwöhnten Franzosen fingen nun sel-

145

ber Alligatoren und Schlangen. Beim Fischfang und bei der Jagd zeigten sie offenbar wenig Geschick – oder fürchteten sie die Pirsch im unübersichtlichen Gelände? Ihre schweren Vorderlader ließen sich im Dickicht nicht leicht bedienen, selbst ihre Armbrüste waren unhandlich im Vergleich zu Pfeil und Bogen der Indianer.

Laudonnière teilte die Entbehrungen seiner Mannschaft in Fort Caroline. Er bemühte sich um Gerechtigkeit. Trotzdem regten sich Ärger, Zorn und Ressentiment. Verschwörer taten sich zusammen. Sie seien, flüsterten sie, nicht über den Ozean gereist, um zu hungern, sondern um Gold und Silber zu ernten. Dreizehn Soldaten bemächtigten sich eines der Schiffe, um an der Küste Kubas Beute zu machen. Spanier fingen die Meuterer ohne zu große Mühe ein. Sie vernahmen die Gefangenen gründlich. Die Informationen über den französischen Stützpunkt stießen in Madrid auf grimmiges Interesse. Gegenmaßnahmen wurden vorbereitet.

Im Dezember rotteten sich in Fort Caroline noch einmal Unzufriedene zusammen, mehr als sechzig Männer diesmal – so war nun mehr als die Hälfte der Soldaten abtrünnig. Im Schutz der Nacht überfielen sie ihren Kommandanten, ließen ihn gefesselt liegen, bemächtigten sich einer Karavelle und segelten davon, um spanische Siedlungen in der Karibik zu plündern.

Das Glück schien mit den Rebellen zu sein. Vor Kuba kaperten sie eine spanische Brigantine, danach vor Haiti ein Schiff von achtzig Tonnen, das mit Gold, Silber, Handelsware und Wein beladen war. Dann aber geriet das größere ihrer Schiffe in eine spanische Falle. Die Brigantine jedoch entkam, an Bord ein loyaler Lotse, den die Meuterer von Fort Caroline verschleppt hatten. Er steuerte zu dem Stützpunkt am St. Johns River zurück. Der Kommandeur verurteilte vier der Anführer zum Tode am Galgen – doch ließ er sich zu einer Hinrichtung durch Erschießen überreden, die als weniger schmählich galt.

Der Triumph beschwichtigte den Hunger der treuen Soldaten nicht lang. So entschloß sich Laudonnière Anfang August 1565, ein seetüchtiges Schiff zu bauen, das die Besatzung des Forts nach Frankreich zurückbefördern sollte.

Die Arbeit hatte noch nicht recht begonnen, da meldeten die Wachen vier Segel in der Mündung des St. Johns River. Nein, es war nicht die Hilfsflotte aus Le Havre, sondern die kleine Armada des Engländers John Hawkins, den man den König der Freibeuterei und des Sklavenhandels nannte. Er brauchte nicht lang, um die elende Lage der Besatzung zu erkennen. Großmütig bot er an, sie nach Haus zu bringen. Laudonnière erkundigte sich voller Mißtrauen, ob er bereit sei, einen französischen Hafen anzusteuern, ehe er nach England heimkehre. Hawkins versprach es.

Die Zweifel blieben. Hatte der Brite am Ende die Absicht, sich des französischen Besitzes zu bemächtigen? Höflich wies Laudonnière das Angebot zurück. Als seine Soldaten davon erfuhren, drohte abermals der offene Aufstand. Nun bat Laudonnière, gewissenhaft und schlau, Kapitän Hawkins

Mit der Landung der „Mayflower" begann die eigentliche Besiedelung des östlichen Nordamerika. Die puritanischen „Pilgerväter", die mit ihr aus Plymouth herübergesegelt waren, gründeten die britische Kolonie Neuengland, aus der schließlich die Vereinigten Staaten entstanden

möge ihm ein Schiff überlassen, für das er mit Silber und einiger guter Ware bezahlen wollte. Dagegen protestierten seine eigenen Offiziere. Sie hielten es nicht für ratsam, den Briten das Silber zu zeigen, das sie bei den Indianern eingetauscht hatten. Es könnte, meinten sie, den Appetit der Engländer reizen. Hawkins verlangte lediglich siebenhundert Kronen und erklärte, er sei es zufrieden, wenn er darüber hinaus mit Waffen und Pulver entlohnt werde. Sodann überließ er den Franzosen eine Fülle von Lebensmitteln, dazu Salz und Kerzenwachs.

Wenige Tage später war das britische Schiff für die lange Reise gerüstet. Ein ungünstiger Wind verzögerte die Abfahrt. Als das Wetter umschlug, nach gut zwei Wochen, im August 1565, schoben sich abermals Segel über den Horizont: Die Entsatzschiffe trafen ein − unter dem Befehl von Jean Ribaut, der nach seiner englischen Eskapade nach Frankreich zurückgekehrt und von Admiral Coligny mit einem neuen Kommando betraut worden war.

Nun sprach in Fort Caroline keiner mehr von Heimweh und Rückreise. Soldaten und Offiziere stärkten sich an den mitgebrachten Köstlichkeiten. In ihrem satten, vielleicht auch trunkenen Behagen erwachte die Lust am Abenteuer. Sie fühlten sich stark. Laudonnière und Ribaut einigten sich darauf, das Kommando über die Kolonie gemeinsam zu führen.

Die Kette der Besucher in der sonst so stillen Bucht vor Fort Caroline riß in jenem Sommer des Jahres 1565 nicht ab. Nur wenige Tage nach der Ankunft Ribauts wurden von den Posten wiederum Schiffe gemeldet. Eine spanische Flotte unter Pedro Menéndez de Avilés kreuzte in der Bucht auf. Seine Katholische Majestät, der König von Spanien, hatte dem Adelantado den Auftrag erteilt, „Florida zu erobern und zu bekehren".

Menéndez hing nicht der Illusion nach, er könne ein blühendes Reich gewinnen, wie es Cortez in Mexiko oder Pizarro in Peru gewissermaßen im Handstreich gelungen war. Ihn erfüllte ein brennender Eifer für die Krone und die Heilige Kirche. In seinem Gefolge befanden sich zwölf franziskanische und acht jesuitische Padres. Das erste Ziel war klar: Unverzüglich sollten die ketzerischen Franzosen aus dem Interessensgebiet der Katholischen Majestät vertrieben werden.

Über Jean Ribauts Abreise aus Frankreich war der Adelantado bestens informiert. Er hatte sich beeilt, vor der Entsatzflotte des hugenottischen Kapitäns in Übersee einzutreffen, um das schwache Fort Caroline zu überrumpeln. Nun kam er, wenn auch nur wenige Tage, zu spät.

Die massive Konfrontation mit der vereinigten französischen Streitmacht von Ribaut und Laudonnière schien dem Spanier zunächst nicht ratsam. So segelte er nach einem harschen Wortwechsel mit den französischen Vorposten und einem nächtlichen Scharmützel südwärts davon, ankerte in der Bucht von St. Augustine und schlug ein Biwak auf. Ribaut, auch er couragiert und schlau zugleich, beschloß, den Spaniern nachzusegeln. Sie sollten so rasch wie möglich gestellt werden, am besten, noch ehe sie Zeit hatten, sich an Land zu verschanzen.

Der Plan war klug, aber spätestens Ende August zieht alljährlich über Florida und der Karibik die Saison der großen Stürme herauf. Als Ribaut mit seinem Geschwader vor St. Augustine aufkreuzte, brach ein Hurrikan über die Flotte herein. Den Franzosen glückte es nicht, rechtzeitig eine schützende Bucht zu finden. Der Sturm wirbelte ihre Schiffe wie lächerliche Spielzeuge südwärts davon.

Unterdessen präsentierte Menéndez seinen Offizieren einen verwegenen Plan. Die Abwesenheit Ribauts von Fort Caroline sollte genutzt werden, um dessen Kompagnon Laudonnière zu überraschen: von Land her.

Am 17. September brach der Spanier mit seiner Mannschaft auf. Von einem französischen Überläufer und zwei Indianern geführt, quälte sich die Truppe gegen peitschenden Regen durch das Dickicht des Dschungels, durch Sümpfe und reißende Bäche. Ihre Panzer erschwerten jeden Schritt. Die Krieger versanken oft bis zur Brust im morastigen Wasser. Sie rissen sich am Dorngestrüpp blutig. Menéndez trieb sie voran. Für gut fünfzig Kilometer brauchten sie drei Tage und Nächte.

In der Nacht zum 20. September erreichten sie den kleinen Teich am Fuße des Hügels, der die St. Johns Bay so eindrucksvoll überragt, knapp einen halben Kilometer vor dem französischen Fort. Menéndez dachte an sofortigen Angriff. Seine Späher stellten fest, daß die Franzosen, des strömenden Regens müde, ihre Posten eingezogen hatten. Die Landfront des Forts war überdies kaum befestigt.

Die Spanier stürmten, trotz ihrer Erschöpfung. Sie machten die ersten Franzosen nieder, die ihnen über den Weg liefen. Lärm, Geschrei, Alarm. Halbnackt, kaum bewaffnet, stürzte die Besatzung aus den Unterkünften. Die Angreifer hieben wie die Berserker um sich. Widerstand gab es kaum. Einige Franzosen warfen sich durch eine Bresche in den Palisaden den Abhang hinab und flüchteten in die Wälder. Kommandant Laudonnière, der rasch eine Waffe zu greifen vermochte, sah mit einem Blick, daß jede Gegenwehr verloren war. Im Handgemenge verwundet, stürzte auch er davon.

Der 61jährige Zimmermann Nicolas le Challeux berichtete später in seinem lebhaften Rapport, auch ihm, dem alten Mann, seien in Not und Angst übermenschliche Kräfte zugewachsen. Wie ein Jüngling habe er sich über den Zaun geschwungen, Boden unter den Füßen gewonnen und im keuchenden Lauf den rettenden Wald erreicht.

Le Challeux wagte einen Blick zurück auf das Fort: Was er sah, erfüllte ihn mit nacktem Entsetzen. Die Spanier massakrierten, wer immer ihnen vors Messer kam. Sie schonten nur Frauen und Kinder. Später machten sie Gefangene, denen nicht viel Zeit blieb, Hoffnung zu schöpfen. Der Adelantado verurteilte sie mit einem summarischen Spruch zum Tode. Sie wurden an Tragbalken des Forts und an den nächsten Bäumen erhängt. Hier, angeblich, wurde das fatale Schild angenagelt mit der Inschrift: „Das tue ich nicht den Franzosen an, sondern den Lutheranern."

Eine hartnäckige Legende. Aber: Keiner der überlebenden französischen Zeugen erwähnte dieses Dokument des Hasses, und ein spanischer Chronist bestritt seine Existenz. Vielleicht war es eine Erfindung der verstörten Phantasie, die freilich näher an die Wahrheit geriet, als es den fanatischen Glaubensstreitern recht sein konnte. Selbst über die Zahl der Opfer sind die Auskünfte ungenau: Einige Quellen sprechen von hundertfünfzig, andere nur von siebzig Menschen.

In den Sümpfen und Wäldern östlich des Forts sammelten sich gut zwei Dutzend Überlebende. Sie waren halbnackt, ohne Waffen und Vorräte. Wohin? Würden sie bei den Indianern Aufnahme finden? Oder drohte ihnen dort die Auslieferung? Nun rächte sich der Hochmut, mit dem die Franzosen die Feindschaft ihrer Nachbarn herausgefordert hatten. Blieb ihnen nichts anderes, als in der Wildnis zu verderben?

Sechs der Männer zogen es schließlich vor, zu den Spaniern zurückzukehren und um Schonung zu bitten. Als sie aus dem Schutz des Waldes heraustraten, wurden sie, laut le Challeux, unverzüglich getötet. So wählten die anderen den einzigen Ausweg: Sie beschlossen, sich zum Meer durchzuschlagen. Vielleicht fänden sie an der Küste ein französisches Schiff.

Sechsundzwanzig Kolonisten quälten sich im unablässig strömenden Regen durch das Dorngestrüpp, wateten durch Morast, schwammen durch reißende kleine Ströme, die Nichtschwimmer an langen Ästen hinter sich herziehend. Voll Angst und Verzweiflung, aufrecht, die Rücken gegen Bäume gepreßt, durchwachten sie eine Nacht im Dickicht des Waldes.

Der agilste der Kameraden erkletterte im ersten Tageslicht einen hohen Baum. Er sah in der Ferne das offene Meer, sah auch – ein Aufatmen – ein französisches Schiff. Sie kämpften sich zum Strand durch. Es gelang ihnen, den Kapitän durch Zeichen und Rufe auf sich aufmerksam zu machen. Der setzte ein Boot aus. Die Flüchtlinge waren so entkräftet, daß sie von den Matrosen an Bord gezogen werden mußten.

Unter unsäglichen Anstrengungen stießen die Spanier in einem Marsch von vier Tagen und drei Nächten, geführt von Gouverneur Menéndez, durch die tropischen Sümpfe zum Fort Caroline vor und machten die französische Besatzung in einem Überraschungsangriff nieder. Eine schlichte Tafel erinnert an die Tragödie im September 1565

Später gesellte sich eine Karavelle unter dem Kommando eines Sohnes von Kapitän Jean Ribaut hinzu. Sein Schiff hatte während des Überfalls nahe am Fort gelegen. Die Besatzung hoffte, Überlebende aufnehmen zu können. Die Spanier aber, so wurde erzählt, stapelten die Leichen der Erschlagenen am Flußufer auf, schnitten die Augen aus den Köpfen und warfen sie voller Verachtung in Richtung auf den jungen Jacques Ribaut. Mit einer der Kanonen des Forts versenkten die Eroberer ein kleineres französisches Boot. Der junge Ribaut nahm dessen Mannschaft auf und machte sich in Richtung auf die Küste davon.

Kommandant Laudonnière schlug ihm vor, nach den Schiffen seines Vaters zu suchen. Der Sohn aber beschloß, ohne weiteren Aufenthalt nach Europa zu segeln. Seine Karavelle gelangte nach Frankreich. Das Schwesterschiff mit Laudonnière an Bord verschlug es zunächst nach England.

Nach dem Gemetzel nahm Menéndez das Fort Caroline am 21. September 1565 formell in den Besitz des spanischen Königs und nannte es San Mateo. Er ließ einen Teil seiner Truppen dort zurück und marschierte mit dem Rest zur Bucht von St. Augustine. Kurz nach seiner Ankunft wurde ihm von Indianern hinterbracht, weiter im Süden habe sich eine Schar schiffbrüchiger Franzosen an Land gerettet. Der verzweifelte Trupp leide an Hunger und Durst. Der Adelantado zog ihm mit fünfzig Soldaten entgegen.

Als er die Franzosen auf einer Insel sah, verbarg er seine Leute im Gebüsch. Er selber trat ans Flußufer und rief ihnen zu, er sei Spanier. Sie baten ihn, er möge ihnen zu Hilfe kommen. Er entgegnete − laut Bericht an den spanischen König −, er könne nicht schwimmen. Ein mutiger Franzose wagte sich zu ihm herüber. Knapp berichtete er dem Adelantado vom bösen Schicksal der Seinen. Vierhundert seien sie gewesen, ehe der Hurrikan

ihre Schiffe zerschmettert habe, fünfzig seien in die Hände der Indianer geraten und getötet worden, vierzig seien am Leben. Kommandeur Ribaut sei vermißt.

Menéndez sagte, er habe Fort Caroline erobert und alle seine Insassen aufhängen lassen, da sie „die Festung ohne Erlaubnis Ihrer Majestät gebaut und die berüchtigte Doktrin Luthers in diesen Provinzen ausgestreut" hätten. Er verlangte, die Schiffbrüchigen sollten sich bedingungslos ergeben.

Der Bote kehrte zu seinen Kameraden auf der Insel zurück. Nach ihm kam einer der französischen Offiziere herüber. Er erklärte dem Adelantado, seine Leute würden die Waffen niederlegen, wenn er verspreche, sie am Leben zu lassen. „Ich sagte ihm", notierte Menéndez später, „er könne seine Waffen niederlegen und sich und die Seinen meiner Gnade ausliefern, daß ich aber mit ihnen so verfahren würde, wie es unser Herr mir befehle. Mehr als dies könne er von mir nicht erhalten, und mehr erwarte auch Gott nicht von mir."

Menéndez schrieb weiter: „So ging er zurück, und dann kamen sie, um ihre Waffen abzugeben. Ich ließ ihre Hände auf dem Rücken zusammenbinden und sie zu Tode stechen; nur 17 ließ ich am Leben, davon zwölf große starke Männer, Seeleute, die sie entführt hatten. Die anderen vier waren Zimmermeister und Seilmacher − Leute, die wir dringend brauchten."

„Es schien mir", schrieb der Adelantado seinem König über das Massaker an den Franzosen, „daß ich Gott, unserem Herrn, und Ihrer Majestät diente, indem ich sie in jener Weise bestrafte." Er fügte hinzu, ein guter Anfang sorge für ein gutes Ende. „So hoffte ich zu unserem Herrn, daß er mir in allem Wohlstand und Erfolg schenken wird, damit ich und meine Nachkommen Ihrer Majestät diese Königreiche voller Reichtümer übergeben und die Einwohner zu Christen bekehren können."

Keine zwei Wochen danach wurde dem Adelantado gemeldet, Kapitän Jean Ribaut lebe, ebenso ein guter Teil seiner Mannschaft. Der Hurrikan habe die Schiffe vernichtet. Nun marschiere Ribaut nach Norden und nähere sich dem Lager.

Menéndez eilte wieder zum Fluß. Am anderen Ufer lagerten an die zweihundert ausgehungerte, heruntergekommene Franzosen. Nach einem umständlichen Anfang der Verhandlungen kam Jean Ribaut selber über den Fluß, vermutlich auf einem kleinen Floß. Er wollte nicht glauben, daß Fort Caroline gefallen sei. Menéndez führte ihm einen Gefangenen vor, der das bestätigte. Ribaut riet zur Vernunft. Er sagte, was ihm widerfahren sei, könne auch dem Spanier geschehen. Ihre beiden Könige seien Brüder. Warum wolle ihm der Adelantado nicht Schiffe geben, damit er und seine Truppe nach Frankreich zurückreisen könnten?

Ungerührt forderte Menéndez die bedingungslose Kapitulation. Ribaut beriet sich mit seinen Leuten. Nach einigen Stunden kam er zurück und bot Menéndez hunderttausend Dukaten, falls er bereit sei, seiner Truppe und ihm das Leben zu schenken. Der Adelantado erwiderte listig, es würde ihn bekümmern, dieses Angebot auszuschlagen, denn er könne das Geld dringend brauchen.

Ribaut schien diesen verschleiernden Satz für eine Zusage zu halten. Er sah keine Alternative als Übergabe oder Hungertod. So faßten die Franzosen schweren Herzens den Entschluß, sich der Gnade des spanischen Kommandanten auszuliefern. Jeweils zehn Mann setzten über. Menéndez ließ sie sofort hinter einen Hügel führen und fesseln. Sie wurden befragt, ob sie katholischer oder lutheranischer Konfession seien und welches Handwerk sie ausübten.

Zuletzt ergriffen die Spanier Jean Ribaut. Er täuschte sich nicht länger über sein Schicksal. Er sang den Psalm „Domine! Memento Mei". Und er rief, laut Legende: „Aus Staub sind wir gemacht und zu Staub müssen wir werden . . ." Dann fiel er unter den Stichen langer Messer.

Von zweihundert Franzosen blieben nur vier am Leben, die sich als Katholi-

ken bekannten — sowie, nach einer Laune des Adelantado, einige Trommler, Pfeifer und Trompeter. Der Herr liebte die Musik.

In seinem Rapport an den König schrieb der Grande mit trockenem Realismus, die große Zahl der Gefangenen habe es ihm nicht erlaubt, sie zu schonen: Sie hätten ihre Bewacher, die sich in der Minderheit befanden, am Ende überwältigen können. Er schilderte die Gefahren der hugenottischen Expedition. Die Franzosen seien mit den Engländern übereingekommen, in Amerika die Kräfte ihrer beiden Staaten gegen Spanien zu vereinen. Ribaut habe geplant, sich der Key-Inseln im Süden Floridas zu bemächtigen, von dort nach Kuba überzusetzen, die Negersklaven zu befreien und danach alle anderen karibischen Kolonien Spaniens von Puerto Rico bis Santo Domingo an sich zu reißen. Auch hätten die französischen Ketzer begonnen, die schreckliche Doktrin Luthers unter den Indianern zu verbreiten. Einige der Häuptlinge seien ihnen nachgefolgt wie die Apostel dem Herrn, so vollkommen hätten jene Ketzer die Wilden verzaubert; wahrhaftig, man habe die Franzosen dringend mit Stumpf und Stiel ausrotten müssen.

Philipp II. vermerkte zu dem Bericht, der Adelantado habe wohlgetan. Der König in Madrid fand es nicht absurd, daß zwei europäische Großmächte in einem wahrlich gottverlassenen Winkel des riesenhaften Halbkontinents Nordamerika, auf dem sie kaum Fuß gefaßt hatten, mit gnadenlosem Haß übereinander herfielen und einander vor den Augen der unbekehrten Indianer ermordeten.

Die Kolonie der Franzosen in der Neuen Welt war gescheitert. Die Nachricht von den Grausamkeiten der Spanier eilte wie ein Lauffeuer durch Europa, das in jener Epoche durch humanitäre Regungen nicht eben verwöhnt war. Die Brutalität von Menéndez aber schien die Grenzen des Üblichen zu durchbrechen. Die Franzosen sannen auf Rache. Der Zorn einte die zerstrittenen Konfessionen Frankreichs.

Zwei Jahre nach dem Massaker brach eine Strafexpedition unter Kapitän Dominique de Gourgues aus Frankreich nach Florida auf. Der Kommandeur hatte, erzählte man sich, als Galeerensträfling spanische Torturen am eigenen Leibe erlitten. Im August 1567 traf er mit seinen drei Schiffen und hundertachtzig Soldaten vor Fort Caroline ein, das nun San Mateo hieß. Die Indianer begrüßten die Franzosen mit sichtbarer Erleichterung. Laudonnières Soldaten hatten ihnen während der ersten französischen Niederlassung nicht die besten Sitten Europas gezeigt, doch sie schienen − im Vergleich mit den Spaniern − wahre Engel gewesen zu sein. Die Soldateska Philipps II. stahl den Indianern den letzten Mais aus den Hütten, nahm ihre Frauen und Töchter und tötete ihre Söhne.

Die überraschte Garnison der Spanier wurde niedergemacht, einigen gelang die Flucht. Die Handvoll Gefangener ließ Kapitän Gourgues nur wenige Stunden später an denselben Balken und Ästen aufknüpfen, an denen zwei Jahre zuvor seine Landsleute gebaumelt hatten. Nach der Legende ließ er ein Schild malen, dessen Inschrift sagte: „Ich tue ihnen dies nicht als Spaniern oder Marranos an, sondern als Verrätern, Räubern und Mördern."

Die Anekdote fügte dem religiösen Fanatismus und dem Nationalhaß mit dem Hinweis auf die „Marranos" − konvertierte Juden − auch ein Gran Antisemitismus hinzu. So gaben die Europäer ihren Einstand in Nordamerika mit einer Demonstration der schlimmsten Versündigungen ihrer Geschichte.

Menéndez aber, der mit einem Häuflein verwegener Männer umherzog, hatte St. Augustine gegründet: die erste europäische Zivilsiedlung auf nordamerikanischem Boden. In den hübschen Sträßchen lebt die spanische Tradition fort, ins Heitere gewendet und oft vom Lärm der Touristen erfüllt. Nur nachts, wenn es still wird, hallen die Schritte später Spaziergänger auf dem Pflaster. Dann ist Europa nahe, mit seinen Sünden und seinem Glück.

Der Besuch des britischen Sklavenfängers John Hawkins im August 1565 bei den halbverhungerten Franzosen von Fort Caroline war kaum das Produkt einer Laune oder der bloßen Neugier gewesen. Am Hof von London wollten sich die Berater und Offiziere von Königin Elizabeth I. nicht länger damit abfinden, daß die Eroberung Amerikas und die Erschließung seiner Reichtümer ein Monopol der Spanier und Portugiesen sei. Heinrich VIII., Elizabeths Vater, der mit den vielen Frauen, hatte dem Vatikan den Gehorsam aufgekündigt und eine eigene Kirche gegründet. Der päpstliche Schiedsspruch von 1493, der die Neue Welt den beiden iberischen Königreichen auslieferte, band die Nachfolger des britischen Herrschers nicht länger.

Auch am französischen Hof war man nicht mehr geneigt, sich um jenen päpstlichen Schiedsspruch von 1493 zu kümmern. Vermutlich hatte man in London und Paris erfahren, daß spanische Jesuiten 1570 an der Chesapeake Bay, der Grenzbucht zwischen den späteren Bundesstaaten Maryland und Virginia, die sie Bahía de Santa Maria nannten, eine Mission gegründet hatten. Doch die Niederlassung verkam unter dem Ansturm feindlicher Indianer, die keine militärische Gegenwehr zu befürchten hatten. Der spanisch-englische Krieg zwischen 1585 und 1604 zwang die Kapitäne der Katholischen Majestät, sich auf die Bewachung Floridas zu konzentrieren.

Das war die Lage, ein Jahr nach der Schlächterei in der St. Johns Bay und an den Stränden südlich von St. Augustine, als der junge britische Seefahrer Francis Drake auf einem Sklaventransporter vom afrikanischen Guinea nach Südamerika segelte. Kurz darauf übernahm er das Kommando der Fregatte „Judith" in dem Piratengeschwader seines Landsmanns Sir John Hawkins. Aus einer Seeschlacht gegen die Flotte des spanischen Admirals de San Ulúa rettete er, mit knapper Not, sein Schiff

PAGUS HISPANORUM in Florida

Sir Francis Drake, wegen seiner Verdienste um die Interessen der britischen Krone geadelter Freibeuter, überfiel im Juni 1586 die spanische Festung St. Augustine mit einer mächtigen Flotte — wie es ein Stich aus dem Jahre 1588 zeigt. 21 Jahre vor diesem Angriff hatten die Spanier die Besatzung von Fort Caroline niedergemetzelt und wurden ihrerseits in einem Gegenstoß der Franzosen hingeschlachtet. Ein idyllischer Stich zeigt das spanische St. Augustine um das Jahr 1760

Sir Walter Raleigh, lange Jahre Favorit der britischen Königin Elizabeth I., erhielt das Patent, Teile der Neuen Welt gegen die Konkurrenz anderer europäischer Staaten in Besitz zu nehmen. Er trat mit diesem Auftrag die Nachfolge seines Halbbruders Sir Humphrey Gilbert an — aber auch er war nicht von Glück gesegnet

und die eigene Haut. Er wurde der erfolgreichste Freibeuter in den spanischen und portugiesischen Gewässern. 1577 brach er zu seiner ersten Weltumrundung auf und erkundete, unter anderem, das nördliche Kalifornien. Drei Jahre später, im September 1580, kehrte er zurück und wurde zum Ritter geschlagen.

Es hielt ihn nicht lang zu Haus. Er plünderte und brandschatzte die spanischen Besitzungen in der Karibik und besetzte Santo Domingo. Er war es, der 1588 als Vizeadmiral die spanische Armada besiegte und ein Jahr danach den Angriff auf Lissabon kommandierte. Er starb 1596, etwa Mitte fünfzig (sein Geburtsjahr ist nicht genau bekannt), wie John Hawkins bei einem erneuten Vorstoß ins spanische West-Indien vor Portobelo an der panamesischen Küste.

Unterdessen hatte, im Juni 1578, Sir Humphrey Gilbert, ein Halbbruder Sir Walter Raleighs, ein sechsjähriges Patent gewonnen, das ihn legitimierte, in Amerika alles Barbaren- und Heidenland in Besitz zu nehmen, das keinem christlichen Fürsten gehörte. Gilbert hing immer noch der allgemeinen Vorstellung an, daß es eine Nordwest-Passage nach „Cataia", nach China und Ostindien tatsächlich gebe — und er schwärmte von „verschiedenen, sehr reichen Ländern ... wo sich im Überfluß Gold, Silber, kostbare Steine, Seidenkleider, alle Arten von Gewürzen, Gemüse und andere Handelsware von unschätzbarem Wert finden lassen, die weder für Spanien noch Portugal, wegen der Länge der Reisen, erreichbar sind." Zudem machte Gilbert den praktischen Vorschlag, daß „man Teile dieser Länder mit Notleidenden besiedeln soll, die zu Haus nur Unruhe stiften, ja gezwungen sind, die schrecklichsten Verfehlungen zu begehen und darum täglich mit dem Galgen Bekanntschaft machen".

Gilbert hatte kein Glück mit seinen Exkursionen. Sir Walter Raleigh übernahm 1584 das Patent seines Halbbruders. Im gleichen Jahr schickte er die Kapitäne Philip Armadas und Arthur

Barlowe auf die Reise. Sie folgten der Küste von Florida bis hinauf zu den Inseln von North Carolina. Zu Ehren ihrer Königin gaben sie dem Land den Namen Virginia.

Kapitän Barlowe gab zu Haus einen enthusiastischen Bericht über seine Erfahrungen ab. Die Indianer waren ihm mit großer Freundlichkeit begegnet. Den Häuptling Grangan Nimeo verköstigte er an Bord mit Fleisch, Brot und Wein, was den so entzückte, daß er kurz danach mit Frau und Kindern zurückkehrte. Die Dame, schrieb Barlowe, sei „sehr schön, klein von Statur und scheu" gewesen. „Sie trug einen langen Ledermantel, das Fell nach innen gewendet. Ihre Stirn war mit einem Band von weißen Korallen geschmückt ... Ihre Ohrringe aus Perlen, so groß wie Erbsen, hingen bis zur Taille herab ..."

Die Frau des Häuptlings schien geradezu außer sich vor Freude zu sein, als die Fremden den Besuch erwiderten, während ihr Mann abwesend war. Sie kam den Briten „vergnügt und freundlich entgegengelaufen. Sie befahl einigen ihrer Männer, unser Boot an Land zu ziehen, wo die heftigen Wellen es nicht erreichten. Andere mußten uns huckepack aufs Trockene hinübertragen, und sie sorgte dafür, daß man unser Ruder ins Haus brachte, damit sie nicht gestohlen wurden."

Barlowe erzählte weiter, die Häuptlingsfrau habe die Gäste gebeten, neben einem großen Feuer in ihrem Haus die Kleidung abzulegen, die gewaschen und getrocknet wurde. Die Verwöhnungen nahmen kein Ende: „Während einige Frauen uns die Strümpfe auszogen und sie wuschen, badeten andere unsere Füße in warmem Wasser." Dann wurden die Europäer gefüttert, mit Reispudding und Rehfleisch, sowohl gekocht als auch gebraten, mit Fisch, rohem und gekochtem, Melonen, Wurzelgemüse und Früchten. Das Wasser kochten die Indianer mit Ingwer, schwarzem Zimt, Sassafras und anderen Ingredienzien ab.

„Wir fanden diese Menschen freundlich, liebevoll, aufrichtig, ohne Falsch

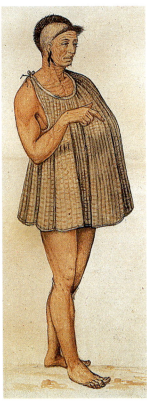

Der britische Kapitän John White zählt zu den ersten europäischen Illustratoren, die ihre Darstellungen aus der Neuen Welt nach eigenem Augenschein anfertigten. Seine erste Figur zeigt einen „Herold" mit geflügeltem Kopfschmuck, die zweite einen Jäger in Florida, die dritte eine Indianerfrau beim Auftragen von Speisen, die vierte einen weisen Mann, der Priester und Mediziner zugleich war. Die letzten Figuren stellen Frauen vom Stamm der Algonkin mit einem Kind dar

155

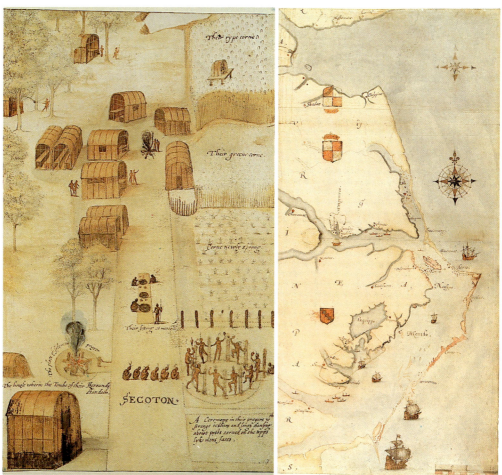

Aus der Vogelperspektive malte Kapitän John White die stilisierte Ansicht eines Indianerdorfes, und er zeichnete die Karte der britischen Siedlungen in „Virginia", von denen sich jede Spur verlor. Heute liegt dort in einer Bucht ein liebevoller Nachbau jenes Schiffstyps, mit dem die ersten Siedler in der Neuen Welt angekommen waren

und Arg. Es war, als lebten sie in einem goldenen Zeitalter eigener Art."

Ein Jahr danach, 1585, schickte Raleigh, von solchen lockenden Schilderungen ermutigt, eine weitere Expedition unter seinem Vetter, Sir Richard Grenville, nach Amerika. Die kleine Flotte fand ohne Schwierigkeit zu den Outer Banks von North Carolina. Auf der Insel Roanoke gründeten einige Dutzend Siedler im Auftrag Raleighs und unter der Aufsicht von Gouverneur Ralph Lane die erste britische Kolonie in der Neuen Welt.

Den Engländern ging es nicht besser als den Franzosen oder Spaniern: Die mitgebrachten Vorräte waren rasch verzehrt, und sie unterließen es – wiederum war das Jahr zu weit fortgeschritten –, ihr eigenes Getreide und Gemüse anzupflanzen. Sie hatten bei der Jagd und beim Fischfang nicht allzuviel Erfolg. Sie verließen sich auf die Gastfreundschaft der Indianer, die von Barlowe so lebhaft gepriesen worden war. Der Hunger ging bald um. Die Freigebigkeit der Indianer endete, als deren eigene Not begann. Der Gang der Dinge vollzog sich nach dem üblichen und schrecklichen Muster: Die Fremden versuchten gewaltsam zu holen, was sie brauchten. Freundschaft schlug in offene Feindschaft um. Exkursionen ins Landesinnere, bei denen Ralph Lanes Truppe eine Goldmine zu entdecken hoffte, brachten nichts als bittere Strapazen. Das Land, das sich so paradiesisch darzubieten schien, erwies sich als abweisend. Lane notierte voller Bitterkeit: „Nichts anderes als die Entdeckung einer reichen Mine oder einer Passage zum Südmeer kann unsere Landsleute veranlassen, sich in Virginia anzusiedeln." Und er fügte hinzu: „Erst dann würden sie die Vorzüge jenes Landes mit seinem gesunden Klima und seinem fruchtbaren Boden erkennen."

Im Juni des folgenden Jahres, 1586, wurden vor der Siedlung auf der Insel Roanoke dreiundzwanzig Schiffe gesichtet: Es war die Flotte des britischen Admirals Sir Francis Drake, der auf einer seiner räuberischen Unternehmungen bei seinen Landsleuten vorbeischaute. Seine Vorräte waren nicht groß genug, die Kolonie für den Winter zu verproviantieren.

Da die Versorgungsschiffe von Sir Richard Grenville, die schon zu Ostern 1586 erwartet wurden, ausgeblieben waren, bat Lane den Admiral, die Kolonisten nach Haus zu befördern. Den Siedlern saß die Angst im Nacken, sie könnten in der Wildnis zurückgelassen werden. So kümmerten sie sich nicht länger um ihr Hab und Gut, nicht um Skizzen, Karten und Aufzeichnungen, sondern eilten in größter Aufregung zu den Booten, „als ob eine mächtige Armee auf ihren Fersen sei". Ein frommer Chronist fügte hinzu: „In der Tat wurden sie durch eine gewaltige Macht in die Flucht gejagt, denn Gott selber erhob seine Hand gegen sie wegen der Grausamkeiten und Verbrechen, die sie gegen die Eingeborenen verübten."

Einen Monat später landeten sie daheim in Portsmouth. Zwei Wochen danach suchte Kapitän Grenville, der endlich mit Verstärkung und Proviant in Übersee eingetroffen war, die Küste vor den Outer Banks nach den Siedlern ab. Als er niemanden fand, entschloß er sich, die Hütten auf Roanoke instand zu setzen und fünfzehn Freiwillige mit Vorräten für zwei Jahre als eine Art Wache zu installieren, damit die britischen Ansprüche auf dieses Stück Amerika nicht verloren gingen.

Unverdrossen sandte Raleigh im Mai 1587, ein Jahr nach der Rückkehr des erschöpften Trupps von Ralph Lane, eine zweite Kolonistenschar unter John White über den Atlantik. An einer Landspitze, die man später Cape Fear nannte, entkamen die Schiffe nur mit knapper Not einem Desaster. Sie wären an den Klippen gescheitert, hätte die Wache nicht im letzten Augenblick die Steuerleute alarmiert.

Als sie auf Roanoke Island eintrafen, war der Wachtrupp verschwunden. Indianer erzählten von Auseinandersetzungen mit der Besatzung. Einige der fünfzehn Männer waren dabei getötet worden. Die Überlebenden hatten sich auf eine andere Insel zurückgezogen.

Danach verlor sich ihre Spur. Die Befestigungen des Forts waren zerstört, „von Melonen überwachsen", wie White notierte, „voller Hirsche, die sich von den Früchten nährten". Die Hütten standen noch. Die neuen Siedler richteten sich ein.

Die Erfahrung der ersten Wochen zeigte, daß sich die mitgebrachten Vorräte wiederum allzu schnell erschöpften. So bestürmten die Siedler ihren Gouverneur, er selber möge nach England zurückreisen, denn sie trauten nur ihm die Autorität zu, für eine rasche Erfüllung ihrer Wünsche nach neuen Vorräten sorgen zu können.

White zögerte lange. Er wollte die Pioniere nicht allein lassen, doch schließlich gab er nach. Im November landete er in England. Am Hof von Elizabeth aber hatte man dringendere Sorgen als das Schicksal der kleinen Siedlung in Nordamerika. Jeden Tag konnte der Konflikt mit Spanien diesseits des Atlantik zum offenen Krieg führen. Die Entsatzschiffe wurden festgehalten. Man brauchte sie in Europa. Sir Walter Raleighs amerikanisches Patent erlosch.

John White, der Anführer der zweiten Kolonistenschar, fand erst drei Jahre später die Chance, über den Atlantik zu reisen – auf einem Kaperschiff. 1590 erreichte er die Küste von North Carolina. Ein Sturm machte die Landung schwierig. Der Mangel an natürlichen Häfen mit genügender Wassertiefe war, von Beginn an, ein entscheidender Nachteil dieser Kolonien. Eines der Boote kenterte. In der Dunkelheit gelangten die anderen endlich zu einer Insel. Im Norden nahmen sie ein großes Feuer wahr. Der Trompeter blies ein Signal, danach Melodien englischer Lieder, die den gesuchten Kolonisten vertraut sein mußten. Keine Antwort.

In der Morgendämmerung landeten sie an der Küste. Das Feuer hatten Indianer entzündet. Von den Siedlern keine andere Spur als in einen Baum über den Klippen eingeschnitten die lateinischen Buchstaben CRO. Sie deuteten auf die Nachbarinsel Croatoan hin. White hatte mit dem Führer der zurückgebliebenen Besatzung verabredet, er möge, neben einem Richtungshinweis (den die Indianer nicht lesen konnten), ein Kreuz zurücklassen, wenn sich die Kolonie in Gefahr befinde. Die volle Aufschrift „Croatoan" wurde an einem anderen Baum entdeckt, doch nirgendwo ein Kreuz.

In der Talmulde fanden die Matrosen einige vergrabene Seekisten. Sie waren allesamt aufgebrochen. Voller Trauer betrachtete John White seine Bücher, die Karten und vor allem die Zeichnungen, die er damals gefertigt hatte. Sie waren durchnäßt und verfault.

Am nächsten Morgen schifften sich die Männer wieder ein. Sie wollten frisches Wasser aufnehmen, um danach die Croatoan-Insel abzusuchen. Doch ein heftiger Sturm kam auf. Die Wasserfässer mußten zurückbleiben. Der Wind trieb das Schiff nach Süden und dann hinaus in die offene See. Anker gingen verloren.

Die Piraten wollten endlich ihr Jagdrevier erreichen. So entschieden sich die Kapitäne, unverzüglich in die Karibik weiterzusegeln, dort Proviant und Wasser aufzunehmen, Reparaturen auszuführen und danach, auf dem Rückweg nach England, die Landsleute in Virginia zu besuchen.

Der Wind spielte nicht mit, sondern trieb das Geschwader gen Osten. So fügten es die Umstände, daß die Kaperflotte mit White an Bord nicht nach den Carolinas, sondern ohne weiteren Umweg nach England reiste. Das war im Jahr 1590.

Wer von den siebzehn Frauen, neun Kindern und neunzig Männern noch am Leben war – sie warteten vergebens auf ihren Gouverneur und die rettenden Schiffe aus der Heimat. Es wurde nie geklärt, welches Schicksal der verlorenen Kolonie widerfuhr. Nirgendwo Knochen, ein Skelett, Handwerkszeug: nichts, bis heute keine Spur.

Mehr als siebzig Jahre vergingen, ehe die Engländer ein weiteres Mal versuchten, in North Carolina Fuß zu fassen. Erst im 18. Jahrhundert wurden die Küstenregionen besiedelt. Für die

Nicht weit von jener Stelle, wo die Wälle des ersten Forts der „Verlorenen Kolonien" vermutet werden, legten Traditionalisten einen kleinen Park zu Ehren der britischen Königin Elizabeth I. an. In dem Museum nebenan können Touristen das eindrucksvolle Porträt der Herrscherin aus dem Jahre 1590 bewundern

Inseln der Outer Banks interessierte sich zunächst niemand. Im Gang der Zeit wurden einige Fischerdörfer gegründet, in denen noch heute ein altes Englisch gesprochen wird. Nirgendwo sonst hat sich dieser Dialekt in Amerika so unverändert gehalten.

Die Gewässer vor den Outer Banks sind wegen ihrer Untiefen gefürchtet. Hunderte von Schiffen sollen dort draußen zerschellt sein. Bei ruhigem Wetter lassen sich mit bloßem Auge einige Wracks ausmachen, die melancholisch aus den Wellen ragen. Allerdings waren in diesem Revier während des Ersten und Zweiten Weltkrieges deutsche Unterseeboote am Werk.

Touristen, die heute zu Tausenden durch die mächtigen Dünen wandern, auf denen die Gebrüder Wright ihr erstes Motorflugzeug starteten, bestaunen die spärliche Hinterlassenschaft der Geschichte. Sorgsam restaurierte Befestigungswälle des Forts Raleigh auf Roanoke teilen nichts von der erlöschenden Hoffnung der ersten Siedler mit, nichts von der Härte ihres Schicksals. Eine hübsche Anlage – und nicht weit davon eine romantische Villa, in der ein ungewöhnliches Porträt Elizabeths I. aus dem Jahr 1590 zu sehen ist, mit dicken Perlen und Rubinen im Haar, einer allzu prominenten Nase und einem allzu schmalen Mund. Draußen ein kleiner Park, in dem der gärtnerische Genius der Briten am Werk gewesen zu sein scheint – ein Paradies der gezähmten Natur, von dem die ersten Kolonisten, die hier vor vier Jahrhunderten verdarben, gewiß nicht träumten.

Als das 17. Jahrhundert anbrach, richtete Sir Walter Raleigh seine Aufmerksamkeit auf Virginia, zu dessen Erschließung sich eine Gruppe von Handelsleuten und Seefahrern zusammenfand. 1606 fuhren 144 Siedler auf den Schiffen „Susan Constant", „God Speed" und „Discovery" aus. Auf dem üblichen Umweg über die Azoren und die Westindischen Inseln gerieten sie im Mai 1607 nach Jamestown.

Auch dieser Kolonie blieb der Hunger nicht erspart. Auch sie wurde von rachsüchtigen Indianern heimgesucht. Auch sie wurde von Seuchen, schließlich von der Pest bedroht. Man rechnete für die ersten Jahre eine Sterblichkeitsrate von 75 Prozent aus.

Die neue Kolonie aber hielt stand. Sie wurde 1624 von der britischen Krone übernommen. Zuvor schon, 1620, waren droben im Norden die ersten protestantischen Pilger mit der „Mayflower" gelandet: Großbritannien hatte sich in der Neuen Welt etabliert.

160

Frankreichs rote Kinder

Unmittelbar nach seiner Landung an der unbekannten Küste des späteren Kanada 1534 warb Jacques Cartier um die Freundschaft der Indianer. Samuel de Champlain verbündete sich mit den Huronen. Seit dem Beginn ihrer Entdeckungszüge im Norden der Neuen Welt suchten die Franzosen eine Allianz mit den indianischen Völkern, die sie als die „roten Kinder" ihres Königs betrachteten. Die Missionare betrieben mit Eifer die gütliche Bekehrung der neuen Untertanen zum Christentum. Sie scheuten weder Strapazen noch die Einsamkeit der Wildnis, und viele erlitten die unsagbaren Qualen am Marterpfahl. Einer von ihnen, der kleine Père Marquette, drang bis zum Mississippi und weiter südwärts vor

Der „Rocher Percé" — der durchbrochene Fels — ragt vor dem Dorf Percé, nahe dem Städtchen Gaspé und der gleichnamigen Halbinsel aus dem Ozean: fast wie ein Wahrzeichen für die französischen Entdecker, die mit ihren Nußschalen die nördliche Route über den Atlantik wagten.

Bis zur Höhe von Montreal, 1600 Kilometer vom Atlantik entfernt, erkundete Jacques Cartier den großen Strom, den er nach dem Heiligen Lorenz benannte. Hinter jeder Biegung des Flusses hoffte er den Weg nach China zu finden. Die Indianer wiesen ihn immer weiter

Die traditionellen Hütten eines Indianerdorfes in der Nähe der ehemaligen Missionsstation am Lake Michigan sind längst zur Attraktion für Touristen geworden — doch sie vermitteln eine Vorstellung von den Formen des Lebens, das die ersten französischen Entdecker hier antrafen

Dem Stamm der Huronen begegnete Jacques Cartier auf der Halbinsel Gaspé. Ein hölzernes Monument aus jüngerer Zeit, aufgestellt in dem gleichnamigen Städtchen, erinnert daran. Zwei der Rothäute nahm der Kapitän an Bord, um sie in der Heimat als Zeugen seiner Abenteuer vorzuführen

Noch bevor die Erkundung Kanadas abgeschlossen war, siedelten Bauern und Fischer aus der Bretagne und der Normandie in der Gaspésie. Die Dörfer und Kleinstädte der Halbinsel konservieren Formen eines frommen und provinziellen Daseins, die anderswo in Quebec längst bedroht sind

Die Erinnerung an die Eroberer treibt ihre Blüten im schaulustigen Amerika. Doch im Kulturkreis der französischen Provinzen weiß man gutes Brot noch immer mehr zu schätzen als scherzhafte Appelle an Touristen, am Lake Champlain nach einer Verwandten des Monsters vom Loch Ness Ausschau zu halten

Wie ein Schloß der Renaissance ragt die Silhouette des Hotels „Château Frontenac" über der Stadt Quebec mit ihren alten Häusern und barocken Türmen auf: Auch in der Architektur haben die Kanadier die Nähe zu Europa immer mehr betont als ihre südlichen Nachbarn

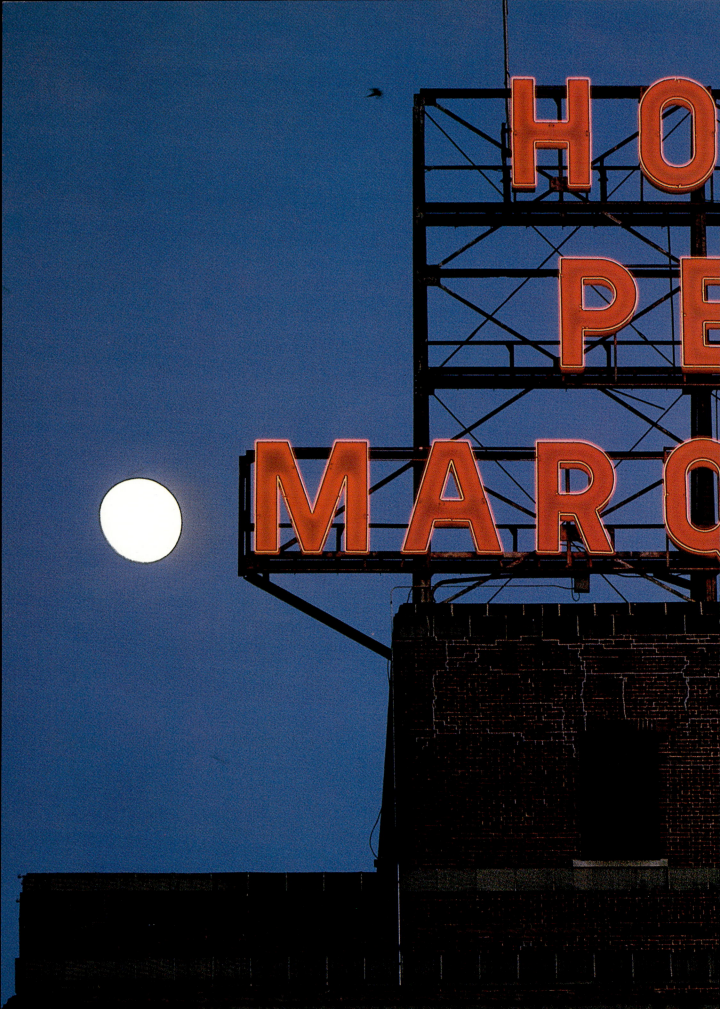

Weithin leuchtet über dem nächtlichen Peoria der Name des tapferen kleinen Jesuitenpaters, der hier den Illinois-Indianern das Evangelium verkündete und nach einem langen Weg des Leidens in einem Lager am Lake Michigan vor Erschöpfung starb

Gelegentlich dringt von weit her das Geräusch eines Flugzeugmotors durch den Lärm der Brandung, die ihre Gischt an der Steilküste von Gaspé emporjagt. Manchmal schwebt ein Motorschiff über den Horizont. Mehr als viereinhalb Jahrhunderte sind vergangen, seit zum erstenmal ein Siedler aus Europa Zuflucht in der weiten Bucht suchte. Die Einsamkeit des Landes über den Klippen ist so einschüchternd und herrisch, wie sie es damals war. Die Stille in den Bergwäldern wird selten von den Lauten der Holzfäller oder Jäger gebrochen.

Montreal ist, wenn man der Straße folgt, mehr als neunhundert Kilometer weit entfernt, und nach Quebec, der Hauptstadt, sind es siebenhundert Kilometer. In den kleinen Dörfern, die an den Ufern aufgereiht sind, geht das Leben einen trägen und langsamen Gang.

Auf der Halbinsel Gaspé, auch in dem Hauptort gleichen Namens, sind die Kirchen noch immer die höchsten Bauwerke. Die Türme, mit Aluminium verkleidet, leuchten in der Sonne silbern auf: ein sanftes und harmonisches Signal, das hier wie überall im französischen Kanada eine ruhige, fast altmodische Qualität des Lebens anzeigt. Behaglich kauern sich skandinavisch-bunte Holzhäuschen an die abschüssigen Straßen.

Das stattlichste unter den alten Gebäuden ist ein spätbarockes Pfarrhaus, das breit in seinem Garten thront: Amtssitz und Residenz eines kleinen, bescheiden-agilen Bischofs, durch dessen Vorzimmer emsige Nonnen huschen. Er könnte ein jüngerer Vetter von René Lévesque sein, des einstigen Fernsehreporters, Chef der autonomistischen Partei, der als Premierminister in den siebziger und achtziger Jahren seiner Heimat ein erstaunliches Maß an Selbständigkeit im kanadischen Staatsverband gewann. Lévesque wurde 1922 in der Nähe von Gaspé geboren, weit hinter der Welt, und hier saß er auf der Schulbank im katholischen Lyzeum.

Aus der Geschichte dieses Landes bezog der Premier seine politischen Energien. Er vergaß nie, daß die Reformation in Europa noch kaum ins Werk gesetzt war, als dieser entlegene Winkel Amerikas die erste Berührung mit der Zivilisation Europas erfuhr; daß drüben der gute König Heinrich IV. die protestantischen und katholischen Franzosen miteinander zu versöhnen versuchte, als die ersten Blockhäuser am Sankt-Lorenz-Strom gebaut wurden; daß Ludwig XIV. das Edikt von Nantes noch nicht widerrufen hatte, welches den reformierten Bürgern fast ein Jahrhundert lang Toleranz und den Schutz der Krone garantierte — als der große La Salle vom heutigen Kingston aus den Mississippi bis zur Mündung erforschte.

Auf den Klippen über der Steilküste, nicht weit von einem Leuchtturm, stoßen die Fremden — wie überall auf der Halbinsel, drüben in Newfoundland, weiter südlich in New Brunswick, in Nova Scotia oder droben in Labrador — auf lange Holzgestelle, an denen Fische aufgespießt sind, um an der Luft zu

Jacques Cartier aus St. Malo wagte sich zwischen 1534 und 1541 dreimal über den Atlantik. Auch er war von der Idee besessen, einen westlichen Weg zu den sagenhaften Reichen Asiens zu finden

178

trocknen: der Stockfisch, der für die Küche der Franzosen und Spanier, aber auch der Engländer und Portugiesen noch heute unentbehrlich ist, obwohl schwimmende Fischfabriken den Kabeljau und Rotbarsch längst auf hoher See verarbeiten und einfrieren.

Als Jacques Cartier, französischer Seefahrer auf der Suche nach dem nordwestlichen Seeweg nach Asien, 1534 in der Bucht von Gaspé anlegte, holten draußen vor den Bänken von Newfoundland Jahr für Jahr schon Hunderte von bretonischen und normannischen, von portugiesischen und spanischen, von englischen, irischen und schottischen Fischern die schönsten Fänge aus den unerschöpflich scheinenden Gewässern. Vermutlich hatten sie einige primitive Unterkünfte an den Ufern der Inseln gebaut, um den Fisch an Ort und Stelle zu trocknen und zu beizen.

Ehe Cartier auf der Halbinsel Gaspé mit einem Stamm der Huronen Freundschaft schloß, hatte er die Küste von Newfoundland erkundet. Ein Sturm verschlug ihn nach Süden bis zur Prince Edward-Insel, die New Brunswick vorgelagert ist. Voller Hoffnung fuhr er in die Baie des Chaleurs ein, die vielleicht die Passage nach China sein konnte. Sie war es nicht. Enttäuscht wandte er sich nach Norden. In ihrer Zeichensprache machten ihn die Indianer auf einen anderen großen Wasserweg aufmerksam, der weiter landeinwärts lag.

Cartier lockte, die Freundschaft schlecht vergeltend, zwei dieser wunderlichen Menschen an Bord seines Schiffes, um sie zu Haus als Schaustücke vorzuführen. Für genauere Erkundungen war das Jahr zu weit fortgeschritten. So kehrte er rasch nach Frankreich in seine Heimatstadt St. Malo zurück. Die beiden Rothäute erregten gebührendes Aufsehen.

Cartier wurde von der Krone mit einer zweiten Reise beauftragt, die ihm die Neider zu Haus nicht gönnten. Nach einem feierlichen Hochamt in der Kathedrale von St. Malo nahm er mit drei

Die Buchten unterhalb der mächtigen Felsformationen auf der Halbinsel Gaspé sind heute noch oft so einsam und einschüchternd wie vor viereinhalb Jahrhunderten, als Jacques Cartier hier landete. Die Szene der Aufrichtung des ersten Kreuzes durch ihn und seine Männer dürfte indes nicht ganz so würdig-festlich gewesen sein wie auf dieser Darstellung aus dem 19. Jahrhundert

Schiffen, keines größer als 150 Tonnen, am 17. März 1535 Kurs auf Amerika. Die beiden verschleppten Indianer sollten ihm als Lotsen dienen.

Das kleine Geschwader erreichte jenseits des Atlantik die Anticosti-Insel und fuhr von dort westwärts in den mächtigen Golf ein, dem Cartier den Namen des heiligen Lorenz gab.

Die Indianer erzählten ihm von einem mächtigen Reich voll von Schätzen, das hier beginne. So segelte Cartier entschlossen stromaufwärts, in jenes Imperium hinein, das er „Canada" nannte: ein Mißverständnis, denn jenes Wort bezeichnete in der Sprache der Irokesen lediglich eine Siedlung. Doch der Name blieb. Er gilt heute für ein Staatswesen, dessen geographische Ausdehnung lediglich von der Sowjetunion übertroffen wird.

Cartier gelangte bis auf die Höhe der späteren Stadt Quebec. Zuvor bestaunte er die Fruchtbarkeit der Île d'Orléans, deren Wälder voll wilder Trauben hingen. Cartier taufte die Insel deshalb „Île de Bacchus". Bei der Einmündung des St. Charles River in den Sankt-Lorenz-Strom ließ er seine großen Schiffe zurück und setzte die Reise mit einer Barke und zwei indianischen Booten fort. Er kam bis zum Indianerdorf Hochelaga, an dessen Stelle mehr als ein Jahrhundert später Montreal gegründet wurde, 1600 Kilometer vom Atlantik entfernt und heute dennoch der bedeutendste Seehafen Kanadas. Noch gab der zähe Seefahrer nicht auf. Er erkundete die Stromschnellen von Lachine. Der Name zeigt, worauf Cartiers Sinn gerichtet war: Noch immer hoffte er, hinter dem nächsten Berg, der nächsten Biegung des Flusses „la Chine", nämlich China, zu finden. Über den Schnellen aber war nichts als endloser Wald.

Entmutigt kehrte er zu den Schiffen an der Mündung des St. Charles River zurück, um dort zu überwintern. Mehr als zwei Dutzend seiner Männer starben an Skorbut. Viel zu spät lehrten ihn Indianer, daß ein Tee, aus den Nadeln einer Fichtenart gebraut, vor der schrecklichen Krankheit schützte. Die Überlebenden kochten, wie Cartier berichtete, in sechs Tagen das ganze Nadelwerk von einem „Baum, so hoch wie eine französische Eiche". Tatsächlich half ihnen das vitaminreiche Gebräu.

Alle märchenhaften Erzählungen der Indianer nahm Cartier – nicht anders als die Spanier und die Briten vor ihm – für bare Münze. Oder verlor er sich in Fieberphantasien? Er schwärmte von der Einkehr in ein Land voller Gold und Rubine, bevölkert von Menschen, so weiß wie die Franzosen, von Fabelwesen, die völlig ohne irdische Nahrung lebten. Wieder vergalt er den Indianern die Hilfe und Gastlichkeit schlecht, als deren Verheißungen sich nicht sogleich erfüllten: Diesmal ließ er den Fürsten Donnacona und elf seiner Ältesten in Ketten legen und entführte sie nach Frankreich, das er im Juli 1536 wieder erreichte. Donnacona und seine Begleiter wurden getauft, doch das fremde Land bekam ihnen nicht. Sie sahen ihre Heimat nie wieder.

Ein drittes Mal wagte sich Cartier, 1541, über den Ozean, diesmal mit fünf Schiffen. Nun fand er am Ufer des Sankt-Lorenz-Stromes Quarzkristalle, die er für Diamanten hielt. Die Indianer erkundigten sich nach dem Schick-

Aus dem Jahr 1556 stammt der Plan der befestigten Indianersiedlung Hochelaga auf dem Gebiet des heutigen Montreal; die Inschrift „Monte Real" – des Königs Berg – deutet es an

180

Nach den Verhältnissen der frühen Entdeckerzeit war diese Karte sehr aktuell: Sie zeigt die zweite Reise Cartiers 1535 und erschien bereits neun Jahre später. Der Kapitän gab dem Land den Namen „Canada", weil die Indianer es so zu nennen schienen — ein Mißverständnis: In der Sprache der Irokesen bezeichnet das Wort „kanata" lediglich eine Siedlung

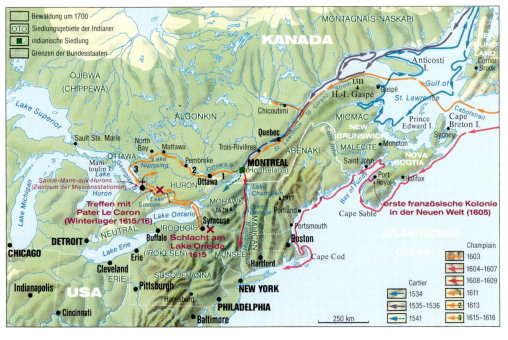

Franzosen waren es, die von der Atlantikküste her die ungeheure Landmasse zu erkunden begannen. Zunächst noch – besonders Cartier – auf der Suche nach einem Seeweg zum Nordmeer, nach China. Champlain aber verbündete sich mit den Indianern, um das weite Land bis zu den Großen Seen für Frankreich in Besitz zu nehmen

sal ihrer verschleppten Landsleute. Der Franzose berichtete ihnen vom Tod des Häuptlings, der an Heimweh, an gebrochenem Herzen und an einer Erkältung gestorben war. Von den anderen behauptete er, sie seien glücklich verheiratet und dächten nicht an Rückkehr. Auch sie lagen längst unter der Erde.

Cartier befehligte diesmal nur ein Vorauskommando für den Sieur de Roberval, der im allerhöchsten Auftrag Seiner Majestät die erste Kolonie der Franzosen jenseits des Ozeans gründen sollte. Wiederum versuchte Cartier, den Fluß südwestlich von Hochelaga zu erforschen. Es war spät im Herbst. Ein weiterer harter Winter stand bevor. Bis zum Frühjahr wollte er nicht auf die Siedler warten. Er brach auf.

In der Bucht von St. John's in Newfoundland begegnete Cartier der Flotte von Roberval, der ihn zurückkommandierte. Doch Cartier und seine Mannschaft hatten an Abenteuern genug. In der Nacht segelten sie heimlich davon, nach Frankreich zurück.

Sieur de Roberval, mit den Vollmachten eines Vizekönigs ausgestattet, installierte seine Kolonie in dem provisorischen Fort, das Cartier gebaut hatte. Er war ein strenger Herr. Es wird berichtet, das Geturtel eines schönen Fräuleins und ihres Liebhabers während der Überfahrt habe ihn so sehr geärgert, daß er die jungen Leute samt einer alten Amme auf einer unbewohnten Insel aussetzte. Der Jüngling und die alte Frau waren den Härten eines Robinson-Daseins nicht gewachsen. Sie siechten rasch dahin. Die Frau widerstand. Mit ihrer Büchse tötete sie drei Eisbären, deren „Fell so weiß wie Eierschale" war. Zwei Jahre und fünf Monate später wurde sie von Fischern entdeckt, die die Rauchsäule ihres Feuers gesehen hatten. Sie brachten die Einsiedlerin nach Frankreich zurück.

Roberval wachte über seine Schafe in der Tat mit eiserner Zucht. Im Winter starb ein Drittel der Kolonisten an Skorbut. Gnadenlos hielt der Vizekönig die Disziplin aufrecht. Ein Dieb wurde gehängt. Selbst Frauen wurden für geringste Vergehen ausgepeitscht.

Eine zeitgenössische Chronik besagt, die Indianer hätten, von Mitleid bewegt, im Anblick der Leiden dieser Fremden geweint. Doch den Tee gegen den Skorbut brauten sie ihnen nicht.

Angeblich sandte König Franz I. Cartier ein viertes Mal aus, um Sieur de Roberval nach Haus zu holen, doch dafür finden sich keine Bestätigungen. Der Vizekönig soll Jahre später in Paris eines Nachts auf dem Heimweg von der Heiligen Messe erschlagen worden sein.

Cartier aber starb als ein geachteter Bürger in seiner Heimat nahe dem stolzen St. Malo, das mit dem Mont St. Michel eines der Kleinode europäischer Kultur beherbergt.

Das erste Experiment, ein „Neues Frankreich" auf dem nordamerikanischen Kontinent zu etablieren, war rasch gescheitert, nicht anders als die ersten Kolonien in Florida und den Carolinas. Nein, über den Anfängen stand kein guter Stern.

Am transkanadischen Highway, nicht weit von Pembroke, wo sich der Ottawa River zum Lake Allumette weitet, steht am Wegrand eine kleine Tafel, die darauf aufmerksam macht, daß hier im Jahre 1867 ein Arbeiter während der Feldbestellung ein astronomisches Instrument aus Bronze gefunden habe, das die Jahreszahl 1603 trug: eine Art Vorläufer des Quadranten, der nicht lang danach auf den Markt kam, wie dieser der Ortsbestimmung dienend.

Der Fund erregte in Ottawa, Montreal und Quebec einiges Aufsehen. Sorgsame Nachforschungen ergaben, daß Samuel de Champlain im Jahre 1613 mit einer Horde von Huron-Indianern in jenem Gebiet unterwegs war, um einen Zugang zum Nordmeer zu finden. Die Vorstellungen der europäischen Geographen vom Norden des amerikanischen Kontinents waren blaß und lückenhaft. Das Nordmeer war, von der südlichsten Ausbuchtung der Hudson Bay aus gemessen, wenigstens siebenhundert Kilometer von dem Indianerlager entfernt, in dem die Reisenden Rast machten.

Die Häuptlinge der indianischen Jäger und Krieger hatten Champlain eindringlich genug versichert, ein großes Wasser finde er im Süden, nach Norden gebe es nichts als unendliche Wälder, die vom bösartigen, listigen und grausamen Volk der Nipissing bewohnt würden. Champlain weigerte sich lang, ihnen zu glauben.

Es ist nicht bekannt, bei welcher Gelegenheit Champlain sein Vermessungsinstrument verlor. Er hätte es, weiß Gott, auf jener beschwerlichen Reise gebraucht. Dort droben im amerikanischen Norden hatte sich vor ihm kein weißer Mann so tief ins Land der Urwälder, der tausend Flüsse und Seen gewagt.

Samuel de Champlain war gleichwohl kein Abenteurer. Er war Seemann, er war Soldat, er war Unternehmer, Kolonist, Entdecker und Forscher. Er stammte aus einer Familie von Seefahrern. Die Angaben über sein Geburtsjahr schwanken zwischen 1567 und 1570. Der Vater war Kapitän in Brouage, weit im Süden an der Biscaya. Als halbes Kind noch kämpfte der Sohn in der Armee Heinrichs IV. Danach ging er in die Dienste des spanischen Königs, befuhr die Karibik, Zentralamerika, lernte Mexiko kennen. Bei der Rückkehr nach Frankreich im Jahre 1601 wurde er zum königlichen Geographen ernannt. Seiner Karriere schadete es nicht, daß er leidenschaftlicher Katholik war.

Champlain war vor allem als Geograph für jene Expedition angeworben worden, die unter Aymar de Chaste 1603 im Auftrag des französischen Hofes nach Amerika ausfuhr. Dabei hatte er zum ersten Mal Gelegenheit, sich im Golf des Sankt-Lorenz-Stromes umzuschauen. Er gelangte flußaufwärts bis Montreal, wo er auf die Spuren stieß, die Jacques Cartier gut sechs Jahrzehnte zuvor hinterlassen hatte. Monsieur de Chastes, der den klangvollen Titel eines Lieutenant Général de Nouvelle-France trug, war kurz vor der Rückkehr Champlains in die Heimat gestorben. Sein Patent ging an den Sieur de Monts über, mit dem Champlain die Küsten zwischen Cape Cod (vor Boston) und Newfoundland befahren hatte. Er fertigte von jenem Landstrich die damals weitaus beste Karte, die lange Zeit gültig blieb.

Im Jahre 1607 wurde Champlain in Paris offiziell das Kommando über die Kolonie verliehen. Auf seine Aufgabe war er besser vorbereitet als jeder der aristokratischen Abenteurer, die in der Neuen Welt raschen Ruhm und Reichtum zu erwerben versuchten.

Die Unruhe seiner Existenz hatte ihm lang dazu geraten, Junggeselle zu bleiben. Doch 1610, abermals in Europa und nun immerhin 43, entschloß er sich endlich zur Heirat. Seine Braut, aus angesehener Familie, zählte gerade zwölf Jahre — damals kein unübliches Alter für eine Eheschließung. Doch erst ein Jahrzehnt danach wagte es Champlain, seine junge Frau in die Neue Welt mit-

Samuel de Champlain, Geograph im Dienste des Königs von Frankreich, segelte 1603 über den Atlantik, um das Land am Sankt-Lorenz-Strom zu erforschen. Er gehörte nicht mehr zur Generation der Abenteurer, sondern war disziplinierter Soldat und kühler Unternehmer

zunehmen. Sie sollte dort eine besondere Aufgabe übernehmen.

War er abgelenkt oder zerstreut, als er jetzt, im Jahre 1613, mit der Horde von Huron-Indianern in der Nähe des späteren Pembroke unterwegs war und eines seiner wichtigsten Vermessungsgeräte verlor?

Der Verlust muß ihn hart getroffen haben. Selbst ein Voyageur – durch ihn etablierte sich dieser historische Begriff – von seiner Erfahrung und Widerstandskraft erreichte bei dieser Exkursion (nur zwölf Franzosen begleiteten ihn) oft genug die Grenzen seiner Kräfte. Die Leiden glichen jenen des Rekollekten-Paters Joseph Le Caron, der später an Freunde im Kloster von Brouage schrieb: „Ich kann kaum sagen, wie müde ich war, wenn ich einen ganzen Tag unter den Indianern mit all meiner Kraft voranpaddelte; hundertmal oder öfter durch Flüsse watete, durch Sümpfe oder über scharfe Steine, die meine Füße aufschnitten, das Kanu und unser Gepäck durch die Wälder schleppend, um Stromschnellen und schreckliche Wasserfälle zu umgehen, und dabei immer halbverhungert, denn wir hatten nichts zu essen als ein bißchen Sagamité, eine Art von Brei aus Wasser und gemahlenem Mais, von dem uns die Indianer morgens und abends eine sehr geringe Portion gaben..."

Die Moskitos waren eine schlimme Plage, als die ersten Europäer per Kanu das Innere des Landes erkundeten. Sie versuchten, sich mit Tüchern über dem Kopf davor zu schützen. Gleichwohl erwies sich das klassische Transportmittel der Indianer in den oft flachen, unbekannten Gewässern des amerikanischen Nordens als ideal. Es war aus Birkenrinde gefertigt und somit leicht genug, um über Hindernisse getragen zu werden – wie der kolorierte Stich von 1613 zeigt

Schlimmer noch als die Strapazen und der Hunger waren die Fliegen und Moskitos. Le Caron klagte, „wenn ich nicht mein Gesicht mit einem Tuch verhüllt hätte, bin ich fast sicher, daß ich jetzt blind wäre, so giftig und verderblich sind die Bisse dieser kleinen Teufel... Ich gestehe, daß dies die schlimmste Heimsuchung ist, die ich in diesem Land erlitt; Hunger, Durst, Erschöpfung und Fieber sind dagegen nichts. Diese kleinen Biester verfolgen dich nicht nur den ganzen Tag lang, sondern setzen sich bei Nacht in deine Augen und in deinen Mund, krabbeln in deine Kleider oder stechen mit ihren langen Stacheln durch sie hindurch, und sie machen einen solchen Lärm, daß man auf nichts anderes mehr achten kann, und so halten sie dich sogar davon ab, deine Gebete zu sagen."

An diesem Martyrium haben die Jahrhunderte für den Reisenden in jener Gegend nicht viel geändert.

Als erfahrener Seekapitän kannte Champlain den Sternenhimmel gut genug, um ermitteln zu können, wo ungefähr er sich befand und in welcher Richtung die Indianer weiterzogen. Sie strebten vom Lake Allumette den Ottawa River stromaufwärts nach Westen. Bei Mattawa verließen sie den Fluß, dessen Bett sich hier nach Norden wendet. Sie schulterten die Kanus aus Birkenrinde, die für Champlain und nach ihm für viele Generationen von Reisenden zum wichtigsten Beförderungsmittel wurden. Die Franzosen ließen sich lange Zeit, ehe sie Pferde in die Neue Welt brachten. Für die Spanier, die den Süden und Westen durchstreiften, waren die Reittiere nützlich. In den Wäldern des Nordens wären sie nur hinderlich gewesen. Die Wasserwege führten am schnellsten zum Ziel. Wo es keine Seen und keine Flüsse gab, kam man zu Fuß noch immer am besten voran.

Bei North Bay gelangte die Expedition zum Lake Nipissing, von dort wiederum zu Land und zu Wasser nach harten Tagen in die Georgian Bay des Lake Huron: Nach dem Pater Le Caron war Samuel de Champlain der zweite Europäer, der dieses Süßwassermeer erblickte. Er erkundete die Manitoulin-Insel, von der seine indianischen Begleiter furchtsam sagten, sie sei von bösen Geistern besetzt. Zwischen den Wäldern aber entstanden dort seither die hübschesten Gärten und fruchtbare Felder, und die Manitoulin-Indianer scheinen nicht länger von Ängsten behext zu sein. Selbst auf Friedhöfen trifft man sie lachend an. Sie jagen, sie fischen. Sie vermerken befriedigt, daß in jüngster Zeit Wildarten zurückkehren, die man auf der Insel lange nicht gesehen hat, selbst Biber und Elche. Von Landwirtschaft halten sie nichts. Den Ackerbau, sagen sie freundlich, sollen die Weißen betreiben, da sie sich so skrupellos das Land angeeignet hätten.

Champlain zog weiter. Der Schwarm der Boote glitt am Ostufer des Lake Huron nach Süden. In der Indianerstadt Carhagouha, in der sich viele tausend Menschen sammelten, fand Champlain den tapferen Pater Le Caron. Die nächste Station war der Lake Simcoe. Der Forscher wurde nun von einem ganzen Heer von Huronen begleitet. Ermutigt und, im wörtlichsten Sinn, angefeuert von ihrem französischen Alliierten, den sie wie einen Halbgott verehrten, wollten sie eine entscheidende Schlacht gegen ihre Erzfeinde, die Irokesen, schlagen. Champlain meinte klug zu handeln, als er sich entschloß, die Huronen durch seine Waffenhilfe von Frankreich abhängig zu machen. Er war der erste unter den Pionieren — ob Spanier, Engländer oder Franzosen —, der sich keine Arroganz, Brutalität und mörderische Bosheit gegenüber den Völkern erlaubte, auf deren Hilfe die Europäer in jeder

Nach dem Kanu die zweite Errungenschaft der Indianer, die von den Weißen bestaunt und übernommen wurde, waren die Schneeschuhe aus geflochtenem Bast in einem Rahmen aus biegsamem Holz. Allein mit dieser genialen Erfindung war die Jagd in den lockeren Schneemassen des kanadischen Winters möglich

Notlage angewiesen waren. Unter der Handvoll Landsleuten, die ihn begleitete, herrschte strikte Disziplin.

Die Anwesenheit der Priester wirkte, anders als bei den Spaniern, als ein zuverlässiges Element der Ordnung und Friedfertigkeit. Samuel de Champlain hatte auf den Westindischen Inseln und in Mexiko beobachtet, daß Priester ihre indianischen Schützlinge verprügeln ließen, wenn sie einen Messebesuch versäumten. Sie zögerten auch nicht, sie als „Ketzer" lebendigen Leibes verbrennen zu lassen, wenn sie bei Rückfällen in den heidnischen Aberglauben ertappt wurden. Er hat jene Schrecklichkeiten in seinen naiven Reiseskizzen festgehalten. Die Mönche in Begleitung Champlains waren zu fanatischen Exzessen nicht geeignet. Sie füg-

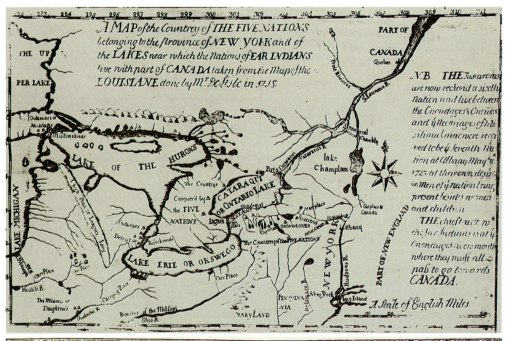

Die Karte von 1724 zeigt die Siedlungsgebiete der fünf Stämme der Irokesen-Liga vom Hudson River bis zu den Großen Seen. — Die erste Schlacht von Ticonderoga — zwischen Lake George und Lake Champlain — schlug Samuel de Champlain im Juli 1609 an der Spitze eines Heeres der Huronen gegen die Irokesen. Mutig zog er die Aufmerksamkeit auf sich, während seine Begleiter aus dem Hinterhalt in die Menge schossen. Drei Anführer fielen; ihre Schar lief davon — tief erschrocken von der Wirkung der Feuerwaffen

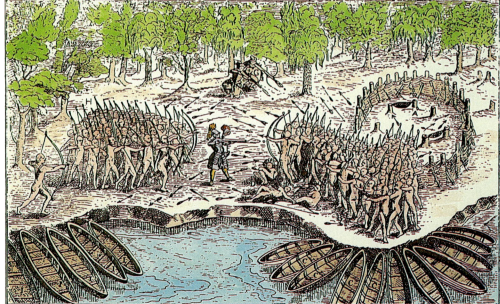

ten sich ein. Ihr Einfluß war wohltätig. Die französischen Mannschaften stahlen, raubten, töteten nicht. Sie ließen die Frauen der Indianer in Ruhe, jagten sie freilich auch nicht davon, wenn sie aus freien Stücken ins karge Lager der Fremden krochen, die Gegenstand einer unerschöpflichen Neugier waren. Champlain versuchte, ein fairer Handelspartner zu sein.

Vielleicht blieb ihm nichts anderes, als mit der Waffe Partei für die Stämme zu nehmen, die seine Nachbarn waren. Damit aber traf er eine weitreichende Entscheidung. Die Irokesen – ein Verband aus fünf Nationen, die ganz Neu-England von der Mündung des Hudson River bis nach Vermont und nach Westen bis zum Susquehanna River in Pennsylvania beherrschten – machten in der Neige des 17. Jahrhunderts die Sache der Briten konsequent zu der ihren, da Frankreich nun auf der Seite ihrer Erzfeinde, der Huronen, stand. Die Irokesen waren härter, vitaler, rücksichtsloser als die Verbündeten der Franzosen. Aber auch die Huronen entsprachen nicht dem unschuldigen Mythos der „edlen Wilden", die von der Schöpfung mit all den Tugenden der Güte, Gerechtigkeit, Liebe und Freude ausgestattet zu sein schienen, zu denen die Lehrer der Christenheit ihre Schäfchen in eineinhalbtausend Jahren zu erziehen versuchten, ohne so großen Erfolg.

Die huronischen Krieger bereiteten Samuel de Champlain mehr Kummer als Vergnügen. Am Lake Oneida, nordöstlich des späteren Syracuse im Bundesstaat New York, wurde die große Schlacht geschlagen. Champlain brachte seinen Verbündeten bei, wie sie die Palisaden der Irokesenstadt mit der Hilfe großer Schilde überwinden könnten. Er ließ Türme bauen, von denen seine Schützen über den Zaun hinweg in die Reihen der Feinde feuerten. Der Sturm mißlang. Champlains Kommandos gingen im schrecklichen Gebrüll der Krieger unter, von denen sich jeder einzelne Mut zu machen schien, indem er brüllte, was die Lungen hergaben. Die Hitzköpfe vergaßen alle Schlachtpläne und jede Angriffsordnung. Mit 17 Verwundeten, unter ihnen Champlain, zogen sie ab, geschlagen, doch voller Hochgefühl. Auf dem Rückweg organisierten sie Treibjagden, auf die sie sich besser verstanden.

Champlain folgte bei einem der Jagdausflüge einem seltenen Vogel, den er erlegen wollte, weit ins Gehölz. Als er endlich einhielt, sah er keine Menschenseele, hörte keine Stimmen, und seine Rufe blieben ohne Antwort. Der Herbsthimmel war bedeckt. Es ließ sich nicht erkennen, wo die Sonne stand. Champlain versuchte, die eigenen Spuren zu finden, doch die Anhaltspunkte täuschten ihn. Er war, trotz der Jahre in der Wildnis, noch keiner der Coureurs de bois, der Waldläufer, die es in späteren Jahrzehnten in der Kunst des Fährtenlesens mit den geübtesten indianischen Jägern aufnehmen konnten.

Verloren stapfte er durch den Wald, bis die Nacht fiel. Als er sich vom Schlaf in klammer Kälte erhob, wanderte er weiter bis in den späten Nachmittag. An einem kleinen Teich schoß er einige Wasservögel, die er über einem Feuer briet. Eine zweite Nacht im Wald. Ein dritter Tag vergeblicher Suche und eine dritte Nacht. Am vierten Tag seines Irrweges stieß er auf einen Bach, dem er beharrlich folgte, weil er irgendwann zu einem Fluß führen mußte. Indessen mündete das Rinnsal in einen kleinen See. Er lauschte, hörte in der Ferne das Geräusch fallenden Wassers, dem er folgte, stieß endlich auf einen Fluß und einen Indianerpfad. Am Abend sah er das Feuer seiner Jäger.

Der Trupp zog wieder nordwärts. Der erste Schnee kam im Dezember. Champlain lernte, nach dem Kanu, eine andere Errungenschaft der Indianer schätzen: ihre Schneeschuhe aus geflochtenem Hanf.

Am Lake Simcoe fand er Pater Le Caron wieder, der die Zeit genutzt hatte, um die Sprache des Huronenstammes zu lernen, damit er die kupferhäutigen Töchter und Söhne Manitus in ihrer eigenen Zunge unterweisen konnte.

Langer Winter in der barbarischen Kälte des Nordens. Im Frühjahr 1616

Hundert Jahre nach den großen Erkundungszügen Champlains gehörte die Ausrüstung mit Schneeschuhen zu den Selbstverständlichkeiten des täglichen Lebens auch der Weißen in „Nouvelle-France", wie dieser französische Stich aus dem Jahr 1722 zeigt

strebte Champlain zurück nach Montreal und Quebec, in seine schlichte Residenz. Der direkte Weg durch das Gebiet der Irokesen verbot sich. So wanderte er hinauf zum Lake Huron, wandte sich ostwärts, bis er wieder auf den Ottawa River stieß, der sich stromabwärts leichter schiffen ließ. Es wurde Juli, bis er zu Haus war.

In der kleinen Kolonie von 65 Menschen hatte man ihn längst tot geglaubt, denn seit seiner Abreise waren fast drei Jahre vergangen. Champlain vermittelte seinen Landsleuten einen ersten Begriff von der Unermeßlichkeit der Landmasse, die sich nach Westen hin breitete, von den Großen Seen, die sich mit europäischen Meeren, der Ost- oder Nordsee, vergleichen ließen, obwohl ihre Wasser süß waren, voller köstlicher Fische, die Ufer von putzigen Bibern bewohnt, deren seidenweiches Fell man in der Alten Welt zu schätzen begann und mit viel Geld bezahlte. Später errechneten Wissenschaftler, daß Kanada gut ein Fünftel der gesamten Süßwasservorräte dieser Erde enthält: ein Reichtum, der in Zukunft wichtiger und kostbarer werden kann, als es Gold oder Öl jemals waren.

Samuel de Champlain, im Jahre 1616 bei der Rückkehr vom Feldzug gegen die Irokesen etwa 49 Jahre alt, hatte dort, wo heute Quebec aufragt, eine Siedlung angelegt, die ärmlich und dürftig war, von jedem europäischen Komfort weit entfernt: Blockhütten, die als Notunterkünfte Schutz vor der schlimmsten Kälte des Winters boten. Sie unterschieden sich darin kaum von den Forts der Spanier im Süden oder jenen der Briten in den Carolinas. Dennoch überzeugte Champlain die seltenen Sendboten aus der Alten Welt, daß er zum Bleiben entschlossen sei: In seinem Garten baute er Gemüse, aber auch Mais, Weizen, Roggen und Gerste an. Er bepflanzte sogar ein kleines Feld mit einheimischen Trauben, wenn der Wein auch mit keinem Bordeaux oder Burgunder konkurrieren konnte. Champlain mag es gewesen sein, der den ersten Apfelbaum in Amerika pflanzte. Sein Beispiel machte Schule.

Im Jahre 1620, zehn Jahre nach der Hochzeit in Frankreich, ließ Champlain seine nun 22jährige Frau nach Amerika nachkommen. Die Legende sagt, die Schönheit der blutjungen Madame de Champlain habe die wildesten

Die Biberjagd — hier eine naive Darstellung aus dem Jahre 1743 — war für die Indianer ein einträgliches Gewerbe. Doch die Weißen lernten schnell, den Tieren selber nachzustellen. Das brachte doppelten Gewinn auf dem Markt — und Europa zahlte für die begehrten Felle hohe Preise

indianischen Krieger mit Sanftmut erfüllt und zu Tränen gerührt. Die Dame war vor allem damit beschäftigt, heidnische Kindlein im katholischen Glauben zu unterweisen. Dieser fromme Eifer kam nicht von ungefähr. Champlain hatte bei einem seiner seltenen Aufenthalte zu Haus voller Entsetzen entdeckt, daß sich die Gattin heimlich der Ketzerlehre der Hugenotten angeschlossen hatte. Der treue Sohn seiner Kirche rastete nicht, ehe ihm eine vollkommene Rekonversion gelungen war.

Sein Bekehrungswerk war von solchem Erfolg gesegnet, daß seine Frau bei ihrer Rückkehr nach Frankreich 1624 den lebhaften Wunsch äußerte, in ein Kloster einzutreten. Man könnte sagen, daß ihrem Gatten damit kein Unrecht widerfahren wäre, zumal die Ehe kinderlos blieb. Er weigerte sich jedoch, in eine Trennung einzuwilligen. Sie mußte bis zu seinem Tod warten, ehe sie den Schleier nehmen durfte.

Es stimmte Madame de Champlain kaum allzu traurig, daß sie dem rauhen Pionierdasein in Quebec nicht länger ausgesetzt war. Im Alltag ihres Mannes herrschte an kleinlichem Ärger kein Mangel. Seit 1619 führte er den Titel eines Vizegouverneurs. Die Pflichten und Rechte des Kommandeurs der Kolonie waren nicht präzise beschrieben. Zeitgenössische Chronisten deuten an, daß die Handelsleute, die in Quebec und Trois Rivières bei den Indianern Pelze gegen Waffen, Handwerkszeug und billigen Schmuck eintauschten, sich ungern der Aufsicht Champlains unterwarfen. Ihm lag am Herzen, daß seine indianischen Freunde nicht allzu sehr übers Ohr gehauen wurden: Die Kolonie brauchte ihre Loyalität. Die formale Verantwortung lag ohnedies bei den Vizekönigen aus dem Hofadel, die sich wenig um ihr amerikanisches Amt scherten, das nicht besonders einträglich war. In der Kolonie ließen sie sich in der Regel nicht blicken, was kein Schade gewesen sein mag. Die dürftigen Pfründe wechselten oft die Besitzer.

Im Jahr der Rückkehr von Madame de Champlain nach Paris, 1624, übernahm Kardinal Richelieu das Amt des Ersten Ministers unter König Ludwig XIII. Er machte sich unverzüglich ans Werk, den Eigenwillen der Aristokratie und danach der Hugenotten zu brechen. Unter anderem etablierte er sich selber als Superintendent von Handel und Seefahrt. Zu seinen zentralistischen Reformen zählte die Gründung der Compagnie de Nouvelle-France, der er persönlich vorstand. Der Gesellschaft wurde ein unbefristetes Monopol für den Pelzhandel, für andere Waren ein Monopol von zunächst 15 Jahren zuerkannt. Die Richtlinien besagten, daß jeder Anwärter für eine Siedlerstelle im transatlantischen Frankreich französischer Bürger und Katholik sein müsse. Diese strenge Verfügung kam nicht aus heiterem Himmel. Durch den Einfluß der Kaufleute aus dem protestantischen Caen hatte die Reformation einen kleinen Brückenkopf in Nouvelle-France gewonnen. Die Folgen jenes Erlasses waren nicht glücklich: Mit dem diskriminierenden Ausschluß der Hugenotten wurden die Kolonien eines produktiven Elements beraubt.

Die Engländer richteten unterdessen ihre Aufmerksamkeit auf Nova Scotia,

Zehn Jahre nach der Hochzeit in Frankreich ließ Samuel de Champlain seine nun 22jährige Frau in die Neue Welt nachkommen. Ihre Ankunft in Quebec fand einen höfischen Rahmen. Mit frommem Eifer widmete sie sich fortan der Bekehrung der Indianerkinder

wo sie eine Niederlassung von hugenottischen Flüchtlingen gründeten. Der Wunsch, sich der französischen Besitzungen am Sankt-Lorenz-Strom zu bemächtigen, lag nicht fern.

Keiner der europäischen Konflikte blieb den Kolonisten in Amerika erspart. So zog auch der Dreißigjährige Krieg eine bittere Spur durch die Neue Welt. Die Engländer stießen unter Kapitän David Kirke nach Quebec vor. Champlain sah keine Chance, sich gegen die Übermacht zu verteidigen. Er gab sich gefangen und wurde nach London gebracht. Zwischen Großbritannien und Frankreich herrschte nun freilich wieder Friede. Ohne große Mühe erlangte der französische Botschafter das Versprechen der Briten, die Kolonie am Sankt-Lorenz-Strom zu räumen.

Champlain konnte 1632 in seine Wahlheimat zurückkehren. Ein Jahr darauf wurde er zum Gouverneur ernannt. Seine „Hauptstadt" teilte er mit etwa einhundertfünfzig Kolonisten, die sich als Bürger der Neuen Welt betrachteten. Die Familie Hébert hatte das erste Steinhaus gebaut und, nach Champlains Beispiel, einen Garten angelegt, der künftig als ein Symbol der zivilisatorischen Energien betrachtet wurde.

Die Rekollekten-Mönche, die in den Anfängen so tapfer und geduldig mit ihrer Missionsarbeit im „grünen Ozean des Heidentums" begonnen hatten, wurden nun, nach dem Willen Richelieus, von den straff organisierten und disziplinierten Jesuiten unterstützt und schließlich weitgehend abgelöst. Die Priester in den schwarzen Soutanen des Ignaz von Loyola hatten nicht nur den Auftrag, für die Konversion der Indianer zu sorgen. Sie sollten vor allem auch garantieren, daß die Hugenotten von der Kolonisierung des Neuen Frankreich ausgeschlossen blieben.

Die Jesuiten leisteten Bewunderungswertes für die Erschließung des Landes. Doch die Vorherrschaft des Katholizismus, für die sie neben den weltlichen Autoritäten verantwortlich gemacht wurden, war von weitreichender und zuletzt, was Frankreich angeht, tragischer Konsequenz. Ohne die Protestanten schien das französische Engagement in Amerika nur halbherzig zu sein. Ihm fehlte die soziale Dynamik, mit der sich die protestantischen Kolonisten Großbritanniens der neuen Erde und ihrer Schätze bemächtigten.

Samuel de Champlain starb am ersten Weihnachtstag des Jahres 1635, etwa 68jährig, nach einem Schlaganfall in Quebec: der erste große Sohn Europas, dem das Recht zugekommen wäre, sich einen Bürger Amerikas zu nennen.

Die Stadt Quebec mit ihren alten Fassaden, die dramatisch über das Steilufer des Sankt-Lorenz-Stromes ragen, läßt den Fremden gelegentlich vergessen, daß er sich in Amerika befindet. So alt sind die Türme des Château Frontenac in Wahrheit nicht, kaum an die hundert Jahre – Produkte der Renaissancephantasie des Chefarchitekten der Ca-

Samuel de Champlain selbst fertigte diese Skizze des ersten Stadtkerns von Quebec. Die Hauptstadt der ältesten kanadischen Provinz ehrte ihren Gründer durch die Errichtung eines Denkmals vor dem Hotel „Château Frontenac" an einem prominenten Platz hoch über dem Ufer des Flusses

nadian Pacific Railway, der den Kontinent über die Rocky Mountains und bis zum Pazifik mit seinen Schlössern übersäte. Mit der Patina gewann das Château Frontenac eine gewisse Würde, die sich aufs Natürlichste in ein Stadtpanorama fügt, das von den Kuppeln und Türmen barocker Kirchen geprägt ist.

Die Straßen der Oberstadt sind von den harmonischen Linien einer schlichten Architektur des 17. und 18. Jahrhunderts bestimmt. Das Kloster der Ursulinen, gegründet 1639, das Hôtel-Dieu, ein paar Jahre später ausgebaut, das Séminaire: Sie könnten, mit ihren gelassenen Fronten, in jeder nord- oder westfranzösischen Stadt stehen.

Manchmal brechen durch den harten und zugleich singenden Akzent der Menschen in dieser Region Erinnerungen an den Dialekt der normannischen und bretonischen Bauern durch, die hier eine neue Heimat suchten. Gegen Abend in den Bars erhitzte Debatten, mit rotgesichtiger Leidenschaft und oft lachend geführt, vergnügter Lärm in den Restaurants, in denen deftig gespeist wird, besser als sonst in Amerika üblich: Man trinkt Wein in der „Belle Province"; ein „carafon rouge", ein „carafon blanc". In der Nacht hallen Schritte auf dem Pflaster. Es ist still auf der urbanen Halbinsel über den Felsen, die zum Fluß hin durch die alte Zitadelle, landwärts durch das neugotische Parlament abgeschirmt ist. Selbst in der Unterstadt mit ihren dunklen und geduckten Häusern, den alten Tavernen, den Lagerschuppen am Hafen wird es gegen Mitternacht still. Vor Tau und Tag läuten droben und drunten die Glocken zur Messe.

Das französische Amerika, sagt man, war das Werk der großen Reisenden, der Entdecker, Erkunder vom Schlage Cartiers und Champlains, der Waldläufer, der Pelzhändler – vor allem aber der Priester, die nach der Ankunft der Jesuiten in den zwanziger Jahren des 17. Jahrhunderts eine bewundernswerte Anstrengung unternahmen, den fremden und wilden Kontinent zu durchdringen, um die Indianer zur Bekehrung und Taufe zu überreden. Sie waren, in den Anfängen, nur eine Handvoll Männer, manche unter ihnen blutjung. Ihr Stützpunkt in Quebec bestand aus einigen Blockhäusern und einer Kapelle. Die europäische Gemeinde des Ortes zählte beim Tod Champlains im Jahre 1635 etwa hundertfünfzig Mitglieder, meist friedlich umlagert von einigen hundert Indianern, die Tauschgeschäfte betrieben, ihre Kinder bei den Mönchen und Nonnen unterweisen ließen, vielleicht auch nur auf milde Gaben warteten.

Die Jesuiten verfügten über glänzende Beziehungen zum französischen Hof. Ihr Wort hatte auch in Rom Gewicht. Als der Orden einen geistlichen Feldzug für die Indianermission proklamierte, gewann die weltverlorene französische Kolonie in Amerika über die politischen und ökonomischen Interessen des Kardinals Richelieu hinaus die sentimentale Zuwendung der Öffentlichkeit. Die Oberen der Gesellschaft Jesu beobachteten, dessen darf man gewiß sein, die Fortschritte der britischen Puritanersiedlungen in Massachusetts

1650, nur wenige Jahre nach seiner Gründung, fiel das erste Kloster der Ursulinen einer Feuersbrunst zum Opfer. Der bald danach entstandene Neubau mit seiner schlichten barocken Fassade ziert noch heute die alte Oberstadt von Quebec. Hier wurden nicht nur die Töchter der französischen Familien erzogen, sondern auch Indianermädchen in Obhut genommen

(seit 1620) und Rhode Island (seit 1636) sowie der holländischen Niederlassung Nieuw-Nederland (seit 1624) mit höchster Aufmerksamkeit.

Die Boten Frankreichs wichen, nach dem tragischen Abenteuer in Florida, Konflikten mit den Indianern nach Möglichkeit aus. Sie zögerten nicht, ihre überlegenen Waffen zu gebrauchen, wenn ihnen nichts anderes übrig blieb. Doch ihnen war an einer friedlichen Durchdringung des Kontinents gelegen. Sie nahmen zur Kenntnis, daß sich die Energien der kleinen Besatzung in der Unermeßlichkeit des Raumes verirren und erschöpfen würden, wenn sie wie die Spanier versuchten, sich mit Gewalt Bahn zu brechen. Sie waren so wenige – und die Indianer waren so viele.

Man kennt die Zahl der Ureinwohner nicht. Die Schätzungen der Missionare, es konnte nicht anders sein, waren ungenau. Unter den fünf Nationen der Irokesen zählten sie 1660 etwa zweitausendzweihundert Krieger. Die Gesamtzahl der Mohawk und Oneida, der Onondaga, der Cayuga, Seneca mag eher das Fünffache betragen haben. Vielleicht auch mehr. Im 18. Jahrhundert schlossen sich dem Bund die Tuscarora an. Die „Liga der sechs Nationen" übernahm im Siebenjährigen Krieg zwischen Briten und Franzosen einen wichtigen Part.

Alle Zeugen jener Epoche bescheinigen diesen Indianern eine kriegerische Aggressivität, der die Nachbarvölker nicht gewachsen waren. In der orgiastischen Wildheit ihrer Marter- und Siegesfeste rissen die Irokesen den Tapferen unter ihren Opfern noch immer das Herz aus dem Leib, um es roh zu verschlingen, weil sie glaubten, sie eigneten sich damit den Mut und die Widerstandskraft des Geschlachteten an. Die permanenten Kämpfe, in denen sich das Männlichkeitsideal ihrer Söhne erfüllte, waren verlustreich. So neigten sie dazu, Gefangene aus den Reihen der Feinde zu adoptieren, die dank ihrer Kühnheit und des Gleichmuts, mit dem sie die Qualen am Marterpfahl ertrugen, für würdig befunden wurden, in

Die frühesten Darstellungen von Indianern am Sankt-Lorenz-Strom und im Gebiet der Großen Seen stammen von Becard de Granville, einem französischen Beamten in Kanada um 1700. Der tätowierte Häuptling mit der Friedenspfeife ist vermutlich der erste von Europäern dargestellte Sioux; die andere Federzeichnung zeigt einen Abgesandten der Irokesen im Habit eines Medizinmannes

die Gemeinschaft des Stammes einzutreten. Dies setzte die Zustimmung der engsten Verwandten voraus. Auch die Huronen ergänzten ihre Reihen durch die – halb freiwillige, halb erzwungene – Integration von Gefangenen in ihr Stammesgefüge.

Einer der Missionare beobachtete einmal, daß sich – nachdem die Aufnahme eines gefangenen Kriegers von den Ältesten beschlossen war – die Schwester des Getöteten unter Tränen weigerte, den Fremden als Bruder zu akzeptieren. Dieses Votum entschied. Die junge Frau fütterte den armen Kerl mit den besten Speisen und versuchte ihn mit allen Zeichen ihrer Zuneigung zu trösten. Man reichte ihm die Pfeife, wischte ihm den Schweiß von der Stirn, fächelte ihm – wie der Historiker Francis Parkman lebhaft schildert – mit Federn frische Luft zu. Doch dann sprach der Krieger: „Meine Brüder, ich werde jetzt sterben. Tut mir das Schlimmste an. Ich fürchte weder Folter noch Tod." Flugs tauften ihn die Priester. Dann wurden elf Feuer entzündet. Die Zuschauer sammelten sich: „Die Hitze, der Rauch, das Flackern der Flammen, die wilden Schreie, die verzerrten Gesichter und wilden Gesten dieser menschlichen Teufel, während das Opfer, von Fackeln angetrieben, immer wieder durch das Feuer sprang" – die Szene ließ die Priester in Entsetzen erstarren.

Parkman nannte die Irokesen mit einem schönen Wort „die Indianer der Indianer". Père Jérôme Lalement rühmte, wie die meisten seiner Brüder, ihre Intelligenz und ihren Stoizismus. „Sie stehlen sich durch die Wälder wie Füchse", schrieb er, „sie kämpfen wie die Löwen und heben sich wie ein Schwarm von Vögeln davon." Pater Brébeuf bewunderte an ihnen den Gemeinschaftsgeist, die Solidarität und die Gastfreundschaft. Privates Eigentum, von ein paar Habseligkeiten abgesehen, existierte nicht. Die Mitglieder des Clans waren stets bereit, auch den letzten Bissen zu teilen.

Es ist möglich, daß jene Völker zum Zeitpunkt der jesuitischen „Volkszählung" durch Krankheiten und Seuchen schon dezimiert waren. Überdies hatten die fortgesetzten mörderischen Konflikte zwischen den Stämmen einen schrecklichen Blutzoll gefordert. Die Zahl der Huronen beispielsweise wurde um 1640 auf etwa zwanzigtausend geschätzt. Ein gutes Jahrzehnt danach waren sie durch den Vernichtungskrieg der Irokesen und die wachsende Pression der vitalen Sioux aus dem Nordwesten von der Ausrottung bedroht.

Die Irokesen wurden von 1646 an mit holländischen und englischen Gewehren ausgerüstet. Das verschaffte ihnen gegenüber den Huronen und Algonkin, die noch fast ausschließlich mit Pfeil und Bogen kämpften, einen unschätzbaren Vorteil.

Mit den Huronen hatten sich die Franzosen die schwächsten als Alliierten gewählt. Die Folgen für den Fortgang ihrer amerikanischen Unternehmungen waren fatal. Konnten sie es ahnen? Mit einer bewegenden Selbstverständlichkeit nahmen die Missionare die Verflechtung ihres Schicksals mit dem der Huronen hin, ja sie betrachteten die Niederlage ihrer Freunde als eine Chance, möglichst viele Seelen zu retten.

Eine Statistik in den Jahresberichten der Jesuiten, die unter dem Titel „Relations" in Paris publiziert wurden, gab für den Zeitraum zwischen den Sommern 1639 und 1640 eine Zahl von tausend Bekehrungen an. Eine exaktere Aufschlüsselung besagt jedoch, daß die Mehrzahl der Getauften Säuglinge, kleine Kinder, Alte und Sterbende waren: Nur gut zwanzig erwachsene Frauen und Männer nahmen die Botschaft Christi an.

Es wäre übertrieben, wollte man behaupten, die Indianer hätten dem Glauben der Weißen entgegengelechzt. Das galt nicht einmal für die huronischen Freunde. Sie empfingen, in der Regel, die wunderlichen Gesellen in ihren schwarzen Röcken und großen schwarzen Hüten voller Gastfreundlichkeit, rauchten mit ihnen das Calumet, die Friedenspfeife, gaben ihnen zu

Der Jesuitenpater Paul Le Jeune lehrte die Indianer den Unterschied zwischen Himmel und Hölle mit einem drastischen Vergleich: „Ihr seid gut zu euren Freunden und ihr verbrennt eure Feinde – Gott macht es genau so"

essen und zu trinken. Die Ältesten versammelten sich mit ihnen in der Hütte des Häuptlings zu ernsten Ratssitzungen, bei denen die Pfeifen von neuem kreisten und viele feierlich-blumenreiche Reden gehalten wurden. Sie nahmen voller Respekt zur Kenntnis, daß sich die fremden Zauberer Mühe gaben, ihre Sprache zu lernen, und entweder mit eigener Zunge oder durch jene der Dolmetscher eine Botschaft verkündeten, die den indianischen Frauen und Männern nicht allzu exotisch zu sein schien. Den Großen Geist, aus dem alle Schöpfung stamme, konnten sie sich wohl denken. Es war ihnen auch nicht seltsam, daß er einen Sohn haben sollte, der unter Martern starb. Das Entsetzen des Martyriums hatten sie oft genug erlebt, als Zeugen oder als Täter, und sie waren allesamt darauf vorbereitet, eines Tages Opfer zu sein. In den drastischen Schilderungen der Höllenqualen erkannten sie das Pandämonium der eigenen Tortur- und Hinrichtungsfeste wieder. Auch das Paradies, das die Priester den Frommen versprachen, konnten sie sich ohne allzu große Schwierigkeiten ausmalen.

Pater Le Jeune, lange Zeit Spiritus rector der jesuitischen Missionen Kanadas, gestand mit drastischem Freimut, daß er den Huronen die einfachen Sätze eingeprägt habe: „Ihr seid gut zu euren Freunden und ihr verbrennt eure Feinde – Gott macht es genau so."

Während der tödlichen Attacken der Irokesen gaben die Priester selten der Versuchung nach, die eigene Haut zu retten. Vielmehr leisteten sie den sterbenden Indianern Beistand. Sie wußten keinen besseren als die Taufe in letzter Stunde, die sie Freund und Feind, Huronen und Irokesen zuteil werden ließen, mochten sie willig sein oder nicht. Man mag die Naivität dieses Bekehrungseifers belächeln, doch das geistige Feuer, das in den Missionaren wach war, und der Opfermut, mit dem sie Strapazen, Torturen und Tod auf sich nahmen, können nicht als exaltierte Fanatismen belächelt werden. „Im Klima des Neuen Frankreich", schrieb einer der Weggenossen Le Jeunes, „lernt man, nur Gott zu suchen, keinen anderen Wunsch als Gott zu haben, kein anderes Ziel als Gott."

Anders als durch solche Frömmigkeit läßt sich das Leben der Entbehrung nicht begreifen, das die Jesuiten, aber auch ihre franziskanischen Brüder vom Rekollekten-Orden oder die Karmeliter auf sich nahmen. Darüber hinaus wurden sie die vorzüglichsten Chronisten indianischen Lebens. Die Diener der Gesellschaft Jesu stammten fast alle aus bürgerlichen, wenn nicht adligen Häusern. Sie hatten eine sorgsame Erziehung genossen und waren im Umgang mit der Feder geübt. Und sie hatten allesamt gelernt, durch Disziplin und Willenskraft ihre intellektuellen und physischen Schwächen zu überwinden.

So bitter die Anpassung an das Leben in der Wildnis war: Die Missionare zögerten niemals, sich für Monate oder Jahre in den Indianerdörfern niederzulassen und den Alltag der „Wilden" zu teilen. Ihre Sprachkenntnisse verbesserten sich in der Regel rasch. Es schien ihnen kein Frevel zu sein, die Gemüter der Rothäute mit den hübschen Spiel-

Das Bild aus dem 19. Jahrhundert schildert das Bekehrungswerk der Missionare allzu idyllisch. In Wahrheit gewannen sie nur wenige Erwachsene für die Taufe. Eine engagierte Vertreterin des christlichen Glaubens war Catherine Tekakwitha vom Volk der Irokesen. Sie trug bei ihrem Märtyrertod, wie die Überlieferung sagt, „den Schein der Heiligkeit"

zeugen der europäischen Zivilisation zu beeindrucken. Der gescheite Pater Brébeuf schrieb, daß die technischen Instrumente sehr wohl dazu taugten, ihre Zuneigung zu gewinnen und sie für die „bewundernswerten, aber unbegreiflichen Geheimnisse unseres Glaubens" geneigter zu machen, ja, „die Meinung, die sie von unserem Genius und unserer Fähigkeiten hegen, läßt sie glauben, was immer wir ihnen erzählen". Seine Lupe verwandelte winzige Mücken in wahre Ungeheuer. In einem Prisma bestaunten die Indianer die merkwürdigsten Farbspiele. Eine kleine Getreidemühle, deren Nutzen sie schnell einsahen, wurde als wahre Wundermaschine bejubelt. Nichts erschien diesen Menschen mysteriöser als das Schlagen der Uhr, von der sie dachten, daß sie ein eigenes Leben habe.

Die Zauberer und Medizinmänner der Stämme begannen nach geraumer Zeit, den Konkurrenten aus Europa das Leben schwer und manchmal zur Hölle zu machen. Sie schürten das Mißtrauen ihrer Leute. Sie erfanden immer neue Anlässe, die Fremden zu verhöhnen. Gefährlich wurde die Lage, wenn die Missionare verdächtigt wurden, sie hätten böse Geister herbeizitiert und sie seien für Unglücksfälle, Niederlagen im Krieg, für Krankheiten und Seuchen verantwortlich. Niemand kümmerte sich darum, daß sie am Ritual der Folter schlimmer zu leiden schienen als die Opfer. Sie waren nicht abgehärtet wie ihre spanischen Kollegen, denen die Torturen der Inquisition nicht fremd waren. In Frankreich brannte kaum mehr ein Scheiterhaufen nach dem Ketzergericht.

Der indianische Alltag, den diese Priester teilten, bereitete ihnen Qualen genug. Nach den Jahren klösterlicher Vorbereitung waren sie gewiß nicht verwöhnt. Aber auch die indianischen Eßgewohnheiten waren eine bittere Prüfung. Von einer regelmäßigen Ernährung konnte ohnehin keine Rede sein. Die Indianer schlugen sich die Bäuche voll, wenn die Jagd, der Fischfang oder die Ernte reich waren, und sie hungerten stoisch, wenn sich die Vorräte erschöpft hatten. Gestampfter Mais, mit Wasser zu Brei verrührt, meist ohne Salz, war die Grundnahrung. Es gab Bohnen und Squash, im Sommer vielerart Waldbeeren. Aus dem Saft des Ahorns gewannen sie Sirup, mit dem sie ihre Speisen süßten — was die Weißen rasch von ihnen lernten. Weiter drüben im Westen — zum Beispiel in der Mündung des Fox River, in der Green Bay des Lake Michigan — wuchs wilder Reis, der sich mit frischen Beeren zu einem wohlschmeckenden Gericht vermischen ließ. Aus Sonnenblumen wurde da und dort Öl gewonnen. Im allgemeinen aber setzten die Indianer ihre Speisen mit Klumpen von Tierfett an — je mehr, umso besser. Bärenfett und Bisonfett galten bei den westlichen und südlichen Stämmen als Delikatessen.

Bei manchen Völkern erlaubten es die Regeln der Gastfreundschaft nicht, daß sich die Fremden selber nach Appetit und Fassungsvermögen bedienten. Sie mußten sich füttern lassen, ob ihnen übel wurde oder nicht. Gern wurden dem Gast — eine besondere Auszeichnung — dicke Batzen von Fett in den Mund gestopft. Die Jagd, nach der man das Fleisch viel zu frisch verschlang, dehnte sich vom Herbst bis in den Winter. Doch dann kamen die kargen Monate, in denen es nichts als getrockneten Fisch und getrocknetes Fleisch zu kauen gab, das letzte zäh wie Leder. Die Verdauungsorgane der Priester waren dieser Kost nicht gewachsen. Sie litten alle an hartnäckiger Dysenterie.

Dafür war gewiß auch der Mangel an Hygiene verantwortlich. Die Europäer des 17. Jahrhunderts zeichneten sich, wie man weiß, nicht durch intensiven Umgang mit Wasser und Seife aus. Ihre Leidenschaft für Parfums deutet darauf hin, daß schlimme Körpergerüche und lästige Ausdünstungen zu überdecken waren. Den Indianern entging das nicht. Sie wunderten sich oft über die Wasserscheu der Weißen. Indes war auch der Gestank in den Hütten der „Wilden" nahezu unerträglich. Es gab keine Fenster, oft nicht einmal einen Abzug für den Rauch des Feuers. Die

Felle, mit denen sich die Bewohner zudeckten, wurden nie gereinigt, Hunde- und Kinderdreck kaum je beseitigt. Einer der Patres notierte, daß fettige Hände beim Kochen und Essen meist am Fell des nächsten Köters oder im eigenen Haar abgewischt wurden. Im Sommer lebte man unter freiem Himmel. Dann durften die Missionare, im wörtlichen Sinne, aufatmen.

In der warmen Jahreszeit trugen die indianischen Männer nur einen Lendenschurz. Die Frauen bedeckten auch ihre Brüste und wurden dafür von den geistlichen Herren gelobt. Die Haut war in der Regel von bunten Tätowierungen übersät und manche Frisur so grotesk wie jene der europäischen Stadtindianer des 20. Jahrhunderts. Die Irokesen rasierten die Schädel kahl wie Punks – bis auf einen schwarzen, stacheligen Kamm, der in der Mitte aufragte. Die Haartracht der Frauen gefiel den Jesuiten besser: Die jungen Mädchen ließen die dicken schwarzen und geraden Strähnen wachsen so lang sie wurden, faßten sie manchmal locker im Nacken zusammen, doch nur die älteren flochten sie zum Zopf. Bei den Illinois trugen auch die Männer lange Mähnen, zum Entzücken der Franzosen, die ihr Vergnügen an schönen Erscheinungen hatten.

Über die Sexualmoral ihrer Schützlinge äußerten sich die Missionare in den „Relations" nur zurückhaltend, vermutlich, um durch die Schilderung aufreizender Beispiele prüde Sitten in der Heimat nicht zu gefährden. Indes, sie bezeugten, daß die jungen Leute unbefangen ihr Glück in Probeehen versuchten, die einige Tage, einige Wochen, einige Monate dauern mochten. Der Eintrittspreis war ein „Wampum" – ein kleines Schmuckstück aus Muscheln, Glas oder Kupfer –, das die Mädchen an ihre Gürtel hängten. Oft konnten sie stattliche Sammlungen vorweisen, die anzeigten, wie begehrenswert sie waren. Mit der Ankunft eines Kindes galt die monogame Bindung als besiegelt. Sie konnte freilich auch gelöst werden. Die Mutterschaft bestimmte über die Zugehörigkeit zum

Clan. Daraus ergab sich bei den Huronen die oft zitierte Macht der Matronen. Sie hatten zwar nicht Sitz und Stimme im Rat der Ältesten, doch – wie so oft auch in der mediterranen Gesellschaft – entschied das Wort der älteren Frauen, was die Männer beschließen durften.

Im übrigen trugen die Frauen die Bürde des täglichen Daseins. Zwar rodeten die Männer das Land für den Ackerbau, doch die Bestellung der Erde war Sache der Weiber. Sie hatten auch für Feuerholz zu sorgen. Sie räucherten den Fisch und beizten das Fleisch. Sie kochten. Sie fütterten die Kinder – auch den Säuglingen wurde schon Tierfett in den Schlund gesteckt. Sie schleppten die Lasten, wenn sich die Stämme auf Wanderschaft begaben. Samuel de Champlain sagte von ihnen, sie seien die Maulesel ihrer Stämme.

Von einem Jesuiten-Pater stammt ein Bericht über ein Totenfest der Indianer, der der Pariser Gesellschaft Schauer über den Rücken jagte. Für jene Feier wurden die Leichen des vergangenen Jahres aus provisorischen Ruhestätten zusammengetragen. Die unverwesten Körper ließ man in dem Zustand, in dem sie sich befanden. Bei den anderen jedoch wurden die Knochen unter Klagerufen und Tränen sorgsam gereinigt und poliert, in Fellen zu Bündeln verschnürt und an den Dachbalken einer großen Hütte aufgehängt. Hernach zogen die Indianer zu einer Lichtung im Wald, wo die Toten in ihren Säcken samt Beerdigungsgeschenken an einem hohen, starken Gestell baumeln durften. Die jungen Männer und Frauen wetteiferten derweil im Bogenschießen, denn von den Angehörigen der Verstorbenen waren Preise für die besten Schützen ausgesetzt. Später holte man die Knochenbündel herab und streichelte die sterblichen Reste voller Trauer und Liebe. In mächtigen Reden pries man die Toten. Schließlich warf man die noch unverwesten Leichen – so wenigstens ist in dem Bericht des Paters zu lesen – in einen riesenhaften Kessel, damit sich in kochendem Wasser die Gebeine herauslösten. Das war der Höhepunkt der Zeremonie. Den christlichen Priestern schien sie ein Schauspiel der Hölle zu sein.

Die Missionare mußten stets gewärtig sein, auch selber die schlimmsten Leiden auf sich zu nehmen. Die Irokesen etwa erlegten sich keine Hemmungen auf, wenn sie einen der Schwarzröcke fingen. Pater Isaac Jogues beispielsweise, 35 Jahre alt, geriet mit seinen huronischen Freunden und zwei Laienbrüdern in einen Hinterhalt der Irokesen. Einem seiner Begleiter rissen sie auf der Stelle die Fingernägel aus. Den Pater selbst schlugen sie halbtot. Im Kanu und zu Fuß wurden die weißen Männer nach Südosten an den Lake Champlain, dann zum Lake George geschleppt. Die irokesischen Krieger ließen den Pater Spießrutenlaufen — eine Übung, die sie bei den Weißen gelernt haben mögen. Schließlich wurden die Gefangenen an den Marterpfahl gestellt. Mit einer Muschelscherbe wurde dem Priester der linke Daumen abgeschnitten, doch man ließ ihn am Leben. Einer der Laienbrüder, der einen Indianer getötet, aber den Foltern ohne zu große Klagen widerstanden hatte, wurde von einer Familie adoptiert. Den anderen Laienbruder jedoch erschlugen die Peiniger, nachdem sie ihn dabei ertappt hatten, daß er das Zeichen des Kreuzes auf die Stirn eines Kindes gezeichnet hatte: Niederländische Protestanten hatten den Indianern beigebracht, dies sei böser Zauber.

Pater Jogues, der heimlich jedes menschliche Geschöpf taufte, dessen er habhaft werden konnte, entkam der Gefangenschaft mit Hilfe eines barmherzigen holländischen Händlers. In Paris wurde er voller Ehrfurcht empfangen. Die Königin küßte ihm die zer-

Die Ufer des Lake Champlain waren Schauplatz heftiger Gefechte zwischen Briten und Franzosen im Siebenjährigen Krieg um den kolonialen Besitz und neuer Auseinandersetzungen zwischen Amerikanern und Briten im Kampf um die Unabhängigkeit — hier eine englische Darstellung von 1777. Obwohl diese Landschaft so geschichtsträchtig ist, vermittelt sie abseits der touristischen Pfade noch immer den Eindruck der Unversehrtheit alten Indianerlandes

198

schundenen Hände. Nicht lange danach befand sich der Priester schon wieder auf dem Weg nach Kanada. Sein Leiden trug dazu bei, am Hofe und unter den Bürgern der Hauptstadt eine fromme Begeisterung für das Missionswerk unter den rothäutigen Heiden zu wecken. Reiche Spenden flossen der Gesellschaft Jesu zu. Novizen bewarben sich, lange ehe ihre Zeit gekommen war, um die Entsendung zu den Stationen in der amerikanischen Wildnis.

Das noble Feuer steckte auch Damen der Gesellschaft an, beispielsweise die kokette Madame de la Peltrie, die sich nach dem Tode ihres Mannes entschloß, in Amerika der Bekehrung der Heiden zu dienen. Ihr religiöser Eifer wurde zum öffentlichen Gespräch. Die Königin gewährte ihr eine Audienz. Im Triumph hielt sie schließlich bei den Ursulinen Einzug und stiftete das erste Kloster in Quebec, dessen Arbeit der christlichen Bildung auch heidnischer Mädchen gewidmet sein sollte.

Die fromme Leidenschaft eines ritterlichen Sieur de Maisonneuve bewährte sich unterdessen auf höchst praktische Weise für die Befestigung und eigentliche Gründung der Stadt Montreal, die bei einem Hochamt in Paris der Mutter Gottes geweiht wurde. Die Stadt heißt darum mit vollem Namen Ville-Marie de Montréal.

Dringend brauchten die Jesuiten Verstärkung. Kardinal Richelieu schickte 1649 endlich vierzig Soldaten über den Atlantik. Das Missionswerk war in Gefahr: Die Irokesen, von den Holländern mit Büchsen versehen, waren in die Dörfer der Huronen eingebrochen; sie hatten alle Christenmenschen, die ihnen in die Hände fielen, niedergemacht und verbrannt.

Die Verluste unter den Priestern waren bitter. Der Pater Bressani geriet am

Oberlauf des Sankt-Lorenz-Stromes in die Hände der feindlichen Rothäute. Über seine Folter bemerkte er später in einem Bericht nach Rom, er hätte nicht geglaubt, daß es so schwierig sei, einen Menschen zu töten – nämlich ihn selber, der von so zäher Widerstandskraft war. Ein anderer Pater verirrte sich unterwegs im Schnee. Seine Gefährten fanden ihn kniend, die Hände vor der Brust gefaltet, zu Eis erstarrt. Es war, als sei seine Figur in Marmor gehauen. Pater Isaac Jogues erlag im Winter 1646 doch noch dem Martyrium, dem er zuvor auf fast wunderbare Weise entkommen war.

Im Jahre 1649 erfolgte der große Ansturm der Irokesen auf die Missionsstationen, deren Zentrum Sainte-Marie-aux-Hurons war, auf einer Halbinsel im Süden der Georgian Bay angesiedelt. Der Übermacht der Indianer waren die Verteidiger nicht gewachsen. Père Brébeuf wurde an einen Pfahl gebunden. Er drohte seinen Quälern mit Höllenstrafen. Sie schnitten seine Lippen ab und brachten ihn mit glühenden Stäben, die sie ihm in den Rachen schoben, zum Schweigen. Vor seinen Augen folterten sie den Bruder Lalement mit Fackeln. Brébeuf wurde skalpiert; da er so tapfer gewesen war, öffneten die Irokesen seine Brust, tranken sein Blut und aßen sein Herz.

Mit der tödlichen Niederlage der Huronen, denen die Waffenbrüderschaft der Franzosen nicht geholfen hatte, endete die erste und wichtigste Phase der Jesuitenmission im amerikanischen Norden. Der Historiker Francis Parkman sagte von ihr, sie sei so wunderbar und bestaunenswert gewesen wie die Sagen der Ritterzeit und die Heiligenlegenden aus der Frühzeit der Kirche.

Die jesuitischen Missionare wurden Mitte des 17. Jahrhunderts in die heftigen Auseinandersetzungen zwischen Irokesen und Huronen hineingezogen. Die Illustration aus einem 1664 erschienenen Werk schildert die verschiedenen Arten der Folter, die viele Jesuiten als Gefangene erlitten

Jesuitischer Einfluß in Paris und Rom sorgte dafür, daß François Xavier de Laval-Montmorency im Jahre 1674 zum ersten Bischof von Quebec ernannt wurde. Der eigenwillige Prälat prägte die Kirche des französischen Amerika nach seinen Idealen einer robusten und einfachen Frömmigkeit. Lange Jahre lebte er anspruchslos, ja dürftig unter den Schäfchen seiner Gemeinde, in der er jedes Kind beim Namen kannte. Er gründete Schulen. Die wichtigste Universität der „Belle Province" – neben der englischsprachigen McGill University in Montreal – trägt seinen Namen. Unter den jungen Priestern, die am „Laval" lehrten, regte sich zuerst die „stille Revolution" gegen das halbautoritäre Regime des konservativ-katholischen Premiers Duplessis, das Quebec in dessen langer Amtszeit vor und nach dem Zweiten Weltkrieg von allen Impulsen der Modernität abzuschneiden schien. Dort begann in den fünfziger Jahren des 20. Jahrhunderts, fast dreihundert Jahre nach der Inthronisierung des ersten Bischofs, die „Révolution tranquille", mit der ein neuer Abschnitt in der Geschichte des französischen Kanada eröffnet wurde.

Helle Felsen, da und dort zur Steilküste aufgeworfen, dunkle Föhren, die sich in Stürmen der Erde zuneigen: eine romantische Landschaft. Sie könnte von Caspar David Friedrich gemalt sein. Indianerland.
Seitab der Straßen nur das Geräusch des Wassers, der Bäume, nicht anders als damals, vor dreihundert Jahren, als die Waldläufer und die „schwarzen Boten des Kreuzes" dort eine bescheidene Station gründeten, unter ihnen ein schmächtiger, fast zarter junger Mann: Père Jacques Marquette, der 1666, gerade 29 Jahre alt, aus Frankreich nach Quebec herübergekommen war. Die Lektüre der oft so dramatischen Erzählungen in der „Relations" und das geistige Feuer, das sie vermittelten, hatten den jungen Mann aus einer prominenten Familie in Laon angeregt, um ein Missionsamt in Amerika zu bitten. Seine fragile Konstitution prädestinierte ihn nicht für ein Leben des Abenteuers, doch Jacques Marquette besaß, wie man damals sagte, ein starkes Herz. Die Oberen schickten ihn zunächst nach Tadoussac am Unterlauf des Sankt-Lorenz-Stromes, in die älteste der Missionen, damit er dort die Sprachen der Indianer lerne.

Die Oberen seines Ordens hatten in großer Umsicht und Behutsamkeit mit der Neugründung der Stationen begonnen, von denen nach dem Krieg zwischen den Irokesen und Huronen nur Trümmer übriggeblieben waren, von der Wildnis rasch überwachsen. So oberflächlich die Bekehrung vieler Indianer gewesen sein mochte: Manche hielten an ihrem christlichen Glauben fest. Man durfte die verstreuten Schäflein nicht im Stich lassen.
In Paris faßte in jenen Tagen der mächtige Jean Baptiste Colbert die In-

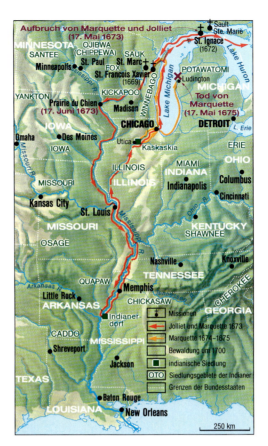

Den Namen des mächtigen Stromes im Westen hatten französische Missionare schon von den Indianern erfahren: Mississippi. Da beauftragte der Gouverneur in Quebec den tatendurstigen Louis Jolliet, den Fluß zu erkunden. Jolliet und der Jesuitenpater Jacques Marquette erreichten den Strom tatsächlich, drangen mit dem Boot bis tief in den Süden vor und gewannen alle wesentlichen Informationen über seinen Verlauf

teressen Frankreichs in Amerika genauer ins Auge, als Richelieu es vermocht hatte. Minister Colbert, seit 1661 Oberintendant der Finanzen, seit 1665 Contrôleur Général und damit Dirigent der gesamten Wirtschaft Frankreichs, gründete eine ost- und eine westindische Handelskompanie. Er trug überdies den Titel eines „Sekretärs des Königshauses und der Flotte". Die Kolonien waren damit seiner direkten Aufsicht unterstellt.

Die Planung der Jesuiten wurde, was nur vernünftig war, mit den Unternehmungen der Krone koordiniert. Frankreich betrachtete die unerschlossenen Weiten des Nordens und Westens Amerikas als ein − geistliches und weltliches − Expansionsfeld.

Nach zwei Jahren strenger Einübung in Tadoussac wurde Jacques Marquette ausgesandt, um am Übergang des Lake Huron in den Lake Superior eine Missionsstation zu gründen: Sault Ste. Marie, zwischen Whitefish Bay und dem North Channel gelegen. Die Ojibwa-Indianer holten dort den Weißfisch tonnenweise aus den Stromschnellen. Der Ort war das Tor zum Nordwesten. Die Franzosen wußten von den Kupfervorkommen am Nordufer des Lake Superior, die von den Missionen sorgsam erkundet worden waren. Schon 1671 verfügten sie über eine recht genaue Karte des Binnenmeeres.

Es lag nahe, daß die Franzosen ohne allzu großen Zeitverlust den Zugang zum Lake Michigan öffnen wollten, den die Indianer als den „Geburtsort aller Fische" bezeichneten. Aus Quebec wurde eine Abteilung von 15 Soldaten unter dem Kommando von Daumont de Saint-Lusson herübergesandt. Der Offizier sollte ein Fort errichten, die Gewässer und alle umliegenden Territorien für die französische Krone in Besitz nehmen. Von weither wurden durch Boten Indianer zusammengerufen, damit auch sie Kenntnis von dem Hoheitsakt erhielten. Sie kamen freundlich-friedlich zu Hunderten. Ein feierliches Spektakel und schöne Feste ließen sie sich selten entgehen. Ein großes Holzkreuz wurde aufgerichtet,

nicht weit davon eine Säule mit dem Wappen Frankreichs. Der Vertreter des Gouverneurs sprach mit gewähltem Pathos, nannte den König im fernen Paris − der noch jung an Jahren war − den großen Vater, der mit seinen Kanonen den Erdkreis erzittern lassen könne, redete die Rothäute als des Königs Kinder an, versprach ihnen Schutz und Wohlergehen. Die Soldaten ließen ihre Büchsen krachen, riefen „Vive le Roi!", und die Priester sangen das Tedeum: Von nun an − man schrieb das Jahr 1671 − war die Region französisch.

Von der Station St. Ignace, gut hundert Kilometer südlich Sault Ste. Maries, drangen die beiden Patres Dablon und Allouez bald danach zum Lake Michigan vor. Sie folgten dem Nordufer, wendeten sich dann nach Süden, entdeckten die Green Bay, ruderten den Fox River ein Stück stromauf nach Westen. Auf einer Anhöhe gründeten sie die Mission St. Francis Xavier. Unerschrocken wagten sie sich weiter in das Innere des Landes und gelangten bis zum Lake Winnebago, einem fischreichen und friedlichen Gewässer zwischen weiten Schilfufern. Von den Indianern hörten sie Erstaunliches über einen großen Fluß weiter im Westen: das mächtigste Gewässer, sagten sie, das es auf Erden gebe, doch feindselig und von Teufeln bewacht.

Die Kunde von diesem Fluß drang auch zu Père Marquette in Sault Ste. Marie. Er vermerkte sogar den indianischen Namen, Mississippi, wenn auch in kruder Schreibweise. Die Legenden vom Großen Fluß reizten die Phantasie der Herren in Paris. Sie ahnten, daß dieses unbekannte Gewässer der Schlüssel für die Öffnung des gesamten Kontinents sein könnte. Noch immer neigten sie der Vermutung zu, der Strom ergieße sich in den westlichen Ozean, den sie hartnäckig „Mer Vermillon" hießen, die rotgleißende See.

Auch in Quebec wehte bald ein frischer Wind. Oft hatten sich die Herrschaften in den eher schäbigen Quartieren der Kolonialverwaltung gelangweilt und an den üblichen Intrigen ge-

Die indianischen Stämme am Lake Huron — hier die Darstellung eines Lagers aus dem Jahre 1845 — zogen einmal jährlich nach Sault St. Marie, um dort zur Saison den Weißfisch zu fangen. Wo heute eine Brücke den Wasserweg zwischen Lake Huron und Lake Superior überspannt, gründete Père Marquette eine Missionsstation

203

rieben. Nun traf aus Paris ein neuer Gouverneur ein, ein stattlicher Herr: Louis de Buade mit dem Titel Comte de Frontenac et Palluau, ein vitaler Soldat, der während des Dreißigjährigen Krieges schon in jungen Jahren prominente Positionen eingenommen hatte. Frontenac war entschlossen, der ärmlichen Kolonie sein kräftiges Leben einzuhauchen, ein bißchen Ruhm zu ernten und vor allem, sich zu bereichern.

Unverzüglich beauftragte der Gouverneur 1672 den 27jährigen Louis Jolliet mit der Erkundung des großen Stromes im Westen. Jolliet war der erste unter den großen Pionieren, der ein Recht hatte, Amerika seine angeborene Heimat zu nennen: Er war in Quebec als Sohn eines Wagenschmieds zur Welt gekommen. Die Eltern hatten ihn zum Priester bestimmt. Er bestand auch mit dem schönsten Erfolg die Examina in der Schule der Jesuiten. Doch dann drängte es ihn hinaus in die Wälder und Savannen. Er sprach einige Dialekte der Indianer.

Es war ein guter Entschluß, daß ihm Père Marquette als priesterlicher Partner zugeteilt wurde; der kleine Jesuit beherrschte angeblich sechs Sprachen. Ruhige Klarheit und Willenskraft empfahlen den Priester für die Expedition. Überdies drängte es ihn selber danach, dem Volk der Illinois zu begegnen, dessen Abgesandte nach Sault Ste. Marie und St. Ignace gekommen waren und den Missionar herzlich eingeladen hatten, sie in ihren Städten zu besuchen und im Glauben zu unterweisen.

Am 17. Mai 1673 brachen Père Marquette und Jolliet mit fünf Landsleuten von St. Ignace auf. Mannschaft und Gepäck fanden in zwei großen Kanus Platz. Sie hielten sich wie ihre Vorläufer ans Nordufer des Lake Michigan und fuhren in die Green Bay ein: eine Etappe von dreihundertfünfzig Kilometern. Es war die einfachste. Ohne allzu große Schwierigkeiten bewältigten sie auch die Distanz von noch einmal knapp hundert Kilometern bis zur Station ihrer Brüder in St. Francis Xavier. Unterwegs handelten sie von den Indianern so viel wilden Reis ein – den sie Falschen Hafer nannten –, wie die Boote fassen konnten, vielmehr: soviel die Männer samt übriger Ausrüstung zu tragen vermochten, denn sie durften nicht hoffen, daß sie den großen Fluß ausschließlich auf Wasserwegen erreichten. Ständig mußten sie gewärtig sein, die Kanus und alles Gepäck weit über Land zu schleppen.

In St. Francis Xavier am Fox River fand die kleine Truppe indianische Führer, die bereit waren, sie ein Stück zu geleiten. Sie sparten nicht mit Vorwarnungen: Dämonen würden den Weg verstellen, schreckliche Monster alle Pfade belagern, barbarische Stämme mit blutigen Mordgelüsten in den Dickichten warten, zum Überfall bereit, und ein böser Geist, dessen Grollen schon Tage voraus zu hören sei, werde ihnen schließlich Halt gebieten.

Von den Warnungen der Indianer vor dem ungeheuerlichen Fluß und seinen Dämonen ließen Père Marquette und sein weltlicher Begleiter Jolliet sich nicht abschrecken, den Wisconsin River bis zu seiner Mündung in den Mississippi zu befahren. Wohin auch immer sie kamen, verkündete der sprachenkundige Jesuit den Landeskindern die Botschaft seines Glaubens

Die Männer ließen sich nicht einschüchtern. Père Marquette hatte vor dem Beginn der Reise geschrieben: „Ich habe keine Furcht und hege keine Ängste. Eines von zwei Dingen muß geschehen: Entweder wird Gott mich als Feigling richten, oder er gibt mir einen Teil seines Kreuzes, das ich noch nicht getragen habe, seit ich in dieses Land kam." Die Franzosen kannten den Aberglauben der Indianer. Sie wußten von den stereotypen Feindschaften unter benachbarten Stämmen, die einander Fischplätze, Jagdreviere sowie auch die Chancen des Handels mit den Europäern neideten. Selten sagten sie Gutes übereinander.

Die sieben Wanderer strebten weiter. Sie kämpften sich im Fox River vorwärts, schleppten ihre Kanus durch Stromschnellen, gelangten in den Lake Winnebago und über einen Seitenarm in den Oberlauf des Flüßchens. Sie begegneten den Algonkin-Völkern der Miami, Mascouten und Kickapoo. Dank ihrer kundigen Führer gelangten sie über Seen, Bäche, Sumpfland, durch blühende Prärien und Felder von wildem Reis so nahe an die Landverbindung zum Wisconsin River, daß sie die Boote nur eineinhalb Meilen zu tragen brauchten. Sie hatten einen Zufluß des Mississippi erreicht.

Das Wasser des Wisconsin River trug sie durch ein weites Tal, von gewaltigen Hügeln beschirmt. Es mochte Marquette an die Landschaft des heimatlichen Jura oder ans Tal der Loire erinnern. Sprach er davon, daß sich diese freundliche Wildnis einst in ein fettes Bauernland verwandeln würde, voll strotzendem Vieh, stolzen Höfen zugehörig? Ahnte er, während die Boote ruhig dahintrieben, die heiteren Dörfer, die hier zwei Jahrhunderte später entstanden − indes nicht von Franzosen, sondern von Deutschen und Iren gegründet?

Am 17. Juni 1673, nur einen Monat nach der Abfahrt von St. Ignace, erreichte die Mannschaft bei Prairie du Chien den Mississippi, der sich schon Stunden vorher durch das Donnern seiner Wasser angekündigt hatte. Sie waren am ersten großen Ziel. Doch sie hielten sich nicht lang auf, ihre Genugtuung feiernd, sondern bogen unverzüglich in den Strom ein, der noch die braunen Wasser des Frühjahrs führte, gewaltig, oft reißend, an seinen Ausbuchtungen manchmal fast eine Meile breit. Ein Schlag gegen die Planken ließ das Kanu des Paters beinahe kentern. Er registrierte, daß sein leichtes Boot nicht mit einem Baumstamm, sondern mit einem riesenhaften Wels zusammengeprallt war.

Unermüdlich suchten die Reisenden an den Ufern nach Rauchfahnen und sonstigen Zeichen einer Besiedlung. An die zehn Tage hatten sie kein anderes menschliches Wesen gesehen. Dann entdeckten sie am sumpfigen Westufer Spuren. Marquette und Jolliet beschlossen, ihnen zu folgen. Ihre fünf Begleiter blieben zurück, um die Kanus zu bewachen.

Die beiden stießen auf einen Pfad, der durch einen Wald und über eine sonnige Wiese führte. Dann sahen sie ein indianisches Dorf. Sie baten, wie Marquette berichtete, die Jungfrau Maria um Beistand. Durch Rufe machten sie auf sich aufmerksam. Kinder starrten sie an, als seien sie Gespenster. Erwachsene liefen aus den Wigwams. Auch sie starrten, steckten die Köpfe zusammen.

Dann endlich kamen ihnen voller Würde zwei der Ältesten entgegen. Den Gruß der Fremden erwiderten sie durch eine hocherhobene Friedenspfeife, die mit Federn geschmückt war. Marquette stellte fest, daß sie europäisches Tuch auf dem Leib hatten, ja er erkannte ein französisches Kleidungsstück. Daraus schöpfte er Hoffnung. Es war nicht allzu überraschend, daß Waffen und Werkzeuge, Kleidung und Schmuck europäischer Herkunft den Weg in die Wildnis gefunden hatten. Später stieß er auf spanische Produkte. Werkzeug und Kleidung aus Europa hatten auf fast heimliche Weise den Kontinent erobert, den Weißen oft um Jahrzehnte voraus.

Père Marquette stellte fest, daß die Indianer zur Nation der Illinois gehörten.

Er verbarg seine Freude nicht. Die Weißen wurden zum Dorf geleitet. Der Häuptling empfing sie in seiner großen Hütte splitternackt, doch um schöne und poetische Worte nicht verlegen. Marquette schrieb später, der Häuptling habe ihnen zugerufen, die Sonne scheine heller, da sie gekommen seien, um sein Dorf zu besuchen. Es wurde geraucht und geredet. Dann führte sie der Gastgeber in den größeren Nachbarort zum Oberhaupt der Illinois, gefolgt von einer wahren Prozession von Kriegern, Frauen und Kindern. Marquette − er notierte es mit besonderer Sorgfalt − schilderte den Illinois in glänzenden Farben „die Macht und den Ruhm des Grafen Frontenac". Dann bat er um Informationen über den Fluß, die Stämme, die Nachbarn.

Der Häuptling war höflich. Doch auch er warnte mit großem Ernst vor einer Fortsetzung der Reise. Dann gab er den Männern, höchstes Zeichen seines Wohlwollens, einen Jungen mit, von dem er behauptete, er sei sein Sohn. Der Knabe folgte der Expedition fortan getreulich.

Man aß, man rauchte, man sprach in hohen Tönen. Marquette und Jolliet blieben zur Nacht, so besorgt auch ihre Begleiter bei den Kanus sein mochten. Am Morgen marschierten sie zum Fluß zurück, samt einem Ehrengeleit von sechshundert Menschen, die der Häuptling selber anführte.

Der kleine Jesuit, den Phantastereien seiner Zeitgenossen abgeneigt, erwies sich als ein sorgsamer Beobachter der indianischen Sitten. Er beschrieb als erster die in tausend Wildwest-Erzählungen hernach so verkitschte Bedeutung der Friedenspfeife: „Nichts ist für die Indianer geheimnisvoller und von höherem Rang als das Calumet", berichtete er. „Den Kronen und Zeptern der Könige erweisen sie nicht so viel Ehre. Das Calumet selber scheint der Gott von Krieg und Frieden, der Schiedsrichter über Leben und Tod zu sein." Die Pfeife, oft länger als einen Meter, war in der Regel mit weißen Federn geschmückt, wenn Frieden sein sollte, die Pfeife des Krieges mit roten Federn.

Vertragsabschlüsse wurden durch den Austausch von Friedenspfeifen besiegelt, die sorgsam aufbewahrt und die hervorgeholt wurden, wenn ein Disput unter den Partnern entstand.

Marquette und Jolliet versprachen, auf dem Rückweg bei den Illinois wieder Station zu machen. Sie strebten weiter.

Ihre beiden Boote passierten die Mündung des Illinois River in den Mississippi. Die Reisenden bestaunten die grotesken Formationen der Felsen, die an verfallene Burgen in Europa erinnerten. Sie waren bemalt, mit wilden Farben, die den Anblick noch monströser machten. Die Felsen flößten Marquette für einen Augenblick Furcht ein. Doch rasch erzwang eine gefährliche Seitenströmung ungeteilte Aufmerksamkeit: Sie passierten die Mündung des Missouri, der braune Fluten voller Schlamm, entwurzelte Bäume, riesenhafte Büsche in den Mississippi schleuderte. Einige Tagesreisen später, nach einer Flußschleife von mehr als zwanzig Meilen, die Mündung des Ohio, den die Indianer den Schönen Fluß nannten.

Marquette und Jolliet schienen sich um die Benennung der Regionen und Flüsse, die sie erblickten, gelegentlich ein wenig gestritten zu haben. Marquette wollte den Mississippi − die Spanier nannten den Unterlauf Río de Santo Espíritu − Rivière de la Conception nennen, den Fluß der heiligen Empfängnis; Jolliet, nicht auf den Kopf gefallen, wollte ihn zu Ehren des Gouverneurs Frontenac auf dessen Familienname Buade taufen. (La Salle griff später in seinen Schmeicheleien höher aus. Er bezeichnete den Mississippi als Rivière Colbert und die umliegende Landschaft als Région Colbertine.)

Die Sommerhitze über dem Fluß wurde bedrängender, die Vegetation an den Ufern üppiger, die Tierwelt fremder. Die beiden Kanus trieben an den Ufern der späteren Staaten Kentucky und Tennessee vorbei. Die Urwälder links und rechts verdichteten sich zu Dschungeln. Der Strom schien sich sein Bett mit Mühsal und Umstand gegraben zu haben. Enge Windungen verlangsamten den Lauf. Die Reisenden stöhnten unter den Attacken der Moskitos: die schlimmste Plage, die sie auf der Reise zu ertragen hatten.

Nicht weit vom Arkansas River trafen sie auf Indianer, die im Begriff waren, sich schwimmend oder mit ihren Einbäumen den Birkenkanus der Fremden zu nähern. Marquette hob seine Friedenspfeife hoch über den Kopf. Häuptlinge befahlen ihren jungen Kriegern Einhalt. Die Reisenden wurden ans Ufer gebeten. Sie hatten keine Wahl, als der Einladung zu folgen. Sie wurden zu einem Dorf am Südufer des Zuflusses geleitet. Die indianischen Männer waren nackt, doch ihre Nasen und Ohren von Perlen geschmückt, die Frauen mit Wildleder bekleidet.

Marquette und Jolliet entdeckten Gerätschaften spanischer Machart. Die Indianer erwähnten mit keiner Andeutung, daß hundertdreißig Jahre zuvor der spanische Conquistador Hernando de Soto nicht weit von ihrem Dorf den Mississippi überquert und in ihrem Stammesbereich sein Ende gefunden hatte. Erinnerte sich keiner? Lebten hier nun, wie manche Historiker meinen, ganz andere Völkerschaften? Durch mündliche Überlieferung hielten die Indianer in der Regel die Geschichte über viele Generationen hinweg wach. Wegen ihrer Grausamkeit hatten sich die Spanier ganz gewiß im Gedächtnis der indianischen Völker angesiedelt. Es mag freilich sein, daß ihre Vorfahren damals tatsächlich in weit entfernten Regionen hausten. Indianische Wanderschaften machten es schwer, Kontinuitäten auf die Spur zu kommen. Seuchen, sagt man, hatten nach dem Aufenthalt der Spanier das Umland des Mississippi entvölkert.

Den Weißen wurde ein Mus von wilden Pflaumen und Mais serviert, das ihnen köstlich schmeckte. Die Gastgeber sagten, zum Ozean sei es nur noch ein paar Tagesreisen. Sie nahmen es, nach Indianerart, mit den Entfernungen nicht so genau. Das Delta des Mississippi ist von der Mündung des Arkansas River an die tausendzweihundert Kilometer entfernt. Vor einer Weiterreise warnten auch diese Indianer dringend. Von den Völkern flußabwärts hatten sie nur das Schlimmste zu berichten: Nie und nimmer würden die Franzosen das Delta mit heiler Haut erreichen. Außerdem liefen sie Gefahr, im Süden die Wege spanischer Kundschafter zu kreuzen. Damit hätten sie ihren politischen Auftrag gefährdet.

Die Reisenden berieten gründlich, was zu tun sei. Der Sommer war weit vorangeschritten. Ihre Weisungen besagten, daß sie vor dem Winter nach Quebec zurückkehren sollten. Die Risiken eines Vorstoßes zum Delta schienen allzu groß zu sein. Überdies hatten sie bis hierher alle wesentlichen Informationen über den Verlauf des großen Flusses gewonnen. Marquette glaubte erkannt zu haben – wie aus seinem

Die Vignette auf einer Landkarte von Amerika aus dem Jahre 1705 zeigt das Zeremoniell der Begrüßung von Franzosen durch Indianer mit der Friedenspfeife. Père Marquette beschrieb als erster sorgsamer Beobachter der indianischen Sitten die bis heute in Wildwest-Erzählungen so verkitschte Bedeutung des rituellen Instruments

trockenen Bericht hervorgeht −, daß nicht der Mississippi, sondern eher der Missouri den Weg nach Westen, zum Stillen Ozean, weise.

Sie beschlossen die Rückreise. Es war hart, die Kanus an die zweitausend Kilometer gegen die Strömung vorwärtszutreiben. Nördlich der späteren Stadt St. Louis bogen sie in den Illinois River ein, den Ratschlägen der Indianer vertrauend, die ihnen auf dem Hinweg gesagt hatten, dies sei der schnellere Weg zum Lake Michigan.

Die Kräfte des zarten Paters ließen nach. Er versuchte, seinen Teil der Ruderarbeit zu leisten, doch oft hielt er erschöpft inne. Seit Wochen quälte ihn die Dysenterie. Bei der Illinois-Stadt Kaskaskia machten sie zur Erholung eine längere Rast.

Ende September erreichten die Männer Green Bay. Marquette schleppte sich zur Station von St. Francis Xavier. Dort wollte er sich erholen und seinen Bericht ausarbeiten.

Jolliet, aus härterem Holz geschnitzt, setzte mit zäher Energie die Reise fort − es waren noch etwa tausend Kilometer bis zum Ziel −, obwohl Herbststürme über die Seen fegten. Ohne Gefährdung erreichte er den Sankt-Lorenz-Strom, doch wenige Meilen vor Montreal, in den Stromschnellen von Lachine, kenterte das Kanu. Zwei seiner Männer und der Indianerknabe, den ihm die Illinois mitgegeben hatten, ertranken.

Jolliet rettete sich mit knapper Not ans Ufer. Seine Karten, seine Notizen, seine Erinnerungsstücke waren verloren − im Anblick der ersten französischen Siedlungen, nur noch einen Sprung weit von dem Brückenkopf der Zivilisation entfernt! „Nichts blieb mir als das Leben", schrieb er verzweifelt an seinen Gouverneur, den Grafen Frontenac. Es ist nicht sicher, ob jener rotgesichtige und cholerische Herr, obschon zur Güte fähig, solches Unglück als verzeihlich betrachtete. Jolliet rekonstruierte seine Notizen, so gut es ging, doch die Chronik des Père Marquette wurde zur wichtigeren Quelle für die Beurteilung der Expedition.

Auch in seiner späteren Existenz suchten Jolliet böse Schläge des Schicksals heim. Der Gouverneur belohnte ihn zwar mit der Insel Anticosti in der Mündung des Sankt-Lorenz-Stromes. Jolliet gewann mit dem Pelz- und Fischhandel auch schönen Wohlstand. Überdies hatte er reich geheiratet. 1690 aber überfielen die Engländer sein Anwesen und brannten es nieder, schleppten Frau und Schwiegermutter davon. Unverzagt versuchte Jolliet, in Labrador mit Wal- und Robbenfang ein neues Vermögen zu machen. Der Erfolg war gering. Nach der Rückkehr ernannte ihn Frontenac zum Königlichen Lotsen für den Sankt-Lorenz-Strom. Das Amt brachte nicht viel ein. Jolliet starb, verarmt, 55 Jahre alt, im Jahre 1700.

Père Marquette hatte mittlerweile in der Stille der Missionsstation am Fox River seine Kräfte zurückgewonnen. Er vergaß nicht, daß er den Illinois-Indianern einen weiteren Besuch versprochen hatte. Seine Oberen bat er um Erlaubnis, in der Stadt Kaskaskia eine Gemeinde gründen zu dürfen. Im Sommer 1674 erhielt er die Zustimmung.

Es war spät im Jahr. Dennoch drängte der Pater zum Aufbruch. Mit zwei weißen Gefährten kürzte er den Weg nach Süden ab, durchquerte die Katarakte an der Sturgeon Bay. Die drei hielten sich eng an der Küste. Marquette kannte die Route. Sie kamen zur Einfahrt in den Chicago River. Das hohe Präriegras an den Ufern war fahl geworden. Die Flüsse erstarrten. Der Einbruch des Winters machte die Gewässer unpassierbar.

Die Kräfte des Paters schienen aufgezehrt. Seine Gefährten schlugen dicke Stämme, bauten in aller Eile ein Blockhaus, schossen Hasen, Hirsche und Rebhühner. Indianer aus der Nachbarschaft brachten Mais und Büffelfleisch. Auch französische Pelzhändler, die ihr Winterlager ein paar Dutzend Meilen entfernt im Südwesten aufgeschlagen hatten, schauten vorbei. Die Wochen in jener Einöde, wo heute das Leben der Millionenstadt Chicago dröhnt, wurden lang. Der kleine Jesuit fieberte dem Frühjahr entgegen. Er wollte den einen Auftrag noch erfüllen: den Missionsbesuch, den er den Illinois versprochen hatte.

Im März, als das Eis brach, reiste die Mannschaft weiter. Die Bäche und Flüsse waren von der Schneeschmelze überflutet. Es war schwer, die Boote gegen die reißende Strömung voranzutreiben. Die Landstrecken, über die sie ihre ganze Habe schleppen mußten, hatten sich in Morast verwandelt. Unter Qualen erreichte die Gruppe den Des Moines River, dann das Illinois-Fort bei der heutigen Stadt Utica.

Sie gelangten schließlich nach Kaskaskia. Die Chroniken der Jesuiten vermerkten später, ihr Bruder Marquette sei in der Indianerstadt „wie ein Bote des Himmels" empfangen worden. Er ließ ein Kreuz errichten, las die Messe, predigte, verkündete das Wort des Neuen Testaments „von Wigwam zu Wigwam". Alle Ältesten und der Häuptling der Illinois saßen zu seinen Füßen. Sie spürten, daß der schmächtige Mann in der schwarzen Soutane im Begriff war, sich zu verzehren. Verstanden sie, was er sagte?

Marquette achtete nicht mehr darauf. Er wollte zurück, um nicht ohne priesterlichen Beistand zu sterben. Einige Tage vor Ostern befahl er die Abreise. Noch immer trugen die Flüsse Hochwasser. Der Pater war nicht länger fähig, das Paddel zu führen. Er schleppte sich mit Mühe über die Landbrücken zwischen den schiffbaren Wassern. Als Ziel gab er St. Ignace an. So folgten seine Begleiter der Ostküste des Lake Michigan. Mehr als dreihundert Kilometer ruderten sie.

Am 17. Mai bat der kleine Pater, an Land zu gehen und ein Biwak aufzuschlagen. Er gab den Gefährten zu verstehen, daß es mit ihm zu Ende gehe. Sie schlugen ein Lager nahe dem kleinen Fluß auf, der heute seinen Namen trägt, nicht weit von dem späteren Städtchen Ludington.

Die Erzählungen von den letzten Stunden Marquettes sind fromme Legende. Doch man mag wohl glauben, daß der Sterbende gewillt war, den Begleitern eine letzte Kommunion zu erteilen. Er versprach, so erzählte man, sie zu rufen, wenn sein Leben erlösche. Eine alte Indianerfrau verbreitete Generationen später, in ihrem Stamm habe man an den Feuern berichtet, die halbverhungerten Begleiter des Paters hätten in der Frühe neben seiner Leiche überraschend Vorräte von Mais, Fleisch und Fisch gefunden.

Auf Père Marquette trifft, wenn auf einen, ein schönes Wort des deutschen Schriftstellers und Kulturkritikers Friedrich Sieburg zu, der mit dem Blick auf die Jesuiten und ihre indianischen Schützlinge von der „unwiderstehlichen und zärtlichen Kraft der französischen Zivilisationsidee" sprach, „die keine Rasse, sondern nur die Nation" kenne – und die Religion, müßte man hinzufügen.

Der kleine Pater war fast 38 Jahre alt, als er, an einem schönen Maientag des Jahres 1675, starb. Sein Leben und sein Tod deuten eine Erfüllung der Jesuitenmission unter „Frankreichs roten Kindern" an. Das Scheitern freilich war vorgezeichnet.

Unter dem Grabmal, das die Bürger von St. Ignace 1882 errichteten, ruhen die Gebeine des Père Marquette, der in dieser Gegend, kaum 38 Jahre alt, 1675 an Erschöpfung starb. Die Szene seiner letzten Stunde hat ein späterer Künstler nachempfunden

Das Imperium des Sieur de La Salle

Länger als ein Jahrzehnt schlug sich der Entdecker durch die Wildnis des weithin unbekannten Kontinents: Robert Cavelier, genannt Sieur de La Salle. Der Jesuitenzögling aus Rouen war ein getriebener, ein einsamer Mann. Immer wieder scheiterte er, als Abenteurer verspottet, als Spekulant gehaßt; immer wieder bettelte er Geld zusammen und brach von neuem auf, um den Mississippi vom hohen Norden bis zu seiner Mündung zu erkunden. Am 9. April 1682 erfüllte sich der große Traum des Sieur de La Salle: Im Delta des „Vaters der Ströme" nahm er feierlich das gesamte durchmessene Gebiet in den Besitz der französischen Krone. Seinen Stolz genoß er nicht lang: Fünf Jahre später wurde er in Texas von Verrätern ermordet

Wo heute die gewaltigen Türme von Chicago aufragen, fanden die französischen Entdecker vor gut drei Jahrhunderten nichts als die abweisende Einsamkeit des Mittleren Westens — und die bedrohliche Härte des kontinentalen Winters am Lake Michigan

Fort Michilimackinac, 1670 von Père Marquette am Übergang des Lake Huron in den Lake Michigan gegründet, war für die Franzosen fast ein Jahrhundert lang eine wichtige Missions- und Handelsstation — letzter Hort der Zivilisation in einer Wildnis, die noch der Erkundung harrte

Die Enge zwischen dem Lake Huron und dem Lake Michigan war für die Franzosen ein strategisch bedeutender Punkt. Heute passieren Seeschiffe die Brücke über die Machinac Straits auf dem Weg vom Atlantik über den Sankt-Lorenz-Strom bis nach Chicago im Herzen Amerikas

Im Foyer des Marquette Building von Chicago erzählen Mosaiken die Geschichte der Stadt. Hier wird Père Marquette mit seinem Begleiter durch einen Indianer mit der Friedenspfeife begrüßt. Später erforschte der Jesuitenschüler Labrador und wurde zum Königlichen Hydrographen ernannt

In der Dämmerung wirft die Skyline von Chicago lange Schatten auf den Lake Michigan, der in seiner Ausdehnung ebenso wie der Lake Huron einem Binnenmeer gleicht. 1671 erkundete La Salle per Kanu seine Ufer

Das „Vieux Carré", das Alte Viertel der Stadt, bezeichnen die Bürger von New Orleans auch als „French Quarter". Sie empfinden sich noch immer als die fernen Kinder Frankreichs – wenngleich der Baustil der Altstadt mehr von den Spaniern als von den Franzosen geprägt ist

Nicht weit von New Orleans findet man auch heute noch die Urwelt der Sumpfwälder, in die einst La Salle mit seinen Getreuen so unerschrocken vordrang. In dieser Brackwasserzone des Mississippi-Deltas begegneten sie auch immer wieder Reptilien, von denen man nicht wußte, ob sie harmlos oder gefährlich sind

Selten hatte La Salle einen Überblick, wo genau er sich in dem amphibischen Dschungel des Mississippi-Deltas befand. Aber er wußte sich in der Nähe seines Ziels: der Mündung des großen Stromes in den Golf von Mexiko

Erst lang nach seinem gewaltsamen Tod fand der große Entdecker und Landnehmer den Ruhm, der ihm zukommt: Tausendfach schmückt sein Name Städte und Straßen, Gebäude, Firmen, ja Streichquartette in den Vereinigten Staaten

Es ist nicht leicht, dem Lauf des Chicago River zu Lande zu folgen: Der Zugang zu dem Gewässer ist von tausend Betonbarrieren verstellt. Vom Lake Michigan her verfängt sich der Blick an der dramatischen Formation der Skyline Chicagos, die den Vergleich mit Manhattan schon lange nicht mehr zu scheuen braucht. Die Konkurrenz um den Ruhm, das höchste Gebäude der Welt zu besitzen, hat die Stadt allemal gewonnen. Den barbarisch-wuchtigen Doppeltürmen des New Yorker World Trade Center setzte sie ihren Sears Tower entgegen, dessen Gestaltung man mit ein wenig Selbstverleugnung fast elegant nennen könnte. Dazwischen die Glastürme Mies van der Rohes, des Meisters der unterkühlten Bauhausästhetik, gotische Monumente aus den Anfängen der Wolkenkratzerepoche, Renaissancepaläste – wahrhaftig eine „Stadt der breiten Schultern", wie sie der amerikanische Dichter Carl Sandburg schon im frühen 20. Jahrhundert nannte, zugleich "the windy city", die Stadt der Winde, die der Schriftsteller Hans Egon Holthusen in einem brillanten Essay beschrieb.

Doch wo ist der Chicago River? Man nähert sich der alten Navy Pier mit dem Stadion, erkennt rechts die wabenförmig geordneten Fassaden der beiden Marina Towers, doch die Verbindung zum Fluß ist von Schleusen versperrt. Die Stadtingenieure haben zu Anfang des Jahrhunderts durch den Bau von Kanälen den Lauf des Wassers kurzerhand umgekehrt. Die dunkle, brackige Flut, in der sich so viel Dreck aus der Riesenstadt sammelte, ergießt sich seither nicht mehr in den See, sondern dringt über eine Klärstation landeinwärts.

Die Wanderung an den Ufern ist mühsam, doch sie lohnt. Freilich darf man Seitenwege nicht scheuen. Es ist nicht weit bis zum Marquette Building in der Dearborn Street, in dessen Foyer etwas zu deftige Mosaiken die Geschichte der Stadt erzählen. Vor dem Chicago River residieren die großen Zeitungen. Historische Neugier gebietet einen Exkurs zum Bismarck Hotel, diesem Denkmal einer strotzenden deutsch-amerikanischen Bürgerlichkeit.

Reicht die Phantasie aus, inmitten dieser weltstädtischen Szenerie mit ihrem tosenden Verkehr die Einsamkeit des Winters vor dreihundert Jahren heraufzubeschwören, in der Père Marquette das Frühjahr herbeisehnte, um endlich aufzubrechen und dem Volk der Illinois-Indianer das Evangelium zu bringen? Sieben Jahre später, in den Weihnachtstagen des Jahres 1681, fuhr der Sieur de La Salle mit einer kleinen Mannschaft auf dem Weg zum Mississippi in das Flüßchen ein. Treibeis machte die Passage mühsam. So bauten die Männer primitive Schlitten, auf denen sie die schwerbeladenen Kanus voranzogen. Sie stapften über Schneefelder und durch Morast. In der grauweißen Monotonie ließen sich keine Jägerpfade erkennen. Im Sommer trieben hier die Bisonbullen ihre Herden zur Tränke, und es gab Hirsche genug. Im Winter machte sich das Wild rar. La Salles indianischer Leibjäger kam oft nur mit ein paar Vögeln zurück.

Die Männer hatten Hunger. Ihr Kommandant trieb sie voran. Er hatte es eilig. Oft lief er voraus, seinem Trupp einen Weg bahnend: eine sehnige, schmale Gestalt von mittlerer Größe, 38 Jahre alt, seit gut fünfzehn Jahren in Amerika, vor einem halben Jahrzehnt geadelt und von Ludwig XIV. mit dem Patent ausgezeichnet, auf eigene Kosten eine Expedition ausrüsten zu dürfen, um den Mississippi bis zur Mündung zu erforschen. Dies war sein zweiter Vorstoß. Der erste war an den Widrigkeiten des Klimas gescheitert.

Es gibt von Sieur de La Salle, mit Geburtsnamen Robert Cavelier, kein Porträt, das man als lebensecht bezeichnen könnte. Eine grobe Darstellung befindet sich im Museum von Rouen auf einem Medaillon: ein Herr mit „griechischem" Profil, die fliehende Stirn von einer modischen Perücke bekränzt, das Kinn schwach, der Hals eher fett.

Auch die Gefährten entwarfen in ihren Berichten kein Bild von diesem un-

„M. Cavilli", Robert Cavelier, Sieur de La Salle, auf einem Medaillon seiner Zeit: Man weiß indes nicht, ob das Konterfei authentisch ist. Auch seine Gefährten entwarfen in ihren Berichten kein Bild von den Zügen dieses ungewöhnlichen Mannes

Für La Salle öffnete der Chicago River, den heute Hochhäuser einzwängen, noch den Zugang zum Illinois River und damit schließlich zum Mississippi. Doch inzwischen haben Ingenieure den Lauf des kleinen Flusses umgedreht, den Kläranlagen landeinwärts zu, um den Lake Michigan vor den Abwässern der Riesenstadt zu verschonen

231

gewöhnlichen Mann, der neben Cortez und de Soto die stärkste Persönlichkeit unter den großen Entdeckern in der Neuen Welt war. Die Genossen seiner Abenteuer sprachen übereinstimmend von der physischen Härte, mit der er alle Strapazen ertrug. Manchmal warf ihn – im Zustand der körperlichen oder seelischen Erschöpfung – ein Fieberanfall nieder. Er schien einige Tage mit dem Tode zu kämpfen. Dann marschierte er weiter oder griff von neuem zum Paddel, diszipliniert und mit einer Zähigkeit, die seine Freunde als unbesiegbar betrachteten.

Er war kein junger Mensch mehr, als er durch Schneematsch und Morast, Dorngestrüpp und eisige Bäche eintausend Meilen – mehr als tausendsechshundert Kilometer – vom Illinois River im Herzen des Mittleren Westens zum Fort Frontenac am Nordostufer des Lake Ontario zurücklief, um Nachschub und Verstärkung für seine Expedition zu organisieren. Täglich eine Schale Maisbrei, ein Fetzen getrocknetes Fleisch oder ein Stück frischgeschossenes Wild als Wegzehrung, mehr gab es nicht. Kein Rückschlag, keine Niederlage, keine Entbehrung schien diesen Mann aufhalten zu können. Keine Katastrophe zwang ihn in die Knie. In mancher Hinsicht war seine Karriere nur eine Summe der Krisen, der Debakel und des oft absurden Unglücks. Er gab nicht auf.

Woher bezog er seine Kraft? Seine dürren Äußerungen in Briefen und amtlichen Eingaben vermitteln keine Aufschlüsse. Über seine Kindheit und Jugend schwieg er sich aus, wohl auch gegenüber den wenigen Vertrauten, mit denen er auf den Reisen oder in seinen Forts abends am Feuer hockte.

So viel steht fest: Am 22. November 1643 war er in Rouen zur Welt gekommen, der normannischen Hafenstadt, die vom nüchternen Geist des Handels, von der Strenge einer partiell protestantischen Bürgerschaft, aber auch vom Feuer der Gegenreformation geprägt war. Sein älterer Bruder – Jean Cavelier – wurde Priester. Auch Robert war für die geistliche Laufbahn bestimmt. Es heißt, er habe seine Ausbildung bei den Jesuiten erhalten und mit

Der berühmte venezianische Kartograph Coronelli fertigte diesen kolorierten Kupferstich vom Gebiet der Großen Seen und des oberen Mississippi nach Angaben der Expeditionen von Père Marquette und Jolliet, aber auch nach Schilderungen des Père Hennepin, der La Salle beim Vorstoß zum Mississippi begleitet hatte. Die Karte wurde 1688 gedruckt – ein Jahr nach La Salles Tod. Die Inschrift „Nouvelle France" dokumentiert den französischen Besitzanspruch auf den gesamten Westen Nordamerikas

der Ausübung des Lehrerberufes begonnen. Die nahezu krankhafte Abneigung des Erwachsenen gegen die Jesuiten, von denen er sich chronisch verfolgt fühlte, könnte auf eine schmerzliche Trennung von jener Gemeinschaft hindeuten, von der man sagt, daß sich von ihr kaum jemand ohne ein bitteres und anhaltendes Trauma gelöst habe. Sein väterliches Erbe, das nicht unbeträchtlich war, hatte er nach den Regeln jener Zeit mit dem Eintritt in den Orden zum guten Teil dahingegeben. Immerhin wurde ihm, als er sich trennte, eine Jahresrente zugebilligt und das Recht, sich nach einem der väterlichen Güter La Salle zu nennen.

Er war 22 Jahre alt, als er sich, 1666, nach Kanada einschiffte. Trieb ihn die Lust am Abenteuer? Oder trat er die Flucht an? Wovor?

Den jungen Sieur de La Salle schien die Wildnis zunächst nicht zu locken. Er erwarb als festen Sitz eine Domäne im Süden Montreals, nicht weit von den gefürchteten Stromschnellen. Dort baute er ein stattliches Blockhaus, rodete ein Stück fruchtbarer Erde für die eigene Wirtschaft, teilte den Rest und verpachtete die Parzellen gegen geringen Zins an Siedler, die aus Frankreich herüberkamen. Das Gut nannte er La Chine; es lag günstig zum Strom. Indianer, die ihre Pelze in Montreal absetzen wollten, gewöhnten sich daran, sie dem Sieur de La Salle zu verkaufen. Schließlich ließen sich einige Dutzend Rothäute dauerhaft bei ihm nieder. Der junge Herr lernte ihre Sprachen. Der Handel gedieh. Nichts hätte ihn davon abhalten können, auf seiner Domäne im Gang der Jahre reich zu werden.

Waren es die Einflüsterungen der Indianer, die eines Tages seine Phantasie zu beflügeln begannen? Sie erzählten ihm vom Ohio River, von den fetten Böden, den reichen Jagdgründen, der paradiesischen Schönheit des Tales, das hinabführe zu einem größeren Fluß, den sie den Strom der Ströme nannten.

La Salle war der Umgang mit den Indianern angenehm. Die Lauterkeit ihrer Gemütsregungen, ihre naive Freundlichkeit, ihre Würde zogen ihn an. Man sagte, daß er sich mit den rot-

Mehrfach stießen Robert La Salle, der als Pelzhändler Indianersprachen gelernt hatte, und seine Gefährten in das Stromgebiet des Missisippi vor. 1682 erreichte der Franzose, der als erster Amerikaner genannt zu werden verdient, den Strom und befuhr ihn bis zu dessen Mündung im Golf von Mexiko

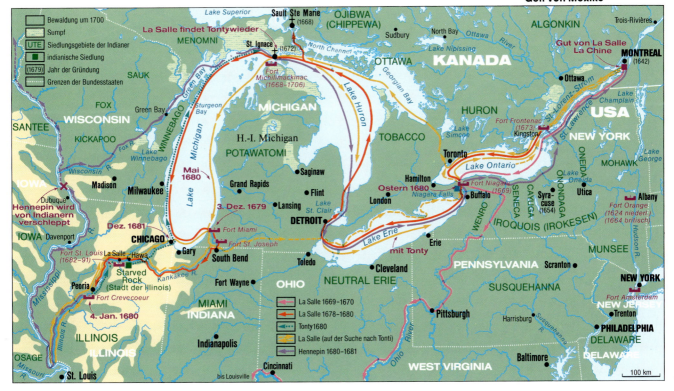

häutigen Kindern des Landes leichter verständigte als mit seinen europäischen Gefährten. Er trat ihnen, von Beginn an, mit Autorität, doch ohne eine Spur von Verachtung oder Herablassung entgegen. Den gesellschaftlichen Unterhaltungen der kleinen Kolonie der Franzosen hielt er sich fern. Von einem Flirt wurde nichts bemerkt und nichts notiert. An Heirat schien er nicht zu denken. Er trank wenig. Gutes Essen ließ ihn gleichgültig. Mit den Indianern tanzte er, wenn das Protokoll es verlangte. Er entzog sich ihren wilden Festen nicht, und ihre Spiele stimmten ihn heiter.

Amerikas Erde war unermeßlich, aber der Alltag am Rande der Wildnis beengt, kleinlich, von handfester Interessenwirtschaft und Zänkereien durchsetzt: eine Kolonialgesellschaft, unsicher, von Ängsten und Illusionen belagert, arrogant, lasterhaft, voller Spießigkeit und Scharlatanerie. Oft wähnte La Salle sich von Feinden umstellt und in einem Netz von Intrigen gefangen.

Er bewarb sich 1669 bei Gouverneur Courcelle und dem weitblickenden Chefadministrator, Intendant Talon, einem barocken Herrn mit mächtiger Nase, um die Erlaubnis, seine erste Expedition zum Ohio und zum Mississippi unternehmen zu können, um festzustellen, ob der große Strom in den Golf von Mexiko oder den Pazifik münde. Die beiden Herren gaben ihr Einverständnis, obwohl sie nicht viel später entschieden, zugleich zwei andere Kundschafter, Jolliet und Père Marquette, nach Westen zu senden.

Der junge Gutsherr von La Chine sollte selber für seine Kosten aufkommen. La Salle verkaufte seine Domäne. Der Erlös erlaubte ihm den Erwerb von Waffen, Kanus und beträchtlichen Vorräten. Die Seneca-Indianer aus dem Verband der Irokesen sollten ihm Führer stellen.

So rasch, wie es sein herrischer Wille zu diktieren versuchte, gingen die Pläne nicht auf. Ein französischer Soldat hatte – übermütig, mordlustig oder nur betrunken – einen Häuptling der Seneca erschossen. Das Verbrechen hätte Anlaß zu einem Krieg sein können. Indessen befahl der Gouverneur die Hinrichtung des Schuldigen.

Die Unruhe unter den Indianern hielt an. Für Europäer war es nicht ratsam, sich ins Gebiet des Stammes zu wagen. La Salle reiste trotzdem. Er wurde nicht ungünstig aufgenommen. Die Gastgeber hatten indes keine Neigung, ihm den Weg zum Ohio zu zeigen, sondern wiesen ihn mit den üblichen Ausflüchten zurück: Die Völker an jenem Fluß, sagten sie, fielen jeden Fremden erbarmungslos an. Von ihnen sei nichts als Raub und Totschlag zu erwarten. Ungerührt erbat sich La Salle einen Gefangenen aus der Ohio-Region als Pfadfinder. Doch die Seneca zogen es vor, den armen Menschen in einer sechsstündigen Folterzeremonie zu töten.

Nach einem Bericht seiner Gefährten hielt ihn ein merkwürdiger Zwischenfall auf: Bei der Jagd sah er drei große Klapperschlangen über einen Felsen kriechen. Der Anblick entsetzte ihn so sehr, daß er von einem Fieberanfall heimgesucht wurde. Ekel und Furcht vor den Reptilien, an denen in der amerikanischen Wildnis kein Mangel war, schüttelte er niemals ab.

Nach seiner Genesung fand er einen jungen Shawnee-Indianer, der sich be-

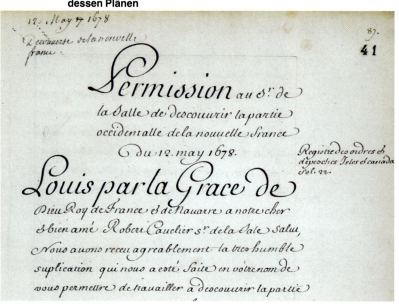

„Genehmigung für Sieur de La Salle, die westlichen Gebiete von Neu-Frankreich zu entdecken. Den 12. Mai 1678. Ludwig, König von Frankreich und Navarra durch Gottes Gnade..." Der Sonnenkönig entbietet auf dieser Urkunde „unserem lieben und geschätzten Robert Cavelier" Grüße und erteilt seine Zustimmung zu dessen Plänen

reit erklärte, ihn zum Ohio zu begleiten. Die Kundschafter gelangten zu den großen Stromschnellen in der Nähe des späteren Louisville in Kentucky. In der Luftlinie hundertfünfzig Meilen von der Mündung des Ohio in den Mississippi entfernt, kehrten sie um.

Angeblich weigerte sich seine Mannschaft, ihm noch weiter zu folgen. Alle seine Männer desertierten und schlugen sich, so sagt die Überlieferung, zu den Holländern und Engländern durch. Das war nicht der nächste Weg in die Zivilisation. Um zu den Siedlungen nach Virginia zu gelangen, waren wenigstens achthundert Kilometer und die Berge der Alleghenies zu überwinden.

La Salle überstand den Winter in der Wildnis allein. Wie? Man weiß es nicht. Er selber hinterließ keine Anhaltspunkte. Ein Forschungsreisender berichtete, er habe La Salle im Sommer 1670 unter den Irokesen bei der Jagd am Ottawa River nördlich vom Lake Ontario getroffen. Im darauffolgenden Jahr ruderte er – doch genaue Auskünfte liegen auch hier nicht vor – durch den Lake Erie zum Lake Huron, passierte Cape Michilimackinac gegenüber der Jesuitenmission von St. Ignace, erkundete das Ostufer des Lake Michigan, die Green Bay, die südliche Bucht des Binnenmeeres, stieß zum Illinois River vor und gelangte zum Mississippi.

Klare Zeugnisse, die La Salles erste Erkundung des großen Stromes bestätigen, gibt es nicht. Und es ist völlig ungewiß, wo er sich im zweiten Jahr seiner Expedition herumtrieb. Man darf jedoch vermuten, daß er bei den indianischen Nationen und in den Wäldern Erfahrungen sammelte, die er für seine künftigen Unternehmungen brauchte.

Bei seiner Rückkehr nach Montreal war das Geld aus dem Verkauf seines Gutes längst aufgezehrt. Vielleicht brachte er einige Bündel kostbarer Felle mit. Die Fracht genügte nicht, ihn aus seinen finanziellen Bedrängnissen zu befreien. Doch die Lust am Abenteuer, der Hunger nach der Wildnis, die Lockung der Exotik schienen ihn nun behext zu haben. In Montreal und Quebec lief er von Haus zu Haus, um Unterstützung für seine Pläne zu erbitten. Der stille Mann demonstrierte jetzt auch bei seinen Landsleuten jene Beredsamkeit, die unter den Indianern Bewunderung erweckte, wo immer er sich mit ihnen zu Beratungen niederließ. Er schrieb Briefe nach Frankreich, in denen er seine Pläne in starken Farben zu schildern verstand, so starr und dürftig sein Stil sonst auch war.

In Quebec, der bescheidenen Hauptstadt, traf La Salle eine neue Konstellation an, die sich für ihn als einer der Glücksfälle erwies, von denen er nicht verwöhnt wurde. Gouverneur Courcelle, zuvor schon Intendant Talon, die Gönner der reisenden Jesuiten, waren abgelöst worden. Der neue Statthalter, Graf Frontenac, war kein Freund der Gesellschaft Jesu. La Salle nährte dessen Verdacht, daß die Missionare des mächtigen Ordens nur allzu geneigt seien, die Indianervölker im Westen vor dem Zugriff der weltlichen Macht abzuschirmen, eine autonome geistliche Republik nach Art ihres Experiments in Paraguay zu etablieren und sich, nebenbei, das Monopol des Pelzhandels zu sichern.

Der Graf, den ein aufwendiger Lebensstil und seine Schulden veranlaßten, nach ergiebigen Pfründen Ausschau zu halten, stimmte La Salle ohne Zögern zu, als der ihm vorschlug, an strategisch günstiger Stelle eine befestigte Handelsstation zu errichten, nämlich am Übergang des Lake Ontario in den Sankt-Lorenz-Strom: Das sei die ideale Position, um das weitere Vordringen der Irokesen nach Norden und Westen einzudämmen, damit zugleich auch den Engländern und Holländern Halt zu gebieten, die sich gern aller Pelze bemächtigt hätten, die vom Norden und Westen geliefert wurden. Von jener Stelle aus lasse sich zugleich der Verkehr zu den Großen Seen kontrollieren. Den indianischen Fellhändlern, die nach Montreal und Quebec strebten, erspare man überdies einen

Graf Frontenac war als Gouverneur für La Salle einer der entscheidenden Förderer – wenn auch nicht ganz uneigennützig: Ein aufwendiger Lebensstil und Schulden weckten sein lebhaftes Interesse am Pelzhandel

langen und mühsamen Weg. Außerdem halte man so die Jesuiten in Schach.

Das waren Argumente, die dem barocken Kraftmenschen Frontenac gefielen. In seinem Schreiben an den Minister Colbert in Paris unterstützte er La Salles Plan mit den lebhaftesten Worten. Bei solch hoher Protektion fiel es La Salle nicht allzu schwer, Gläubiger zu finden, die bereit waren, beträchtliche Summen in sein Unternehmen zu investieren.

Frontenac beauftragte ihn, eine Konferenz der benachbarten indianischen Nationen – vor allem der Irokesen – an den Ort der künftigen Handelsstation zusammenzurufen. La Salle machte sich auf den Weg. Mit einer stattlichen Flotte von Kanus folgte Frontenac einige Zeit später nach, vierhundert Europäer und Indianer in seinem Gefolge.

Auch in der Wildnis bewies der hohe Herr eine natürliche Würde. Er trug sich, nach den Erzählungen der Zeitgenossen, wie ein Feldherr oder ein römischer Konsul. Zum anderen zögerte er nicht, sich in voller Uniform ins Wasser zu stürzen, um Hand anzulegen, wenn es galt, ein Lastboot über Schnellen zu befördern.

Ehe sich der Gouverneur mit seiner Heerschar dem Ort der Verabredung bei Gananoque, jenseits der Thousand Islands, näherte, reihte er die Kanus, mehr als vierzig waren es, in musterhafter Schlachtordnung auf. Das Schauspiel machte auf die Indianer Eindruck. Die Häuptlinge begrüßten den Grafen mit allen Zeichen des Respekts. Am folgenden Morgen – es war der 13. Juli 1673 – wurden die Repräsentanten der indianischen Völker in aller Feierlichkeit durch ein Spalier von Soldaten zur ersten Beratung geleitet. Das Zeremoniell begann, wie üblich, mit der Übergabe einer beträchtlichen Portion von Tabak, der eine genau kalkulierte Reihe von Freundesgaben folgte.

Mit Entzücken notierte ein amerikanischer Historiker, der Graf habe die Vertreter der Mohawk, Oneida und Onondaga, Cayuga und Seneca voll natürlicher Arroganz seine „Kinder" genannt und so mit genauem Instinkt den rechten Ton gefunden, der indianischen Mentalität näher als seine Vorgänger, die – weniger hochfahrend – die Rothäute als ihre „Brüder" angeredet hatten.

Was immer in dem dicken Kopf des königlichen Statthalters vor sich ging: Seine Väterlichkeit entsprach der indianischen Sitte der Adoption. „Vater" Frontenac mahnte die „Kinder", sie sollten Frieden halten und nichts unternehmen, was den Zorn des mächtigsten „Übervaters" auf Erden, des Königs von Frankreich, heraufbeschwöre, vor dem alle Völker erzittern würden. Mit anderen Worten: Sie sollten sich zu keinem Bündnis mit den Briten verführen lassen. Dafür bot er ihnen seinen Schutz an.

Während der langen Beratungen, die eine harte Prüfung der Geduld waren, bauten Frontenacs Soldaten vor den staunenden Augen der Indianer Unterkünfte und Befestigungen des künftigen Forts, dazu ein Handelshaus. Die Abende und Nächte waren voller Feste: Man schmauste, trank, tanzte und sang. Leutselig stopfte der Graf den Indianerkindern Süßigkeiten in die Mäuler, vermutlich auch kniff er den Frauen da und dorthin, wie das seine Mägde gewohnt waren. Nein, Rassendünkel wie die puritanischen Engländer oder Holländer, die nur in der Heimlichkeit der Nacht zu den Mädchen von farbiger Haut zu schleichen wagten, zeigten die Franzosen nicht.

Die Irokesenhäuptlinge nahmen, um ihren guten Willen zu bezeugen, Frontenac beim Wort. Sie folgten seiner Einladung und schickten einige ihrer Kinder nach Quebec, damit sie die Bildung der Europäer genössen. Der Graf brachte vier Mädchen bei den Ursulinen unter, dem klassischen Schulorden. Vier Jungen nahm er in seinen eigenen Haushalt auf.

Die Konferenz war ein Erfolg. Frontenac schrieb ihn, ganz zu Recht, nicht nur seinem eigenen Talent zu, sondern auch der Umsicht des Sieur de La Salle, der ihm fortan mit einer nahezu bedingungslosen Loyalität begegnete. Beide dachten sie groß. Beide verfolgten sie Interessen, die sich aufs harmonischste vereinten. Beide empfanden sie eine herzhafte Abneigung gegen die Jesuiten.

Die Händel in der Kolonie spiegelten in mancher Hinsicht die Parteien und Intrigen am französischen Hof. Frontenac hielt es 1674 für angebracht, daß La Salle ihre gemeinsamen Pläne in Paris selber vortrage. Und in der Tat: Er bekam bei Hofe, was er wollte: einen Adelsbrief – und die Herrschaft über Fort Frontenac, für die er zehntausend Franc zu entrichten hatte. Er versprach, die Holzkonstruktion der Befestigung durch einen soliden Steinbau zu ersetzen, eine Garnison zu unterhalten, eine Kolonie anzusiedeln und eine Kirche zu bauen, sobald die Einwohnerschaft die Zahl hundert erreiche. Dafür war ihm die Bewirtschaftung und Verpachtung der Ländereien, ferner die Eröffnung eines Handelszentrums anheimgegeben. Das Abkommen schien den Verwandten und Freunden La Salles lukrativ genug, ihm beträchtliche Investitionsgelder vorzustrecken.

In Quebec und Montreal wurde sein Triumph mit bitterem Neid zur Kenntnis genommen. In dem neuen Intendanten Duchesneau erwuchs ihm und dem Grafen Frontenac ein Feind von Format. Verdächtigungen schwirrten durch den Klatsch der kolonialen Gesellschaft, die La Salle als ein Hornissennest bezeichnete. Seinen Konkurrenten unterstellte er jede Schnödigkeit. Er fühlte sich verfolgt und war davon überzeugt, man habe ihm Gift – Schierling und Grünspan – in den Salat geträufelt. Den Jesuiten sagte er nach, sie hetzten die Irokesen auf. Die Brüder der Gesellschaft Jesu protestierten ihrerseits gegen den Schnapshandel, von dem der Gouverneur und der Sieur de La Salle profitierten. Die beiden wehrten sich mit der Behauptung, auch die Schüler des heiligen Ignatius verkauften, entgegen ihren Grundsätzen, Branntwein an die Indianer.

Der Pelzhandel in Fort Frontenac florierte. Der Herr der Domäne indessen war rastlos. Der Traum von einer Expedition an den Mississippi ließ ihn nicht los. In diesem verschlossenen und gespannten Menschen verbarg sich ein Visionär. Das neue Frankreich sollte sich, nach seiner Vorstellung, vom Atlantik bis zu den Prärien des Westens, von den Großen Seen bis zum Golf von Mexiko erstrecken: ein Imperium, das jenem der Spanier ebenbürtig sein würde. Frankreich war die unbestrittene Vormacht auf dem europäischen Kontinent. Stand ihm nicht ein Weltreich zu?

Frontenac entschloß sich 1677, seinen Schützling ein zweites Mal nach Paris zu entsenden. La Salle vertrat seine Sache gut. „Er spricht – gleichviel, um welches Thema es geht – nur dann, wenn er gefragt wird", so ein Chronist, „und er macht wenige, doch höchst präzise Worte. Er unterscheidet stets zwischen Dingen, die er mit Sicherheit weiß, und denen, wo sich ein Zweifel einmischt. Wenn er etwas nicht weiß, zögert er nicht, es zu sagen."

Solche Bestimmtheit machte unter den geschwätzigen Höflingen Eindruck, zumal auf Minister Colbert, der Frankreich in einem Stil autoritärer Nüchternheit zu regieren versuchte. „Man muß den Völkern Gutes tun", sagte jener Staatsmann, „auch wenn sie es nicht wollen."

La Salles Patente wurden bestätigt. Der König erlaubte ihm, an der Erschließung der westlichen Teile Neu-Frankreichs zu arbeiten und einen Zugang nach Mexiko zu bahnen. Allerdings wurde ihm die Bedingung auferlegt, das Unternehmen binnen fünf Jahren zu Ende zu führen, auf den Handel mit den Ottawa-Indianern – zugunsten seiner Konkurrenten – zu verzichten und sämtliche Kosten selber zu tragen. Als Kompensation wurde ihm – neben den früher gewährten Privilegien – das Monopol für den Handel mit Bisonfellen übertragen.

Damit ließen sich neue Kreditquellen erschließen. La Salle lernte, noch in Paris, den Italiener Henri de Tonty kennen, der nach einer Verwundung eine eiserne Hand trug, mit der er später un-

Der „Ritter mit der eisernen Hand" ist in der Geschichte La Salles der italienische Offizier Henri de Tonty – der getreueste Weggenosse des Forschers und bei dessen Abwesenheit auch sein Vertreter als Kommandeur. Die Prothese erwies sich im Kampf gegen die Indianer als wahre Wunderwaffe

Unter den Forschern war es allemal üblich, neu entdeckte, aber auch schon bekannte geographische Merkmale nach hochgestellten Persönlichkeiten, möglichen Gönnern, aber auch Freunden zu benennen. So taufte La Salle – wie die Karte aus dem 17. Jahrhundert zeigt – den Lake Ontario auf den Namen des Gouverneurs Frontenac und immerhin ein Inselchen auf den Namen seines Freundes Tonty

ter den Indianern Bewunderung und Entsetzen erregte, vor allem, wenn er sie mit voller Wucht auf das Haupt eines schockierten Kriegers fallen ließ. Er wurde La Salles getreuester Gefährte. Den Gönnern in Quebec und Paris zeigte sich der Entdecker auf seine Weise erkenntlich. Den Lake Ontario nannte er „Lac Frontenac", den Mississippi „Rivière de Colbert" und den Illinois River nach des Ministers Sohn, der hernach Marineminister wurde, „Rivière de Seignelay".

Nicht lang nach seiner Rückkehr in die kanadische Wildnis legte La Salle am Niagara River einen vorgeschobenen Stützpunkt an. Ausrüstung und Proviant sollte ein Zehn-Tonnen-Boot von Fort Frontenac über den Lake Ontario befördern. Der Steuermann ließ das Schiff mit der kostbaren Fracht zerschellen. La Salle hatte Mühe, den Verlust zu ersetzen. Der Berg seiner Schulden wuchs.

Ein Zeitgenosse sagte in seinen Erinnerungen, jeder andere hätte nach einem solchen Schlag kapituliert. La Salle ließ sich nicht beirren. Er baute, nicht weit von den Ufern des Lake Erie, eine stattliche Fregatte, die er „Griffon" taufte: Der Greif. Es gibt Grund zu der Annahme, daß die „Griffon" nur das erste Schiff einer kleinen Flotte sein sollte, die für den Verkehr zwischen La Salles Stützpunkten an den Seen zu sorgen haben würde, Nachschub auf dem Hinweg, Felle auf dem Rückweg transportierend.

Die Abreise zu der großen Expedition nach Westen verzögerte sich um beinahe ein halbes Jahr, denn La Salle hatte sich in Fort Frontenac, Montreal und Quebec mit seinen Gläubigern herumzuschlagen. Mitten im Winter hetzte er mit zwei Männern und einem Hundeschlitten fürs Gepäck gut vierhundert Kilometer zu seiner Domäne zurück, ein Vorgeschmack künftiger Strapazen.

Erst Anfang August 1679 konnte die Jungfernreise der „Griffon" beginnen. Unter den Priestern des Expeditionskorps befand sich der flämische Père Hennepin mit einem zerlegbaren Altar, den er auf breitem Rücken mit sich schleppte, um auch in der Wildnis, wo immer er sich befand, auf würdige Weise die Messe zelebrieren zu können – solange der Weinvorrat reichte. Seinen Freund Tonty, den mit der eisernen Hand, hatte La Salle zu den Huronen von Sault Ste. Marie am Übergang des Lake Huron zum Lake Superior vorausgeschickt.

Die Fahrt durch den Lake Erie, die Wasserstraße in den Lake Huron, der weite nördliche Bogen nach Michilimackinac waren ereignislos und angenehm. Auch dort legte La Salle rasch einen Stützpunkt an. Das Jahr schritt fort. Der Entdecker hatte es eilig, seinem Ziel näherzukommen. So segelte die Mannschaft Anfang September weiter durch den Lake Michigan bis zur Green Bay, wo sie ein anderes Vorauskommando erwartete. La Salle belud die „Griffon" mit Fellen, die seine Agenten für ihn aufgekauft hatten. Der

Erlös sollte seine Gläubiger beschwichtigen. Obschon er zu dem Steuermann wenig Vertrauen hatte und die Stürme des Herbstes aufkamen, schickte er ihn über die Seen nach Niagara. Die „Griffon" erreichte ihr Ziel nie. Mit seinen Schiffen hatte La Salle kein Glück, nicht bis ans Ende seiner Tage.

Die Unwetter auf den Binnenmeeren Nordamerikas sind gefürchtet. Von ihren kurzen, harten Wellenschlägen sagen Seeleute, sie seien gefährlicher als die Brecher des Ozeans. La Salle, der die Reise in Kanus fortsetzte, geriet mehr als einmal in äußerste Not.

Jener Herbst war von besonderer Rauhheit. Oft gewannen die Reisenden nur mit großer Mühsal Land, ausgehungert und durchnäßt, manchmal von Indianern versorgt, denen La Salle mit gewohntem Geschick begegnete. Am Südufer des Sees schoß sein Leibjäger endlich wieder Rehe und Bären. In den Wäldern fanden sie wilde Trauben, doch oft so hoch in den Ästen, daß sie die Bäume fällen mußten, um sie pflücken zu können.

Einem seiner Diener stahlen Indianer den Rock. La Salle verfolgte sie ohne Furcht bis in ihr Dorf. Er hatte verstanden, daß man durch Nachgiebigkeit und Schwäche keine Freunde gewinnt. Eine Handvoll Franzosen stand einer Schar von hundertzwanzig gellenden Kriegern gegenüber. Die Ältesten wollten Blutvergießen vermeiden. Sie waren bereit, klein beizugeben. Indessen hatten die Diebe den roten Rock schon zerschnitten. Man fand einen Ausweg. Der Friede wurde mit der Übergabe eines Bündels von wertvollen Biberfellen erkauft und danach ein Fest der Freundschaft gefeiert.

Die Outagami warnten – es ging hier wie überall zu – vor der Weiterreise zu den mörderischen Illinois. La Salle ließ sich nicht aufhalten, bis er zur Mündung des St. Joseph River gelangte. Dort hatte er sich mit Tonty verabredet, der auf direktem Weg von Michilimackinac kommen sollte. Der Getreue war noch nicht eingetroffen.

Der November zog herauf. Das Land begann in der nördlichen Kälte zu erstarren. Der spröde Charme der weiten Wiesen und flachen Hügel, die im Sommer an Schleswig-Holstein oder Jütland erinnern, verlor sich in grauen und klammen Nebeln. La Salles Leute drängten voran. Sie hofften, für den Winter in den Dörfern der Illinois wärmende Zuflucht zu finden. Der Kommandeur stellte ihnen frei, das Weite zu suchen. Er werde mit dem Jäger auf Tonty warten. Murrend beugten sich die Gefährten seinem Willen und begannen, ein Fort zu bauen, das in den kommenden Jahren eine wichtige Station zwischen Quebec und dem Mississippi wurde.

Endlich, zwanzig Tage später, stieg Tonty an Land. Die Hälfte seiner Leute hatte er in einer wildreichen Gegend zurückgelassen, weil sich seine Vorräte erschöpften. La Salle bat ihn, die Nachzügler herbeizuholen. Unterwegs kenterte das Kanu des Gefährten. Tonty konnte sich retten, doch sein Gewehr und andere Waffen versanken im See.

Père Louis Hennepin schleppte stets einen zerlegbaren Altar mit sich. Er begleitete die Expedition La Salles, der in der Nähe des Lake Erie eine stattliche Fregatte bauen ließ. Der amerikanische Maler George Catlin hat Kiellegung und Stapellauf der „Griffon" im 19. Jahrhundert nachempfunden

Am 3. Dezember 1679 brach das Expeditionskorps vom St. Joseph River auf. Die acht Kanus folgten dem Fluß, soweit er befahrbar war. Dann, vor unüberwindlichen Stromschnellen, schulterten die Männer ihre Boote. Bei South Bend suchten sie nach dem Kankakee River, dort oben noch ein dünnes Rinnsal, das sich kaum sichtbar zwischen verschilften Ufern durch das Prärieland mit seinen rollenden Hügeln windet. Der Indianerpfad zwischen den beiden Gewässern verlor sich im Schnee.

La Salle machte sich allein auf den Weg, um den Zugang zu erkunden. Er blieb lang aus und kam auch am Abend nicht wieder. Seine Gefährten feuerten ihre Flinten ab, um ihm die Richtung anzuzeigen. Dann biwakierten sie für die Nacht. Es schneite.

Was war mit La Salle? Als er einen Sumpf zu umgehen versuchte, hatte er die Orientierung verloren. In der Nacht stieß er auf ein Flüßchen, dem er folgte, bis er im Dickicht ein Feuer sah. Als er näherkam, entdeckte er keine Menschenseele. Aber das Lager war warm. Er rief nach dem einsamen Jäger in allen indianischen Sprachen, die er kannte. Keine Antwort. So schützte er die Raststelle notdürftig mit Zweigen und verließ sich darauf, daß er es schon merken werde, wenn sich jemand zu ihm geselle, empfahl seine Seele dem Herrn und schloß die Augen. Nach eigenem Zeugnis schlief er gut und fest bis in den Morgen. Niemand störte ihn. Erst am nächsten Nachmittag fand er zu seiner Truppe zurück.

Links und rechts des Kankakee River sahen die Männer Skelette von Bisons im Schnee. Schließlich erspähten sie einen mächtigen Bullen, den sie erlegten. Es brauchte die Kraft von zwölf Männern, um das Tier aus dem Sumpf an eine trockene Stelle zu ziehen, wo es zerlegt werden konnte.

Der Kankakee mündet etwa fünfzig Kilometer südwestlich von Chicago in den Illinois River. Die Flottille ruderte an den weißen Hügeln vorbei, die das breite Flußtal säumen, sie passierte die Stelle, an der später das Städtchen Ottawa entstand, danach den markanten Buffalo Rock, eine indianische Siedlung in der Nähe des heutigen Utica.

Wenige Kilometer vor dem jetzigen Städtchen La Salle sahen die Reisenden am rechten Ufer eine Indianer-Stadt, in der alles Leben ausgestorben schien. Père Hennepin zählte hundertfünfzig Hütten mit gewölbten Dächern. La Salle war der einzige, den die Stille nicht überraschte. Er wußte, daß die Präriestämme zur Winterjagd unterwegs waren.

La Salle und seine Genossen waren hungrig. Da er sich in den Dörfern der Indianer auskannte, brauchte er nicht lang nach den Vorratskammern zu suchen. Sie waren mit Mais und Bohnen gefüllt. Er zögerte, sich bei den Reserven des fremden Volkes zu bedienen, denn diese Art von Mundraub wurde von den „Wilden" als ehrlos betrachtet. Aber den Hunger stillt kein moralisches Argument. La Salle ließ Geschenke zurück, und er versuchte, durch Zeichen zu erklären, daß er aus Not gehandelt habe und für den Verlust aufkommen werde.

In der verlassenen Stadt feierte die Mannschaft Weihnacht. An Silvester befand sie sich in der Nachbarschaft des späteren Peoria, das man die amerikanischste aller Städte im Herzland des Mittleren Westens nennt, gottesfürchtig, rechtschaffen, wohlhabend, konservativ und voller Stolz provinziell.

Nach vier Tagen im neuen Jahr sah die Mannschaft Rauch am Ufer einer weiten Bucht, die heute Lake Peoria heißt, dann, an der südlichen Verengung, zur Rechten und Linken, ein Dorf mit achtzig Zelten. La Salle formierte seine winzige Flotte in einer Art von Schlachtordnung. Die Männer hielten ihre Gewehre im Anschlag. Die Indianer, vom Anblick der Fremden überrascht, schien eine wilde Panik zu ergreifen. Doch La Salle stieg kühl ans Ufer. Seine Männer blieben kampfbereit, bis zwei der Ältesten nähertraten, die Friedenspfeife zum Gruß hoben. Die Regeln der Gastfreundschaft befahlen, daß den Fremden unverzüglich Speisen dargebracht wurden, und wie

240

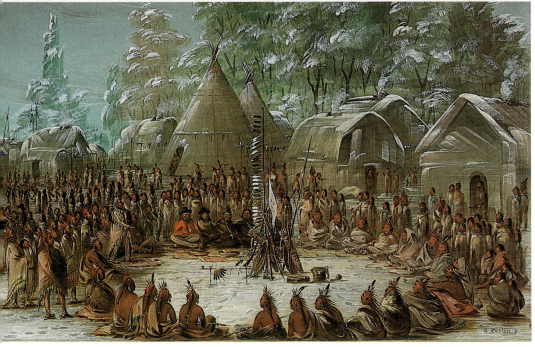

Wo heute Peoria steht — landwirtschaftliche Metropole am Illinois River mit sprichwörtlichem Ruf als amerikanische „Normalstadt" —, traf La Salle auf einen Stamm der Illinois, mit denen er Freundschaft schloß. Die Darstellung dieser bewegenden Szene stammt von dem amerikanischen Maler George Catlin aus dem 19. Jahrhundert

üblich stopften ihnen die Häuptlinge alle Leckerbissen mit eigener Hand in die Münder. Père Hennepin berichtete, ihre kalten Füße seien mit Bärenfett massiert worden.

La Salle demonstrierte die Dankbarkeit seiner Truppe durch ein großzügiges Geschenk von Tabak und Beilen. Danach hielt er eine Rede, in der er feierlich erklärte, auch die Feinde des Stammes, die Irokesen, seien Untertanen seines großen Königs und darum Brüder der Franzosen. Doch sollten sie kriegerisch in dieses Land einbrechen, werde er den Illinois mit Waffen beistehen, vorausgesetzt, sie erlaubten ihm, ein Fort in der Mitte ihres Territoriums zu errichten. Ferner plane er, ein großes Schiff zu bauen, mit dem er den Mississippi bis zum Meer hinabzureisen gedenke. Seien sie damit nicht einverstanden, werde er zu den Osage weiterziehen und sie selber den Launen der Irokesen überlassen.

Die Illinois stimmten den Forderungen gutwillig zu. Doch dann schlich sich in der Nacht ein Mascouten-Häuptling ins Dorf, der La Salle als einen Spion der Irokesen denunzierte. Am anderen Morgen begegneten ihm die Gastgeber mißtrauisch und kalt. La Salle konnte sich den Wandel zunächst nicht erklären. Doch er war auf der Hut. In der Nacht verriet ihm ein älterer Krieger, dessen Herz er gewonnen hatte, die Ränke des Mascouten und den düsteren Plan seiner eigenen Stammesgenossen: Am nächsten Abend sollten die Franzosen zu einem Gastmahl geladen und ermordet werden.

La Salle zögerte nicht, der Einladung zu folgen. In einer Rede mahnte ihn der Häuptling, sich vom Mississippi fernzuhalten, denn dessen Ufer seien von schrecklichen Kriegern besetzt, seine Wasser von Schlangen, Alligatoren und allen möglichen Monstern bevölkert, der Strom werde schließlich ihre Schiffe verschlingen. In Wirklichkeit fürchteten die Illinois, daß sich die Europäer mit feindseligen Nachbarn verbünden und ihnen selber die Vorteile direkten Handels entziehen könnten.

La Salle antwortete kaltblütig, die Franzosen hätten nicht geschlafen, als der Mascouten-Bote herbeigekommen sei, um sie als Spione der Irokesen zu denunzieren. Er könne ihnen sogar sagen, wo sie, die Illinois, die Gastgeschenke jenes Lügners vergraben hätten.

Die Indianer waren schockiert. Diesem Scharfsinn und solch kühnem Mut fühlten sie sich nicht gewachsen. La Salle erkannte, daß die Gefahr gebannt war, doch am nächsten Morgen stellte er fest, daß sich in der Nacht sechs seiner Männer davongestohlen hatten, darunter zwei Zimmerleute, die er beim Schiffsbau dringend brauchte. Mehr noch, Henri de Tonty berichtete in seinen Aufzeichnungen, die Deserteure hätten (freilich schon an Weihnachten) La Salles Frühstück vergiftet — nur eine starke Medizin, die er mit sich führte, habe ihn gerettet.

Crèvecœur — Fort „Herzeleid" — nannte La Salle die Befestigung, die er mitten im Stammesgebiet der Illinois errichten ließ, einige Tagesreisen stromaufwärts von der Mündung des Illinois River in den Mississippi. An dieser Stelle weist heute ein Gedenkstein auf die Pioniertat hin

242

La Salle setzte den Flüchtlingen nicht nach. Vielmehr begann er südlich des Indianerlagers mit dem Bau einer Befestigung, die er „Crèvecœur" nannte, Fort Herzeleid. Der traurige Name beschrieb die Stimmung unter den Männern zutreffend genug (doch er huldigte wohl eher einem Nest jenes Namens im Tal der Oise). Gleichzeitig entwarf La Salle Pläne für den Bau eines großen Bootes, das sie bis zum Golf von Mexiko befördern sollte.

Es war nicht leicht, das Holz ohne die erfahrenen Zimmerleute zu schneiden. Doch die Männer lernten die Kunst des Schiffbaues rasch zu meistern. Nach einigen Wochen begann der Rumpf einer Barke, die vierzehn Meter in der Länge und vier Meter in der Breite maß, eine eindrucksvolle Form zu gewinnen.

Der Kommandeur beriet mit seinen Gefährten. Illusionslos setzte er ihnen auseinander, daß sie zu schwach seien, um das Unternehmen ohne Verstärkung fortzuführen. Sie brauchten Waffen, Munition, Pulver, Handwerkszeug, Geschenke für die Indianer. Die Hoffnung, daß seine „Griffon", auf die er vergeblich am Lake Michigan gewartet hatte, noch existierte, war gering. Seine düstere Phantasie, die immer mehr zu Verdächtigungen neigte, legte ihm den Schluß nahe, der Steuermann sei nicht nur unfähig, sondern obendrein ein Verräter gewesen, der die kostbare Ware auf eigene Rechnung verkauft und das Schiff hernach versenkt haben könnte. Vermutlich stand er im Dienst der „Feinde", von denen La Salle immer öfter und düsterer sprach.

La Salle schlug seinen Leuten vor, daß er selber so rasch wie möglich nach Fort Frontenac zurückkehre. Tonty beauftragte er, im Fort Crèvecœur bis zu seiner Rückkehr auszuharren und mögliche Angriffe der Irokesen abzuwehren. Père Hennepin könne mit zwei Gefährten die Zeit nutzen, um den Illinois River bis zu dessen Mündung in den Mississippi zu erkunden. Der geistliche Herr, von Natur aus beherzt und heiteren Gemüts, zu Abenteuern fast immer aufgelegt, weigerte sich zunächst, diesen halsbrecherischen Auftrag zu übernehmen. Ihn schreckten nicht die Monster, von denen die Indianer so Grauenhaftes berichteten, doch er schien der einzige zu sein, der mit den Büchern über die Expedition Hernando de Sotos vertraut war. So kannte er die Gefahren, die ihn erwarteten.

Überdies wurden die Franzosen von einem jungen Krieger der Illinois mit exakten Informationen über den Strom der Ströme ins Bild gesetzt. Er war, nach einer langen Jagd, allein den Mississippi, dann den Illinois River heraufgekommen. La Salle gab ihm zu essen und versah ihn mit Geschenken. Freimütig berichtete der Besucher von dem Fluß, den er angeblich bis zum Unterlauf kannte. Mit Holzkohle zeichnete er eine relativ genaue Karte. Auch nannte er die Namen der Völker, die sie am Mississippi antreffen würden. So lieferte der junge Mann gutmütig alle Nachrichten, die ihnen von den Häuptlingen der Illinois so hartnäckig vorenthalten wurden.

Die Franzosen verrieten ihren Informanten nicht. Am nächsten Tag begaben sie sich voller Vergnügen ins Dorf der Indianer, die ein Bärenfest feierten, brachten das Gespräch auf den Mississippi und breiteten ihr junges Wissen prahlerisch aus. Die armen Indianer glaubten, der Große Geist, der Manitu aller Manitus, müsse den Fremden diese Geheimnisse offenbart haben.

Ein Bruder seines Ordens, der schon sechzig Jahre zählte, das älteste Mitglied der Expedition, redete Hennepin gut zu, den Erkundungsauftrag La Salles wahrzunehmen. Die Messe könne man ohnedies nicht mehr feiern, da es keinen Wein mehr gebe. Père Hennepin sträubte sich nach wie vor. Er wies auf einen Abszeß im Mund hin, mit dem er sich schon lange quäle und der nun dringend behandelt werden müsse. Schließlich sagte ihm der alte Pater, wenn er unterwegs an seinem Leiden sterbe, dann werde er wenigstens für seine apostolischen Mühen erhöht.

Seufzend willigte Hennepin schließlich in den Rat seines Beichtvaters ein und begab sich mit zwei Kameraden, der eine ebenfalls Priester, auf die gefahrvolle Reise. Ohne Zwischenfälle, doch nicht ohne Mühen, gelangten die drei zum Mississippi. Tapfer und voller Neugier, weit über ihre Weisung hinaus, paddelten sie stromaufwärts.

Eines Tages begegnete ihnen eine Gruppe von Sioux-Indianern, die auf dem Weg waren, Krieg gegen die Miami zu führen. Hennepin erklärte ihnen durch Zeichen und Skizzen, die er in den Ufersand malte, daß sich diese Nation wieder zurückgezogen habe. Das wußte er von den Illinois. Die Sioux schienen die Nachricht eher verärgert aufzunehmen, denn wo kein Krieg war, gab es keine Beute. Sie luden die drei ein, mit ihnen zu reisen. Die Franzosen verstanden rasch, daß sie gut daran tun würden, sich dieser Aufforderung nicht zu entziehen.

So teilten sie von nun an, auf dem Weg nach Norden, das Biwak der Sioux. Die Nächte waren voller Unruhe, denn einer der Häuptlinge hatte seinen Sohn verloren, den er bis in die Morgenstunden laut beweinte. Schließlich verließen die Krieger mit ihren unfreiwilligen Gästen den Fluß und marschierten landeinwärts. Im Dorf, das sie endlich erreichten, übernahm der Pater den Platz des gefallenen Sohnes: Er wurde von dem trauernden Häuptling kurzerhand adoptiert. Da er zur Jagd nicht taugte, hielten ihn seine Stiefmütter – sechs an der Zahl – zur Feldarbeit an.

Den Pater traf kein allzu hartes Los. Doch er litt unter den ungebärdigen Kindern, die tun und lassen konnten, was immer ihnen einfiel. Niemals wurden sie von ihren Vätern ermahnt oder gar bestraft. Prügel, belehrte man ihn, würden ihnen nur Furcht einflößen, ängstliche Knaben aber könnten keine guten Krieger werden. Niemand brachte den Kindern Eßmanieren bei. Sie schmatzten und mampften, klagte der geistliche Herr, wie die Tiere, sie verschmierten ihre Gesichter, rülpsten ohn' Unterlaß, ließen ungerührt Winde, ja furzten einander geradewegs ins Gesicht. Oft seien ihre Reden obszön. Wenn die Kinder in die Hütte pinkelten, wurden die Decken einfach ausgeschüttelt. Hunde futterten aus den gleichen Gefäßen wie die Menschen. Die Unterkünfte starrten vor Schmutz.

Als der Pater krank wurde, erhitzten die zahlreichen Mitglieder seiner Familie große Steine, bis sie rot glühten. Dann wurden sie mit Wasser begossen, damit sich die sorgsam abgedichtete Hütte mit Dampf füllte. Splitternackt hockten des Paters neue Verwandte in der Hitze und rieben einander ab. Nur mühsam konnte der geistliche Herr seine Scham mit einem Sacktuch bedecken. Die Roßkur half. Nach wenigen Tagen war er gesund.

Neugierig und aufmerksam beobachtete Père Hennepin, voller Bewunderung für ihre Gesundheit und Härte, den Alltag der Indianer und ihre Sitten. Wie auch Henri de Tonty, bemerkte er staunend, daß die Frauen ihre Kinder ohne Schmerzen zur Welt brächten. Noch am Tag vor der Geburt verrichteten sie ihre Arbeit, die sie am Tag danach wieder aufnähmen, als sei nichts gewesen. (Tonty behauptete überdies, die Frauen kennten keine Regel. Vermutlich bereitete sie ihnen bloß kein Ungemach, das ein Fremder zur Kennt-

Schon zu Zeiten des Père Hennepin waren die Sioux ein mobiles Volk. Der Geistliche traf es auf einem Kriegszug, wurde gefangengenommen, kurzerhand von einem Häuptling adoptiert und hinterließ aus diesem Zwangsaufenthalt als erster Weißer faszinierende Schilderungen von den Lebensgewohnheiten jener Indianer. Freilich verfügten sie damals noch nicht über Pferde, mit denen sie später ihre Wanderungen unternahmen – wie es dieses Gemälde aus dem 19. Jahrhundert zeigt

nis genommen hätte.) Die Säuglinge würden von Beginn an mit Maisbrei und Fett genährt. Mädchen heirateten mit neun oder zehn Jahren, doch nicht, um die Ehe zu vollziehen, wie der Priester sorgsam verzeichnete, sondern um dem jungen Gatten und dessen Vater bei der Bereitung des Mahles zu dienen. Das eheliche Leben fange erst fünf oder sechs Jahre danach an; dann werde mit großem Pomp gefeiert. Flirts oder verliebtes Gelächter unter jungen Leuten gebe es kaum. Die Scheidung sei rasch vollzogen. Für die Trennung genüge ein Wort. Wenn eine Frau geschlagen werde, zögere sie nicht, ihren Mann zu verlassen. Leichten Herzens geselle sie sich einem neuen Partner zu, oft auch einem durchreisenden Gast. Für diesen Dienst würden Geschenke erwartet. Solche befristeten Gemeinschaften setzten freilich das Einverständnis der Familien voraus.

Henri de Tonty, der das Leben anderer Stämme studierte, erzählte in seinen Erinnerungen, wenn der Mann von der Jagd oder vom Fischen nach Haus komme, greife er zuerst zur Pfeife, rauche und berichte seiner Frau, was er getan habe. Dann sage er ihr, was zu arbeiten sei, und sie müsse ihm ohne Zögern gehorchen. Wenn Mann und Frau einander beiliegen wollten, zögen sie sich im allgemeinen diskret zurück, manchmal aber vollzögen sie den Beischlaf vor aller Augen. Ihre Gefühle jedoch zeigten sie niemals so offen wie die Europäer.

Von den Illinois stellte Tonty fest, sie liebten Frauen im Übermaß, aber obendrein auch noch Knaben. Durch dieses schreckliche Laster seien sie stark verweiblicht. Wenn ein Knabe sich prostituiere, sei ihm versagt, Waffen oder den Namen eines Mannes zu tragen. Auch dürfe er kein Amt im Stamm versehen. Jene jungen Männer würden als Frauen betrachtet, und sie seien zu weiblichen Beschäftigungen verurteilt. Von den Weibern aber würden sie noch mehr gehaßt, als von den Männern verachtet.

Tonty glaubte auch zu wissen, unter den Indianern seien Hermaphroditen keine ungewöhnlichen Erscheinungen. Er unterlag vermutlich den gleichen Mißverständnissen, die schon die Hugenotten ein Jahrhundert zuvor in Europa verbreitet hatten. Die Kolonisten von Fort Caroline behaupteten, daß jene zwittergeschlechtlichen Wesen die niedrigsten Arbeiten besorgten, unter anderem seien sie für das Sanitärwesen zuständig – so zeigte es Theodor de Bry in seinen Stichen.

Père Hennepin stellte während seines erzwungenen Aufenthalts bei den Sioux fest, Heiraten zwischen Europäern und Indianerinnen seien möglich und wünschenswert, doch sie scheiterten oft an der Weigerung der rothäutigen Frauen, ihrem Mann Treue bis ans Lebensende zu geloben. Dies sei auch ein großes Hindernis für ihre Bekehrung zum christlichen Glauben. Zum anderen notierte er, die Bärte der Weißen erregten bei den Indianerinnen eine lebhafte Abneigung. Ein Indianer erklärte ihm: „Unsere Frauen können nicht mit Weißen leben, weil sie Haare im Gesicht haben; wir aber sind dort gänzlich unbehaart." Der Pater, der sich wenigstens einmal in der Woche rasierte, genoß eine gewisse Beliebtheit, die er nicht verschwieg.

Père Hennepins schüchterne Bekehrungsversuche allerdings hatten wenig Erfolg. Die Indianer sahen durchaus nicht ein, warum sie von alten Gewohnheiten ablassen sollten: der Vielweiberei, den Folterfesten, dem rituellen Kannibalismus.

Es ist verständlich, daß der Priester und seine beiden Gefährten, die in benachbarten Dörfern lebten, zur eigenen Zivilisation heimkehren wollten. Sie baten darum, an den Bisonjagden im Süden teilnehmen zu können. Der Wunsch wurde bewilligt, obwohl ihre Gastgeber nicht das geringste Vertrauen in die waidmännischen Talente der Europäer hatten. Die Notlüge, daß sie an der Mündung des Wisconsin River ein Rendezvous mit französischen Pelzaufkäufern und Händlern verabredet hätten, machte größeren Eindruck: Ihre Gastgeber versprachen sich einige Geschäfte.

Natürlich fand sich am angeblich vereinbarten Treffpunkt keine Seele ein. Hennepins Stiefvater nahm es verärgert zur Kenntnis. Dennoch ließ er seinen angenommenen Sohn ziehen. Die drei Versprengten gelangten nach langen, beschwerlichen Wegen zu La Salles Niederlassung am Cape Michilimakkinac, nährten sich einen Winter lang von Weißfischen, reisten an Ostern weiter, gelangten glücklich nach Fort Frontenac und über den Sankt-Lorenz-Strom nach Montreal.

Dort hielt sich in jenen Tagen Gouverneur Frontenac auf. Hennepin berichtete ihm von seinen Abenteuern, die er, seinem Temperament gemäß, eher dramatisierte. In den späteren Ausgaben seiner Reiseschilderungen, die nach dem Tod La Salles erschienen, behauptete er, er habe den Mississippi bis zur Mündung erforscht. Daß er dies solange verschwiegen habe, erklärte er durch La Salles Entdeckerehrgeiz, den er nicht kränken wollte. Der geistliche Herr nahm es mit der Wahrheit nicht allzu genau. Nach seinen eigenen Zeitangaben war eine Exkursion zum Delta des großen Stromes völlig ausgeschlossen.

Dennoch, alles in allem, verhielt sich der Pater loyal. Auf ihn war eher Verlaß als auf jene Reisepartner, die man „mangeurs de lard" nannte: die Speckfresser. Wenn die Härten während der Expedition zu bitter wurden und die Beute zu gering ausfiel, schlugen sich jene windigen Gesellen gern in die Büsche. Wenn sie Glück hatten, überlebten sie mit Hilfe der Indianer, reihten

Vor den Niagara-Fällen, die allwinterlich zu Eis erstarren, stand Père Hennepin als einer der ersten Weißen. Für die Eroberer seiner Zeit waren die Katarakte eher ein ärgerliches Hindernis als ein erbaulicher Anblick. Der Stich aus den Reisebeschreibungen des flämischen Paters, die 1697 erschienen und eine weite Verbreitung genossen, läßt seine Ehrfurcht vor diesem Wunder der Natur ahnen

sich in die Schar der halbwilden Waldläufer ein, schlugen sich an die Ostküste durch – oder sie gingen zugrunde.

Der Sieur de La Salle begegnete, wenn er solche Gesellen angeheuert hatte, der Meute meist mit einer merkwürdigen Hilflosigkeit. Sein Vertreter, Henri de Tonty, bewies, in soldatischer Disziplin geübt, mehr Geschick im Umgang mit den Landsknechten der Entdeckerepoche. Doch auch seine Autorität reichte nicht immer aus, den Unmut jener rebellischen Gesellen zu zähmen.

Vor seinem Gewaltmarsch durch den späten Winter des Jahres 1680 zum Fort Frontenac hatte La Salle noch einen Boten zum Fort Crèvecœur geschickt, der Tonty die Order überbrachte, er möge während der Abwesenheit des Kommandeurs ein Fort auf dem Starved Rock über der Illinois-Stadt bei Utica anlegen. Das Plateau des „Hungerfelsens" bot sich als eine natürliche Festung an. Tonty hatte dem Fort Crèvecœur nicht lang den Rücken gekehrt, als einige Meuterer die Anlage zerstörten, Gewehre, Munition, Pelze und Vorräte an sich nahmen und sich davonmachten. Auf die Planken des Schiffes, das halbfertig am Ufer lag, schrieben sie nicht ohne Witz: „Nous sommes tous sauvages" – Wir sind alle Wilde.

Tonty wurde von zwei Getreuen benachrichtigt. Er schickte sofort vier seiner Männer in verschiedene Richtungen aus, um La Salle die Hiobsbotschaft zukommen zu lassen, ehe er Fort Frontenac erreichte. Er selber blieb mit den vier letzten Getreuen in der Indianerstadt, die nach der Jagdsaison von einigen hundert Menschen bewohnt war.

Der lang erwartete Angriff der Irokesen kam. Mitten im Getümmel wurde Tonty von einem jungen Krieger angefallen. Die Klinge des Messers glitt an einer Rippe ab. Obschon durch den Blutverlust geschwächt, glückte es dem

Am Ufer des Illinois River nahe der heutigen Stadt Utica ragt schroff der Starved Rock auf, der „Hungerfelsen", dessen Plateau sich als natürliche Festung für La Salle zum Bau eines Stützpunktes anbot. Er war ein sicherer Hort für die befreundeten Stämme der Illinois, wenn diese von den Irokesen bedrängt wurden

umsichtigen Offizier, die Parteien voneinander zu trennen. Dann folgte er den fliehenden Illinois flußabwärts. Die Irokesen zogen nach.

Die nächste Schlächterei, fürchtete Tonty, würde nicht lang auf sich warten lassen. Er war couragiert genug, sich in das Lager der Irokesen zu begeben, um sie von weiteren Angriffen abzuhalten. Der Versuch mißlang, aber die Sieger ließen ihn und seine Männer ziehen. Dann plünderten sie die Gräber und Leichenhäuser der Stadt unter dem Starved Rock. Die verwüstete Siedlung bot La Salle, als er zurückkehrte, ein Bild des Entsetzens. Die Gefangenen konnte Tonty nicht vor dem Foltertod durch seine Verbündeten bewahren.

Die Freunde der Franzosen waren in alle Winde zerstreut. Die Irokesen konnten jederzeit zurückkehren: Dann wäre die kleine französische Mannschaft verloren. So machte sich Tonty mit seinen vier Genossen in einem lekken Kanu auf den Weg, um sich zur Green Bay durchzukämpfen. Unterwegs wurde ein alter Pater aus seiner Begleitung von streunenden Indianern skalpiert. Ein anderer der Männer verirrte sich bei der Jagd und kehrte nicht zurück. Da die Kugeln knapp wurden, zerkleinerten die restlichen drei Gefährten einige Zinngefäße zu Schrot, mit dem sie wilde Truthähne schosssen.

Die nächste Rettungsstation wäre La Salles Fort Miami am St. Joseph River gewesen, in dem sich einige Landsleute aufhielten. Doch Tonty strebte nach Westen zur Green Bay. In verlassenen Indianerdörfern fanden die Versprengten gelegentlich ein wenig Mais, der sie aufrechterhielt. Sie nagten halbverhungert an Lederriemen. Schließlich gelangten sie zum Stützpunkt Michilimackinac.

La Salle, seit Anfang März 1680 mit vier Landsleuten und einem indianischen Jäger im Kanu auf dem Illinois River unterwegs, um Proviant, Instrumente und Verstärkung zu holen, mußte den Kampf gegen die Eisblöcke, die im Hochwasser stromabwärts trieben, nach einigen Tagesstrecken aufgeben. Sie luden ihr Gepäck auf primitive Schlitten und stapften durch den Morast voran. Am St. Joseph fand La Salle zwei Männer, die er dort zurückgelassen hatte, damit sie nach seinem Schiff „Griffon" suchten. Rings um den See hatten sie keine Spur gefunden.

Die Frühjahrsregen setzten ein, doch La Salle durfte keine Zeit verlieren. Durchs Dornengestrüpp hastete der kleine Trupp voran, nun nach Osten über die Halbinsel Michigan. Wild gab es jetzt genug. La Salle fürchtete, sein Trupp werde von Irokesen verfolgt. Er verwischte, ein erfahrener Waldläufer, alle Spuren. Die Männer wagten nicht, ein Feuer zu entfachen, um ihre Kleidung zu trocknen. Röcke und Hosen waren am Morgen oft steifgefroren.

Den Detroit River überquerten sie auf einem primitiven Floß. Dann baute La Salle ein Kanu, mit dem zwei seiner Männer nach Michilimackinac rudern sollten. Schnee, später Frost und Regen wechselten einander ab. Der Jäger und einer der Franzosen fieberten und spuckten Blut. La Salle baute nun wieder ein Kanu, mit dem die kleine Mannschaft der Nordküste des Lake Erie entlang dem Niagara River zustrebte. Am Ostermontag kamen sie dort an und wärmten sich in den Hütten, die sie im Jahr zuvor gebaut hatten. Hier erfuhr La Salle von Jägern, daß auch ein Schiff aus Frankreich mit sehnlichst erwartetem Nachschub von Waffen und Werkzeugen für die Expedition während der Überfahrt verlorengegangen war. Er ließ seine drei kranken Genossen im Lager zurück und eilte allein weiter nach Fort Frontenac. In 65 Tagen hatte er, rudernd und marschierend, tausendsechshundert Kilometer hinter sich gebracht, mitten in der bittersten Jahreszeit.

La Salles Gläubiger hatten unterdessen seine Domäne beschlagnahmt. Einige Kanus, mit Fellen beladen und für ihn bestimmt, waren in den Stromschnellen vor Montreal gesunken. Man weiß nicht, wie er es zuwege brachte:

Innerhalb weniger Tage mobilisierte er in Montreal und Quebec neue Reserven, überredete die Kreditgeber zum Stillhalten, versicherte sich der weiteren Unterstützung des Gouverneurs und hastete zurück nach Fort Frontenac. An der Grenze seines Besitzes tauchten Deserteure auf, die sein Lager in Michilimackinac geplündert und die Felle zum Teil auf eigene Rechnung verkauft hatten. La Salle fing zwei ihrer Kanus ab, machte einige Gefangene, setzte Entkommenen nach, erschoß zwei der Räuber und überwältigte die übrigen drei nach langer Verfolgung. Gouverneur Frontenac verurteilte die diebischen Rebellen zu harten Strafen.

La Salle sorgte sich um Tonty, den er im Fort Crèvecœur zurückgelassen hatte. Er wählte die schnellste Route: Er kreuzte den Humber River, lief vom Lake Ontario zum Lake Simcoe, von dort zur Georgian Bay, paddelte an der Manitoulin-Insel vorbei nach Michilimackinac — auch das eine Strecke von achthundert Kilometern. Keine Spur von Tonty. So ließ er das Gros seiner Mannschaft unter La Forest zurück, passierte die Green Bay und landete am 4. November 1680 wieder im Fort Miami am St. Joseph River.

Um leichter voranzukommen, teilte er seine Mannschaft ein zweites Mal und entledigte sich allen schweren Gepäcks. Die Wache sollte die Ankunft der Truppe von La Forest abwarten. La Salle selber strebte mit sechs Landsleuten und einem Indianer weiter. Dieses Mal fand er ohne Schwierigkeit den Landübergang vom Lake Michigan zum Kankakee River. Von dessen Einmündung in den Illinois River an suchte er intensiv nach Zeichen von Tonty. Gerüchte über einen Angriff der Irokesen waren ihm unterwegs zugekommen. Er fürchtete das Schlimmste.

Als La Salle die Stadt der Illinois unter dem Hungerfelsen erreichte, fand er eine Wüstenei. Die Umgebung war verbrannt, die Siedlung ein Ruinenfeld, von Knochen und Menschenschädeln übersät. Totemzeichen von Irokesen deuteten an, daß sie sechs Männer getötet hatten. Tonty und seine Leute?

Auf einer nahegelegenen Insel ließ La Salle wiederum drei seiner Gefährten zurück, um schneller voranzukommen. Mit den anderen eilte er stromabwärts. Er erreichte die Inseln, auf denen die Frauen und Kinder der Illinois vor den Irokesen Rettung gesucht hatten, inspizierte das verlassene Lager der Irokesen am anderen Ufer, stieg bei seinem Fort Crèvecœur an Land: auch hier keine Spur von Leben, im Indianerlager nur Zeichen von Mord und Totschlag. Die Angreifer hatten die Kinder ihrer Gegner getötet und die Frauen gefoltert. La Salle fuhr weiter stromab bis zum Mississippi. Dort befestigte er an einem Baum, dessen Rinde er abschälte, eine Nachricht für Tonty. Fieberhaft suchte er weiter, um die Gefährten noch vor dem Einbruch des Winters zu finden.

Zurück am Starved Rock, las er seine drei Männer wieder auf, doch nun, weiter stromaufwärts, folgte er nicht dem Kankakee River, sondern dem Plaines River. Er entdeckte eine halbverfallene Hütte. Dann sah er ein Stück Holz, das unverkennbar von einer europäischen Säge bearbeitet war. Nun hegte er wieder Hoffnung, daß Tonty noch lebe. Schneestürme setzten ein. Es schneite neunzehn Tage lang.

La Salle zog sich zum Fort Miami am St. Joseph River zurück. Dort blieben er und seine Männer bis zum Frühjahr.

Er nutzte den Winter, um die benachbarten Miami-Indianer so fest wie möglich an sich zu binden. Bei seinem Besuch ihrer Siedlung sagten sie ihm, daß einer ihrer Häuptlinge kurz zuvor ums Leben gekommen sei. In seiner Rede versprach La Salle, den Toten auferstehen zu lassen. Dies war keine blasphemische Irreführung. Vielmehr erklärte sich der Franzose bereit, den Namen des Häuptlings anzunehmen und künftig für dessen Frau und Kinder zu sorgen. Damit vereinte er, nach den Vorstellungen der Indianer, die Persönlichkeit des Toten mit der seinen.

Nicht weit von Fort Miami lagerten einige Algonkin-Stämme, die vor den Irokesen geflohen waren. La Salle forderte sie auf, sich im nächsten Sommer in der Stadt der Illinois einzufinden. Einem Shawnee-Indianer aus dem Ohio-Tal schlug er das gleiche vor. Offensichtlich war es sein Plan, eine möglichst große Streitmacht von Indianern am Illinois River zu versammeln, um seine Expedition zum Mississippi gegen die Irokesen und, das war wichtiger, ihre englischen Alliierten abzuschirmen.

Im Frühjahr überbrachte ihm, als er schneeblind in seiner Hütte lag, ein indianischer Bote aus dem Norden die Nachricht, Tonty sei am Leben. Auch Père Hennepin habe man gesehen, an der Green Bay.

Ende Mai brach La Salle nach Fort Michilimackinac auf. Dort erwartete ihn Tonty. Die beiden reisten mit ihrer vereinten Truppe weiter nach Fort Frontenac. Dort bereiteten sie die nächste Expedition vor. Die Schulden La Salles wurden unterdessen auf dreihundertfünfzigtausend Livre geschätzt. Dies schien ihn nicht zu verdrießen.

Schon im Oktober 1681 war er wieder unterwegs. Tonty eilte am 21. Dezember von Fort Miami zum Chicago River voraus. La Salle folgte in den Weihnachtstagen. Kanus und Gepäck luden sie auf Schlitten. Auf Père Marquettes Spuren erreichten sie den Illinois River, passierten den Hungerfelsen und die verwüstete Stadt, die Ruinen des Forts Crèvecœur, ihr Schiff, das melancholisch am Ufer lag, noch immer mit der verblassenden Aufschrift versehen: „Nous sommes tous sauvages" – ein absurdes und zugleich so wahres Wort.

Am 6. Februar 1682 erreichten die Männer den Mississippi. Der Strom schwemmte mächtige Eisschollen zu Tal. Sie warteten eine Woche. Dann passierten sie die Mündung des Missouri River, der mit den braunen Hochwasserfluten des Frühjahrs in die Wasser des Stromes der Ströme brach. Am 24. Februar glitten sie an der Mündung des Ohio vorbei. Über den Chickasaw-Klippen – bei der späteren Stadt Memphis – schlugen sie ein Lager auf. Einer der Begleiter La Salles, ein gewisser Pierre Prudhomme, eher ein Greenhorn, verlief sich bei einem Jagdausflug. La Salle suchte neun Tage lang die Wälder ab, bis er den Halbverhungerten fand. In einer seltenen Regung von tröstender Sympathie taufte er das Fort auf Prudhommes Namen. Dann ließ er ihn mit einigen anderen als Besatzung zurück. Er drängte weiter.

Am 13. März näherte sich die Expedition der Mündung des Arkansas River in den Mississippi. Dicker Nebel lag am Morgen über dem Fluß, der sich den Weg durch eine fast subtropische Landschaft bahnte, in Schleifen und Bögen, von Sümpfen, Marschland und Schilf gesäumt.

In der Ferne hörten die Männer Trommeln. La Salle befahl, zum östlichen Ufer hinüberzusetzen. Unverzüglich begann er dort mit dem Bau eines Lagers. Als sich der Nebel hob, starrten Indianer über den Fluß. Einige ihrer Krieger faßten Mut, bemannten einen Kahn und kamen näher. La Salle grüßte sie mit der Friedenspfeife. Dann fand sich die ganze Dorfbevölkerung eines Stammes der Arkansas-Indianer ein, Menschen von „außerordentlicher Schönheit", wie Tonty bemerkte.

La Salle machte dem Häupling seine Aufwartung. Geschenke wurden getauscht. In prächtigem Zeremoniell ließ der Kommandeur unter den staunenden Augen der Indianer ein Kreuz mit dem Wappen von Frankreich errichten. In feierlicher Rede nahm er das Land in Besitz für seinen König. Die Priester sangen das Tedeum. Die gesamte Mannschaft rief: „Vive le Roi!" Das Imperium La Salles schien Gestalt zu gewinnen. Die Gastfreundschaft des Stammes war makellos.

Die Arkansas-Indianer gaben der Expedition zwei Führer mit, die sie zur Stadt der Taensa geleiten sollten. Unterwegs bestaunten die Männer Alligatoren, von denen Tonty mit gelinder Übertreibung behauptete, sie seien sechs bis zehn Meter lang. „Wenn wir sie verfolgten, flohen sie, aber wenn wir flohen, verfolgten sie uns", schrieb er nicht ohne Humor. Dennoch gelang es den Franzosen, einige der Tiere zu erlegen. Das Fleisch lernten sie später noch schätzen.

Mit Interesse vermerkte Tonty, daß die Boote dieser Indianer schwerer, aber auch widerstandsfähiger waren als die aus Birkenrinde gefertigten Kanus der nördlichen Stämme. Die Franzosen begegneten damit der Einbaum-Technik, die ihre Landsleute und die Spanier ein Jahrhundert zuvor in Florida beschrieben hatten: Mächtige Stämme wurden mit Feuer und Steinbeilen geduldig ausgehöhlt, die Wände ebenmäßig bearbeitet. Diese Boote ließen sich wegen ihres größeren Gewichts freilich nur mit Mühe über Stromschnellen schleppen.

Die Taensa beeindruckten Tonty tief. Die Häuser ihrer Stadt, zum Teil ausladende Gebäude, waren aus Lehmziegeln errichtet und mit Schilf gedeckt.

Der Häuptling erwartete die Abordnung der Franzosen – La Salle blieb im Lager – auf einem Thronsitz, von bewaffneten Kriegern umgeben, in der Mitte vier hübsche Frauen, die den Monsieur de Tonty zu beunruhigen schienen. Sie trugen Armbänder aus gewobenem Haar, Perlenketten am Hals und Perlen im Ohr. Der Offizier beschrieb die Damen als nicht zu dunkel, von glänzender Haut, ziemlich groß, die Glieder fein und schmiegsam. Sie lächelten und schienen guter Dinge zu sein. Eine der Damen bewunderte unter den Werkzeugen, die Tonty dem Fürsten überreichte, besonders eine

Mit zweieinhalb Metern Länge ist die Diamantklapperschlange das größte Reptil seiner Art — und wegen der außerordentlichen Giftmenge das gefährlichste in den Niederungsgebieten der südöstlichen USA. La Salle hatte eine geradezu krankhafte Angst vor Schlangen. Dennoch wagte er es, die unübersichtlichen Läufe des Mississippi-Deltas an der Mündung in den Golf von Mexiko zu erkunden

Schere. Durch ein Lächeln gab sie ihm zu verstehen, daß sie selber gern eine besäße.

„Ich nutzte die Gelegenheit, um ihr näher zu kommen", erinnerte sich de Tonty. „Sie empfing das Geschenk mit einem ziemlich festen Druck meiner Hände. Das gab mir Anlaß zu denken, daß die Herzen dieser Frauen doch nicht so wild seien, sondern leicht gezähmt und in einer höflicheren Art der Konversation geschult werden könnten. Eine andere, nicht weniger hübsch und reizend ausstaffiert, rückte nun näher und gab mir zu verstehen, daß ihr einige Nadeln recht willkommen wären . . . Die feinste und schönste unter ihnen bemerkte, daß ich die großen Perlen an ihrem Hals bewunderte. Sie nahm die Kette ab und bot sie mir mit einem Übermaß höflicher Gesten an . . ."

Tonty erwähnte nicht, ob seine Flirts zu einer innigeren Beziehung führten. Immerhin blieb er über Nacht im Dorf.

Diese und jene Gegenstände zeigten an, daß auch die Taensa über Mittelsleute Handel mit den Spaniern trieben. Ihre Lebensgewohnheiten waren davon nicht berührt. Tonty bemerkte, daß ihr Häuptling mit absoluter Autorität und mit dem Gepränge eines orientalischen Sultans zu herrschen schien.

La Salle strebte weiter. Seine Kanus passierten eine Stadt der Natchez, von denen sie nicht weniger freundlich aufgenommen wurden. Am 6. April 1682 gelangten sie in Höhe des späteren New Orleans an die dreifache Gabelung des großen Stromes. La Salle folgte dem

253

westlichen Lauf, der Offizier Dautray dem östlichen, Tonty dem mittleren. Sie achteten darauf, daß sie von der lebhaften Strömung nicht zu weit in den Ozean hinausgetragen wurden. Vor der mittleren Passage fanden sie wieder zueinander, ruderten dann ein Stück hinauf, suchten nach einem erhöhten Punkt. Dort ließ La Salle eine Säule mit dem Wappen von Frankreich errichten. In die Säule war die Inschrift geschnitzt: „Louis le Grand, Roy de France et de Navarre, Règne; le Neuvième Avril, 1682."

La Salle verlas eine sorgfältig formulierte Proklamation, die alle von ihm durchmessenen Ländereien der Krone Frankreichs unterstellte. Danach wurde ein Kreuz errichtet und unter diesem eine Bleitafel mit dem französischen Wappen und der Inschrift „Ludovicus Magnus Regnat" angebracht. Anschließend der Lobgesang der Priester, das Vivat auf den Herrscher, Umarmung, Rührung, vielleicht auch schweigsamer Stolz.

Dieses Bild hatte der Sieur de La Salle, nun 38 Jahre alt, ein Jahrzehnt lang vor Augen gehabt. Für dieses Ziel nahm er Strapazen auf sich, die wenig andere Sterbliche zu erdulden bereit waren. Dafür ertrug er Schmähungen, lud sich Schulden in Millionenhöhe auf, verurteilte sich zu einer wachsenden Einsamkeit, die sich nur an den Feuern der Indianer löste.

La Salle war kein Soldat. Er war kein Staatsmann. Er war nicht einmal ein guter Kaufmann. Er war ein Visionär, und er war aus dem Stoff, aus dem Eroberer geformt sind. Das Reich, das er in seiner Proklamation beschrieb, dehnte sich von der kanadischen Tundra bis an den Saum der Karibik, von den Bergen der Alleghenies im Osten über die großen Ebenen bis zu den Rocky Mountains im Westen. So diktierte es der Wille eines Mannes von fast zarter Gestalt, die Leidenschaft seiner besessenen Seele, die es nicht als vermessen empfand, die Riesenhaftigkeit dieser Räume zu umfassen. Den

So erhaben muß die Szene nicht gewesen sein, als La Salle am 9. April 1682 am Ufer des Mississippi eine Säule errichten ließ, die den Besitzanspruch Frankreichs auf alle von ihm durchmessenen Gebiete manifestieren sollte. Die Darstellung entstammt der Imagination eines Malers aus dem 19. Jahrhundert

Sieur de La Salle streifte kein Gedanke, daß sein Unternehmen von grandioser Absurdität sein könnte.

Die Realität seiner Expedition war, nach dem großen Augenblick, der Hunger. Realität war die Jagd auf Alligatoren, deren Fleisch laut Tonty jenem des Thunfisches glich. Realität war ein Hinterhalt der Indianer, von denen ein halbes Dutzend getötet werden mußte, nicht weit vom Lager der Natchez. Realität war der Fieberanfall, der La Salle niederwarf. Im Fort Prudhomme lag er vierzig Tage auf Leben und Tod. Das Gros seiner Mannschaft schickte er voraus. Im September gelangte der Kommandant wieder in Michilimackinac an. Den getreuen Tonty beauftragte er, die Befestigung auf dem Starved Rock auszubauen. Er nannte sie Fort St. Louis.

Graf Frontenac war unterdessen abgelöst worden. Der König und dessen Minister Colbert in Paris waren des chronischen Gezänks zwischen dem hitzköpfigen Gouverneur und dem durchtriebenen Intendanten müde geworden. Sie verloren beide ihr Amt.

Der neue Gouverneur, Antoine Lefebvre, Sieur de La Barre, hörte — wie man La Salle noch draußen in der Wildnis hinterbracht hatte — auf die Gegner des großen Voyageurs. Die Pelzmafia von Montreal und Quebec sah den Augenblick gekommen, das Monopol des verhaßten Mannes zu brechen.

La Salle schickte dem neuen Herrn Briefe, erklärte die Komplikationen der Indianerpolitik und bat um Verstärkung für die Versammlung der Stämme, die er zum Fort St. Louis bestellt hatte. Der Gouverneur leitete diese Schreiben mit hämischen Anmerkungen weiter ins ferne Paris. Er warf La Salle vor, er binde die Indianer an die eigene Person — statt an jene des Königs. Es dürfe nicht geduldet werden, daß er sich an die Spitze aller Feinde der Irokesen setze.

Der König, selber ein Opfer böser Einflüsterungen, schrieb aus Fontainebleau an den neuen Gouverneur, er sei davon überzeugt, daß die Entdeckungen des Sieur de La Salle keinen Nutzen brächten und solche Unternehmungen in Zukunft zu unterlassen seien.

Der Nachschub, um den La Salle gebeten hatte, wurde verweigert. Die Gläubiger bemächtigten sich seines Besitzes. La Salle sah sich am Ende. So machte er sich, 1684, auf den Weg nach Paris, um zu retten, was zu retten war. Als habe sich nicht Unglück genug gehäuft: Einige Monate vor seiner Ankunft war sein Protektor, der mächtige Minister Colbert, gestorben.

Dennoch: Die alten Beziehungen La Salles in Paris versagten nicht, und seine Energien schienen — trotz aller Enttäuschungen und Niederlagen — unerschöpflich zu sein. Sein spekulativer Geist drängte voran. Für den König, der sich so mißmutig über seine Unternehmungen geäußert hatte, setzte er ein Memorandum auf, das mit den Kritikern harsch verfuhr: Keiner von ihnen sei an der Mündung des Mississippi in den Golf von Mexiko gewesen, schrieb er, so könne auch keiner den Wert der Ländereien beurteilen, die er entdeckt habe. Wenn sie so wenig taugten, wie man ihm vorwerfe, dann gäbe es für ihn keinen Anlaß, die Gründung einer Kolonie in jenen Territorien anzuregen — es sei denn, er habe den Verstand verloren.

Frankreich befand sich wieder im Konflikt mit Spanien. La Salle schlug seinem Herrscher vor, den Gegner auf amerikanischem Boden zu bekämpfen und ihm, wenn es angehe, die Silberminen im Norden Mexikos zu entreißen. Er versprach, seine indianische Koalition zu mobilisieren und ein Heer von achtzehntausend Rothäuten auf dem Mississippi zum Golf von Mexiko zu befördern. Von dort aus könne seine Armee, von einem kleinen Détachement der Franzosen gelenkt, in die spanischen Besitzungen einbrechen.

La Salles materielle Forderungen waren bescheiden. Er wollte zunächst nicht mehr als ein Schiff, Waffen, Munition und zweihundert Soldaten, für die er nach dem Ablauf eines Jahres selber sorgen würde. Dann nämlich könnten sie sich aus dem fruchtbaren Land ernähren. Selbst Pferde müßten nicht importiert werden, da man sie bei den Spaniern finde. Am Schluß seines Schreibens warnte La Salle vor den Gefahren, die weniger von den Spaniern als von den Engländern drohten, welche Vorstöße zum Mississippi wagten und sich nur zu gern in den Besitz des Deltas setzen wollten: Das bedeute den Ruin von Nouvelle-France, das ohnedies schon durch die britische Anwesenheit in Virginia, Pennsylvania, New York und an der Hudson Bay eingeschlossen sei.

Der Monarch gewährte La Salle eine Audienz. Der Kundschafter hinterließ bei der Majestät einen günstigen Eindruck, obwohl er von sich selber be-

merkt hatte, das Leben unter den Wilden habe ihn vielleicht weniger geschliffen und gefällig werden lassen, als es die Atmosphäre von Paris verlange. Am 14. April 1684 unterzeichnete Ludwig XIV. eine Urkunde, die den Sieur de La Salle ermächtigte, eine Expedition ins amerikanische Dominium zwischen dem Fort St. Louis am Illinois River und Texas zu führen. Ihm wurde das Privileg gewährt, Gouverneur und Kommandanten an den Orten einzusetzen, die er als geeignet betrachtete, Handel und Wandel zu unterhalten und alle dazugehörigen Privilegien zu genießen. Der König erkannte ihm – auf Widerruf – eine beinahe absolute Machtstellung in den neuen Territorien zu. Der Ton des Schreibens war nahezu herzlich.

So hoch La Salle auch verschuldet war: Das neue Patent des Königs ließ die Gelder fließen. Sein Assistent La Forest, den der Gouverneur La Barre aus dem Fort Frontenac verjagt hatte, eilte von Paris nach Kanada zurück, um La Salles Besitz den Gläubigern zu entreißen. Gouverneur La Barre wurde angehalten, Wiedergutmachung zu leisten. Tonty übernahm von neuem das Kommando in Fort St. Louis.

In einem zweiten Memorandum an den Hof schraubte La Salle, noch in Paris, seine Forderungen ein wenig höher und verlangte schon zwei Schiffe. Er bekam schließlich vier, die in La Rochelle ausgerüstet wurden. Dort sammelten sich die Rekruten, die für ihn angeworben wurden, die Kolonisten, die sich um eine Siedlerstelle bewarben, selbst einige junge Frauen fanden sich ein. La Salles älterer Bruder, der Sulpizianerpriester Jean Cavelier, zwei andere Vertreter jenes Ordens, drei Patres des Rekollektenordens, überdies zwei Neffen des Kommandeurs gesellten sich hinzu.

Der Anfang der Expedition stand freilich unter keinem guten Stern. Von Beginn an stritt sich La Salle mit Kapitän Beaujeu, dem Kommandanten der Flotte. Der erfahrene Offizier – zum Jähzorn neigend, prestigebewußt, eitel und dennoch keine schlechte Seele – wollte La Salles alleinigen Führungsanspruch nicht akzeptieren.

Die Vorbereitungen schleppten sich dahin. Erst Ende Juli 1684 machten sich die vier Schiffe auf die Reise. Nach zwei Monaten endlich erreichten sie die karibische Insel Santo Domingo, die sich seit einigen Jahrzehnten unter Kontrolle der Franzosen befand, obwohl of-

So stellte sich einem Pariser Kartographen am Ende des 17. Jahrhunderts Nordamerika dar: Das französische „Contrée de la Louisiane" erstreckt sich von den Großen Seen über das Gebiet des Mississippi bis zum Golf von Mexiko. Die Vision La Salles, für seinen König ein amerikanisches Imperium in Besitz genommen zu haben, schien auch mit diesem Dokument Wirklichkeit geworden zu sein

fiziell noch immer spanischer Besitz. Eines der Schiffe, die „St. François", mit Vorräten hochbeladen, war allerdings zurückgeblieben. Es wurde von spanischen Freibeutern gekapert.

Unter den Soldaten und Kolonisten ging das Fieber um. Auch La Salle wurde, als sie schließlich in Petit-Goâve – nicht weit vom späteren Port-au-Prince – landeten, von der Malaria niedergeworfen. Zwei Monate lag er auf Leben und Tod.

Als die Reise fortgesetzt wurde, richteten sich Kommandeur und Kapitän nach den Hinweisen der ansässigen Dominikaner, die ihnen sagten, die Strömung werde sie nach der Durchquerung der Karibischen See nach Osten tragen. Indessen, sie segelten nicht nördlich, sondern südlich an Kuba vorbei, hielten nicht Kurs auf die Bahamas, sondern nach Nordwesten. Als sie am 28. Dezember Land ausmachten, glaubten sie sich vor der Apalachee Bay im Nordwesten Floridas. Sie segelten unter der Küste, um die Mündung des großen Stromes zu finden. Am 6. Januar 1685 stellten sie fest, daß das Meerwasser von braunem Schlamm gefärbt war. Und es schmeckte süß. Vor ihnen öffnete sich eine weite Bucht: Dies mußte der Mississippi sein. Oder?

Indianer schwammen durch die Brandung und kamen an Bord. La Salle verstand ihre Sprache nicht. Die Reisenden suchten weiter. Unsicher schaute La Salle umher, ob sich ein großer Strom in den Lagunen verliere, die fast überall die Küste säumten. Ratschläge der Offiziere nahm er gereizt zur Kenntnis. Kapitän Beaujeu, in seinen Navigationskünsten überfordert, weigerte sich, die Suche ohne weiteres fortzusetzen. Mit einem kleinen Vortrupp landete La Salle an einer Bucht und behauptete, dies sei das westliche Bett des großen Stromes.

Erinnerte sich dieser genaue Beobachter nicht an die Stätte seines Triumphes? Fürchtete er, seine Ratlosigkeit einzugestehen, vor Beaujeu das Gesicht zu verlieren und vor den Mannschaften seine Autorität einzubüßen?

La Salle befand sich in Wirklichkeit am Eingang zur Matagorda Bay: mehr als sechshundert Kilometer vom Mississippi-Delta entfernt.

Das Schiff „Aimable" sollte durch einen Kanal zwischen Sandbänken zu den kleinen Pelikan-Inseln fahren. Während La Salle das Manöver beobachtete, überfielen Indianer seinen Vortrupp und schleppten Gefangene davon. Er setzte der Meute nach, um die Gefährten zu befreien. Unterdessen lief sein Schiff auf Grund und kenterte. Hastig bargen die Franzosen aus dem Wrack, was kostbar war, vor allem das Schießpulver, das nicht naß werden durfte.

Kapitän Beaujeu, der die Operation nicht selber überwacht hatte, war untröstlich. Er fand, es sei an der Zeit, daß er in Martinique oder anderswo Nachschub hole. Kolonisten und Soldaten wurden an Land gesetzt. Beaujeu segelte mit der „Joly" über Kuba nach Frankreich zurück. Dem Marineminister berichtete er unverzüglich, La Salle habe die Mississippi-Mündung verfehlt. Der hohe Herr schenkte dem Ka-

Ein zeitgenössischer Stich zeigt die Landung La Salles 1685 am Ufer der Matagorda Bay – 600 Kilometer von seinem Ziel, dem Mississippi-Delta, entfernt. Solche Irrtümer waren in jener Entdeckerzeit mangels genauer Seekarten und Navigationsinstrumente nicht ungewöhnlich. Zur 250. Wiederkehr des Jahres dieser letzten Expedition La Salles wurde ihm zu Ehren in der Einsamkeit der Flachküste nahe dem früheren Städtchen Indianola ein Monument errichtet

pitän keinen Glauben und befahl, er möge seine Meinung für sich behalten. Louis XIV. weigerte sich, ein Rettungsschiff auszuschicken.

La Salle befahl den Bau eines Forts nicht weit von dem Flüßchen, das er La Vache nannte. Die meisten der Kolonisten und Soldaten suchte das Gelbe Fieber heim. Manche starben. Einer der Offiziere wurde von einer Schlange gebissen, als er barfuß durch die Marschen lief. Nach einigen Wochen setzte Wundbrand ein. Das Bein wurde amputiert. Auch er starb.

Die Lage seines provisorischen Forts so dicht unter der Küste schien La Salle gefährdet. In langen Märschen inspizierte er das Hinterland. Schließlich fand er einen Hügel über dem Garcitas Creek, einige Meilen nördlich vom Lavaca River, etwa sieben Meilen von der Bucht entfernt.

Man nimmt an, daß sich La Salles letztes Fort, das er wiederum nach dem heiligen König St. Louis nannte, auf dem Gelände der heutigen Keeran-Ranch befand, einem wild überwachsenen Areal, in dem nach Auskunft eines Vorarbeiters nur Klapperschlangen hausen. In dem dornigen, dschungelartigen Gestrüpp verbergen sich einige Mauerreste. Die alte Dame, der die Ranch gehört, duldet Fremde nur ungern auf ihrem Grundstück. Auskünfte aus der Nachbarschaft deuten darauf hin, daß in der Erde unter den fetten Weiden Ölquellen festgestellt wurden. Womöglich ängstigt sich die Besitzerin, daß sie kostbaren Boden einem historischen Monument opfern müßte.

Die Lage der Mauerreste stimmen mit einer Skizze überein, die der spanische Kundschafter de Leon anfertigte. Am 22. April 1689 fand er in den Trümmern verrostetes Gerät und Rüstungen, Knochen und Bücher: Fragmente einer Zivilisation, der Sieur de La Salle den Weg zu bahnen versuchte. 1722 wurde auf den Trümmern der Siedlung eine spanische Missionsstation errichtet, die den Namen „Nuestra Señora de Loreto" trug. Sie wurde 17 Jahre später nach Goliad an den San Antonio River verlegt.

La Salle war selber bei seinen Streifzügen auf melancholische Zeugnisse europäischer Anwesenheit gestoßen, die von einer spanischen Befestigung stammten. In eine Kupferplatte war die Jahreszahl 1588 eingraviert. Benachbarte Indianer hüteten Hammer und Amboß, zwei kleine eiserne Kanonen, Helme, Schwerter und Bücher mit spanischen Komödien. Insistente Fragen aber, wo sich die Mississippi-Mündung befinde, fruchteten nichts.

Dem Franzosen war noch ein Schiff geblieben: die Brigantine „La Belle". Als sie von einem Erkundungsauftrag nicht zurückkehrte, fürchtete der Expeditionschef das Schlimmste. Seine Ahnungen bestätigten sich. Die Steuerleute, mit der tückischen Küste nicht vertraut, hatten das schlanke Boot auf eine Sandbank gesetzt. Einige Matrosen ertranken. Die Überlebenden retteten sich ins Lager. La Salle witterte Sabotage. Das half niemandem.

Der Kommandeur war nun entschlossen, den Mississippi auf dem Landweg zu finden. Der Kolonie befahl er, sich zum Bleiben einzurichten. Felder wurden bestellt und Vorräte angelegt. Sein Vertreter, Henri Joutel, sorgte für Disziplin. Dieser menschliche Mann begriff, daß seine furchtsamen Landsleute in der weltfernen Einsamkeit des östlichen Texas ein wenig Ablenkung brauchten. Wenn der Sieur de La Salle abwesend war, durfte gelacht werden. Die wenigen jungen Frauen waren umschwärmt, zumal die Indianer der Nachbarschaft als abstoßend häßlich empfunden wurden. Die wichtigste Zerstreuung bot die Jagd.

Während seines ersten Marsches im Winter gelangte La Salle mit seinem Trupp bis zum Trinity River, nördlich vom heutigen Houston. Den Brazos River überquerten die Männer mit einem Floß. Sie nannten den Fluß „Rivière des Malheurs", weil sie allesamt fast ertrunken wären. Vier der Soldaten verschwanden. Einer wurde von einem Alligator gefressen, die anderen drei hinterließen keine Spur. Sie mußten verhungert oder von den Indianern gefangengenommen worden sein.

Schließlich gelangte der Trupp zum Volk der Cenis, deren Häuser, angeblich zwölf bis fünfzehn Meter hoch, riesigen Bienenstöcken glichen.

La Salle fand Hinweise auf die Nähe der Spanier: Silberlampen und Löffel, Degen und alte Musketen, Gold, Kleidung, ja den Text einer päpstlichen Bulle, die spanische Kolonisten in Neu-Mexiko während des Sommers von der Fastenpflicht befreite. Die Cenis hatten diese Schätze von den Comanchen eingehandelt. Staunend notierte ein Priester, daß die Rothäute das Kreuz schlugen und geradezu lächerlich exakt das Ritual der Messe imitierten. Einer von ihnen zeichnete das Bild der weinenden Jungfrau unter dem gekreuzigten Christus in den Sand. Wichtiger für La Salle: Im Dorf gab es Pferde. Er erwarb fünf kräftige Tiere. Sie trugen fortan die Lasten, manchmal vielleicht auch den einen oder anderen der ermatteten Wanderer.

Mit Hilfe der Pferde hätte La Salle sein Ziel vielleicht erreichen können. Wiederum hielt ihn ein Fieberanfall zwei Monate auf. Der erschöpfte Trupp kehrte nach Fort St. Louis zurück.

Im Fort hatte das Fieber neue Opfer gefordert. Neben den Überlebenden der „Belle" waren von hundertachtzig noch fünfundvierzig Kolonisten geblieben.

Unverzüglich rüstete La Salle zu einer neuen Erkundung. Er entschied, daß er Joutel auf dem Marsch nicht entbehren könne. Sein Bruder Jean, der Sulpizianerpriester, sowie seine beiden Neffen schlossen sich an, dazu Nika, der indianische Jäger, Saget, sein Diener, und der Rekollektenpater Anastase Douay. Schließlich der Haudegen Duhaut, der Wundarzt Liotot und ein Deutscher namens Hiens − vermutlich hieß er Hinz oder Heinz −, der aus Württemberg stammte und von dem man sagte, er sei Pirat in englischen Diensten gewesen.

Anfang Januar 1687 brachen die Männer auf. Die Kohorte schritt tüchtig aus. Sie erreichte nach wenigen Wochen den Natchez River, nicht weit von Nacogdoches. Zeugen berichten, die Stimmung in der Mannschaft sei voller Spannungen gewesen. La Salle habe sich, wie so oft, kalt und abweisend gezeigt, besonders gegen Duhaut und Liotot, die beträchtliche eigene Mittel geopfert hatten, um an der Gründung der Kolonie teilnehmen zu können. Sie waren enttäuscht und verbittert.

Während eines Jagdkommandos gerieten die beiden mit Moranget, einem hochfahrenden Neffen La Salles, in heftigen Streit. Der junge Mann warf ihnen vor, sie hätten sich von den erlegten Bisons mehr Fleisch angeeignet, als ihnen zustehe. In der Nacht erschlugen sie den jungen Mann. Hiens, der Deutsche, beteiligte sich an dem Mord. Die beiden Indianer in ihrer Begleitung wurden als lästige Zeugen aus dem Weg geschafft.

Anderntags machte sich La Salle, über das Ausbleiben der Jäger beunruhigt, mit Pater Douay auf die Suche. Der Gefährte berichtete, eine tiefe Traurigkeit habe La Salle überkommen. Ihr Gespräch richtete sich, so der Priester,

Nordamerika 1763

- Neu-Niederlande (1638 - 1655)
- Neu-Schweden (1616 - 1864/67)
- spanische Siedlungen 1713
- königl. Proklamationslinie 1763
- britische Siedlungen 1763
- franz. Siedlungen 1763
- Gebiet der 13 Kolonien
- strittige Gebiete

Besitz
- französisch (bis 1763)
- spanisch (1763)
- russisch (1763)
- britisch (1763)

auf ernste Fragen wie jene der Gnade und der Vorherbestimmung. Immer größer werde der Dank, sagte La Salle, den er Gott schulde, der ihn aus so vielen Gefahren während der zwei Jahrzehnte seiner Reisen gerettet habe. Der Priester bezeugte, er habe La Salle selten so tief bewegt gesehen.

Mit dem geübten Auge des Waldläufers beobachtete der Kommandeur zwei kreisende Greifvögel. La Salle entging kein geknickter Zweig und kein zertretener Grashalm. Er las Spuren mit dem geschärften Blick eines Indianers. Er täuschte sich nicht: Die Vögel zeigten an, daß im Busch ein Aas liegen müsse. Also mußten die Jäger in der Nähe sein. Er feuerte seine Flinte und seine Pistole ab, um sie herbeizurufen.

Seine Schüsse alarmierten die Mörder. Duhaut und Liotot legten sich auf die Lauer und schossen aus ihrem Versteck. La Salle sank zusammen. Er schien sofort tot zu sein. Dann brachen die Mörder aus dem Hinterhalt. Sie brüllten: „Hier liegst du, du großer Pascha, hier liegst du also." Sie rissen La Salle die Kleider vom Leibe und warfen den Leichnam ins Dickicht. Der Priester lief mit wehender Soutane davon.

So endete am 19. März 1687 in der texanischen Wildnis das Leben des Mannes, der neben Columbus und Cortez die bedeutendste Persönlichkeit unter den Entdeckern der Neuen Welt war.

Der genaue Ort, an dem Robert Cavelier, Sieur de La Salle, im Alter von 43 Jahren den Tod fand, ist nicht festzustellen. Vor dem Gerichtshaus des texanischen Städtchens Navasota gibt es ein bescheidenes Standbild, das an ihn erinnert. Das ist alles.

Der genaue Ort des Todes von La Salle blieb unbekannt. Doch sicher ist, daß der Entdecker entgegen dieser Darstellung aus Père Hennepins Reiseberichten nicht in Meeresnähe von seinen eigenen Männern umgebracht wurde, sondern im Landesinneren in der Nähe des texanischen Städtchens Navasota, wo sich heute blumige Wiesen erstrecken

La Salles älterer Bruder, der Rekollektenpriester, der 17jährige Neffe Jean, sein Vertreter Joutel – sie hatten Grund, um ihr Leben zu fürchten. Die Mörder aber sahen ein, daß die Mannschaft sich keine weiteren Verluste leisten könne. Der Abbé Jean Cavelier sagte ihnen unverblümt, sie hätten sich selbst zum Untergang verurteilt, als sie La Salle töteten, denn er sei der einzige gewesen, der sie aus der Wildnis hätte retten können.

Die Männer beschlossen, zum Dorf der Cenis-Indianer zurückzukehren. Hungrig und deprimiert wanderten sie durch die Steppen und Sümpfe. Ohne indianische Pfadfinder hätten sie oft den Weg verloren.

Im Dorf trat ihnen ein junger Franzose entgegen, nackt wie die Indianer, der sich völlig den Sitten seiner Gastgeber angepaßt, ja seine Muttersprache halb vergessen hatte. Er war La Salle bei einem der ersten Märsche entlaufen. Mit seiner Hilfe kauften die Männer Mais und getrocknetes Fleisch für die Weiterreise.

Der Deutsche Hiens versuchte in einem Nachbarort, frische Pferde einzuhandeln. Vermutlich hielten ihn die Dorfschönen dort allzu lang auf. Als er zurückkehrte, teilten ihm die Kameraden mit, sie hätten beschlossen, sich zum Mississippi und danach flußaufwärts nach Kanada durchzuschlagen.

Davon wollte Hiens nichts wissen. Eines Morgens erschien er mit dem verwilderten jungen Franzosen und zwanzig Indianern vor der Hütte von Duhaut und Liotot, um seinen Anteil an der Beute zu fordern. La Salle habe ihm Geld geschuldet, behauptete er. Die beiden zeigten sich nicht geneigt, etwas herauszurücken.

Der Deutsche brüllte Duhaut an: „Du hast meinen Herrn getötet", zog seine Pistole und schoß ihn über den Haufen. Der andere feuerte seine Flinte auf Liotot, der tödlich getroffen niedersank.

So waren zwei der drei Mordgesellen ausgelöscht. Hiens aber ließ sich von dem eingeschüchterten Priester schriftlich bestätigen, daß ihn keine Schuld am Tod La Salles treffe. Er versorgte den Abbé, den Neffen, Joutel und die anderen – es waren noch sieben Männer – mit Vorräten und machte sich im scharlachroten, goldbetreßten Staatsrock La Salles davon.

Der Trupp zog durch Prärien und Wälder zum Sabine River und weiter voran zum Arkansas River: Er folgte vermutlich der Route, auf der de Soto hundertvierzig Jahre zuvor zum Mississippi zurückgelangt war.

Unterwegs, am Rande einer Indianersiedlung, sahen die Flüchtlinge eine Hütte, die von Weißen gezimmert sein mußte. Zwei Männer traten vor die Tür und feuerten ihre Büchsen zum Willkommen: wohl die einzigen Christenmenschen, die sich derzeit in dem riesenhaften Territorium zwischen Texas und den Großen Seen aufhielten. Ein Wunder – fast ein Wunder.

Die beiden Franzosen waren von Henri de Tonty am Arkansas River zurückgelassen worden, nachdem der brave Gefährte La Salles den Freund lange Wochen an der Mississippi-Mündung gesucht hatte. Zuverlässig wie immer war er aufgebrochen, um sich zum verabredeten Rendezvous einzufinden – freilich nicht mit der gewaltigen Streitmacht, von der La Salle in seinen Papieren für den Hof in Paris geprahlt hatte, sondern bescheiden mit fünfundzwanzig Landsleuten und elf Indianern. Als er kein Lebenszeichen von La Salle fand, ließ Tonty bei einem Häuptling ein Schreiben zurück, das jener getreue Mittler 17 Jahre später dem neuen Gouverneur von Louisiana, Monsieur Pierre Le Moyne d'Iberville, übergab.

Der Offizier war gut beraten, sich mit der Rückreise zu beeilen. Er wurde in seinem Stützpunkt Fort St. Louis am Illinois River sehnlichst erwartet. Ein neuer Angriff der Irokesen und nun auch der Engländer drohte. Neben seinen wenigen eigenen Männern führte Tonty fünfhundert Krieger vom Stamm der Illinois und Miami in den Kampf. Er gewann die Schlacht. Unter den Gefangenen befanden sich fünfundzwanzig Briten.

Tonty rieb sich die Augen, als eines Tages die Überlebenden der Expedition La Salles in seinem Fort eintrafen. Jean Cavelier, der Bruder La Salles, verschwieg ihm den Tod des Bruders. La Salle sei in Texas aufgehalten, sagte er, um den Krieg gegen die Spanier vorzubereiten, doch er befinde sich wohl. Dann lieh er von Tonty siebentausend Livre und reiste nach Montreal ab.

Warum log der Priester? Fürchtete er, Tonty würde ihm keinen Pfennig geben, wenn er die Wahrheit erführe? Wollte er einen neuen Zugriff der Gläubiger auf La Salles Eigentum so lang wie möglich abwehren? Als die beiden Gefährten Tontys vom Arkansas River heraufkamen, erzählten sie dem Kommandanten des Forts die bittere Wahrheit.

Die Mörder überlebten nicht lang. Hiens wurde, wie man sagte, von Indianern getötet. Die meisten Kolonisten im texanischen Fort starben am Fieber, und die letzten fielen von der Hand räuberischer Nachbarn. Zwei Männer schlugen sich zu den Siedlungen der Spanier in Mexiko durch.

Tonty aber ließ das Schicksal der verlorenen Kolonie nicht zur Ruhe kommen. 1690 unternahm er eine letzte Reise den Mississippi hinab. Er gelangte bis zu den Caddo im nordwestlichen Texas, bei denen La Salle seine Pferde erworben hatte. Überlebende Franzosen traf er nicht an. Von den Indianern hörte er, die Spanier hätten eine stattliche Mannschaft zu den Tejas-Stämmen gesandt: Sie schickten insgesamt sieben Expeditionen aus, um das französische Fort aufzuspüren. An einer Begegnung mit den Konkurrenten war dem umsichtigen Diener des französischen Königs nicht gelegen. Immerhin nahm Tonty zur Kenntnis, daß La Salles unglückliches Unternehmen das schläfrige Interesse der Spanier an den Territorien im Norden ihres mexikanischen Reiches wieder geweckt hatte.

Von den Caddo erfuhr Tonty, die Spanier hätten in La Salles Fort St. Louis am Garcitas Creek keine Menschenseele mehr gefunden. Man sagte ihm auch, bei einem Nachbarstamm sei ein Franzose ermordet worden. Er verlangte Pferde und Führer. Die Pferde wurden ihm gegeben, die Pfadfinder verweigert.

So kehrte er um, vermutlich nicht ungern, denn bei seinen alten Freunden, den Taensa im Mündungsdreieck des Arkansas River, war er einer herzlichen Aufnahme sicher. Sie lagen mit ihren Nachbarn im Streit um ein Salzlager. Tonty gelang die Vermittlung. Er hinterließ Sympathien und Respekt für die Franzosen: ein Kapital, das dem Sieur d'Iberville ein knappes Jahrzehnt später zugute kam.

Es ist erstaunlich, daß Tonty gewagt hatte, sein Fort am Illinois River ein zweites Mal für lange Monate alleinzulassen, denn die Irokesen befanden sich seit 1687 unablässig auf dem Kriegspfad. Im August 1689 waren tausendfünfhundert Krieger bei La Chine gelandet, La Salles alter Domäne am Sankt-Lorenz-Strom, hatten sämtliche Siedler und ihre Familien massakriert, einige der Befestigungen gestürmt, neunzig Gefangene davongeschleppt, dem Foltertod entgegen. Unter den Franzosen in Montreal und Quebec ging panische Angst um. Die Kolonie befand sich vor dem Ruin. Es schien nur eine Frage der Zeit, bis sie von den Briten ohne allzu große Anstrengungen kassiert werden konnte.

Die Alarmsignale erreichten schließlich den König in Fontainebleau. Ludwig XIV. rief den Grafen Frontenac aus dem Ruhestand und wies den alten Haudegen an, unverzüglich nach Kanada zu segeln. Die Krise schien die schlummernde Vitalität des Greises zu wecken. Ein verwegener Schlachtplan, den sich der Monarch angeblich selber ausgedacht hatte, scheiterte indes noch im Stadium der Vorbereitungen: ein Angriff auf New York, der nach der ausdrücklichen Weisung geführt werden sollte, die englischen und holländischen Kolonisten ins Meer zu treiben.

Frontenac gelang es, den verzagten Bürgern von Quebec und Montreal Mut einzuflößen. Den Irokesen schickte er die Nachricht, der große weiße Vater und höchste aller Häuptlinge habe ihn über den Ozean entsandt, um von seinen Kindern Gehorsam zu fordern. Er sei bereit, ihre Untaten zu verzeihen, denn sie seien Opfer des bösen Geistes der Engländer geworden. Dann riet er ihnen, die Fronten zu wechseln und das Bündnis mit ihm zu erneuern, damit sie vereint den Briten aufs Haupt schlagen könnten.

Im großen Rat der Irokesen, der in Albany zusammentrat — der späteren Hauptstadt des Staates New York —, fand sein Vorschlag aufmerksames Gehör. Der entschiedenste Befürworter war ein Franzose, der vom Gefangenen zum Häuptling avanciert war: ein Jesuitenpater, der nicht aufhörte, ein loyaler Diener seines Königs zu sein. Nach langen Sitzungen lehnten die Ältesten Frontenacs Anerbieten jedoch ab. Der Graf stellte in Quebec, Trois Rivières und Montreal drei Kompanien auf, welche die Irokesen, Engländer und Holländer in Neu-England in raschen Zügen überfielen. Der alte Fuchs hoffte überdies, von der Unruhe zu profitieren, die der deutsche Kaufmann Jacob Leisler mit seiner radikalen Agitation gegen die Vertreter der britischen Krone in New York zu stiften begann.

Das Vertrauen der französischen Kolonisten in die eigene Kraft erholte sich. Als 1690 Flotte und Landungskorps der Briten vor Quebec erschienen, war die Festung gerüstet. Kanoniere und Füsiliere Frontenacs brachten ihren unschlüssigen Gegnern empfindliche Verluste bei. Die Rotröcke segelten schließlich davon.

Die akute Gefahr war gebannt. Der Krieg in der Wildnis aber schleppte sich mit wechselnden Erfolgen dahin. Um die Autorität Frankreichs über die nördlichen und westlichen Territorien zu bekräftigen, unternahm Frontenac 1696 — er zählte nun 74 Jahre — einen Feldzug gegen die Onondaga. Seine indianischen Krieger trugen ihn auf den Schultern voran, wenn Stromschnellen oder Landübergänge zu bewältigen waren. Der alte Herr beeindruckte sie tief. Einer Schlacht indes wichen sie nach harmlosen Plänkeleien lieber aus. Frontenac schrieb seinem König dennoch von glänzenden Siegen.

Bald nach der Rückkehr in das bescheidene Château auf den Klippen von Quebec begann der Graf zu kränkeln. Er starb im November 1698, und die amerikanische Kolonie hinterließ er nicht als ein Arkadien, sondern als ein labiles Gemeinwesen, von außen durch tückische Kriege bedrängt, im Innern durch Händel, Intrigen, Skandale zerrissen.

Erst nach Frontenacs Tod entsann sich König Ludwig XIV. wieder seines verlassenen Reiches am Mississippi, an dem ihm durch La Salles Debakel zunächst alle Lust vergangen war. Im Winter 1698 entsandte die französische Regierung einen energischen Soldaten an die Mündung des Mississippi, um eine Kolonisierung vorzubereiten.

Der junge Seefahrer, Sieur de Bienville — er war schon in Kanada geboren —, fand den Strom ohne großen Umstand, doch zu seiner Überraschung traf er auf der Höhe von New Orleans ein englisches Schiff an. Bienville wies die Briten energisch darauf hin, daß Frankreich das Mississippi-Delta, ja alle Territorien östlich und westlich des Flusses bis hinauf zu den Großen Seen schon längst annektiert habe. Er deutete auch an, ein größerer französischer Flottenverband befinde sich in der Nähe. Die Konkurrenten fügten sich und segelten davon.

Zur Jahreswende kehrte in der Tat ein französisches Geschwader zurück, das Marineminister Pontchartrain ausgesandt hatte, kommandiert von Pierre d'Iberville, dem neuernannten Gouverneur. Auch er war — wie sein Bruder, der Kapitän Bienville — geborener Amerikaner, in Montreal zur Welt gekommen, einer von den elf Söhnen einer prominenten Pionierfamilie. Der Marineminister beauftragte ihn, La Salles Pläne in die Realität umzusetzen.

Es war höchste Zeit, daß Frankreich sich regte: Von Virginia her drängten die Engländer zum Mississippi, die Spanier vom Süden. Als d'Ibervilles Flottille einen natürlichen Hafen westlich des Deltas anlief, stellte er fest, daß dieser schon von Spaniern besetzt war. Den Franzosen wurde freundlich, aber bestimmt der Zugang zur Bucht von Mobile verweigert. Der spanische Kommandeur erlaubte ihnen lediglich, Wasser und Holz aufzunehmen. D'Iberville wich etwa zwanzig Meilen nach Westen aus und gründete in der Bucht von Biloxi eine Siedlung, die seinen Namen trägt.

Zusammen mit seinem Bruder erkundete d'Iberville schon wenige Wochen später das Delta des großen Flusses. Sie passierten einen großen See, dem sie protokollbewußt den Namen ihres Ministers Pontchartrain gaben (ein kleinerer wurde nach dessen Sohn benannt). Da Karneval war, nannten sie ein anderes Gewässer „Mardi Gras". Im Gang der Jahre legten sie eine Reihe von Forts an – bis hinauf nach Natchez am Arkansas River und hinüber zum Red River, als Sicherung gegen die Spanier in Mexiko.

D'Iberville starb 1706 auf Kuba am Gelben Fieber. Danach regierte in der jungen Kolonie der Sieur de Cadillac, der Gründer von Detroit, dem das Pariser Ministerium zutraute, Ordnung zu schaffen. Er schien den Auftrag nicht völlig zur Zufriedenheit seiner Vorgesetzten erfüllt zu haben, denn nach seiner Rückkehr setzten sie ihn für geraume Zeit in der Bastille fest. Im Amt folgte 1717 Jean Baptiste, Sieur de Bienville. Er regierte ohne Unterbrechung fast ein Jahrzehnt lang und danach – von 1733 bis 1743 – noch einmal zehn Jahre: der eigentliche Gründer der Kolonie Louisiana.

Über die französischen Soldaten, meist schon in Kanada geborene rauhe Gesellen, hatte bereits Gouverneur Cadillac lebhaft Klage geführt. Sie seien lasterhaft und zögen die Frauen der Wilden den europäischen Damen vor.

Im tropischen Klima wollte keine mitgebrachte Frucht gedeihen. Die Indianer hatten die Fremden durchzufüttern. Unruhen unter den Stämmen ließen sich nur durch ein System von Bündnissen beschwichtigen. Die Erfahrung Henri de Tontys, der zu Hilfe gerufen wurde, erwies sich als unentbehrlich.

Mit geringem Behagen registrierten die Verwalter, die Offiziere, die Priester, daß Minister Pontchartrain im fernen Paris vor allem Kriminelle und Huren nach Louisiana schickte. Man sprach von einer „émigration forcée",

Die Verheißung leichten Reichtums lockte nach 1716 den ersten großen Strom von Auswanderern nach Louisiana. Doch das Leben in den Siedlungen – wie es diese Zeichnung von 1720 zeigt – brachte nur Mühsal und Enttäuschung. Im tropischen Klima wollte keine mitgebrachte Frucht gedeihen

und in der Tat waren die Staatsmänner Frankreichs davon überzeugt, die Zwangsauswanderung sei eine humane und auch billige Angelegenheit: Sie konnten auf diese Weise ihre Städte von unruhigen Elementen säubern, die überfüllten Gefängnisse leeren und sich lästiger Kostgänger entledigen.

Auch die Zuchtanstalten für leichte Frauenzimmer räumte man in Frankreich aus, vor allem die Salpêtrière. Die Einschiffungslisten enthielten viele Namen von Prostituierten, die sich aus allen Provinzen Frankreichs rekrutierten, aber auch Deutsche, Böhminnen sowie Irinnen, die jüngsten zwölf, die älteren dreißig Jahre, wurden nach Übersee gebracht.

Den Schiffen entstieg mitunter auch ein Korps der sogenannten „filles de cassettes", Heiratskandidatinnen, die von der Regierung mit einem Koffer ausgestattet wurden, der eine Grundaussteuer für die Familiengründung enthielt. Oft entstammten auch diese Damen den Quartieren der raschen Sünde. Sie begründeten gewisse Traditionen, denen New Orleans treu blieb.

In der Ägide Bienvilles wurde mit dem Bau der Stadt am Mississippi begonnen, vier Jahre später, 1722, zog der Gouverneur mit der Verwaltung von Biloxi nach Nouvelle Orléans um. Nun gelangte der erste große Strom von Siedlern nach Louisiana: Pioniere, die der schottische Finanzartist John Law of Lauriston in Frankreich, Deutschland, Holland und in der Schweiz angeworben hatte. Der geniale Geldmann, dem moderne Historiker den Titel eines „Reformers" zuerkennen, hatte 1716 in Paris eine Bank gegründet, die den französischen

Oft entstammten die Heiratskandidatinnen, die von Frankreich in die Neue Welt geschafft wurden, den Quartieren der raschen Sünde. Sie begründeten vor allem in New Orleans gewisse Traditionen, denen die Stadt treu blieb. Der laszive Charakter der Bourbon Street im „French Quarter" lockt heute Scharen von Touristen an

Staat aus den Schulden retten sollte, welche Ludwig XIV. hinterlassen hatte. John Law druckte Geldnoten, die er statt Gold und Silber zirkulieren ließ. Ihren Wert garantierte er durch eine Gesellschaft zur Erschließung von Louisiana.

Die Reichtümer, die jene Kolonie versprach – Pelze, noch immer Gold und Silber, Zuckerrohr und Tabak –, waren den Abnehmern Garantie genug. Spekulationsfieber trieb den Wert der Noten in die Höhe. Einige Monate nach der Ausgabe wurden die Mississippi-Papiere zum Vierzigfachen des Originalwertes gehandelt. Die gewinngierige Gesellschaft von Paris geriet in einen wahren Taumel.

Ganze Flotten von Auswandererschiffen schickte John Law über den Ozean. Man sagte freilich, daß nicht einmal die Hälfte der Angeworbenen ihre Siedlungsplätze erreichte. Viele starben, als sie mittellos und unversorgt in den Häfen von La Rochelle und Rouen auf den Abtransport warteten, andere während der Überfahrt auf den Schiffen, die sich von Sklaventransportern kaum unterschieden. Viele holte nach der Ankunft das Gelbe Fieber oder die Malaria.

Die Zahl der Elsässer und Deutschen, die John Laws Trommler in den verarmten Provinzen links und rechts des Rheins rekrutierten, wird auf sechstausend geschätzt. Höchstens zweitausend kamen in Louisiana an, davon gelangten nur einige hundert bis zu jenem riesigen Territorium im Nordwesten am Zusammenlauf von Arkansas River und Mississippi, das John Law als fürstliches Lehen vermacht worden war.

Die subtropische Region versprach, auf den ersten Blick, paradiesische Ernten aller nur denkbaren Früchte dieser Erde. Indes, zuerst mußte die Wildnis gerodet, mußten die Sümpfe trockengelegt werden. Unendliche Mühsal trat an die Stelle des goldenen Traums. Als der schnelle Erfolg ausblieb und die „Mississippi-Blase" John Laws im Jahre 1720 platzte, brach eine Panik aus, die der Magier nicht mehr einzudämmen vermochte, obwohl er zu Beginn noch selber am Schalter seiner Bank stand, um die Papiere einzulösen. Er floh außer Landes und starb, neun Jahre später, verarmt in Venedig.

Die halbverhungerten Siedler kehrten der feuchtheißen Wildnis sofort den Rücken, als sie die Nachricht vom Bankrott ihres Herrn erreichte. Sie wollten nach Europa zurück, so rasch wie möglich. Louisiana war kein Paradies. Es glich eher einer grünen Hölle.

Gouverneur Bienville hielt die enttäuschten Siedler in Nouvelle Orléans auf und wies ihnen im Norden der Stadt, links und rechts vom Mississippi, ein Areal von zwanzig bis dreißig Meilen Ausdehnung zu: Grundstücke, die allesamt an den Fluß stießen und sich weit ins Hinterland erstreckten. Eine Beschreibung des Zustands der Kolonie aus jenen Jahren zeugt in nüchternen Worten von der unsäglichen Härte des Alltags der Pioniere: wieviele Tote, wieviele Kranke, wieviele Hinweise, daß Hilfe nun dringend gebraucht werde . . .

Der bitterste Rückschlag indes, den die französische Kolonie erlitt, war die Vernichtung der Siedlung Fort Rosalie – nach der Frau des Ministers Pontchartrain benannt – durch die Natchez-Indianer: 138 Männer, 35 Frauen und 56 Kinder wurden im November 1729 abgeschlachtet. Die nachbarlichen Beziehungen zu den Natchez waren stets schwierig und spannungsvoll. Die Franzosen begegneten ihnen mit Abneigung, weil sie beobachtet hatten, daß jener Stamm in finsteren Zeremonien Kinder schlachtete, um die Gunst der Götter zu erlangen. Ein launischer und tyrannischer Kommandeur, der die Indianer aus ihren Dörfern vertreiben wollte, hatte freilich ohne jede Not den blutigen Konflikt provoziert.

So entsetzlich die Verluste der Franzosen auch waren: Die Natchez haben schrecklich gebüßt. Zwei Jahre später war ihre Nation ausgelöscht.

Indessen bissen sich die Bauern vom Rhein im Lande fest. Viele der deutschen Siedler frankisierten ihre Namen. Aus Zweig wurde Branche, aus Weber Febre, aus Huber Ouvre, aus Wagensbach Waguespack, aus Heidel

Der schottische Finanzartist John Law brachte Tausende von Siedlern aus Europa in die Neue Welt. Als der schnelle Erfolg ausblieb und seine Spekulation 1720 zusammenbrach, floh er nach Venedig. Dort starb er, neun Jahre später, als armer Mann

wurde Aydelle. Lutheraner hielten nicht allzu lang am angestammten Glauben fest. Das Statut der Kolonie verbot die Niederlassung von Protestanten und Juden. Für den Umgang mit Sklaven wurde nach dem Vorbild von Haiti ein „Code noir" erlassen, der die schlimmste Willkür eindämmen sollte.

Das Uferland am Mississippi, das heute von den gleißenden Tanks und Raffinerien der petrochemischen Industrie gesäumt ist, hieß lang „La Côte Allemande". Es gibt einen Lac des Allemands und Dörfer, die Kraemer oder Hahnville heißen. Später nannte man die Deutschen, die Frankreichs Kolonialkultur völlig zu der ihren gemacht hatten, die „German Creoles".

Ihren Kampf um die Weltmacht, der dem 18. Jahrhundert sein Gepräge gab, trugen Frankreich und England nicht nur in Europa aus, wo die Auseinandersetzungen sieben Jahre währten (1756 bis 1763), sondern vor allem in einem neunjährigen Kolonialkrieg, der schon 1754 begann. Der Marquis de Montcalm errang zu Anfang einige glänzende Siege über die Briten, den brillantesten bei Ticonderoga, im Norden des Staates New York, wo knapp viertausend Franzosen eine Armee von fünfzehntausend Rotröcken zu Paaren trieben.

Sein Gegner James Wolfe bestürmte im Herbst 1759 die Festung Quebec. Vor der Zitadelle nahm Montcalm die Schlacht an. Wolfe wurde tödlich verwundet. Seine Truppen stürmten die Stadt. Am Abend fiel auch Montcalm.

Frankreich verlor Quebec, Ontario, die Region der Großen Seen, Ohio, Kentucky, Tennessee an Großbritannien. Damit war das amerikanische Imperium Frankreichs zerbrochen. Die Engländer setzten sich vorübergehend auch im östlichen Louisiana fest, während Spanien Nouvelle Orléans und die Gebiete westlich des großen Flusses überlassen wurden.

Während des Krieges waren die ersten „Acadiens", Franzosen von Nova Scotia, ins Mississippi-Delta gekommen, um dort Zuflucht zu suchen. Sie zogen sich weit an die Flüßchen und Seen des Hinterlandes zurück, um zu fischen und Baumwolle und Zuckerrohr anzubauen: ein reservierter Menschenschlag, dessen Kinder noch heute ein rauhes, uraltes Französisch sprechen, mit englischen und indianischen Vokabeln vermischt. Die „Cajuns" – eine englische Verballhornung ihrer Herkunftsbezeichnung – wohnten, oft so arm wie die Schwarzen, hinter der Welt, bis mit den Erdölfunden vor wenigen Jahrzehnten der Wohlstand kam. Wie fast alle Minoritäten klagen sie über die Gefährdung ihrer Kultur, zumal ihrer Sprache, der sie sich ein wenig schämen, so völlig zu Unrecht.

Erst ein gutes Jahr nach dem Pariser Friedensschluß von 1763 zwischen Frankreich, England und Spanien erfuhren die Bürger von Louisiana, daß sie nun nicht mehr französisch, sondern spanisch sein sollten. Die kleinen Besatzungen in den Siedlungen und Forts weiter droben am Mississippi blieben: Sie dienten dem König von Spanien so gern oder so ungern wie dem von Frankreich. Ihnen sagte im Jahr 1800 auch keiner, daß Napoleon – durch den Geheimvertrag von San Ildefonso mit Spanien – die Rückgabe Louisianas erzwungen hatte; der Diktator

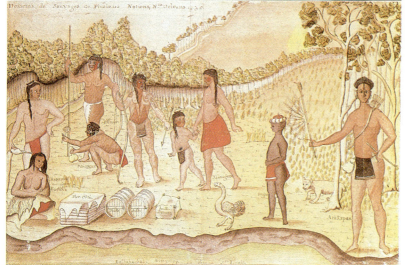

Die französischen Kolonisten in Louisiana brauchten die Choctaw-Indianer als Verbündete gegen die Natchez und sie brauchten die schwarzen Sklaven als Arbeitskräfte. Das Kolonialstatut erhielt Regeln für ein erträgliches Miteinander der Rassen

brauchte eine amerikanische Basis für den Kampf gegen die Briten.

Er brauchte aber auch Geld für seinen Krieg in Europa, dringender noch. Präsident Jeffersons Gesandter Livingston begann in aller Stille über einen Kauf des westlichen Louisiana von Frankreich zu verhandeln. Jefferson schickte überdies seinen Freund Monroe nach Paris. Talleyrand, Bonapartes gerissener Außenminister, fragte am 11. April 1803 überraschend, was die Amerikaner für Louisiana bieten würden. Die Partner einigten sich auf fünfzehn Millionen Dollar. Als endlich ein französischer Kommandeur in Nouvelle Orléans eintraf, um seinen spanischen Vorgänger abzulösen, war Jeffersons Handel mit Paris nahezu perfekt.

Was blieb von La Salles imperialer Vision? Ein Jahrhundert nach dem Tod des großen Reisenden war sie Erinnerung, mehr nicht, ein verwehter Traum. Der französischen Kolonialpolitik fehlte die beharrliche Konsistenz der Briten. Sie war sprunghaft und umständlich. Sie erstickte zu viele Energien durch die bürokratische Starrheit der merkantilistischen Staatswirtschaft, während die Engländer der Dynamik des frühen Kapitalismus vertrauten. Die Franzosen bemächtigten sich nur zögernd der bestellbaren Böden. Sie vermieden dadurch die blutigen Konflikte mit den indianischen Landeskindern, die Rechtlosigkeiten und Vertragsbrüche, deren sich die Spanier, später die Briten und die Amerikaner schuldig machten. Aber alle drei imperialen Mächte, die in Amerika miteinander konkurrierten, Spanier, Franzosen, aber auch die Briten, bewiesen, jede auf ihre Weise, eine fatale Neigung, sich selber zu schwächen und Niederlagen beizubringen, die schließlich das Scheitern vorbereiteten.

Um Großbritannien zu treffen, unterstützte Frankreich den Kampf der Amerikaner um die Unabhängigkeit. Die Revolution der europäischen Siedler gegen den Herrschaftsanspruch der britischen Krone schien überdies die schönsten Hoffnungen der französischen Aufklärung zu erfüllen. Der

Arkansas Post heißt die historische Stätte nahe der Mündung des Arkansas River in den Mississippi. Bis hierher stieß La Salle im März 1682 vor, und hier errichtete sein Gefährte Tonty vier Jahre später einen befestigten Stützpunkt: Unter den vielen Flaggen am Ort erinnert das Lilienbanner der französischen Könige daran

Marquis de Lafayette und Thomas Jefferson schlugen die moralischen Brücken. Die beiden Namen signalisierten eine demokratisch-revolutionäre Verwandtschaft. Sie mündete in die amerikanisch-französische Allianz, die alle Krisen und Konflikte bis in unsere Zeit überstand, weil sie jenseits der Politik in einer geistigen, kulturellen und moralischen Gemeinsamkeit verwurzelt ist. Sie wurde während des Ersten Weltkriegs 1917 besiegelt, als General Pershing, der Chef des amerikanischen Expeditionskorps, französischen Boden betrat und salutierend die Hand hob: „Lafayette, nous voilà."

Dieser Geist verwehte nicht völlig – und mit ihm nicht der Stolz auf die französischen Namen der Städte: New Orleans, Baton Rouge, Cape Girardeau, Ste. Genevieve, St. Louis, Dubuque, Prairie du Chien und La Crosse, die den Mississippi säumen.

In der Glanzzeit ihres amerikanischen Imperiums hatten die Franzosen hinübergegriffen bis zu den Rocky Mountains, die um 1740 von den Chevaliers de La Vérendrye zum ersten Mal erreicht worden waren. Der Vater, ein erfahrener Waldläufer, und seine Söhne hatten den Fluß- und Landweg über den Kontinent zum Pazifik gesucht.

Gut ein halbes Jahrhundert später rüstete Thomas Jefferson eine Expedition aus, die Frankreichs Spuren im Westen aufnahm.

Der lange Marsch zum Pazifik

In militärischer Disziplin, aber höchst friedlich verlief die erste wissenschaftliche Erkundung des nordamerikanischen Kontinents bis hinüber zum Stillen Ozean. Am 14. Mai 1804 brachen die beiden Offiziere Meriwether Lewis und William Clark mit ihrer Truppe auf; 28 Monate waren sie per Boot, zu Fuß und zu Pferde unterwegs, um den Auftrag von Präsident Jefferson zu erfüllen. Dazu brauchten die Männer die Hilfe der Indianer. Sie fanden sie vor allem in Sacagawea, einer blutjungen Frau. Sie dolmetschte, sie zeigte den Weg – und klaglos brachte sie unterwegs ihr Kind zur Welt. Trotz unvorstellbarer Strapazen, trotz Hunger, Kälte und Krankheiten verlor die Expedition nur einen Mann

Über St. Louis, von den Franzosen gegründet und nach König Ludwig XIV. benannt, ragt seit 1965 am Ufer des Mississippi der „Gateway Arch" auf, der technisch kühne Bogen, den man das Tor zum Westen nennt. Vom nahen Camp Wood brachen Lewis und Clark zu ihrem transkontinentalen Abenteuer auf

In Fort Benton, Montana, werden Lewis und Clark in heroischer Pose gezeigt: das 1976 zur Zweihundert-Jahrfeier der Vereinigten Staaten errichtete Denkmal einer stolzen Nation für ein Forscherteam, welches das erste große wissenschaftliche Unternehmen der USA in mustergültiger Eintracht bewältigte

Wasserläufe waren für die transkontinentale Expedition meist willkommen als Transportwege, oft aber auch Hindernisse: der Silway River in Idaho, der Missouri in Montana, der Columbia River mit der heutigen Papierfabrik bei Camas sowie der Lochsa River jenseits der schwierigen Passage über den Lolo-Paß

Im Yellowstone Park und in anderen Reservaten werden heute Bisons gezüchtet und gehegt. Gegen Ende des 19. Jahrhunderts waren diese urigen Wildrinder des Mittleren Westens durch weiße Berufsjäger fast ausgerottet

Die industrielle Landwirtschaft der Weißen dominiert heute mit ihren „wogenden Hügeln" — hier ein Rapsfeld bei Lewiston in Idaho —, wo die Indianer vom Stamm der Nez Percé von alters her ansässig waren und heute ein Reservat besitzen

Als zusätzlicher Blickfang für flüchtige Durchreisende wirkt die Indianerpuppe vor einem General Store im nördlichen Ausläufer der Bitterroot Range: dort, wo sich einst die Stammesgebiete der Shoshone und der Nez Percé berührten. In diesem Gemischtwarenladen gibt es alles — sogar Jagdscheine und Beglaubigungen für Unterschriften

Eine der höchsten Erhebungen des amerikanischen Westens ist der Gipfel von Mount Hood, der mit seinen 3400 Metern über den Ausläufern von Portland im Staate Oregon aufragt. Clark jubelte: Der Pazifische Ozean sei nun nicht mehr weit. Aber der Marsch zur Küste dauerte noch qualvolle Wochen

Die Großstadt Portland manifestiert sich heute dort, wo Lewis und Clark mit ihrer Truppe durch menschenleere Gegend zogen. Erst ein Vierteljahrhundert später ließen sich hier die ersten weißen Siedler nieder — und noch einmal 15 Jahre später wurde die Gemeinde offiziell gegründet, die dann im Goldrausch wenige Jahre später einen stürmischen Aufschwung erlebte

Die oft so dramatisch zerklüftete Pazifikküste im Grenzbereich der heutigen Staaten Oregon und Washington erkundeten Lewis und Clark im Regenwinter 1805 — mit der Hoffnung, ein Schiff anzutreffen. Doch der mühselige Rückmarsch über die Rocky Mountains blieb ihnen nicht erspart

Dort droben, mehr als zweitausend Meter über dem Meeresspiegel, ist der Himmel noch höher und weiter als irgendwo sonst in Amerika, die Septemberluft scharf und klar. Man riecht den Schnee, der nicht mehr weit ist. Eine Woche noch oder zwei, dann breitet sich über das Hochtal von Big Hole in Montana ein kalter, weißer Teppich, der bis Mai nicht mehr weichen wird.

Der Beamte der Parkverwaltung, ein breiter und bedächtiger Mann, spricht von der Schlacht, die vor mehr als einem Jahrhundert das stille und weite Hochtal zu einer Stätte des Grauens machte, als gehöre seine Sympathie ganz und gar den Indianern. So geht es oft zu: Ein verquerer Stolz verbündet sich mit den Besiegten und ihrem verzweifelten Widerstand, als könne der späte Respekt das Unrecht wiedergutmachen, das den früheren Herren der Prärien und Wälder unter dem Landhunger der amerikanischen Pioniere und der Brutalität der Militärs widerfuhr.

Die Schlacht von Big Hole im August des Jahres 1877 war der letzte Sieg indianischer Krieger über eine reguläre weiße Truppe vierzehn Monate nach dem Debakel von Little Bighorn in den Dakotas, bei dem General George Armstrong Custer und mit ihm zweihundert seiner Männer ihr Ende fanden. Die Sioux ließen bei Little Bighorn nicht einen Weißen entkommen. Nur ein Pferd mit Namen Comanche überlebte die Schlächterei. Es wurde fortan gesattelt, doch ohne Reiter bei allen Paraden des Siebten Kavallerieregiments mitgeführt: der Ursprung eines pathetischen Rituals, das bei den großen militärischen Totenfeiern Tradition wurde. Die Welt bewunderte es beim Begräbnis John F. Kennedys.

Die Kompanien des Colonel John Gibbon kamen bei Big Hole glimpflicher davon. Milizen und Einheiten der Bundesarmee verfolgten seit Monaten die Züge der Nez Percé-Indianer durch die Berge von Idaho und Montana. (Französische Jäger hatten bei den Chopunnish gesehen, daß einige Männer und Frauen an durchbohrten Nasenflügeln kleine Schmuckringe trugen: So erhielt jenes Volk den seltsamen Namen Nez Percé, „Durchbohrte Nasen", der ihm bis heute geblieben ist.)

Die Stämme siedelten seit Menschengedenken an den oberen Zuströmen des Columbia River. Sie fingen den Lachs, der im frühen Sommer aus dem Pazifik hinaufstieg, pflanzten Mais und Bohnen, sammelten wilde Wurzeln, jagten Hirsche, Elche, auch Bären, von denen es in den westlichen Regionen der Rocky Mountains allerdings nicht viele gab. Im 18. Jahrhundert erwarben sie im Tausch von anderen Stämmen Pferde, die von den Spaniern ins Land gebracht worden waren. Die Tiere gediehen auf den Weiden der amerikanischen Alpen prächtig und vermehrten sich rasch. Die Nez Percé zeigten ein besonderes Talent für die Zucht. Sie wurden brillante Reiter.

Die Pferde ermöglichten es ihnen, im Sommer über die Rocky Mountains zu ziehen, um drüben im Osten auf den Prärien links und rechts des Missouri River den Bison zu jagen. Dort stießen sie auf Konkurrenz: die Blackfoot von der Nation der Teton-Sioux, Krieger von überlegener Aggressivität, die alle Eindringlinge gnadenlos austrieben. Allzu oft ließen die nomadisierenden Nez Percé ihre ohnedies kargen Felder im Stich und flüchteten. So suchte sie in den langen Wintern, wenn die Vorräte an getrocknetem Fisch und getrocknetem Fleisch zu Ende gingen, fast regelmäßig der Hunger heim.

Als die Weißen kamen — zuerst französische Jäger und Trapper, dann Bauern in größerer Zahl —, flackerten Konflikte um das Land auf. Die Nez Percé waren den Menschen europäischer Herkunft zunächst ohne alle Feindseligkeit begegnet. Sie erhofften von ihnen Unterstützung gegen die gefürchteten Blackfoot. Aber als Reservate abgesteckt und den Indianern zugewiesen wurden, weigerten sich die jungen Krieger, ihre angestammten Territorien zu verlassen. Der kluge und ruhige

General George Armstrong Custer führte im Sommer 1876 am Little Bighorn zweihundert Mann gegen die Sioux in die Schlacht. Es wurde ein großes Debakel. Die Indianer ließen nicht einen Weißen entkommen. Auch der General fand den Tod

Der Indianer Amos Bad Heart Bull malte die Schlacht am Little Bighorn aus eigener Erinnerung um 1890 in naivem Stil. Ein Häuptling der Sioux, Crazy Horse, ist in dieser Szene an der gepunkteten Kriegsbemalung zu erkennen. Der Sieg half den Indianern nicht. Mit Beginn der Besiedlung durch die Weißen und der Verdrängung der Stämme in immer abgelegenere Gebiete setzten sich die bewaffneten Konflikte verstärkt fort

Ulysses S. Grant — auf diesem Foto von 1864 als General im Bürgerkrieg — wurde später Präsident der Vereinigten Staaten und trug die letzte Verantwortung für den Feldzug gegen die Nez Percé. Als der Stamm der weißen Übermacht weichen mußte, wandte er sich mit einem Gesuch um Hilfe an Sitting Bull, den großen Häuptling der Sioux. Doch er konnte nicht mehr eingreifen. Die Nez Percé mußten kapitulieren

Häuptling Joseph beschwichtigte die Rebellen. Er wußte, daß sein Volk einen Krieg gegen die Weißen nicht zu bestehen vermochte. So billigte er die von der Regierung in Washington 1830 vorgelegten Verträge und überredete seine Leute, sie zu respektieren.

Indes drangen, wie üblich, weiße Siedler in die Reservate der Indianer ein. Sie verschafften sich, auch das war üblich, Einfluß in der Hauptstadt. Die Regierung des Präsidenten Ulysses S. Grant widerrief 1877 die von ihr selber formulierten Abmachungen. Das Territorium der Nez Percé sollte abermals eingeengt und verlegt werden.

Die Mahnung zum Kompromiß, um den sich Häuptling Joseph wiederum bemühte, war vergebens. Es blieb ihm keine Wahl: Er führte sein Volk in den Kampf. In geschickten Manövern wich er der offenen Schlacht aus, so lang es ging. Droben im Hochtal von Big Hole, wenige Meilen östlich der Bitterroot Range, der kontinentalen Wasserscheide, glaubte er, ein sicheres Lager für die Frauen, die Kinder, die Pferde gefunden zu haben. Der Stamm schlug seine Zelte auf, um zu rasten und die Gäule grasen zu lassen.

Colonel Gibbon hatte eher zufällig von der Anwesenheit der Nez Percé erfahren. In der Dunkelheit führte er seine Truppe heran. Die indianischen Wachen, wenn überhaupt welche aufgestellt waren, bemerkten nichts. Ihre Pferde blieben ruhig.

In der Morgendämmerung begannen die weißen Soldaten, ins Lager zu schießen. Frauen und Kinder rannten voll Angst aus den Tipis. Häuptling Joseph verhinderte eine Panik. Er wies die Frauen an, hinter flachen Erhebungen Schutz zu suchen, sammelte seine Krieger und teilte sie in drei Gruppen. Die eine sollte das Lager schützen, die beiden anderen entfernten sich — nicht, um zu fliehen, wie Gibbon vermutete, sondern um dessen Stellung zu umgehen. Die Weißen hatten Haubitzen mitgeschleppt. Als sie begannen, das Lager zu beschießen, wurden die Geschütze von mutigen Nez Percé im Sturm genommen.

Am späten Vormittag war Gibbons Streitmacht umzingelt. Die Belagerung durch die Indianer hielt bis zum Abend an. Dann meldeten Späher dem Häuptling, daß ein weiteres Regiment von Fort Missoula im Anmarsch sei. Dieser Übermacht fühlte er sich nicht gewachsen. Er ließ die überlebenden Weißen entkommen, brach das Lager ab und zog mit seinem Stamm in Eilmärschen hinüber zum Yellowstone Park: Triumph für einen Tag.

Auch dort spürten ihn die Verfolger auf. Joseph wich nach Norden aus, gelangte in die Nähe der kanadischen Grenze. In der Schlacht bei den Bear Paw Mountains brachten seine Krieger dem Siebten Kavallerieregiment noch einmal bittere Verluste bei. Doch sie konnten nicht mehr gewinnen. Sie sandten Boten zu Sitting Bull, dem großen Häuptling der Sioux, und baten ihn um Unterstützung.

Es war zu spät. Joseph wurde zur Kapitulation gezwungen. Den Amerikanern rief er zu: „Meine Leute, die in die Berge flüchteten, haben keine Decken und keine Nahrung. Niemand weiß, wo sie sind. Vielleicht erfrieren sie. Ich möchte nach meinen Kindern sehen. Vielleicht finde ich sie unter den Toten . . . Ich bin müde. Mein Herz ist krank und traurig . . . Ich werde nicht mehr kämpfen." Weiße und Indianer schwiegen betroffen. Joseph aber verhüllte sein Haupt.

Das Kriegsministerium in Washington wollte die Nez Percé für immer nach Kansas verbannen. General Sherman forderte die Hinrichtung ihrer Anführer. Doch dann fand das tapfere Volk Fürsprecher bei seinen Gegnern. Colonel Miles, obschon Shermans Untergebener und der hartnäckigste Widersacher der Nez Percé, warb für die Rückführung der Indianer nach Idaho in ihr altes Reservat.

Der alte Häuptling Joseph wurde in Washington vom Präsidenten und vom Innenminister empfangen. Realistisch erklärte er: „Ich weiß, daß sich meine Rasse ändern muß. Wir können, wenn wir mit den Weißen leben wollen, nicht bleiben wie wir waren. So fordern wir nur die kleine Chance, so zu existieren wie die anderen Menschen auch. Wir fordern, als Menschen anerkannt zu werden. Wir fordern, daß für uns das gleiche Recht wie für alle anderen gilt . . ."

Die Nez Percé konnten schließlich in ihr Siedlungsgebiet zurückkehren.

Um 1804 wurde die Zahl der Mitglieder dieses Volkes auf etwa achttausend geschätzt. Bei der Volkszählung des Jahres 1980 wurden noch annähernd zweitausend gezählt: ruhige und meist freundliche Menschen, die ihr bescheidenes Auskommen haben. Die bitteren Erfahrungen mit den Weißen scheinen bei ihnen eher eine gutartige Resignation als Feindseligkeit hinterlassen zu haben.

D ie „Öffnung des Westens" begann mit dem Virginier Thomas Jefferson, Autor der Unabhängigkeitserklärung von 1776, der Amerika die geistige Prägung gab. Er setzte hohe Ziele, auch politisch. Man mag von dem naiv-scheuen Imperialismus dieses großen Demokraten reden.

Als Jefferson, 1801, zum dritten Präsidenten der Vereinigten Staaten gewählt wurde, war immer noch nur eine Randzone des mächtigen Kontinents erschlossen. Mit höchster Aufmerksamkeit hatte er schon als Gesandter in Paris die Unternehmungen der Spanier und Briten beobachtet, denen keinesfalls erlaubt werden sollte, ihre Herrschaftsbereiche in Nordamerika auszudehnen. Die Vereinigten Staaten durften nicht zurückstehen in der Konkurrenz der Großmächte um die Erschließung des westlichen Kontinents, wenn sie sich behaupten sollten. So dachte er, längst vor der Übernahme seines hohen Amtes, an eine Expedition, die von der Ostküste quer durch den ganzen Kontinent an den Pazifik entsandt werden müßte.

Jefferson behielt dieses Ziel stets im Auge. Nicht lang nach seinem Einzug ins Weiße Haus entschied er, eine mili-

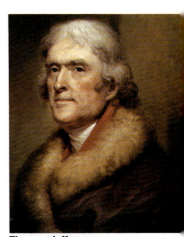

Thomas Jefferson, als dritter Präsident der Vereinigten Staaten 1805 auf diesem Ölgemälde verewigt, betrieb eine konfliktreiche Politik gegenüber den Indianern: Er forderte den Tausch von „Land, das sie im Überfluß haben" gegen Güter der westlichen Zivilisation, „die wir im Überfluß besitzen"

tärisch organisierte Expedition den Missouri aufwärts zum Columbia River zu entsenden – immer noch in der leisen Hoffnung, einen schiffbaren Weg zu finden, der die beiden Ozeane über die Großen Seen und den Mississippi miteinander verbinde. Es kümmerte ihn nicht, daß diese praktisch unerforschten Ländereien sich noch immer unter französischer oder spanischer Hoheit befanden. Der amerikanische General James Wilkinson, nach heutigen Begriffen ein Doppelagent, riet den Spaniern schon während der Vorbereitung der Expedition, sie sollten den von Jefferson beauftragten Offizieren den Weg verlegen und sie festnehmen. Die Briten schickten seit langem Handelsagenten von den Großen Seen hinüber ins Territorium von Missouri. Sie hätten ihr Dominium gern so weit wie möglich nach Westen und Süden ausgedehnt.

Jefferson geschieht kein Unrecht, wenn man feststellt, daß er vom ersten Tag seiner Amtszeit an expansiv dachte. Er dachte „human" und oberflächlich über das Schicksal der Ureinwohner dieses Kontinents nach. Ein Jahr vor dem Aufbruch der großen Expedition beschrieb dieser Mann der hochfliegenden Träume mit pragmatischer List, wie sich die Zivilisierung der Indianer vollziehen sollte: „... Wir tauschen Land, das sie im Überfluß haben und das wir haben möchten, gegen Lebensnotwendigkeiten, die wir im Überfluß besitzen und die sie haben möchten; wir gründen Handelsposten und werden zufrieden sein, wenn gute und einflußreiche Individuen (unter den Indianern) Schulden machen, weil wir beobachten werden, daß sie sich willig zeigen, ihr Land dahinzugeben, wenn die Schulden die Zahlungsfähigkeit jener Individuen übersteigen. Auf diese Weise werden unsere Siedlungen sich allmählich (dem Territorium der Indianer) annähern und es erschließen. Im Lauf der Zeit werden sie sich entweder als Bürger bei uns einfügen oder sich über den Mississippi zurückziehen. Das erste wäre für sie selber die glücklichste Beendigung ihrer Geschichte. Doch auf diesem ganzen Weg ist es wesentlich, ihre Liebe zu gewinnen. Was ihre Furcht angeht, so nehmen wir an, daß unsere Stärke und ihre Schwachheit jetzt so sichtbar ist, daß wir nur unsere Hand zu schließen brauchen, um sie zu zerbrechen . . ."

So Thomas Jefferson, gewiß einer der liberalsten und sensibelsten Geister in der jüngeren Geschichte der Menschheit. Er war kein Zyniker. Die Zivilisierung der Indianer schien ihm ein natürliches Ziel der Aufklärung und ein guter Dienst im Weltplan Gottes zu sein, dem die Bürger der Vereinigten Staaten ohnehin ein wenig näher zu sein schienen als die Untertanen der verkommenen europäischen Fürsten.

Präsident Jefferson dachte an die Gründung einer mächtigen, doch bäuerlich bestimmten Demokratie „von Ozean zu Ozean", als er den Auftrag gab, die große transkontinentale Expedition für das Jahr 1804 vorzubereiten.

Meriwether Lewis, zu Beginn der großen Expedition dreißig Jahre alt und noch im Jahr der Rückkehr porträtiert, erwarb sich als Privatsekretär das Vertrauen von Präsident Jefferson. Vor dem langen Marsch zum Pazifik studierte er in Schnellkursen alle Wissenschaften, deren Kenntnis das Unternehmen voraussetzte

Man sagt, Meriwether Lewis habe sich um das Kommando des Unternehmens beworben, als er für Jefferson Sekretariatsaufgaben im Weißen Haus versah. Der Gedanke liegt nahe, daß Jefferson den gelehrigen, wenngleich ein wenig melancholischen jungen Mann aus der Nachbarschaft in Virginia schon mit der stillen Absicht engagiert hatte, ihn auf die große Mission vorzubereiten.

Der Dienstherr schärfte dem Sekretär ein, es sei seine wichtigste Aufgabe, alle Beobachtungen minutiös zu notieren. Lewis, der die Grenzen seiner Bildung kannte, unterzog sich bei den bedeutendsten Gelehrten der Vereinigten Staaten Schnellkursen in Zoologie und Botanik, in Geologie, Astronomie und Geodäsie. Er verschaffte sich überdies einige medizinische Kenntnisse.

In einem Brief vom 20. Juni 1803 formulierte Jefferson präzise, was er von seinem Expeditionsleiter erwarte: zunächst und vor allem genaue Erkundigungen über Möglichkeiten des Handels, vor allem mit Pelzen, der damals den Austausch zwischen den Territorien der Indianer und Weißen beherrschte. Ferner verlangte er exakte geographische Informationen und die Fertigung von präzisen Landkarten. Danach wünschte der Präsident nähere Unterrichtung über Namen und Kopfzahl der Indianerstämme, die Ausdehnung ihrer Besitzungen, die Beziehungen zu ihren Nachbarn, über ihre Sprachen, Traditionen und Denkmäler, über Ackerbau, Fischerei und Jagd, über Nahrung, Kleidung und Behausung, Krankheiten und Heilmittel, über ihre geistigen und physischen Besonderheiten, über ihre Gesetze, Sitten und Neigungen, schließlich über die Waren, die sie brauchten, nicht zu vergessen ihre moralisch-religiöse Verfassung: wahrhaftig ein umfassendes Konzept.

Aber mehr noch: Der Präsident ersuchte um Berichte über die Gestalt der Landschaft und die Beschaffenheit des Bodens, über eßbare und nicht eßbare Pflanzen, zumal solche, die noch unbekannt seien, über die Tierwelt — wiederum mit dem Augenmerk auf unbekannte oder seltene Spezies —, über Mineralien (vor allem Metalle, Kohle, Salpeter), über Salzvorkommen und Mineralquellen, über vulkanische Erscheinungen, schließlich über das Klima: den Thermometerstand, der täglich abgelesen werden sollte, das Verhältnis von regnerischen und bedeckten zu klaren und sonnigen Tagen, über Gewitter, Frost, Winde, die Gezeiten des Pazifik und ihre Auswirkungen auf die Pflanzen- und Tierwelt.

Dies war ein anspruchsvolles Programm. Nur der naive Universalismus des 18. Jahrhunderts, von dem Jefferson geprägt war, rechtfertigte die Hoffnung, ein bestrebter Mensch könne einem solchen Auftrag gerecht werden. Gelehrte Kritiker beklagten hernach, Jefferson hätte Männer mit einer besseren Vorbildung für die große Reise auswählen sollen. In Wirklichkeit setzten seine Wünsche die Unschuld des Amateurs voraus — jeder professionelle Forscher hätte an ihnen verzagen müssen.

Die Mittel für das Unternehmen waren beschränkt. Der Präsident kannte die Knauserigkeit des Kongresses, der den Etat zu genehmigen hatte. Schlau beantragte er lediglich die bescheidene Summe von zweitausendfünfhundert Dollar und verließ sich darauf, daß sich für die Mehrkosten später schon ein Ausgleich finden werde.

Die Auswahl der Mannschaft und vor allem seines Vertreters stellte er Lewis frei. Während des Militärdienstes in Ohio hatte sich der junge Hauptmann mit dem um vier Jahre älteren William Clark angefreundet, der unterdessen die Armee verlassen hatte. Den warb er jetzt an.

Clark war eine breitere Natur als Lewis, vielleicht nicht mit dem gleichen Scharfsinn begabt, kaum weniger gebildet, schlichteren Gemüts, doch heiterer, vitaler, in mancher Hinsicht weiser als sein Partner. Ihm schien es leichter zu sein, mit den Eingeborenen, die man nun nicht mehr so selbstverständlich „die Wilden" nannte, zu einer entspannten Verständigung zu gelangen. (Beide, Lewis und Clark, mieden übrigens später in ihren Aufzeichnungen das Wort von den „savages".)

Unterordnung wollte Lewis seinem künftigen Gefährten Clark nicht zumuten. Es gab für beide von Beginn an keinen Zweifel, daß sie gleichberechtigt auftreten wollten. Für die Mannschaften waren sie gleichrangige Hauptleute. In ihren Tagebüchern bezeichneten sie einander kollegial als Captains. Grundsätzlich fällten sie alle wichtigen Entscheidungen gemeinsam. Niemand sollte eine Chance haben, den einen gegen den anderen auszuspielen. Da es ans Wunderbare grenzen würde, wenn die beiden Freunde ihre zweieinhalb Jahre in der Wildnis ohne jede Meinungsverschiedenheit bestanden hätten, darf man annehmen, daß sie sich darüber verständigten, Differenzen außer Sicht- und Hörweite der Mannschaften auszutragen. Sie bewiesen bei der Zähmung aller Krisen eine ungewöhnliche Klugheit.

Vom ersten Abschnitt der Reise ist nur das Tagebuch William Clarks erhal-

William Clark war vierunddreißig, als er von seinem Freund Lewis zum gleichberechtigten Leiter der Expedition berufen wurde. Er brachte in das abenteuerliche Unternehmen wichtige praktische Erfahrungen ein

ten. Später tauschten die Freunde ihre Beobachtungen aus, schrieben auch lange Abschnitte voneinander ab – eine Vorsichtsmaßnahme. Zwar bewachten sie ihre Journale, zu Recht, als ihre kostbarsten Schätze, doch es gab bei den Fährnissen eines solchen Unternehmens keine Garantie, daß sie alle beide ihre Kladden sicher nach Hause brächten: Keine Information sollte verlorengehen.

Präsident Jefferson, selber ein Zivilist bis ins Mark, hatte die Expedition mit Bedacht weder Abenteurern noch Wissenschaftlern, sondern disziplinierten Offizieren anvertraut. Die militärische Organisation des Unternehmens entsprach seiner Intention. Man kann sagen, daß diese Entscheidung durch den Erfolg gerechtfertigt wurde.

Am 14. Mai 1804 schifften sich in Camp Wood – am Zusammenfluß des Mississippi mit dem Missouri River, einige Meilen nördlich von St. Louis – 45 Männer in drei Fahrzeugen ein: ein sogenanntes Kielboot, etwa 18 Meter lang und drei Meter breit, unter dessen Umlaufplanken die Vorratskästen und Ausrüstungsgegenstände verstaut wurden, dazu zwei schlanke, flache Pirogen.

Die Bewaffnung der ganzen Truppe bestand aus fünfzehn Armeegewehren eines erst jüngst entwickelten Standardmodells, Jagdflinten, Pistolen, einer Luftbüchse, die später als Wunderwaffe das Staunen der Indianer erregte,

Selbst in unmittelbarer Nähe der heutigen Großstadt St. Louis mit einer dreiviertel Million Einwohnern atmet der Mississippi noch jene Ursprünglichkeit, die Lewis und Clark antrafen, als sie hier zur Vorbereitung ihrer Expedition nach eigenen Entwürfen ein Kielboot bauen ließen. Die Nachbildung des Fahrzeugs, auf dem 45 Mann mit Waffen, Proviant und Geschenken untergebracht werden mußten, wird in Fort Benton, Montana, gezeigt

297

einer schwenkbaren Bordkanone, dazu Pulver und Kugeln: An beiden fehlte es bis zum Ende der Reise nicht.

An Lebensmitteln wurden einige Fässer gepökeltes Schweinefleisch, etliche Pakete Zwieback, mehr als hundert Pfund Suppenpulver – just erfunden –, Tee, einige Flaschen Wein und mehrere Ballonflaschen voll Whisky und Rum verpackt. Die Truppe sollte sich von der Jagd sowie von Mais und Gemüse ernähren, die bei den Indianern eingetauscht werden konnten.

Wichtig waren auch die Geschenke und Tauschgegenstände für die Indianer: 4600 Nadeln der verschiedensten Art, 2800 Angelhaken, mehr als 1000 Ahlen vorwiegend zur Anfertigung von Mokassins, 500 Broschen, 180 Scheren, 180 Ferngläser, 130 Bündel Tabak, 73 Säckchen Glasperlen, 72 Pakete mit bunten Bändern, 48 Baumwollhemden, zwölf Tomahawk-Pfeifen und etwa zwei Dutzend Beutel rotes Farbpulver. Dazu vor allem Medaillen verschiedener Größe – aus Kupfer und Silber – mit dem Bildnis des Präsidenten der Vereinigten Staaten, sowie vorgefertigte Urkunden, deren Text den Häuptlingen Schutz und Freundschaft versicherte, nur noch mit Namen und Stammesbezeichnung zu versehen. Es bestand Anweisung, sparsam mit den Geschenken umzugehen.

Wer sich am Proviant oder am Alkohol vergriff, mußte mit unbarmherziger Bestrafung rechnen. Ein solches Vergehen wurde in den Tagebüchern nur ein einziges Mal vermerkt. Das Disziplinargericht der Truppe, dem nicht die beiden führenden Offiziere, sondern ein Sergeant und vier einfache Soldaten angehörten, verurteilte den Sünder zu hundert Peitschenhieben. Ein Mann, der beim Wachdienst eingeschlafen war, erhielt die gleiche Strafe. Ein wieder eingefangener Deserteur mußte viermal Spießruten laufen; er wurde aus der Truppe ausgestoßen und trotz seiner Reue zum Winterlager zurückgeschickt. Ferner vermerkten die Tagebücher die Bestrafung eines Soldaten, der aufrührerische Reden geführt hatte. Ein Indianerhäuptling, der den Vollzug beobachtete, fand die Schläge so unmenschlich, daß er laut weinte – obschon er das härtere Martyrium der rituellen Folter zu sehen gewöhnt war.

Präsident Jefferson hatte zu äußerster Toleranz und Freundlichkeit gegenüber den Indianern gemahnt. Keiner der Soldaten ließ sich einen Übergriff gegen Rothäute zuschulden kommen. Clark indes riß einmal die Geduld, als ihm ein indianischer Jüngling einen kleinen, elenden Hund in den Kochkessel warf. Der Offizier schleuderte das Tier prompt zurück, dem Frevler mitten ins Gesicht. Nur zweimal gelang es nicht, Konfrontationen mit feindlichen Stämmen auszuweichen, und nur eine der Begegnungen war blutig: Captain

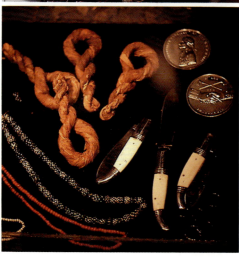

Die neuesten wissenschaftlichen Instrumente der Zeit standen der Expedition von Lewis und Clark zur Verfügung, um präzise Messungen durchzuführen. Auch Geschenke waren wichtig, um die Verständigung mit den Indianern zu fördern: Neben praktischem Gerät fanden vor allem Medaillen, Fahnen und Urkunden den Beifall der Rothäute

298

Lewis' Kampf gegen eine räuberische Bande von Blackfoot, bei dem zwei oder drei Indianer getötet wurden.

Während der gesamten Expedition kam nur einer der Männer zu Tode. Ein Sergeant starb wenige Monate nach dem Aufbruch an einem durchbrochenen Blinddarm – dafür gab es zu jener Zeit keine Rettung, auch nicht in der Zivilisation der Städte. Er wurde mit militärischen Ehren auf einem Hügel über dem Missouri beigesetzt. Von dem Obelisken, der dort, etwas nordwestlich von Sioux City, zu seinem Andenken errichtet wurde, geht an klaren Tagen der Blick dreißig oder vierzig Meilen weit ins Land: eine grau-gelbe Bergsteppe, die sich an die tausend Kilometer bis zu den Rocky Mountains dehnt.

Die Militärgeschichte kennt nur wenige Beispiele einer so umsichtigen Menschenführung, wie sie Lewis und Clark demonstrierten. Ein Historiker des Innenministeriums in Washington bemerkte später, es habe keine andere Expedition gegeben, bei der so wenige Fehler und Mißkalkulationen gemacht wurden, keine andere, der jede größere Tragödie erspart blieb.

In jenem Mai des Jahres 1804, als Lewis und Clark mit ihrer Truppe zur ersten Durchquerung des Kontinents aufbrachen, verloren sich die Spuren der Besiedlung des Hinterlandes durch Weiße schon wenige Meilen nördlich von St. Louis. Hinter einigen Waldstücken an einem Berghang hatte sich Daniel Boone aus Kentucky, dieser große Pionier des 18. Jahrhunderts, sein letztes Haus gebaut. Vielleicht grüßte er vom Ufer. Dann begegneten dem kleinen Geschwader nur noch die Boote der Händler, die flußabwärts fuhren, um ihre Felle zu verkaufen, einzelne Jäger, Indianer. Lang noch säumten Buschwerk und Wälder die Ufer des Flusses, der braun von den Hochwassern des Frühjahrs war.

Die Handhabung der Boote erforderte größte Umsicht. Mächtige Baumstämme schossen mit der Strömung zu Tal. Die Fahrzeuge waren solide gebaut, doch ein Zusammenprall hätte rasch ein Leck schlagen können. Soldaten am Bug mühten sich, das Treibholz mit langen Stangen fortzuschieben. Der Steuermann mußte alert sein. Riffe und Sandbänke lauerten fast unsichtbar. Die Koordination von Segel und Ruder forderte besonderes Geschick, zumal auf dem großen Kielboot.

Clark schien der bessere Flußschiffer zu sein. Lewis begleitete die Flottille oft am Ufer, zu Fuß, um seine botanischen und geologischen Studien zu machen.

Anderthalb Jahre brauchten die beiden Offiziere Meriwether Lewis und William Clark, um mit ihrer Expedition von St. Louis aus an die Pazifische Küste zu gelangen. Den Rückweg bewältigten sie auf teilweise unterschiedlichen Routen – siehe Karte mit dem vergrößerten Ausschnitt auf Seite 304 –, bis sie einander nahe der Mündung des Yellowstone River in den Missouri wiedertrafen. Trotzdem waren sie nach nur sechs Monaten wieder in St. Louis

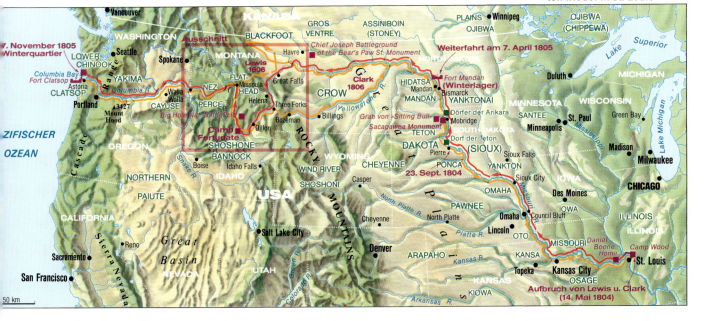

Jeden Morgen, manchmal auch noch am Abend, schwärmten die Jäger aus, um Fleisch für die Mahlzeit zusammenzuschießen.

Während einer dieser Exkursionen verlief sich einer der Männer. Man suchte ihn, vergeblich. Nach sechzehn Tagen winkte er vom Ufer: eine erbarmungswürdige, halbverhungerte Gestalt. Er war der Flotte vorausgelaufen statt hinterher, wie er glaubte. Unterwegs waren ihm die Kugeln ausgegangen, doch nicht das Pulver. Mit einem Stück Hartholz schoß er einen Vogel. Das war für Tage seine einzige Nahrung.

Für die vierhundert Meilen auf dem Missouri River bis zum Kansas River brauchte die Expedition zweihundertvierzig Tage. Die Wälder wurden spärlicher. Hinter den Uferböschungen weiteten sich die Ebenen des Mittleren Westens, die eine Generation später zum ersten Mal gepflügt wurden: schwerer, fruchtbarer Boden, auf dem sich die Weizen- und Maisfelder von Horizont zu Horizont dehnen. Knapp einen Monat danach gelangten die drei Schiffe zum Platte River, südlich von Omaha in Nebraska.

Die Jäger schossen nun zur Proviantierung keine Rehe und Hirsche mehr, sondern Bisons, deren Herden oft Tausende von Köpfen zählten. Später fanden die Männer ganze Berge ausgebleichter Bisonskelette unter den hohen Klippen. Berittene Indianer hatten die Rudel der dumpfen und zottigen Tiere über die Felsen in den Abgrund getrieben – ein ergiebiges Jagen. Die Kundschafter sahen scheue Tiere, die sie als Bergziegen bezeichneten. Sie spürten auch eine Hirschrasse auf, die man im amerikanischen Osten nicht kannte: den Blacktail Deer mit den großen Ohren. Noch mehr beeindruckten sie mit ihren weit nach hinten gezogenen Hörnern die Bighorn Sheep, für deren Kletterkünste kein Abgrund zu steil und kein Grat zu schmal schien.

Begegnungen mit Indianern waren freundlich. Sie vollzogen sich nach einem Ritual, das die beiden Leiter der Expedition bald als ermüdend empfanden; doch es half nichts: Sie mußten es immer wieder mit guter Miene über sich ergehen lassen.

Zunächst wurde die Friedenspfeife mit würdigem Schweigen geraucht. Danach setzte man den Gästen einige Leckerbissen vor. Die Besucher zeigten sich mit ersten Geschenken erkenntlich. Dann ließen sie ihre Soldaten aufmarschieren, in voller Uniform und mit allen Waffen, damit die Rothäute den rechten Eindruck von der Macht des großen weißen Vaters in Washington bekämen. War die Visite von hervorragender Wichtigkeit, durfte auch die Bordkanone böllern.

Lewis oder Clark erhoben sich dann, um in blumigen Reden zu erklären, die höchste Autorität im Land sei nun von den fernen Herrschern Spaniens und Frankreichs auf den Präsidenten der Vereinigten Staaten übergegangen, der den Wunsch habe, die Lebensverhältnisse seiner roten Kinder kennenzulernen, um ihnen seine Freundschaft und

Das Gemälde des Malers William S. Hays, um 1860 entstanden, trägt den Titel: „A herd of Buffaloes on the bed of the Missouri". In ihrem Sprachgebrauch bezeichnen Amerikaner noch heute die Wildrinder des Kontinents als Büffel, die nach der zoologischen Nomenklatur in Wahrheit Bisons sind. Eine Tafel am „Madison Buffalo Jump" in Montana veranschaulicht, wie die Indianer die Herden über die Klippen einer Schlucht hetzten, um des Fleisches auf diese einfachste Weise habhaft zu werden

seinen Schutz zukommen zu lassen. Er weise sie an, Frieden mit ihren Nachbarn zu halten. Die Häuptlinge antworteten mit längeren Ausführungen. Kürze wurde von Indianern nicht als Würze gewürdigt. Weitere Geschenke wurden getauscht, Medaillen verliehen, Urkunden ausgefertigt, gelegentlich eine amerikanische Flagge überreicht, die Gegengaben von Wild und Mais, manchmal von schönen Pelzen, entgegengenommen. Clark führte seine Luftbüchse vor, die für die Indianer ein wahrer Zauber war; sie brauchte keinen Donner und keinen Blitz.

Eine weitere Mahlzeit, Tänze, die bis in die Nacht anhielten. Es tanzten die Männer. Es tanzten die Frauen. Sie tanzten selten gemeinsam.

Einer der Soldaten hatte seine Fiedel dabei. Oft spielte er am Abend auf. Dann tanzten auch die Soldaten mit stampfenden Füßen. Die Indianer lauschten verzückt der fremden Musik, die in ihren Ohren süß zu klingen schien, schöner noch als die jaulenden Flöten, derer sie selber sich bedienten, die Rasseln und Trommeln. Sie hörten voller Aufmerksamkeit zu, wenn die weißen Männer sangen. Sie selber liebten die Kunst des Gesanges und hoben oft zu rhapsodischen Vorträgen an, die erst nach Stunden endeten und ihnen öfter Tränen als ein Lächeln entlockten.

Die Seligkeit war vollkommen, wenn Lewis und Clark einen Krug Whisky kredenzten.

Ende August stießen die Männer auf die ersten Sioux vom Stamme der Yankton. Sie begegneten den Weißen friedfertig, und sie schienen an der verheißenen Ausdehnung des Handels sowie am Schutz durch die Weißen lebhaft interessiert zu sein. Auch ein zweiter Zweig der Sioux, die Santee am Lake Superior, galt nicht als aggressiv. Die Unverträglichkeit einer dritten Gruppe – der Teton und ihrer westlichen Vettern, der Blackfoot – lernten Lewis und Clark im Fortgang der Reise fürchten.

Die beiden konnten sich die Unterschiede der Mentalität nicht erklären.

Aber auch Ethnologen sind sie ein Rätsel. Beide, Yankton und Teton, stammten aus der Region der Großen Seen. Beide hatten sich, Jahrzehnte vorher, vor den Franzosen und den mit ihnen verbündeten Algonkin in die Prärien zurückgezogen. Beide gaben damit den Ackerbau und die Töpferei auf. Beide wurden im 18. Jahrhundert zu Reitervölkern, die sich nahezu ausschließlich von der Jagd ernährten. Vermutlich gibt die Entwurzelung den entscheidenden Hinweis auf den Wandel des kollektiven Charakters.

Am 23. September 1804, nicht weit von der späteren Stadt Pierre in South Dakota, sahen die Reisenden drei Indianerknaben am Ufer. Sie schwammen zu den Booten herüber: die ersten Teton. Lewis und Clark schickten die Kinder mit Geschenken in ihr Dorf.

Das Dorf der Teton befand sich zwei Meilen flußaufwärts am Bad River. Während der Ratssitzung am nächsten Morgen wurden die Sioux durch ihre Häuptlinge Black Buffalo, Partisan und Buffalo Medicine vertreten. Eine direkte Verständigung war nicht möglich. Doch einer der Soldaten verstand die Sprache der Omaha, die wiederum ein Gefangener der Teton zu begreifen schien. Das Zeremoniell ging seinen Gang. Hernach besichtigten die Häuptlinge das Kielboot, das im Strom vor Anker lag. Lewis und Clark setzten ihren Gästen Whisky vor. Partisan war rasch betrunken. Er führte sich streitsüchtig auf und schmähte die erhaltenen Geschenke. Mit einigem Nachdruck wurde er auf eine der Pirogen befördert, die ihn zurück zum Ufer brachte. Dort aber schnappten sich drei junge Krieger die Festmacherleine und weigerten sich, das Boot freizugeben.

Clark zog seinen Degen und stieg an Land. Die Krieger holten Pfeile aus dem Köcher. Lewis befahl den Soldaten an Bord des Kielbootes, ihre Gewehre in Anschlag zu bringen. Die Kanone wurde drohend auf die Indianer gerichtet.

Nach einigen Minuten gespannter Stille beendete Häuptling Black Buffalo die Konfrontation. Seine Krieger

Drei Jahrzehnte nach der Expedition von Lewis und Clark fertigte der schweizerische Maler Karl Bodmer diese Porträts eines Kriegers vom Stamm der Arikara und eines Häuptlings der Sioux, der stolz eine im Namen des Präsidenten der Vereinigten Staaten verliehene Medaille um den Hals trägt

zogen sich zurück. Wenig später wurden die Offiziere zu einer feierlichen Sitzung geladen und in weißen Bisonfellen – eine besondere Ehre – von den Indianern zum Dorf getragen.

Die Stätte der Beratung war nicht nur mit dem Sternenbanner, sondern auch mit zwei spanischen Flaggen dekoriert, die vom vorausgegangenen Regime hinterlassen worden waren. Die Gastgeber servierten einen gebratenen Hund. Den Offizieren fiel es schwer, der Delikatesse Anerkennung widerfahren zu lassen. Danach präsentierten die Teton in feierlichem Tanz fünfundsechzig Skalps, die sie aus einem Krieg gegen die Omaha mitgebracht hatten. Sie führten auch die gefangenen Frauen und Kinder vor.

Die Besucher beobachteten im Dorf die strenge Aufsicht, die von einer Art Polizei geführt wurde. Zwei Frauen, die einander in die Haare gerieten, wurden von einem Aufseher sofort getrennt und ohne Umstand ausgepeitscht. Die Zelte aus weißen Bisonhäuten ließen sich innerhalb weniger Minuten abbrechen. Hunde waren als Tragtiere abgerichtet. Der Stamm besaß nur wenige Gewehre. Pfeil und Bogen sowie Lanzen waren die wichtigsten Waffen für die Bisonjagd.

Beim Aufbruch eine zweite Krise: Durch ein ungeschicktes Manöver hatte das Kielboot seinen Anker verloren. So mußte es am Ufer festgemacht werden. Wiederum nutzten einige undisziplinierte Krieger der Teton die Chance, die Leine festzuhalten, um die Expedition, die ihnen so schöne Geschenke beschert hatte, an der Weiterfahrt zu hindern. Clark zögerte nicht, die Indianer mit seiner Kanone zu bedrohen. Sie gaben sich schließlich mit einigen Bündeln Tabak zufrieden.

Die nächsten Stationen waren – an der Mündung des Grand River – die Dörfer der Arikara, die Mais, Bohnen,

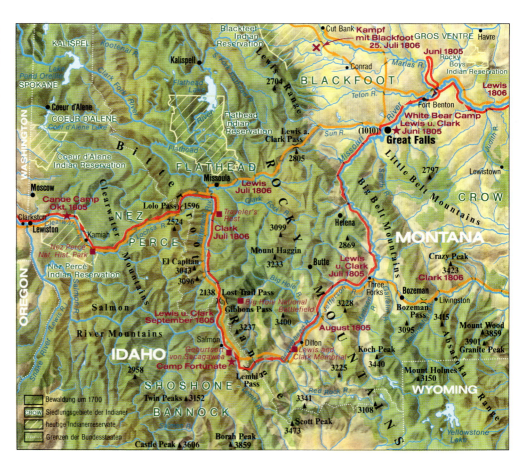

Auf ihrem Rückweg vom Pazifik nach St. Louis trennten sich Lewis und Clark am Lolo-Paß. Lewis zog nach Norden, um Informationen darüber zu gewinnen, wie weit dort das britische Einflußgebiet reichte, Clark wollte den Yellowstone River erforschen. Am 12. August vereinigten sich die beiden Teile der Expedition wieder am Missouri

Tabak, Squash und Melonen anbauten. Sie lagen mit den Teton permanent im Streit. Vom Norden her fühlten sie sich durch die Mandan bedroht.

Lewis und Clark notierten, daß die Arikara kein Verlangen nach Alkohol hatten. Auch während der weiteren Reise beobachteten sie, daß die Menschen dieser und jener Stämme von Whisky und Rum nichts wissen wollten: offensichtlich nicht nur aus Gründen der Disziplin, sondern weil ihnen der Schnaps nicht schmeckte. Anders als vor ihnen die französischen Jesuiten in Kanada, schienen die Offiziere nicht zu verstehen, daß die meisten Indianer physisch und psychisch prädestiniert waren, Opfer des Alkoholismus zu werden, sonst hätten sie ihr Feuerwasser nicht so freigebig angeboten – solange der Vorrat reichte. Sie zerbrachen sich auch nicht darüber den Kopf, warum der eine oder andere der Stämme eine so erstaunliche Immunität gegenüber Alkohol bewies (was die spätere Vermutung einer genetischen Schwäche der indianischen Völker insgesamt nicht unterstützt).

Bei den Arikara registrierten die Reisenden überdies, daß die Frauen hübscher waren als jene der Sioux. Clark fügte hinzu, sie hätten sich auch zu besonderer Gunst aufgelegt gezeigt: „Unsere Männer fanden es nicht schwierig, durch die Vermittlung der Dolmetscher Gefährtinnen für die Nacht zu bekommen. Diese Begegnungen waren in der Regel diskret. Sie wurden vor den eigenen Männern und der Verwandtschaft geheimgehalten."

Der Ehrenkodex der Arikara schien sich von jenem der anderen Völker zu unterscheiden. Die Männer betrachteten es als eine Schande, wenn sich die Frau oder Schwester heimlich den Umarmungen eines Fremden unterwarf, doch keineswegs, weil sie es mit der Treue genau nahmen, sondern weil sie Wert darauf legten, die Damen den Gästen selber zu präsentieren und dafür belohnt zu werden. „Die Sioux boten uns ihre Squaws an", notierten die Offiziere, „aber da wir während unseres Aufenthalts die Gunst zurückgewiesen hatten, folgten sie uns mit ihrem weiblichen Angebot zwei Tage lang. Die Arikara waren ebenso entgegenkommend. Wir widerstanden der Versuchung gleichermaßen, doch ihr Verlangen, uns einen Gefallen zu erweisen, war so groß, daß sie uns am Abend zwei sehr hübsche junge Squaws an Bord schickten, die uns mit ihren Aufmerksamkeiten nachstellten."

Gegenstand allgemeiner Bewunderung war York, ein schwarzer Sklave

Das Gemälde von 1908 stellt dar, wie groß das Aufsehen bei den Indianern war, wenn Clarks schwarzer Diener York erschien. Die Männer glaubten, seine Hautfarbe sei eine raffinierte Bemalung, und sie trachteten, seinem Geheimnis auf die Spur zu kommen, indem sie ihn bis auf die Haut blutig kratzten

William Clarks, den die Indianer überall offenen Mundes bestaunten, denn einen Menschen mit solcher Hautfarbe hatten sie noch nie gesehen. York, der sich durch Gutartigkeit und Humor auszeichnete, war groß, stark und attraktiv. Die Squaws widmeten ihm ihre besondere Gunst: „Statt Vorurteile zu wecken", schrieb sein Herr, „schien ihm seine Farbe zusätzliche Vorzüge bei den Indianerinnen zu verschaffen, die eine Erinnerung an diesen wunderbaren Fremden zu behalten wünschten... So lud ihn ein Arikara in sein Haus, stellte ihm seine Frau vor, zog sich selber vor die Tür zurück; indessen kam einer von Yorks Kameraden herbei, der nach ihm suchte, doch der ritterliche Ehemann hielt ihn am Eingang auf und erlaubte keine Störung, bis eine angemessene Zeitspanne verstrichen war."

Bei den Mandan bestaunte zwei Jahrzehnte später der deutsche Forschungsreisende Maximilian Prinz zu Wied die „Mannweiber", die von Lewis und Clark dort nicht zur Kenntnis genommen wurden. „Sie sind Männer", schrieb der neugierige Adlige, „die sich

Das Indianerdorf Mih-Tutta-Hang-Kusch hatte zwei Standorte: im Sommer hoch und gut durchlüftet über dem Ufer des Missouri, im Winter tiefer und windgeschützt jenseits des Flusses. Wenn er zugefroren war, pendelten die Bewohner zwischen beiden Lagern zu Fuß — wie es das Gemälde von Karl Bodmer zeigt. Auf einem Hügel in der Nähe legten Lewis und Clark 1805 ihr erstes Winterquartier an, das heute als Rekonstruktion zu bestaunen ist

gleich Weibern kleiden und alle Geschäfte der letzteren verrichten. Von den jungen Männern werden sie förmlich wie Weiber behandelt, leben auch in einem gewissen unnatürlichen Umgang mit ihnen," Danach zitierte er einen überraschenden Zeugen: keinen anderen als Lewis' und Clarks in North Dakota engagierten Dolmetscher Toussaint Charbonneau, unterdessen ein alter Herr von sechzig, der dem Prinzen und seinem Begleiter, dem schweizerischen Indianermaler Karl Bodmer, die besten Dienste leistete. Charbonneau behauptete von den sexuellen Neigungen der Indianer, laut Wied, „daß in dieser Hinsicht die Mannweiber den Weibern vorgezogen würden". Das Transvestitenwesen schien, nach dieser Auskunft, bei den indianischen Nationen in den unterschiedlichsten Gebieten völlig üblich gewesen zu sein.

Eine unfreundliche Konsequenz der sexuellen Freizügigkeit waren die bei jenem Stamm besonders verbreiteten venerischen Krankheiten. Lewis und Clark zweifelten nicht daran, daß Syphilis und Gonorrhoe von weißen Händlern eingeschleppt worden waren. Sie fanden jene Seuchen auch bei den Völkern der Rocky Mountains, die zuvor keinen unmittelbaren Kontakt mit Weißen hatten. Später lernten die Soldaten der Expedition, genauer darauf zu achten, bei welchen Stämmen und welchen Damen sie vor Infektionen sicher zu sein glaubten. Freilich verschwendeten weder sie noch ihre Offiziere einen Gedanken daran, daß auch sie selber die Krankheiten verbreiten könnten.

Das Volk der Mandan in North Dakota, einige Meilen von der späteren Hauptstadt Bismarck, hatte den Ruf, besonders gastfreundlich zu sein. Die Reputation bestätigte sich. Lewis und Clark beschlossen – wie seit geraumer Zeit geplant –, in der Nachbarschaft jener liebenswürdigen Nation ihr Winterquartier aufzuschlagen. Es war höchste Zeit. Im November fegten schon eisige Winde über die Ebenen. Die Truppe hatte immerhin tausendsechshundert Meilen auf dem Wasser zurückgelegt.

Die Mandan bauten ihre geräumigen Hütten um ein Gerüst aus Holz und Reisig, das mit einer Lehmschicht bedeckt und zuletzt durch eine Grasnarbe geschützt wurde. Die leicht gewölbten Dächer waren so fest, daß man droben Felle und Fleisch trocknen konnte. Kinder tollten auf den Kuppeln herum, die da und dort mit Bisonschädeln verziert waren.

Da die Kälte mit jedem Tag beißender wurde, beeilten sich die Soldaten mit dem Bau eigener Unterkünfte. Zwei große Räume waren für die Mannschaften. In einem zweiten Haus bezogen die

307

Dem Indianermädchen Sacagawea setzten die Bürger von Bismarck, der Hauptstadt von North Dakota, 1910 in romantisch-sentimentaler Verehrung ein Denkmal. Sie war die weibliche Hauptfigur der Expedition von Lewis und Clark. Noch im Winterlager brachte sie ihren Sohn Jean Baptiste zur Welt, den sie auf der gesamten beschwerlichen Reise mit sich schleppte

Offiziere einen kleineren Raum. Ein anschließendes Zimmer war für die Dolmetscher vorgesehen. Dazu zwei Vorratsräume, eine Wachstube, ein Beobachtungsstand, die ganze Anlage von Palisaden umschlossen. Die Kommandeure gaben die Anweisung, daß nach Einbruch der Dunkelheit keine Indianer im Lager geduldet werden sollten. Am 16. November bezogen die Männer das Fort, das erst am Weihnachtstag ganz fertiggestellt war.

Ende November hatten die Offiziere neben Gravelines, der bei den Arikara wohnte, einen weiteren Franzosen angeworben: den Dolmetscher René Jesseaumme, der mit Frau und Kindern unter den Mandan hauste. Er stand im Dienst der britischen North West Company, die – mit der alten Hudson's Bay Company konkurrierend – ihr Handelsnetz weit in den amerikanischen Westen ausgespannt hatte. Lewis und Clark versicherten sich der Kooperation des erfahrenen Mannes, weil sie verhindern wollten, daß die Briten durch ihre Agenten Mißtrauen unter den Stämmen am Missouri stifteten. Eine Unruhe der Indianer hätte die Expedition gefährden können. Präsident Jefferson hatte für Lewis und Clark in guter Voraussicht einen britischen „Pass" – wie man es damals ausdrückte – besorgen lassen: einen Geleitbrief, der die Beamten und Bürger des Empire dazu anhalten sollte, die Truppe in Frieden zu lassen.

Wenige Tage danach präsentierte sich ihnen ein weiterer Franzose, der den Stamm der Minitari als Heimat gewählt hatte: Toussaint Charbonneau, 44 Jahre alt, mehrerer indianischer Sprachen und Dialekte kundig. Er lebte seit fast einem Jahrzehnt am oberen Missouri.

Eine Woche später schickte Charbonneau zwei junge Frauen ins Lager. Eine der beiden hieß Sacagawea. Sie stammte aus dem Volk der Shoshone. Sie war kaum älter als sechzehn. Die Minitari hatten sie noch als Kind mit ihrer Gefährtin aus den Rocky Mountains entführt. Man sagte, Charbonneau habe sie von den Minitari gekauft oder im Spiel gewonnen. Sie verstand weder Französisch noch Englisch. Mit Charbonneau verständigte sie sich in der Sprache der Minitari.

Bei der Vorstellung hinterließ sie offensichtlich einen guten Eindruck. Wenig später gesellten sich der Franzose und die kleine Squaw zur Mannschaft im Fort Mandan. Am 11. Februar 1805 kam Sacagawea mit einem Knaben nieder. „Da dies ihr erstes Kind war, litt sie beträchtlich unter den Wehen... René Jesseaumme sagte Captain Lewis, daß er Personen in ihrer Lage öfter eine kleine Dosis von der Klapper der Klapperschlange eingegeben habe, die stets die Geburt beschleunigt habe. Da der Captain eine solche Klapper zur Hand hatte, gab er sie dem Dolmetscher, der zwei Schuppen zwischen den Fingern zerrieb, mit etwas Wasser vermischte und Sacagawea die Mixtur eingab. Welchen Effekt das wirklich haben mag, ist schwierig zu entscheiden, doch Captain Lewis wurde benachrichtigt, daß sie die Arznei noch nicht zehn Minuten eingenommen hatte, als die Geburt begann."

So kam Jean Baptiste Charbonneau zur Welt, das jüngste Mitglied der Expedition, von Sacagawea in einem Bündel auf dem Rücken unverdrossen zum Pazifik und wieder zurückgeschleppt.

Aus den Tagebüchern geht nicht hervor, ob Lewis und Clark einer Bitte Charbonneaus nachgaben, als sie sich entschlossen, Mutter und Kind mitzunehmen, oder ob sie dazu selber die Anregung gaben. Der Nutzen, den sie sich von einem Mitglied der Shoshone versprachen, war ersichtlich: Sie hatten unterdessen erfahren, daß jene Nation an den Pässen der Rocky Mountains anzutreffen sei, die sie auf dem Weg zum Columbia River suchten. So lag es nahe, sich dieser Vermittlung zu bedienen.

Aber gab es nicht ein zweites Mädchen aus dem Stamm der Shoshone, ohne Kind? Wäre es nicht einfacher gewesen, eine Frau ohne Säugling mitzunehmen? War bei der Wahl persönliche Sympathie am Werk? Oder erhofften sich die Offiziere von der Gegenwart einer jungen Familie eine disziplinie-

Die Rasseln einer Klapperschlange – wie der Engländer Mark Catesby sie detailgenau gemalt hat – sollten, zu Pulver zermahlen, die Niederkunft der Sacagawea erleichtern. Staunend bestätigte Lewis die Wirkung des alten Indianerrezepts

rende Wirkung? Was immer die Gründe: Der Entschluß konnte glücklich genannt werden. Sacagawea bestand klaglos jede Strapaze.

Lewis nannte die Indianerin selten beim Namen. Er sprach in seinen Notizen meist teilnahmslos von der „Squaw", obwohl sie seine Achtung genoß, seit sie in einer kritischen Situation kluge Umsicht bewiesen hatte: Unter einer plötzlichen Böe drohte eine der Pirogen zu kentern, Charbonneau, der am Steuer saß, verlor die Nerven, niemand holte das Segel ein, das Boot schlug voll Wasser, ein Teil des Gepäcks drohte fortgeschwemmt zu werden – Lewis stand tobend am Ufer. Sacagawea aber fischte zuerst die Papiere, die den Offizieren das Wichtigste waren, aus dem Wasser.

Dennoch, für den introvertierten Lewis blieb die „Squaw" irgendein eingeborenes Frauenzimmer. Clark, lebensvoller und heiterer, gewöhnte sich an ihren indianischen Namen. Manchmal nannte er sie auch „Nancy". Ihren Sohn taufte er Pompeius. Er schrieb nicht auf, warum ihn der Kleine an einen Römer erinnerte. Vielleicht gab er nur einer Neigung zur Lautmalerei nach, da er den Namen bald zärtlich zu „Pomp" verkürzte. Mutter und Sohn wuchsen ihm während der Reise ans Herz.

Der Winter auf das Jahr 1805 war hart. Die Temperaturen sanken auf zwanzig bis dreißig Grad unter Null. Oft kehrten die Soldaten halberfroren von der Jagd zurück. Doch das Fleisch ging selten aus. Bisons überwinterten im weiten Umkreis. Sie zehrten vom Fett des Sommers und scharrten mit ihren Hufen noch immer einige Grasnarben unter Eis und Schnee hervor.

„Die Indianer töteten sie zu Tausenden", schrieb ein Historiker über das Schicksal dieser Wildrinder, „seit sie Schußwaffen besaßen, zu Zehntausenden", doch „die weißen Amerikaner knallten sie zu Hunderttausenden ab". Vom Fleisch nahmen die Weißen – wenn sie sich überhaupt die Mühe machten, die Tiere zu zerlegen – nur einige erlesene Stücke mit. Sie töteten, seit die Karawanen der Siedler durch die Prärie rollten, die Bisons nicht, um den Hunger zu stillen, auch nicht nur aus sportlichem Vergnügen, sondern oft genug, um den nomadisierenden Indianerstämmen die Nahrungsbasis zu entziehen.

Erst zu Anfang des 20. Jahrhunderts begannen ernsthafte Versuche, die gefährdete Spezies zu retten, von der ursprünglich etwa 30 Millionen den Kontinent bevölkerten. Dem Reisenden auf den Spuren von Lewis und Clark kann es heute widerfahren, daß ihm in den Dakotas oder in Montana wieder halbwilde Bisonherden begegnen. Die zottigen Tiere mit den mächtigen Köpfen auf den gedrungenen Schultern starren den Fremden noch immer in einer Art von dumpfer Ratlosigkeit an. Die halslose Wucht ihrer Rümpfe erinnert eher an bajuwarische Energien. Doch die schweren Körper zeigen eine merkwürdige Grazie, wenn die Tiere davongaloppieren, mit rollenden Bewegungen, als gelte es, die Leiber so nah wie möglich am Boden zu halten.

Während ihres Winterlagers bemühten sich Lewis und Clark, Eintracht zwischen den benachbarten Stämmen zu schaffen – ohne anhaltenden Er-

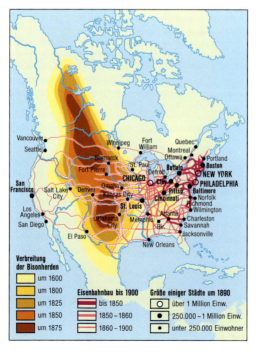

Ursprünglich zogen etwa 30 Millionen Bisons über die Prärien Nordamerikas. Gegen Ende des 19. Jahrhunderts waren sie bis auf geringe Reste ausgerottet – des Fleisches und der Felle wegen, aber auch aus bloßer Schießsucht und um die Nahrungsreserve der Indianer zu vernichten

310

Die zottige Erscheinung der Bisons mit ihren mächtigen Köpfen beeindruckte Karl Bodmer genauso wie die Männer um Lewis und Clark. Da der Schweizer Künstler, drei Jahrzehnte später, dieselben Gebiete bereiste, wurde er zu einem späten Chronisten der Expedition

folg. Ihre Anwesenheit trug jedoch zur Unterhaltung der Mandan und Minitari bei. Wieder fiel Clarks schwarzem Diener York eine Art von Starrolle zu. Die Frauen rissen sich um ihn. Die Häuptlinge aber wollten nicht glauben, daß seine Haut von Natur aus so sei. Einer von ihnen rieb dem armen Kerl beinahe Wunden ins Fleisch, weil er vergebens darauf bestand, die weiße Haut unter der schwarzen zum Vorschein zu bringen.

Zu Weihnachten baten die beiden Offiziere ihre indianischen Freunde, sich vom Lager fernzuhalten, da sie an diesem innigsten der christlichen Feste mit ihren Leuten unter sich bleiben wollten. Der Wunsch wurde respektiert. Mannschaften und Offiziere tauschten kleine Geschenke. Sie aßen ein besseres Menü als gewöhnlich, genossen zwei Zuteilungen von Schnaps, tanzten und sangen bis in die späte Nacht.

Lewis und Clark nutzten die folgenden stillen Tage, um ihre Aufzeichnungen zu ergänzen. Sie bereiteten ihre kleine Sammlung von botanischen, zoologischen, folkloristischen und geologischen Besonderheiten zum Versand nach Washington vor. Lewis kannte Jefferson gut genug, um zu wissen, daß der Präsident seine Staatsgeschäfte gern für einige Tage vergessen würde, um sich der Lektüre ihrer Tagebücher und dem Studium ihrer naturwissenschaftlichen Ausbeute zu widmen. In seinem Brief an Jefferson wies Lewis nachdrücklich darauf hin, daß Captain Clark sein Journal im vorliegenden Zustand nicht verbreitet zu wissen wünsche, doch nichts dagegen einzuwenden habe, wenn Kopien von einer verschwiegenen Person unter der Aufsicht Jeffersons, die Korrektur grammatikalischer Fehler vorausgesetzt, angefertigt würden.

Es war nicht klug, daß die Männer das Kielboot und die beiden Pirogen während des Winters im Fluß vertäut hatten. Die Schiffe drohten von den Eismassen erdrückt zu werden. Vergebens bemühten sich die Mannschaften, das Eis fortzuhacken. In der beißenden Kälte gefror das Wasser in wenigen Minuten wieder zu festen Blöcken. So blieb ihnen nichts anderes, als geduldig auf Tauwetter zu warten und zu hoffen, daß die Boote keinen großen Schaden erlitten.

Das Kielboot wurde für die Rückfahrt nach St. Louis ausgerüstet. Da die beiden Pirogen zur Fortsetzung der Expedition für einunddreißig Männer, eine Frau und ein Kind nicht ausreichend Platz boten, ließen Lewis und Clark nach gewohnter Art sechs Einbäume ausmeißeln. Erst später, als sie die Rocky Mountains hinter sich hatten, erlernten sie die indianische Praxis und brannten die Stämme aus.

Ende März barst das Eis, der Schnee taute. Die Indianer steckten das Wintergras an, damit junges Grün und also Futter für die Bisons umso rascher nachwachse.

Am 7. April 1805 stieg die Besatzung des Forts in die Boote: Lewis und Clark, drei Sergeanten, 23 Soldaten, der schwarze Diener York, die beiden Dolmetscher Drouinnard und Charbonneau, Sacagawea und das Kind. Das Kielboot fuhr am gleichen Tag mit sieben Soldaten, zwei französischen Dolmetschern und Gravelines als Steuermann flußabwärts. Außerdem befanden sich lebend an Bord: ein Präriewolf, eine Schneegans und vier Elstern; schließlich Felle, Hörner, Skelette, getrocknete Präparate von 60 Pflanzenarten, 67 Bodenproben, jede exakt mit Datum und Ort der Herkunft beschriftet, Mineralien, Insekten, indianisches Handwerkszeug, Waffen, dekorierte Bisonmäntel, Töpfe, Mais und Tabaksamen aus der Umgebung – alles wiederum ordentlich bezeichnet. Ferner wurden den Heimkehrern Briefe, Berichte, offizielle Nachrichten sowie Karten an Jefferson und den Kriegsminister mitgegeben.

Die Expedition passierte nun das Jagdgebiet der Assiniboin, die mit den Sioux verwandt waren. Tief beeindruckte die Reisenden ihre erste Be-

Gefahrvolle Situationen gab es während der Reise genug. Patrick Gass, ein Mitglied der Expedition, hat sie in seinem Tagebuch festgehalten. Der Veröffentlichung im Jahre 1811 sind diese Kupferstiche beigegeben

gegnung mit einem Grizzlybären, von den Indianern als „Weißer Bär" bezeichnet, obwohl das Fell eher graubraun war. Lewis und Clark schienen geneigt, die Furcht der Indianer vor diesen Ungeheuern zu belächeln.

Der Hochmut verging ihnen bald. Gegen Ende des Monats töteten sie ihren ersten Grizzly: ein junges Männchen, das dreihundertdreißig Pfund wog. Kurz danach erlegten Clark und Drouinnard ein Exemplar, das sie auf mehr als sechshundert Pfund schätzten. Sie brauchten zehn Kugeln, um das Tier zu töten. Wenig später retteten sich sechs Jäger nur mit äußerstem Glück vor einem verwundeten Grizzly, der ihnen nachsetzte. Zwei der Männer stürzten in den Fluß, weil sie keinen anderen Ausweg mehr sahen. Das wütende Tier sprang hinterher. Ehe es die Schwimmer erreichte, plazierte ein sicherer Schütze den tödlichen Kopfschuß. Dies war nicht das letzte Abenteuer mit jenen gewaltigen Tieren.

Am Oberlauf des Missouri, wo im Sommer die Bisons fette Weiden und frische Tränken fanden, schienen sich die Grizzlys zu Hunderten zu sammeln. Mancher der Soldaten, von einem Bären verfolgt, kletterte mit einer Behendigkeit, die ihn selbst überraschte, auf einen Baum, um lange Stunden im Geäst zu verharren, bis die Bestie nicht länger wartete, daß ihr das Opfer vor die Tatzen falle. Mehr noch als das Fleisch des Grizzlys lernten die Reisenden das Fett schätzen, das ihrer Nahrung Kraft gab.

Die Felsformationen links und rechts des Missouri wurden bizarrer. Manche Steingebilde erinnerten an Menschen- und Tierfiguren oder an exotische Architekturen.

Die oft grotesken Felsformationen an den Steilufern des oberen Missouri River reizten den Maler Karl Bodmer, in seinen Aquarellen die eigenwillige Architektur der Natur festzuhalten. Dem Kupferstich nach seiner Vorlage wurden zur Belebung die Bighorn Sheep hinzugefügt

313

Als die Schiffe die Mündung des Yellowstone River in den Missouri passiert hatten, begann die Strömung heftiger zu werden. Es verlangte äußerste Konzentration, Pirogen und Kanus wohlbehalten durch die Strudel der Canyons zu steuern, ehe wieder breitere und stillere Wasser erreicht waren. Immer öfter mußten die Fahrzeuge vom Ufer aus an Seilen gezogen werden.

Dann teilte sich der Fluß in einen westlichen und einen nordwestlichen Lauf. Die Indianer in Fort Mandan hatten von dieser Gabelung nichts gesagt. Lewis erkundete den nordwestlichen Flußlauf, Clark den westlichen. Beide gelangten zu der Einsicht, daß der westliche der Hauptstrom sei. Doch sie nahmen sich vor, das nordwestliche Gewässer auf dem Rückweg noch näher zu erforschen. Sie hatten nicht vergessen, daß ihr Präsident bestrebt war, das gesamte Gebiet der Zuströme des Missouri zu amerikanischem Hoheitsgebiet zu erklären. Darum wollten sie ermitteln, wie weit nach Norden – Kanada und der britischen Einflußzone entgegen – das Gewässer reiche. Lewis nannte es zu Ehren einer Cousine in Virginia, die er still verehrte, Marias River. Clark hatte zuvor einen südlichen Zustrom nach einem zwölfjährigen Mädchen benannt, dem seine Zuneigung galt: Judith – manchmal auch als Julia zitiert – hieß sie, und so heißt auch der Fluß. Sie wurde übrigens, 16jährig, zwei Jahre nach der Expedition seine Frau.

Die Großen Fälle des Missouri River sind heute so unüberwindlich wie zu Zeiten von Lewis und Clark. Zwar wurden sie längst für die Energiegewinnung angezapft – aber damals war auch das Umland weglos, und die vollbeladenen Kanus mußten ganze Tagesstrecken weit über Land transportiert werden

Die großen Fälle des Missouri konnten nicht mehr weit sein. An der Mündung von Marias River in den großen Strom gruben die Soldaten eine der Pirogen und Teile ihres Gepäcks ein, die sie glaubten entbehren zu können.

Clark eilte voraus. Er wartete an den Fällen auf Lewis. Er inspizierte die Landschaft und schoß einen Bison. Seine Flinte hatte er noch nicht wieder

314

geladen: Plötzlich sah er zwanzig Schritt entfernt einen Grizzly, der sich ihm näherte. Clark versuchte, sich ohne Eile zu entfernen, um nicht den Verfolgungstrieb des Tieres zu wecken. Doch als er sich umschaute, wurde ihm gewahr, daß ihm das Tier in mächtigen Sprüngen nachzuhetzen begann. Ihm blieb nur die Flucht in den Fluß. Als er brusttief im Wasser stand, drehte er sich jäh um und streckte dem Tier seinen Stock entgegen. Die Geste schüchterte den Bären ein. Er trabte davon.

Die Fälle des Missouri, heute längst für die Energiegewinnung gezähmt, waren das widrigste Hindernis für die Reisenden. Sie mußten Boote und Gepäck etwa achtzehn Meilen über nahezu unwegsame Berge transportieren. Um das zu erleichtern, sägten sie starke Scheiben aus mächtigen Stämmen, durchbohrten sie, zimmerten aus den Schiffsmasten Achsen, befestigten ein paar Bretter und verluden ihre Kähne auf die so gefertigten Karren.

Zur Überwindung dieser Landstrecke brauchten sie beinahe zwei Wochen. Im hohen Gras der Berghänge versteckten sich Prickly Pears, birnenförmige und übrigens eßbare Kakteen mit scharfen Stacheln, die auch das festeste Schuhwerk zerfetzten — sofern die Soldaten überhaupt noch welches trugen.

Ein Hagelgewitter verwandelte ein schmales Bachbett, in dem sie voranstiegen, binnen Minuten zu einem tosenden Strom, der Sacagawea und ihr Kind fortzureißen drohte. Clark gelang es, sie aus den Fluten zu ziehen. Dabei verlor er seinen Kompaß und einen Schirm, Charbonneau sein Gewehr, die Kugeltasche und einen Tomahawk.

Anfang Juli, nach einer längeren Rast, setzte die Mannschaft die Reise in sengender Hitze fort. Das Flußbett verbreiterte sich noch einmal, nicht weit vom heutigen Helena. Nun glaubte Sacagawea, sich an die Landschaft ihrer Kindheit zu erinnern. Sie erkannte das Lager, aus dem sie fünf Jahre zuvor von den Minitari geraubt worden war. Es wirkte jetzt verlassen.

Am 20. jenes Monats erreichten sie die Three Forks: eine dreifache Gabelung des Flusses, deren Läufe sie nach Präsident Jefferson, seinem Außenminister Madison und dem Kriegsminister Gallatin tauften. Zwei Zuflüsse nannten sie — Kinder des 18. Jahrhunderts — im schönsten Sinn der Aufklärung: Philosophy River und Philanthropy River.

Sie folgten dem mittleren der Wasserläufe, quälten sich über unzählige Stromschnellen aufwärts, gelangten zum Beaverhead River bei Dillon, nun schon fast an der westlichen Grenze des späteren Staates Montana. Sacagawea machte ihnen deutlich, daß sie nicht mehr weit vom Gebirgskamm, von den Pässen, von ihrem Volk, den Shoshone, entfernt seien. Von St. Louis an hatten sie nun mehr als zweitausendfünfhundert Meilen auf dem Wasser zurückgelegt. Allein die Entfernung von der Grenze Montanas bis zu ihrem Biwak betrug, an heutigen Straßen gemessen, an die tausendvierhundert Kilometer. Auf diesem Abschnitt der Reise waren sie keiner Menschenseele begegnet, keinem Weißen und keinem Indianer. (Auch heute leben im Staat Montana, der annähernd die doppelte Ausdehnung der Bundesrepublik besitzt, nur gut 800 000 Menschen.)

Die Boote waren ihnen nun nicht mehr nützlich. Die Stromschnellen häuften sich. Sie gruben einen weiteren Teil der Vorräte ein, beschwerten ein Boot mit Steinen und versenkten es, in der Hoffnung, es auf dem Rückweg unversehrt wiederzufinden. Lewis und die Mannschaften drängten Captain Clark, auch auf die anderen Boote zu verzichten. Er wollte davon nichts hören, weil er hoffte, jenseits des Gebirgskammes ein schiffbares Gewässer zu finden. Er neigte nicht zur Verbissenheit — von der Lewis mitunter befallen war —, aber so rasch wollte er Jeffersons Vision von einer Wasserstraße zwischen dem Atlantik und dem Pazifik nicht preisgeben.

Sacagaweas Weisungen und den eigenen Instinkten folgend, stieg die Truppe den Bachläufen nach, der Kontinentalscheide entgegen. Die Nahrung wurde knapp. Wild gab es hier oben wenig. Die Jäger machten geringe Beute. Selten holten sie ein paar Forellen aus dem Gebirgswasser. Der Hunger bohrte.

Lewis und Clark hatten, kein Zweifel, die Härte der Herausforderung unterschätzt. Sie hatten sich, als sie dem Lemhi-Paß näherkamen, auf mehr als zweitausend Meter über dem Meeresspiegel emporgequält.

Lewis stieg voraus, dem westlichen Zulauf des Beaverhead River folgend. Am 10. August fand er einen Indianerpfad, dem er mit drei Begleitern nachging. Am zweiten Tag verloren sie die Spur. Sie liefen weiter, trotz ihrer Erschöpfung. Sie mußten die Shoshone finden, wenn sie nicht verhungern wollten. Lang würden sie nicht mehr durchhalten.

Dann sah Lewis in zwei Meilen Entfernung einen Reiter, der den vier Weißen über die Ebene langsam entgegenritt. Lewis beobachtete ihn durch das Fernrohr. Als er noch eine Meile entfernt war, hielt der Indianer plötzlich

Eines der ersten Fotos von einem Indianerlager — aus dem Jahre 1870 — zeigt eine Gruppe der Shoshone am Wind River in Wyoming. Das Volk, dem Sacagawea angehörte, die treueste Begleiterin von Lewis und Clark, lebte zu ihrer Zeit vorwiegend am Snake River in Idaho

an. Auch Lewis blieb stehen. Er mußte dem fremden Reiter deutlich machen, daß er nichts Böses im Schilde führe. Zum Zeichen seiner friedlichen Absicht breitete er nach Indianerart eine Decke aus. Er legte seine Flinte nieder und ging dem Reiter allein entgegen.

Von Sacagawea hatte er sich ein paar Worte eingeprägt, die „weißer Mann" heißen sollten, denn ihre Haut, von der Sonne gebräunt, glich inzwischen der von Indianern. Er hatte die falsche Lektion gelernt: „tab-ba-bone", rief er, was in Wirklichkeit „Feind" oder „Fremder" bedeutete. Zwei seiner Soldaten, die Lewis' Absichten nicht verstanden, liefen flankierend weiter voran. Der Reiter fürchtete eine Falle. Lewis hatte sich ihm auf zehn Schritt genähert. Plötzlich wendete der Mann sein Pferd und preschte davon.

Das Lager der Shoshone konnte nicht fern sein. Der kleine Suchtrupp marschierte voran. Er erreichte den Lemhi-Paß an der Grenze von Montana nach Idaho. Doch als sich die Nacht senkte, war er keinen weiteren Menschen begegnet. Die vier liefen am nächsten Morgen weiter, einem Bach folgend, der westwärts eilte: dem Pazifik entgegen. In einer Talsenke sahen sie eine Frau, einen Mann, einen Hund.

Lewis ließ seine Begleiter zurück. Wieder rief er sein unglückseliges „tab-ba-bone". Als er noch knapp hundert Meter entfernt war, stoben die Indianer davon. Doch nun schritt er auf einem ausgetretenen Pfad voran.

Plötzlich stand er vor einer Frau und zwei Mädchen. Eines der Mädchen floh. Die beiden anderen blieben. Lewis legte seine Flinte auf den Boden. Die Frauen setzten sich und senkten die Köpfe wie in Todeserwartung. Wieder rief er sein „tab-ba-bone". Dann fiel ihm ein, daß seine Haut so dunkel wie die eines Indianers war. Er rollte seine Hemdsärmel hoch, um ihnen seine Weißhäutigkeit zu beweisen. Er breitete Geschenke vor ihnen aus. Seine Gefährten waren herzugekommen. Der alten Frau machte er durch Drouinnard, den Dolmetscher, klar, sie möge das andere Mädchen zurückrufen, damit das Dorf nicht unnötig in Aufregung gerate. Er bat darum, zu den Ältesten geführt zu werden.

Sie liefen zwei Meilen. Dann galoppierte eine Gruppe von sechzig Kriegern heran. Sofort legten Lewis und seine Männer ihre Flinten nieder. Die drei Frauen schienen den Anführer von den friedlichen Absichten der Fremden

zu unterrichten. Sie wurden umarmt. Man setzte sich und rauchte die Pfeife. Captain Lewis präsentierte dem Häuptling eine kleine amerikanische Flagge und andere Geschenke. Die Indianer bemalten die Gesichter ihrer Gäste mit Zeichen der Freundschaft. Dann zogen sie gemeinsam zum Dorf am östlichen Ufer des Lemhi River.

Den vier Weißen wurde ein Zelt zugewiesen. Lewis − glücklich, nach vier Monaten wieder unter anderen Menschen zu weilen, freundlichen dazu − nannte das Biwak bei den Shoshone Camp Fortunate: Glückliches Lager.

Der Stamm besaß viele Pferde, von denen einige spanische Brandzeichen trugen. Die Menschen schienen dem Verhungern nahe zu sein. Sie waren gewiß bereit, ihr Mahl mit den Fremden zu teilen, aber es gab kaum etwas, das sie hätten teilen können. Lewis und seinen Männern blieb nichts anderes, als Beeren zu pflücken. Sie versuchten, Wild zu erlegen, ohne viel Glück.

Der Häuptling namens Cameahwait schien die Zeichensprache Drouinnards zu begreifen. Lewis versuchte zu erklären, daß man ihm Pferde geben möge, um Clark und das Gros der Mannschaft herbeizuholen. Die Shoshone waren voller Mißtrauen. Im Frühjahr waren sie von den Blackfoot überfallen worden, die zwanzig Männer getötet und viele Pferde entführt hatten. Dennoch erklärte sich Cameahwait bereit, ihn mit einigen Kriegern zu begleiten.

Am vereinbarten Treffpunkt, an dem Lewis eine Nachricht zurückgelassen hatte, fand er keine Spur von Clark. Das Mißtrauen der Shoshone nahm zu. Sie blieben trotzdem für die Nacht. Am Morgen meldete ein Indianer, Weiße kämen in Booten herbei.

Sacagawea und Charbonneau liefen voraus. Clark sah, daß die junge Frau unversehens zu tanzen begann und „jedes Zeichen einer ganz außerordentlichen Freude zeigte, sich zu mir umdrehte, auf mehrere Indianer deutete, die sich auf Pferden näherten, und an ihren Fingern saugte, um mir zu bedeuten, daß dies Leute ihres eigenen Stam-

mes seien". Dann bahnte sich eine Frau den Weg zu Sacagawea, „einander erkennend, umarmten sie sich mit der zärtlichsten Zuneigung". Sie hatten gemeinsam die erste Zeit der Gefangenschaft bei den Minitari erlitten, doch dem anderen Mädchen war später die Flucht geglückt.

Man setzte sich, rauchte die Pfeife und hielt Rat. Sacagawea wurde herbeigerufen. Da eilte sie auf Cameahwait zu und umarmte ihn: Dies war die große Szene des Wiedersehens mit ihrem Bruder, die später in einer romantisch-pathetischen Literatur tausendfach gefeiert wurde. Clark bemerkte trocken, auch der Häuptling sei bewegt gewesen, doch nicht so offensichtlich wie seine Schwester.

Die beiden Leiter der Expedition meldeten ihre Vorstellungen an: Die Mannschaft brauche Lebensmittel, sie brauche Pferde, brauche Führer, die ihnen den kürzesten Weg zum Columbia River zeigten. Sie boten Waffen und Schmuck zum Tausch. Die Shoshone waren guten Willens, aber außer Pferden hatten sie nicht viel zu bieten. Das Wild war in jenen Berghöhen rar, doch nur dort droben fühlten sie sich vor ihren Todfeinden, den Blackfoot, halbwegs geschützt. Zwischen Mai und September lebten sie an den Zuflüssen des Columbia River, dann wanderten sie zum Missouri hinüber, vereinigten sich bei den Three Forks mit verwandten Stämmen, jagten den Bison, überwinterten, strebten im Frühjahr, sobald der Schnee es zuließ, zurück über die Pässe, um den steigenden Lachs im Columbia River nicht zu versäumen. In Übergangszeiten litten sie Hunger und nährten sich von Wurzeln. Oft sahen sie lange Wochen kein Fleisch.

Clark beschrieb die Shoshone als einen kleinen Stamm. Er schien vordem in den großen Prärien gelebt zu haben, von den Sioux nach Westen getrieben, die ihrerseits von den Weißen aus ihren angestammten Gebieten verdrängt wurden.

Die Entbehrungen ertrugen diese Indianer, wie Clark bemerkte, „nicht nur heiter, sondern oft geradezu lustig".

Auch im Unglück zeigten sie große Würde. Sie bettelten nicht, und, vor allem, sie „teilten mit uns das Wenige, das sie hatten".

Der Häuptling besaß nicht viel Macht. „Jedes Individuum ist bei diesen Menschen sein eigener Herr", schrieb Clark, der Familienvater sei der „einzige Besitzer seiner Frauen und Töchter, über die er in jeder Weise verfügen kann, die ihm angemessen zu sein scheint". Die Knaben, schrieb Clark, würden niemals geschlagen, „denn sie sagen, das bräche ihren Geist". Vielweiberei schien üblich zu sein. Doch anders als bei den Minitari oder den Mandan schienen die Männer mit der Heirat nicht eine ganze Schwesternschaft zu übernehmen, sondern ihre Gefährtinnen bei verschiedenen Vätern einzuhandeln. Erworben wurden die Mädchen, wie üblich, schon als Kinder − meist gegen ein Pferd oder, ein weitaus besserer Preis, gegen ein Kanu −, doch blieben sie bis zur Pubertät bei den Eltern. Im Alter von dreizehn oder vierzehn Jahren wurden sie ihren Männern übergeben.

So war auch Sacagawea schon einem Krieger versprochen gewesen, als sie geraubt wurde. Der Bräutigam, doppelt so alt wie die junge Frau, machte nun, als sie überraschend wieder aufgetaucht war, seine Ansprüche geltend. Als er darüber aufgeklärt wurde, daß Sacagawea ein Kind von Charbonneau habe, bestand er nicht auf seinem Recht. Er hatte ohnedies zwei andere Frauen.

Clark bemerkte: „Die Shoshone drängen die Dienste ihrer Frauen nicht so zudringlich auf, wie wir es bei den Sioux erlebten; wir beobachteten, daß manche Frauen höheren Respekt zu genießen scheinen als bei anderen Nationen. Doch die Masse der weiblichen Stammesmitglieder ist, wie unter allen wilden Völkern, zu den niedrigsten und härtesten Arbeiten verdammt."

Bewunderung hegten die weißen Gäste für die Reiterkünste der Shoshone, die nur zu Pferde gegen den Feind zogen. Der Name des Bruders von Sacagawea, Cameahwait, konnte wörtlich übersetzt werden: „Einer, der niemals zu Fuß geht."

Das Pferd, schrieb Clark, sei für die Shoshone „nahezu Gegenstand eines persönlichen Verhältnisses; ein bevorzugtes Tier wird oft angemalt, und man kupiert seine Ohren, um ihnen eine hübsche Form zu geben. Mähne und Schwanz . . . sind mit Vogelfedern geschmückt, und manchmal bringt ein Krieger an der Brust seines Pferdes die hübschesten Ornamente an, die er besitzt."

Auch die Menschen putzten sich, wie Clark beobachtete, aufwendiger heraus als die anderer Stämme: Viele Männer besäßen eine Art Cape aus Otterpelz, das mit kleinen Hermelinfellen gesäumt war.

Am Tag nach der Ankunft bei den Shoshone feierte Meriwether Lewis seinen 31. Geburtstag. Die Gefährten beglückwünschten ihn herzlich. Doch der sensible Offizier zog sich in melancholische Betrachtungen zurück. In seinem Tagebuch notierte er, nach aller menschlichen Wahrscheinlichkeit habe er nun die Hälfte seines Lebens hinter sich gebracht. „Ich dachte darüber nach, daß ich bisher nur wenig getan habe, wahrhaft sehr wenig, um das Glück der Menschheit zu mehren oder das Wissen der nachfolgenden Generationen zu bereichern. Ich blickte mit Bedauern auf die vielen Stunden, die ich untätig dahingebracht habe." Aber da die Vergangenheit nicht zurückgerufen werden könne, ließ er die „dunklen Gedanken" hinter sich und beschloß, seine Anstrengungen zu verbessern, um jene hehren Ziele zu erreichen. Voll Edelmut versprach er sich, „in Zukunft für die Menschheit zu leben, wie ich zuvor für mich selber gelebt habe".

Ein wahrer Sohn der Aufklärung. Nach einem Jahr in der Wildnis, erschöpft und von Hunger gepeinigt, schwang sich der junge Offizier zu einem idealistischen Pathos auf, das eher in den Salons der großen Städte zu Haus war. Vielleicht dachte er daran, daß sein Gönner, Präsident Jefferson, diese Zeilen huldreich zur Kenntnis nehmen werde.

Noch am selben Tag brach Clark mit indianischen Führern und einigen seiner Männer auf, um die beste Route zum Pazifik zu erkunden. Sie folgten, trotz indianischer Warnungen vor der Unwegsamkeit, dem Lemhi River, dann dem Salmon River. Nach einigen Tagen mühsamer Kletterei durch wilde Schluchten und über steile Berghänge mußte Clark einsehen, daß hier kein Durchkommen war, obschon er die Gebirgsbäche noch immer für Zuläufe des Columbia River hielt. Das trifft übrigens auch zu − nur nehmen sie einen weiten Umweg.

Lewis, der sich bis Ende August noch im Camp Fortunate aufhielt, um seinen Männern ein wenig Rast zu gönnen und zusätzliche Pferde zu kaufen − letztlich hatten sie 29 Rösser und ein Maultier −, erhielt von Clark die Nachricht, daß er weiter nach Norden ziehe, um nach einem leichteren Abstieg zu suchen.

Dort oben begegneten sie zum ersten Mal einigen Flathead-Indianern. Voller Staunen betrachteten die Kundschafter die groteske Deformation der Physiognomie: Eine gerade, gleichmäßige Linie lief von der Nasenspitze bis zum Hinterkopf. Später registrierte Clark, daß die Säuglinge, deren Knochen noch weich waren, auf ein Brett gebunden wurden, an dem in einem flachen Winkel ein zweites Brett befestigt war, das den armen Würmern nach und nach Kopf- und Stirnplatte flachdrückte, bis sie sich in einer Linie mit der Nase befanden. Den Schilderungen läßt sich nicht entnehmen, ob jenes Schönheitsideal auch die Aktivitäten im Kopfinnern bestimmte.

Clark und sein Trupp, danach Lewis und das Gros der Mannschaft passierten den Lost Trail-Paß, westlich vom späteren Schlachtfeld Big Hole. Der Hunger trieb sie voran. Am Lolo-Paß schöpften sie Atem. Die Pferde brauchten Futter und Erholung. Das idyllische Hochtal nannten sie Travelers Rest.

Die Luft in dieser Gebirgswelt riecht Ende August schon nach Herbst. In je-

ner Region türmten sich die Berge nicht mit der schroffen Gewalt der europäischen Alpen auf, dennoch wirkten sie auf die Männer bedrohlich. Die höchste Erhebung, die sie vordem gesehen hatten, war das Mittelgebirge der Alleghenies, die den atlantischen Osten vom Mittleren Westen scheiden. Die Wildheit der Flußtäler hatten sie fürchten gelernt. So folgten sie nicht dem Lochsa River, der in langen Bögen und heftigen Fällen der Ebene entgegenstrebt, sondern hielten sich an einen Indianerpfad, der oft dem Höhenrücken folgte.

Die Berge wollten kein Ende nehmen. Die Männer strauchelten über gefallene Bäume, wateten durch Bäche, stolperten auf abschüssigen Felssteigen, die Gäule stürzten, verletzten sich. Der Hunger wurde quälender. Sie waren nun für das Suppenpulver dankbar, das sie als eiserne Ration mitschleppten. Einer der Gefährten erinnerte sich später, sie hätten nur zwei bis drei Fasane erlegt, und mit trockenem Humor fügte er hinzu, es habe eines Wunders bedurft, wie bei der biblischen Speisung der Zehntausend, um mit jenen erbärmlichen Vögeln dreißig hungrige Männer und einige Indianer zu verköstigen. Sie schlachteten die dürren Fohlen, die ihnen von den Shoshone mitgegeben worden waren.

Sergeant Gass schrieb, die Müdigkeit der Männer sei „jenseits aller Beschreibung" gewesen. Auch heute, nahezu zwei Jahrhunderte später, wird dem Reisenden diese Wegstrecke − auf der einsamen Staatsstraße No. 12 − entnervend lang. Ein Gebirgsriegel um den andern sperrt die Täler. Begegnungen mit anderen Autos sind so selten wie in den entlegensten Reservaten der Dakota. Auf hundert Meilen keine Tankstelle. Keine Raststätte. Ein paar Schritte weit in die Wälder sind genug, um die würgende Einsamkeit zu empfinden, die Lewis, Clark und ihre kleine Truppe heimgesucht haben mag.

Anfang September wirbelten die ersten Schneeflocken, gegen Mitte des Monats setzte heftiger Schneefall ein. Eine Woche später erreichten die Männer ein Dorf der Nez Percé, die in Langhäusern wohnten. Erleichtert genossen sie die Gastlichkeit des Häuptlings Twisted Hair – „Geflochtenes Haar". Sie handelten getrockneten Fisch, Wurzeln und Hagebutten ein – anderes gab es nicht; auch die Vorräte jenes Stammes waren dürftig. Vielleicht verschlangen die Gäste die ungewohnten Speisen zu rasch, vielleicht war der Lachs von Salmonellen verdorben: Sie krümmten sich tagelang mit schrecklichsten Leibschmerzen, übergaben sich, litten an Durchfall. Lewis fühlte sich so elend, daß er sich kaum auf dem Pferd halten konnte.

Der Clearwater River schien schiffbar zu sein. So brannten die Reisenden Einbäume aus und vertrauten ihre 38 Pferde dem Häuptling an. Am 7. Oktober brachen sie auf, am 10. hatten sie den Clearwater passiert, sie tauften ihn Clark River, und fuhren in den Snake River ein, den sie Lewis River nannten.

Im Oktober 1805 stießen Lewis und Clark auf den Columbia River, den größten Fluß des Westens, der ihnen aus Berichten von Seeleuten bekannt war. Doch das Hinterland blieb unerforscht. William Clark fertigte als erster diese Skizze des Mündungsgebietes an

Der Lolo-Paß war noch schwieriger zu bezwingen als die Ostseite der Rocky Mountains zuvor. Der Winter, der in dieser Höhe von mehr als 1500 Metern schon früh hereinbricht, war den Männern um Lewis und Clark auf den Fersen. Und die Berge wollten kein Ende nehmen

321

Am 16. Oktober erreichten sie den Columbia River, den mächtigsten Strom des amerikanischen Westens, die letzte Etappe vor ihrem Ziel: dem Pazifik.

Der Strom durchschnitt Berge, die links und rechts aus glattpolierten Felswänden aufstiegen. Sie bezwangen furchterregende Stromschnellen. Die Soldaten trugen die Papiere, Waffen und die letzten Lebensmittelreserven um die gefährlichsten Hindernisse herum. Dann jagten jene Männer, die des Schwimmens kundig waren, die entladenen Einbäume über die Wasserstürze.

Das Tal weitete sich. Hatten die Reisenden Phantasie genug, sich vorzustellen, daß die wogenden Hügel dieser Landschaft einst goldgelbe Weiden sein würden, auf denen fettes Vieh graste? Daß sich Weizenfelder an die Hänge schmiegten, Obstgärten in den Bachmulden aufblühten?

Es ist zu vermuten, daß sie sich nicht damit aufhielten, in die Zukunft zu träumen. Die Männer wollten endlich ans Ziel gelangen. Ihre Offiziere versuchten dennoch, Jeffersons Auftrag getreu, die Besonderheiten der Landschaft, der Pflanzenwelt und der Menschen zu vermerken. Von den Indianern, die am Columbia River ihren Lachs fischten, berichteten sie nichts Gutes: Sie stahlen wie die Raben, forderten für ihren getrockneten Fisch hohe Preise, zeigten sich unhöflich, und ihre Hütten waren voller Flöhe.

Anfang November sahen die Reisenden in der Ferne eine mächtige Erhebung. Der Gipfel gleißte im Schnee: Mount Hood, mit 3400 Metern eine der höchsten Erhebungen des amerikanischen Westens.

Am 7. November 1805 schrieb Clark, spürbar bewegt, in sein Tagebuch: „Oh Freude, der Ozean in Sicht!" Er täuschte sich: Das weite Gewässer, das sich vor seinen Augen am Horizont verlor, war die Columbia Bay, die sich vor ihrem Ausgang zum Pazifik noch einmal verengt. Die Wellen freilich waren fast so hoch wie auf dem offenen Meer. Sacagawea und einige der Männer wurden im Kanu seekrank.

Es regnete — seit Tagen und unablässig. Es regnete die nächsten zehn Tage lang. Es regnete im Dezember. Es regnete im Januar, es regnete im März. Lewis zählte zwischen dem 3. November und dem 25. März lediglich zwölf Tage, an denen es nicht regnete, davon nur sechs, an denen die Sonne schien.

Immer naß bis auf die Haut, ruderten die Mannschaften an der Nordküste der riesigen Bucht entlang. Am 10. November schlugen sie das erste Lager am „Hungry Harbor" auf, fünf Tage danach das zweite in der Nähe der Chinook-Indianer, die ihnen allzu nahe rückten, vor allem eine Schar junger Mädchen, von einer älteren Frau angeführt, die stolz Tätowierungen spanischer Seeleute auf ihrer Haut zeigten.

Die beiden Offiziere stießen auf dem Landweg bis zum Cape Disappointment vor. Endlich: der Pazifik. Die Brecher der ersten Winterstürme jagten über den Strand und an den Felsriffen empor. Lewis und Clark rechneten nach: Von Camp Wood bei St. Louis bis zum Pazifik hatten sie 4133 Meilen, 6650 Kilometer, hinter sich gebracht. Beide schnitten ihre Namen in einen Baum.

Von St. Louis an stößt man unterwegs immer wieder auf das Schild, das die Reiseroute von Lewis und Clark bis zum Pazifik markiert — der eine mit dem Dreispitz des Offiziers gekennzeichnet, der andere mit einer Biberfellmütze

Im Stillen mochten Lewis und Clark gehofft haben, in der Columbia Bay amerikanische oder europäische Schiffe anzutreffen, die sie mit Nachrichten aus der Zivilisation, mit Lebensmitteln, Kleidern, Schuhwerk versorgen konnten. Längst hatten sie keinen Wollfaden mehr am Leib, sondern trugen Hemden und Hosen aus Fellen zusammengeflickt. In ihrem Gepäck befanden sich Beglaubigungsschreiben, von Präsident Jefferson ausgefertigt, für alle möglichen Adressaten, selbst für einen Konsul in Java − Vorsorge für die Möglichkeit, daß sie die Rückreise via Asien, Afrika und Europa antreten würden.

Es zeigten sich keine Schiffe. Die Indianer deuteten an, daß sich wenige Wochen zuvor, im November 1805, ein Amerikaner in der Bucht umgeschaut habe: Captain Samuel Hill mit der „Lydia" aus Boston.

Auf der Suche nach einem Platz für das Winterquartier lief Clark einige Meilen an der Küste entlang nach Norden. Die Gegend war nicht einladend. Auch traute er den Indianern nicht. Er kehrte bald ins Lager zurück.

Die Mehrheit der Mannschaft stimmte dem Vorschlag zu, die Südküste zu erforschen. Eine direkte Überquerung der Bucht wäre in den leichten Booten zu gefährlich gewesen. So ruderten sie wieder landeinwärts, bis sie eine sichere Überquerung fanden. Am 21. November bezogen sie ein provisorisches Lager bei Point Williams, einer Landzunge östlich des späteren Fischernestes Astoria. Das bewaldete und zerklüftete Ufer war von idyllischem Reiz, doch der unablässige Regen ertränkte jede Empfindung für die Schönheit der Landschaft. Wichtiger war, daß die Jäger Elche und Hirsche genug fanden. Und es gab Fische.

Am 7. Dezember endlich gelangte die Expedition an den Hügel, wo das endgültige Winterquartier aufgeschlagen werden sollte: Fort Clatsop.

Am Weihnachtstag des Jahres 1805 waren die Unterkünfte bezugsfertig: diesmal drei Räume für die Mannschaften, eine Kammer für Lewis und Clark, eine weitere für die Familie Charbonneau, ein Vorratsraum, eine Wachstube; eine Palisadenwand um das gesamte Anwesen, ein Tor, das abends verriegelt wurde.

Lewis und Clark vergaßen nicht, daß trotz der Vertrautheit, die in der Truppe während der gemeinsamen Strapazen gewachsen war, die Disziplin nicht nachlassen durfte, wenn sie das Unternehmen zu einem guten Ende bringen wollten. Der Alltag war durch militärische Routine geregelt. Unter der Verantwortung der Sergeanten wurden die Mannschaften in stetem Wechsel zum Wachdienst und zur Jagd eingeteilt. Sie mußten bei Kräften bleiben und einige Vorräte für den Rückmarsch anlegen.

Das Fleisch des erlegten Wildes konservierten sie in einer Räucherkammer. Doch es fehlte an Salz. Knapp zehn Meilen südlich fanden sie eine günstige Stelle, an der es Brennholz genug für riesige Feuer gab. Sie verkochten das Salzwasser aus der Meeresbucht in irdenen Bottichen − ein mühseliges Unternehmen. Die freien Stunden nutzten sie, um aus Fellen Kleidung und einen guten Vorrat an Mokassins zu fertigen. Am Ende besaßen sie mehr als dreihundert Paar Indianerschuhe, an die zehn für jedes Expeditionsmitglied.

In der Nähe wohnten Clatsop-Indianer − auch sie gehörten zu den Flathead. Sie waren liebenswürdiger, ehrlicher, auch sauberer als die Chinook im Norden. Dem fragwürdigen Charme der Clatsop-Frauen jedoch entzogen sich die Soldaten − für geraume Zeit. Bei den Chinook hatten sich einige Männer mit Geschlechtskrankheiten angesteckt. So neigten sie zur Vorsicht. Ihre Zurückhaltung erregte bei den Indianern Erstaunen. Sie galt als unfreundlich, hochmütig, ja feindselig. Nicht alle Soldaten freilich erlegten sich allzu lang strikte Reserve auf.

Lewis und Clark ließen die Männer gewähren, denn die Frauen der Clatsop schienen gesünder zu sein als die der Chinook. Sie amüsierten sich über das Honorar eines indianischen Kriegers, „den wir durch unsere medizinischen Künste von einem kleinen Leiden befreit hatten: Er brachte nun seine Schwester zur Belohnung für unsere Freundlichkeit. Diese junge Frau schien höchst bestrebt, sich die Dankbarkeit ihres Bruders zu eigen zu machen und war schockiert, als wir beide uns ihrer Gunst entzogen. Sie ließ sich nicht dazu bewegen, das Fort zu verlassen, sondern zog in das Zimmer von Charbonneaus Frau, das an das unsere grenzte. Dort blieb sie für zwei oder drei Tage. Den Nachstellungen der Männer aus der Mannschaft ging sie aus dem Weg. Als sie schließlich feststellte, daß wir beide nicht nachgaben, machte sie sich davon, voller Bedauern, daß die Schulden ihres Bruders unbeglichen blieben."

Sorgsam trugen die Offiziere alles, was ihnen sonderbar oder bemerkenswert vorkam, in ihre Journale ein. Sie beschrieben den indianischen Alltag, die Bräuche, die Kleidung. Die Clatsop-Männer trugen Lederhemden und Gamaschen, die Frauen überdies gefranste Röcke, aus weicher Baumrinde gefertigt. Lewis bemerkte, jene Bedeckung sei völlig ausreichend gewesen, solange die Damen eine aufrechte Haltung wahrten — „doch wenn sie sich bückten..., offenbarte sich dem

Die Skulptur an der Küste von Oregon erinnert an den Wal, der während des Aufenthaltes von Lewis und Clark am Pazifik in der Nähe ihrer primitiven Salzsiederei gestrandet war. Doch ihre Beute war weniger ergiebig. Noch ehe sie sich einen Vorrat von Öl und Fleisch sichern konnten, hatten Indianer den Kadaver längst zerlegt

durchdringenden Auge des Liebessüchtigen" das, was er mit etwas krudem Charme „die Batterie der Venus" nannte.

Dramatische Begebenheiten blieben der Besatzung des Forts während des Winters erspart. Eines Tages — das war die wichtigste Episode — meldeten die Indianer, im Süden, einige Meilen hinter der Salzsiederei, sei ein Wal gestrandet. Die Offiziere fanden, Öl und Fleisch des Tieres würden eine willkommene Bereicherung für den Rückmarsch sein. Unverzüglich machte sich Clark mit einigen Männern auf den Weg. Er schrieb, der liebe Gott meine es gut mit ihnen: Den Propheten Jonas habe der Wal verschlungen, ihnen aber sei es erlaubt, den Wal zu verspeisen, was vorzuziehen sei. Als sie den gewaltigen Kadaver erreichten, war er schon fast völlig zerlegt. Mit Mühe gelang es, bei den Indianern, die vorher da waren, einige Kannen Öl und ein paar Zentner Speck einzuhandeln.

Der Aufbruch zur Heimreise war für den 1. April 1806 geplant. Doch der permanente und entnervende Regen trieb ihnen die Lust aus, so lang in ihrem Quartier auszuharren. Am 20. März übergaben sie den benachbarten Clatsop das Fort, von dem heute kein originaler Balken mehr existiert; es gibt lediglich — nach den exakten Beschreibungen gebaut — eine allzu perfekte Nachbildung. Die Kanus befanden sich in gutem Zustand. Das Gepäck wurde verladen. Sie strebten nach Haus.

Der Columbia River, der ihnen die Hochwasser der Schneeschmelze entgegenschwemmte, machte den Anfang nicht leicht. Dem Rat der Indianer folgend, versuchte der Trupp die weitere Ausbuchtung des Stromes zwischen den späteren Orten Wallula und Clarkston, an der Grenze des Staates Washington nach Idaho, durch einen Landmarsch abzukürzen. Sie sparten achtzig Meilen.

Die Eile tat nicht not. Als sie Mitte Mai bei den Nez Percé und ihrem zuverlässigen Freund, dem Häuptling Twisted Hair, eintrafen, waren die Bergpfade noch tief verschneit. Die Männer unternahmen dennoch einen Vorstoß zum Lolo-Paß. Sie scheiterten schmählich. Vier Wochen mußten sie warten. Sie pflegten ihre Pferde, die sie ein halbes Jahr zuvor bei Twisted Hair zurückgelassen hatten, sie jagten. Clark übte seine Nebentätigkeit als Medizinmann aus; er behandelte bei den Indianern Rheumatismus, Ausschläge, entzündete Augen. Als Entlohnung erhielt er für die Truppe Mais, wilde Wurzeln, Fisch und im besonderen Fall ein fettes Schlachtpferd.

Auch in der zweiten Hälfte des Juni war der Aufstieg zum Paß noch mühsam genug. Tagelang fanden die Pferde kein Gras unter dem Schnee. Am Ende des Monats erreichten sie die heißen

325

Quellen, nicht weit von ihrem früheren Lager Travelers Rest. Sie erholten sich rasch. Die schwierigste Passage des Rückmarsches war bestanden.

Im Winterquartier hatten sie beschlossen, das Expeditionskorps am Lolo-Paß zu teilen. Lewis wollte Marias River erkunden, um dem Präsidenten genauere Vorstellungen über eine nördliche Abgrenzung zum britischen Einflußgebiet vermitteln zu können. Clark hatte vor, den Yellowstone River zu erforschen. So geschah es.

Blackfoot-Indianer, gemalt von Karl Bodmer: ein Mann in schlichter Trauerkleidung; eine Frau demonstriert die Vorliebe ihres Stammes für blaue und weiße Perlen; der Umhang eines Kriegers ist mit Symbolen für Beute und besiegte Feinde geschmückt — die Hufe zeigen stolz die Zahl der gestohlenen Pferde

Über einen Paß, der später nach den beiden Offizieren benannt wurde, erreichten Lewis und seine Leute am 13. Juli die Insel der weißen Bären über den Great Falls des Missouri. Ein Kommando von fünf Mann unter einem Sergeanten wurde beauftragt, das dort versteckte Gepäck auszugraben und eine der beiden Pirogen freizulegen. Lewis sagte dem Anführer, er wolle am 5. August zurück sein, doch man möge nicht länger als bis zum 1. September auf ihn warten.

Die Prärien über Marias River dehnten sich längst nicht so weit nach Norden, wie Lewis angenommen hatte. Er wußte, daß er sich im Revier der Blackfoot-Sioux befand. Bis zum 26. Juli entging der kleine Trupp der Aufmerksamkeit des gefürchteten Stammes.

Er war schon auf dem Rückmarsch, als Lewis etwa eine Meile entfernt einige Indianer sah, die angestrengt ins Flußtal starrten, wo Dolmetscher Drouinnard unterwegs war. Der Hauptmann wollte verhindern, daß der Gefährte von den Kriegern behelligt wurde. Er ritt auf die Indianer zu, bot ihnen den Gruß des Friedens, lenkte sie ab. Die Krieger bestätigten, daß sie zu den Blackfoot gehörten. Sie gaben sich friedfertig. Sie wollten rauchen. Lewis erklärte ihnen, der Mann in dem Tal führe die erwünschte Pfeife mit sich. Drouinnard kam herbei.

Die Blackfoot schlugen für die Nacht ein gemeinsames Lager vor. Lewis ließ sich darauf ein, um sie davon abzuhalten, ihren Stamm zu alarmieren. Die Weißen blieben auf der Hut und teilten Wachen ein. Doch einer der Soldaten ließ in der Morgendämmerung, für einen Augenblick achtlos, sein Gewehr am Feuer liegen. Ein Indianer schlich herbei und bemächtigte sich der Flinte. Zwei andere griffen nach den Büchsen von Drouinnard und Lewis. Als der erste Blackfoot mit seinem Diebesgut davonrannte, setzte ihm der Soldat, einen anderen alarmierend, unverzüglich nach. Im Handgemenge stieß er dem Indianer ein Messer ins Herz.

Die beiden Soldaten stürzten ins Lager zurück. Drouinnard war erwacht

326

und rang mit einem anderen Blackfoot um seine Flinte. Lewis schreckte auf, griff nach seinem Gewehr, fand es nicht. Er zog seine Pistole und rannte hinter dem Waffendieb her, bedeutete ihm, die Büchse fallen zu lassen. Der Indianer verstand.

Lewis verbot seinen Gefährten, dem Missetäter etwas anzutun, aber nun entdeckten sie, daß die Indianer die Pferde fortzutreiben versuchten. Sie jagten hinterher. Lewis schoß und traf einen der Blackfoot in den Bauch. Eine Kugel der Indianer fegte nur wenige Zentimeter über seinen Kopf hinweg. Da er weder weiteres Pulver noch Kugeln bei sich hatte, konnte Lewis nicht nachladen. Er ließ die Räuber entkommen.

Dem Offizier schien es angebracht, unverzüglich aufzubrechen, ehe das Gros des Stammes aufgescheucht wurde. Ohnedies hatten die Indianer die meisten der Pferde zurückgelassen.

Die Männer packten in Windeseile und machten sich so rasch aus dem

Staub, wie es das Gelände erlaubte. In einem Gewaltritt brachten sie bis zum Abend achtzig Meilen hinter sich und im Licht des Vollmondes noch einmal zwanzig: rund hundertsechzig Kilometer.

Nach ein paar Stunden Ruhe brachen sie wieder auf. In weiteren zwölf Stunden erreichten sie den Missouri River. Sie vernahmen „den frohen Klang einer Büchse": Der Schütze war, wie vermutet, ein Jäger des Spürtrupps. Lewis ließ den Pferden freien Lauf. Die vereinigte Mannschaft ruderte stromabwärts, dem mit Clark vereinbarten Treffpunkt entgegen.

Clark war mittlerweile von Travelers Rest mit seiner Truppe nach Süden zum Gibbon-Paß marschiert. Er überquerte die Big Hole-Prärie, in der die Nez Percé 71 Jahre später ihre letzte große Schlacht gegen die Weißen schlugen. Am Camp Fortunate holten seine Männer die zurückgelassenen Kanus aus dem Wasser – sie waren, bis auf eines, unversehrt – und gruben ihre Hinterlassenschaften aus den Höhlen. Die Soldaten stürzten sich auf den Tabak, denn die mitgeführten Vorräte waren schon vor Monaten ausgegangen.

Der Stamm der Shoshone war nicht zugegen; er schien sich bei seinen Fischgründen weiter westwärts aufzuhalten. Sacagawea nahm ein zweites Mal Abschied von ihrer Heimat. Das Journal von Clark sagt nicht, ob es ihr bitter wurde, sich – vermutlich für immer – aus dem Revier ihres Stammes zu entfernen. Nirgendwo ist vermerkt, ob es für diese junge Frau so selbstverständlich war, ihrem weißen Mann und Herrn bedingungslos zu folgen.

William Clark indes lobte die klugen Ratschläge der Indianerin. Sie wies den sichersten Weg vom Oberlauf des Missouri, von Three Forks, nach Westen über den Bozeman-Paß ins Tal des Yellowstone River. Abermals mußten Kanus gebaut werden. Die Truppe verlor damit nicht allzu viel Zeit, denn sie übte dieses Handwerk inzwischen mit einiger Routine aus.

Eine Patrouille, die auf Erkundung geschickt worden war, fertigte unterwegs nach indianischem Vorbild sogenannte Bullboats: Bisonfelle wurden kreisrund um ein Holzgestell gespannt und an den Nähten abgedichtet. Umsichtig verteilte der Sergeant Mannschaften und Gepäck auf die beiden Boote. Den überraschten Clark holten die seltsamen Fahrzeuge am 8. August ein. Sie hatten ihre Fracht ohne Leck und ohne Schaden in diesen seltsamen

In symbolischer Pose hat ein Historienmaler auf diesem Ölgemälde aus dem Jahre 1912 die indianische Begleiterin von Lewis und Clark dargestellt: Stets wies Sacagawea als Kind des Landes den Weißen den rechten Weg

Fahrzeugen einige hundert talwärts transportiert.

Captain Clark verzeichnete in seinen Tagebüchern von jenem Abschnitt der Reise wenig besondere Vorkommnisse. In die Wand eines mächtigen Felsturmes, den er nach Sacagaweas Sohn „Pomps Pillar" nannte, meißelte er seinen Namen ein und hinterließ so die einzige heute noch sichtbare Spur der Expedition.

An der Mündung des Yellowstone River in den Missouri sollte Clark, wie verabredet, auf Lewis und seine Truppe warten. Er fand dort keinen geeigneten Platz für ein Lager. Die Moskitos wurden in den schwülen Augusttagen zu einer unerträglichen Plage, vor allem für Sacagaweas Kind. So ließ Clark einen Brief zurück, den er an einem Baum befestigte. Die Nachricht erreichte den Partner nie. Der Grund: Ein Biber hatte mit seinen spitzen Zähnen ausgerechnet jenen Baum für seinen Dammbau gefällt.

Lewis war unterdessen ein groteskes Mißgeschick widerfahren: Während der Elchjagd traf ihn der Schuß eines Gefährten – gottlob nur ins Gesäß. Für einen Augenblick hatte er einen Überfall von Indianern befürchtet. Lewis fluchte, doch er trug dem Schützen nichts nach. Die Wunde schmerzte. Tagelang konnte er sich kaum rühren. Umso härter die Enttäuschung, als Clark ihn an der Mündung des Yellowstone River nicht begrüßte – daß er nicht einmal eine Nachricht vorfand. Immerhin zeigten Spuren, daß Weiße des Wegs gekommen waren.

Am 12. August trafen seine Boote endlich die Flottille Clarks. Der Freund war erschrocken, als er Lewis lädiert in der Piroge liegen sah. Doch die Wunde verheilte nun rasch.

Zwei Tage später erreichte das Expeditionskorps die Mandan-Dörfer und das Fort, das ihnen als erstes Winterquartier gedient hatte. Die Befestigung und die selbstgebauten Hütten waren von einem Feuer fast völlig zerstört.

Charbonneau, Sacagawea und Pomp blieben hier zurück. Clark vereinbarte mit den Eltern, daß sie den Knaben nach St. Louis bringen sollten, wenn er ein wenig älter geworden sei. Der Lohn des Dolmetschers betrug – einschließlich der Kosten eines Pferdes und einer Blockhütte – 500 Dollar und 33 1/3 Cent. Ein Häuptling der Mandan konnte überredet werden, sich den Reisenden anzuschließen, um Präsident Jefferson im Weißen Haus zu besuchen.

Seinen Namen und das Datum hinterließ Clark, eingemeißelt am Fuß eines Felsturmes, den er zu Ehren des Sohnes von Sacagawea „Pomps Pillar" nannte – von der einzigartigen Expedition die einzige authentische Spur, die sich erhalten hat

Am 17. August fuhr die Flotte weiter. Die Boote legten nun im Tagesdurchschnitt achtzig Meilen zurück. Sie begegneten weißen Jägern und Händlern, die sie mit ersten Nachrichten aus der Welt versorgten.

Am 23. September 1806 um die Mittagszeit traf die Expedition in St. Louis ein. Die Nachricht von der Rückkehr der Totgeglaubten war den Schiffen vorausgeeilt. Sie wurden voller Jubel begrüßt. Die kommenden Tage waren eine Kette von Feiern und Empfängen: Ansprachen, Trinksprüche, üppige Tafeln, Whisky, Wein, Musik und Tanz.

Wie vor dem Beginn der Expedition vereinbart, erhielt jeder der Soldaten und Sergeanten den doppelten Sold von zweieinhalb Jahren und ein Stück Land von dreihundertzwanzig Acres – einhundertdreißig Hektar – westlich des Mississippi. Die meisten verkauften das Anrecht unverzüglich weiter – an Kameraden oder Spekulanten.

Dann verlor sich das Schicksal der meisten Soldaten in der Anonymität.

Lewis und Clark reisten getrennt nach Washington. Präsident Jefferson ehrte sie am Neujahrstag 1807 durch ein Dinner im Weißen Haus, an dem freilich nur Lewis teilnehmen konnte. Clark langte erst einige Tage später in der Hauptstadt an. Er hatte unterwegs seine Familie besucht. Beide Pioniere wurden ebenfalls mit doppeltem Sold entlohnt und erhielten jeweils tausendsechshundert Acres, 650 Hektar, Land.

Präsident Jefferson ernannte seinen früheren Sekretär Meriwether Lewis zum Gouverneur des Territoriums von Louisiana. Der Schützling hatte kein Glück. Er rieb sich im Streit mit der Bürokratie in der Hauptstadt auf. Auch mit dem Ordnen der Forschungsmaterialien und der Vorbereitung für den Druck des Tagebuches kam er nicht voran.

Er machte Schulden. Seine finanziellen Verhältnisse wurden beengt. Nach dem Ende der zweiten Amtszeit Thomas Jeffersons wurden seine chronischen Auseinandersetzungen mit dem Kriegsministerium unleidlich und bitter. Der junge Gouverneur versank in Grübeleien. 1809 entschloß sich Lewis, seine Angelegenheiten in der Hauptstadt persönlich zu vertreten.

Es schien ihm sicherer, den Flußweg über den Mississippi nach New Orleans, hernach den Seeweg durch den Golf von Mexiko und den Atlantik zu nehmen. Doch dann änderte er seinen Plan. An den Chickasaw Bluffs, wo heute Memphis liegt, verließ er das Schiff, auf dem er angeblich zwei Selbstmordversuche unternommen hatte, um mit seinen Bediensteten auf dem Landweg weiterzureisen.

Der Kommandeur des kleinen Forts auf den Bluffs berichtete später, sein hoher Gast habe sich in einem „Zustand geistiger Verwirrung" befunden. Er ließ Lewis beobachten.

Nach einer Woche schien der Gouverneur wieder reisefähig zu sein. Mit sei-

Nur fünf Jahre nach der erfolgreichen Rückkehr nach St. Louis, die Lewis und Clark mit ihren Männern mühsam in Booten bewältigt hatten, qualmte im anbrechenden industriellen Zeitalter der erste Raddampfer über den Fluß. Seine Nachfolger werden heute als Touristenattraktion liebevoll gehegt

nen zwei Dienern und einigen Indianern brach er zu Pferde in Richtung Nashville auf. Am Abend des 10. Oktober erreichte er eine Herberge, die letzte Station vor dem Indianergebiet, die Grinderstand hieß.

Lewis war allein. Seine Diener waren zurückgeblieben, um ein entlaufenes Pferd zu suchen. Die Frau des abwesenden Wirtes nahm Lewis auf und wies ihm ein Zimmer zu. Da der Fremde einen merkwürdigen Eindruck machte, zog sie sich mit ihren Kindern in die Küche zurück. Der Gast verlangte zu trinken. Das Essen rührte er kaum an. Seine Diener, die endlich eintrafen, gingen in der Scheune schlafen.

Nach den Aussagen der Wirtin lief Lewis am Abend und in der Nacht nervös durch sein Zimmer, mit sich selber redend. Um drei Uhr früh hörte die Frau einen Schuß, dann einen zweiten. Lewis rief nach Wasser. Die Wirtin, vor Entsetzen gelähmt, wagte es nicht, den Rufen nachzukommen. Seine Diener weckte sie mit großer Verspätung. Aus diesen Merkwürdigkeiten schlossen einige Historiker, Lewis sei ermordet worden, vom Besitzer der Herberge, wie sie meinten, zumal in Lewis' Hinterlassenschaft hundert Dollar fehlten.

Gegen Morgen flehte der schwerverletzte Gouverneur seine Diener an, sie sollten ihm den Gnadenschuß geben: Sein Leben sei so schrecklich zäh, und er sterbe so schwer. In der Morgendämmerung des 11. Oktober 1809 verschied er.

Thomas Jefferson bestätigte in einem Vorwort für die Geschichte der Expedition, Lewis habe von seinem Vater und anderen Mitgliedern der Familie „hypochondrische Neigungen" geerbt und während des Dienstes im Weißen Haus von Zeit zu Zeit „empfindsame Depressionen des Gemütes" gezeigt. Der Kommandeur des Forts auf den Chikkasaw Bluffs stellte in einem Schreiben an Jefferson fest, der allzu frühe Tod des Gouverneurs müsse ausschließlich seinem „freien Gebrauch von Alkohol" zugeschrieben werden, von dem Lewis selber offen gesprochen habe.

Die Hinweise Jeffersons und jenes Offiziers widersprachen einander nicht. Die hohe Spannung des Abenteuers in der Wildnis, die Verantwortung für das Leben seiner Soldaten, der plötzliche Ruhm und ein bedeutendes Amt – das war, in der Summe, zuviel für die verletzliche Seele eines Menschen, der eher nach innen gewandt lebte. Sein Schicksal fügte sich in die Kette der Tragödien, die in der Entdeckungsgeschichte Amerikas so bedrückend aneinandergereiht sind.

Auch über dem weiteren persönlichen Weg seines glücklicheren Gefährten William Clark liegt ein Schatten, trotz der äußeren Erfolge. Jefferson ernannte ihn bald nach der Rückkehr von der großen Expedition zum Indianerbeauftragten der Regierung und zum Gouverneur des Missouri-Territoriums mit dem Titel eines Generalleutnants. Seine Judith – auch Julia genannt – gebar fünf Kinder. Doch nach zwölf Jahren gemeinsamen Lebens starb sie, erst 28jährig. Er heiratete danach eine verwitwete Cousine, die drei Kinder in die Ehe einbrachte. Sie gebar zwei Söhne dazu. Seinen Ältesten nannte er nach dem Freund, Meriwether Lewis Clark.

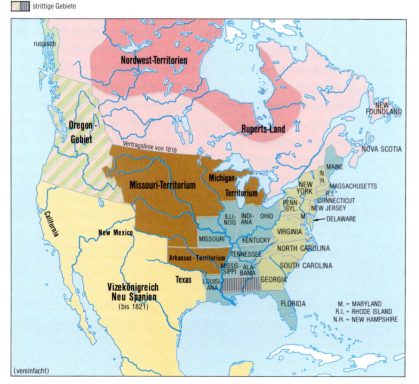

Die USA nach dem Frieden von Paris, der 1783 den Unabhängigkeitskrieg beendete, sowie die restlichen Besitzungen Europas in Nordamerika bis 1825

- britischer Besitz
- Gebiet der Hudson Bay Company
- spanischer Besitz
- Gebiet der 13 alten Staaten 1783
- neuaufgenommene Staaten bis 1825
- Territorien
- strittige Gebiete

Als der kleine Jean Baptiste Charbonneau, Sacagaweas Sohn, vier Jahre alt geworden war, brachten ihn die Eltern zu Clark, wie während der Expedition verabredet. Man weiß nicht, wie lange „Pomp" bei dem General blieb. Im August 1812 kam Sacagawea mit einer Tochter nieder, die Lisette genannt wurde. Clark soll auch bei der Erziehung der Tochter geholfen haben. Er kümmerte sich, wenn die Hinweise wahr sind, auch um einen zweiten Jungen, Toussaint junior, den Charbonneau mit seiner anderen Frau aus dem Stamm der Shoshone gezeugt hatte. In jenem Jahr 1812 zogen Charbonneau und Sacagawea im Dienst eines spanischen Pelzhändlers nach Fort Manuel an der Grenze zwischen North und South Dakota. Dort, angeblich, ist Sacagawea gestorben, nur vierundzwanzig Jahre alt. Zu spät beklagte ihr Mentor Clark, daß dieser erstaunlichen Frau der Lohn für ihre Leistungen im Dienst der Expedition versagt geblieben sei.

Im Jahre 1822 begegnete der deutsche Herzog Paul Wilhelm, ein Neffe des Königs von Württemberg, während einer naturwissenschaftlichen Forschungsreise in den amerikanischen Westen dem achtzehnjährigen Jean Baptiste Charbonneau in Kansas. Der hochgeborene und gebildete Abenteurer – der Südamerika, Asien, Australien bereist hatte und sich dreimal in Nordamerika aufhielt, das letzte Mal annähernd sieben Jahre lang – fand Gefallen an dem Jungen. In seinen Aufzeichnungen vermerkte er trocken, er habe ihn nach Europa mitgenommen.

Man weiß nicht, wie lange sich „Pomp" in der Alten Welt aufhielt, welche Länder er außer Württemberg kennenlernte. Irgendwann kehrte er nach Amerika zurück, ein begehrter Dolmetscher und Führer. Angeblich starb er während des Goldrauschs in Idaho, das er als Winzling auf dem Rücken seiner Mutter durchmessen hatte.

William Clark genoß hohes Ansehen in der Hauptstadt. Der Wechsel der Regierungen in Washington schien ihm nicht zu schaden. Auch nach seiner Niederlage in den Gouverneurswahlen von 1820 behielt er sein Amt als Beauftragter für Indianerfragen. Seine Schützlinge nannten ihn den „rotköpfigen Häuptling".

Clark klammerte sich an die Hoffnung, trotz aller Gewalt, allen Blutvergießens, allen Unrechts und aller Schuld könne eine friedliche Koexistenz zwischen den weißen Amerikanern und den indianischen Nationen hergestellt werden. Im Dezember 1825 führte er bei Jefferson, dem alten Chef, Klage über das Elend und den Niedergang des „unglückseligen Volkes", das ihm anvertraut sei. „Es ist zu beklagen", schrieb er, „daß die jämmerliche

Eine indianisch-weiße Hochzeit – hier eine Darstellung aus dem Jahr 1897 – blieb allemal ein seltenes Ereignis. Die Vorstellungen William Clarks als Beauftragter für Indianerfragen von einer friedlichen Koexistenz der beiden Rassen haben sich nicht erfüllt

Lage der Indianer in dieser Nation nicht mehr menschliche Gefühle weckt." In einem Anflug von Optimismus fügte er hinzu, seine Schützlinge begännen, ihre Abhängigkeit von der Landwirtschaft zu begreifen: „Wenn ihnen die angemessene Hilfe gewährt würde, könnte viel getan werden, um ihre Situation zu verbessern. Da ich mir um die Indianer Sorge mache, würde es mir wohltun, wenn Sie mir Ihre Ansichten über dieses Thema mitteilten. Dies würde mir helfen, die geringen Mittel, die in meiner Macht stehen, für die Gründung wünschenswerter Resultate bei der Schaffung besserer Lebensbedingungen zu nutzen."

Zur 150. Wiederkehr des Aufbruchsjahres der Expedition erschien eine Gedenkbriefmarke, die Lewis und Clark mit Sacagawea und ihrem Sohn Jean Baptiste zeigt. Die große Reise ist als Mythos fest im amerikanischen Geschichtsbewußtsein verankert. Die Faszination übersetzt sich – wie fast immer – in den Kitsch der Andenkenindustrie, die nahezu alle wichtigen Stationen des langen Marsches mit ihren Produkten überschwemmt

Der große Jefferson, nach seinem Abtritt vom Amt des Präsidenten der Vereinigten Staaten mit dem Bau seiner Universität von Virginia beschäftigt, fand keine Zeit für eine Antwort. Vielleicht fiel ihm dazu nichts ein. Das war die „dunklere Seite seines Charakters", von der manche seiner Freunde sprachen.

Es gab in Wahrheit keine Antwort. Über den Ausgang des Konflikts zwischen einer technisch überlegenen, wirtschaftlich so produktiven Zivilisation und einer nur bedingt entwicklungsfähigen Steinzeitkultur war kein Zweifel möglich.

In seinem Amt als Indianerbeauftragter der Regierung beobachtete Clark oft voller Trauer die unerbittliche Offensive seiner weißen Landsleute, die gewaltsam oder mit schlauer Überredung eine indianische Nation um die andere aus ihren Jagdgebieten verdrängten: zunächst über den Mississippi in die großen Ebenen, dann hartnäckig immer weiter den Rocky Mountains zu.

Es stand nicht in seiner Macht, den unerbittlichen Prozeß aufzuhalten. Seine Skepsis gegenüber der Integrationsfähigkeit der Indianer äußerte er zurückhaltend. Er bemühte sich um Fairness und mahnte, meist vergebens, zur korrekten Einhaltung der Verträge. Seine Indianerfreundlichkeit – doch nicht nur sie – kostete ihn die Wahl, als er, lange Jahre der Statthalter Washingtons, sich 1820 um das Amt des Gouverneurs von Missouri bewarb. Ein knappes Jahrzehnt später schrieb er, die Kriege von 1794 und 1818 hätten die Lager der weißen Amerikaner gegenüber den Indianern völlig verändert. Vor jenen Ereignissen seien die benachbarten Stämme schreckliche Feinde gewesen. Doch hernach sei ihre Macht gebrochen und ihr kriegerischer Geist unterdrückt worden, sie seien zu Objekten des Mitleids und der Barmherzigkeit herabgesunken. „Solange sie stark und feindselig waren, mußte es offensichtlich unsere Politik sein, sie zu schwächen; aber nun, da sie schwach und harmlos sind, der größte Teil des

Landes in unsere Hände fiel, verlangen Gerechtigkeit und Menschlichkeit, daß wir uns ihrer pfleglich und freundschaftlich annehmen, daß wir sie lehren, in Häusern zu leben, Weizen anzubauen und Vieh zu züchten, Obstgärten anzulegen und Grenzsteine zu setzen, ihr Eigentum aufzuteilen, Gesetze für ihre Regierung zu etablieren, sich die Rudimente allgemeiner Bildung anzueignen, Lesen und Schreiben zu lernen . . ."

Zwei Jahre nach der Niederschrift dieses Memorandums wurde Andrew Jackson zum Präsidenten der Vereinigten Staaten gewählt: ein Mann der Pioniergesellschaft aus dem rauhen Kentucky, der seinen ersten Ruhm in den Indianerkriegen geerntet hatte. Der alte Haudegen, der mit seinem Wahlsieg 1828 eine neue demokratische und soziale Dynamik freisetzte – die der „kleinen Leute" und Grenzbauern –, formulierte in einer Botschaft an den Kongreß im Jahre 1833 ein erschreckendes Verdikt über das Schicksal der Indianer: „Sie haben weder die Intelligenz, den Fleiß, die moralische Statur noch das Verlangen nach einer Entwicklung, die so wichtig für eine günstige Wende ihrer Lebensbedingungen sind . . . So müssen sie notwendig der Gewalt der Umstände weichen."

Auch Clark wußte nach den ersten Schritten zur Verbesserung der Lage keinen anderen Rat als die Umsiedlung der Indianer in ein Territorium jenseits der Grenzen der damaligen Vereinigten Staaten, „damit sie dort in Frieden leben und ihre Häuser auf Gemarkungen bauen können, die ihnen für immer gehören". Clark machte sich wenig Illusionen über die Besitzgier seiner Landsleute. Doch er begriff nicht, daß die Dynamik der Pioniergesellschaft an keiner Grenze einhalten würde, soweit man sie auch hinaussteckte.

Lewis und Clark hatten mit ihrer großen Expedition den Weg nach Westen quer über den ganzen Kontinent geöffnet. Sie leiteten die Epoche des „Manifest Destiny" ein, jenes „offenbarten Schicksals", das den Amerikanern auftrug, ihr Imperium bis an die pazifische Küste auszudehnen. Dort schien sich den Heeren der Pioniere, die in den folgenden Jahrzehnten über die Prärien karrten, nach Jahren der Entbehrung und Leiden ein Paradies aufzuschließen, das die Erfüllung eines uralten Traumes der Menschheit versprach: die Gründung einer neuen Gesellschaft auf einer neuen Erde. Als er in die Wirklichkeit gezwungen wurde, verlor der Traum seine Unschuld.

Lewis und Clark schlossen die Menschheitsabenteuer der amerikanischen Entdeckungen ab. Nach ihnen begann das Zeitalter der Pioniere und Siedler.

General Andrew Jackson, der sich in den Indianerkriegen hervorgetan hatte, zog 1829 als Präsident der Vereinigten Staaten in das Weiße Haus ein. Er stand auf der Seite der Grenzbauern, die nach immer mehr Land verlangten. Sein Verdikt über die Indianer: „So müssen sie notwendig der Gewalt der Umstände weichen"

Danksagung

Der Autor dankt seinen
Kolleginnen Claudia Rüte, die
ihn auf den nördlichen Reiserouten
begleitete, und Andrea Platten,
die auf der Südroute mit ihm
zusammenarbeitete, für die Geduld
und auch Resistenz, mit der sie
alle Strapazen auf sich nahmen, für
alle Anregungen und wache
Neugier, Frau Platten auch für ihre
umsichtige Bibliotheksarbeit.
Dank Frau Christa Drews für lange
Wochen im Diktat und bei der
Abschrift des Manuskripts.

Vergleichende Zeittafel

Episoden dieses Buches (kursive Schrift) sind eingeordnet in Daten der Weltgeschichte

1492 — Christoph Columbus entdeckt Amerika (Kuba und Haiti).

Die Araber verlieren Granada, ihren letzten Stützpunkt in Spanien, das jetzt zur Großmacht aufsteigt.

In Spanien beginnt auf Veranlassung des Großinquisitors die Vertreibung der Juden.

Alexander VI. (Vater von Cesare und Lucrezia Borgia) wird Papst (bis 1503).

Martin Behaim stellt in Nürnberg den ersten Erdglobus her.

1493 — Christoph Columbus beginnt seine zweite Reise nach Westindien (verwendet erstmals Flaschenpost).

Teilung der Neuen Welt zwischen Spanien und Portugal durch päpstlichen Schiedsspruch (1494 im Vertrag von Tordesillas bestätigt).

Maximilian I. wird deutscher Kaiser (bis 1519).

Erster Aufstand der Bauern („Bundschuh") im Elsaß. In den folgenden Jahren flackern in Deutschland immer wieder Bauernaufstände auf.

Anwachsen der Hexenprozesse in Europa auf Betreiben der päpstlichen Inquisitoren („Hexenhammer").

1495 — Emanuel I. wird König von Portugal (bis 1521); fördert Wissenschaft, Entdeckungen und Kunst.

Um diese Zeit breitet sich die Syphilis über ganz Europa aus.

1497 — Giovanni Caboto (John Cabot) erkundet mit seinem Sohn Sebastiano in englischem Auftrag die Ostküste Nordamerikas.

Nach Europa kommt die erste Kunde von der „berauschenden" Tabakpflanze.

1498 — Christoph Columbus entdeckt während seiner dritten Reise

die Mündung des Orinoco und betritt erstmals das südamerikanische Festland.

Vasco da Gama entdeckt den Seeweg nach Ostindien um Südafrika.

Karl VIII., König von Frankreich, stirbt. Nachfolger: Ludwig XII. (bis 1515).

Der florentinische Bußprediger Girolamo Savonarola wird als Ketzer verbrannt.

1499 — Amerigo Vespucci entdeckt den Amazonas.

Die Schweiz löst sich vom Deutschen Reich („Schwabenkrieg").

1500 — Portugal nimmt Brasilien in Besitz.

1501 — Päpstliche Bulle dekretiert Verbrennung kirchenkritischer Bücher.

1502 — Christoph Columbus entdeckt während seiner vierten (letzten) Reise das mittelamerikanische Festland.

Während seiner zweiten Reise nach Südamerika erkennt Amerigo Vespucci, daß dieser Kontinent nicht mit Indien identisch ist.

1506 — Christoph Columbus stirbt; er glaubte bis zuletzt, den Seeweg nach Indien entdeckt zu haben.

Portugal errichtet an der Ostküste Afrikas Faktoreien.

Das Augsburger Handelshaus Fugger bezieht Gewürze aus Ostindien auf dem Seeweg.

1507 — Matthias Ringmann und Martin Waldseemüller schaffen Weltkarte und Globus, welche erstmals die Bezeichnung „America" (zu Ehren Amerigo Vespuccis) für Südamerika enthalten.

1509 — Der Dominikaner Las Casas versucht der Ausrottung der Indianer in der Karibik durch Import von Arbeitskräften aus Afrika (Negersklaven) Einhalt zu gebieten.

Heinrich VIII. wird König von England (bis 1547).

1510 — Die Ostküste Nordamerikas ist bis in die Gegend des heutigen Charleston erkundet.

1512 — Nikolaus Kopernikus schafft die Grundlagen des neuen Weltbildes: Die Planeten kreisen um die Sonne.

England baut Zweidecker-Schiffe (1000 t) mit 70 Kanonen.

1513 — *Juan Ponce de León unternimmt ersten Vorstoß nach Florida.*

Vasco Núñez de Balboa (hingerichtet 1517) entdeckt jenseits der Landenge von Panama den Stillen Ozean.

1514 — Um diese Zeit kommt die Ananas-Frucht von den westindischen Inseln nach Europa.

1515 — Franz I. wird König von Frankreich (bis 1547).

Um diese Zeit entsteht das große portugiesische Kolonialreich in Afrika und Indien.

1516 — Karl I. wird König von Spanien (1519 bis 1556 als Karl V. auch deutscher Kaiser).

Der Farbstoff Indigo kommt nach Europa.

1517 — Martin Luther veröffentlicht im Ablaß-Streit seine 95 Thesen und löst damit die Reformation aus.

In England beginnt die Vernichtung des Bauernstandes durch „Bauernlegen" und Übergang zur Weidewirtschaft.

Aus Amerika kommt Kaffee nach Europa.

1518 — Der Spanier Juan de Grijalba entdeckt Mexiko.

In Europa kommt Porzellan aus Ostasien auf.

1519 — Hernando Cortez landet mit einem Eroberungskorps von 600 Mann in Mexiko.

Fernão de Magalhães beginnt die erste Weltumsegelung (Reste der Expedition kehren 1522 zurück).

Um diese Zeit kommt aus Mexiko Kakao nach Europa.

1521 — *Juan Ponce de León unternimmt seine zweite Expedition nach Florida.*

Hernando Cortez wird nach blutiger Vernichtung des Aztekenstaates spanischer Statthalter in Mexiko.

Martin Luther wird auf dem Wormser Reichstag in Reichsacht getan und vom Papst mit Bann belegt; beginnt mit der Bibelübersetzung.

1523 — Giovanni da Verrazano erkundet die Ostküste Nordamerikas und erforscht die Mündung des Hudson River.

Die Europäer werden aus China vertrieben.

1524 — Beginn des Bauernkrieges in Deutschland (niedergeschlagen 1525).

Aus Südamerika wird der Truthahn an den englischen Hof gebracht.

1526 — *Die junge spanische Kolonie in South Carolina, von Lucas Vázquez de Ayllón gegründet, scheitert an einer tropischen Epidemie.*

Spanische Seefahrer entdecken Neuguinea.

1527 — Argentinien wird spanische Kolonie.

Um diese Zeit beginnt der portugiesische Gewürzhandel den europäischen Markt zu beherrschen.

1528 — *Pánfilo de Narváez bricht zu seiner Expedition nach Florida auf; sie scheitert. Vier Überlebende erreichen sieben Jahre später Mexiko.*

Das Augsburger Handelshaus der Welser erhält von Kaiser Karl V. als Gegenleistung für Kredite das Privileg zur Kolonisierung Venezuelas (wegen kolonisatorischer Mißerfolge und vergeblicher Suche nach dem legendären Goldland „Dorado" 1546 zurückgegeben).

1529 — Erste Belagerung Wiens durch die Türken.

1531 — Francisco Pizarro erhält das Patent zur Eroberung von Peru. Mit der Ausbeutung der Silberminen von Peru und Mexiko beginnt die moderne Geldwirtschaft.

Das Erscheinen eines großen Kometen (später nach Halley benannt) weckt weithin die Furcht vor dem Ende der Welt.

Vergleichende Zeittafel

1534 — Ignatius von Loyola gründet „Societas Jesu" (Jesuiten-Orden) als Vorkämpferin für die katholische Kirche in der Gegenreformation.

1535 — *Jacques Cartier erkundet den Sankt-Lorenz-Strom und beginnt die Gründung von „Nouvelle France" in Nordamerika.*

Antonio de Mendoza wird erster spanischer Vizekönig in Mexiko.

1536 — Der von den Indianern aus dem Saft von Gummibäumen hergestellte Kautschuk wird erstmals in Berichten erwähnt.

1538 — Spanier beginnen das spätere Bolivien zu erobern.

Gerhardus Mercator bezeichnet auf seiner Karte von der Neuen Welt auch den nördlichen Halbkontinent als „Amerika".

1539 — *Hernando de Soto unternimmt die vierte Expedition nach Florida.*

Spanien erobert Kuba.

1540 — *Francisco Vázquez de Coronado bricht zur Suche nach den mythischen „Sieben Städten" nach New Mexico und Arizona auf (unterwegs wird der Grand Canyon entdeckt).*

Um diese Zeit ist Antwerpen die führende Handelsstadt in Europa.

1541 — Spanier erobern das Maya-Reich in Yucatán (Mittelamerika).

Pedro de Valdivia erobert ganz Chile und gründet Santiago als Hauptstadt.

1542 — *Hernando de Soto stirbt am Mississippi am Gelben Fieber.*

Papst Paul III. verschärft die Inquisition („Heiliges Offizium").

Reformgesetze für die spanischen Kolonien in Amerika, auf Betreiben des Bischofs Las Casas erlassen, verbieten die Versklavung und systematische Ausrottung der Indianer.

1543 — Nikolaus Kopernikus begründet das moderne heliozentrische Weltbild.

1547 — Heinrich VIII. von England, der die Kirche seines Landes von Rom gelöst hat, stirbt.

1549 — In England brechen religiöse und soziale Unruhen aus.

1550 — Um diese Zeit steht Spanien auf dem Höhepunkt seiner wirtschaftlichen und politischen Macht.

1555 — Um diese Zeit beginnt in Brasilien mit Hilfe der Negersklaven der großflächige Anbau von Zuckerrohr und Baumwolle.

1556 — Kaiser Karl V. dankt ab. Philipp II. wird König von Spanien (er stirbt 1598).

1558 — Elizabeth I. wird Königin von England (bis 1603).

Um diese Zeit lassen niedrige Getreidepreise in Spanien den Ackerbau stark zurückgehen; Weinbau und Schafzucht werden verstärkt.

1559 — In Rom erscheint der erste Index verbotener Bücher.

1560 — Karl IX. wird König von Frankreich (bis 1574; bis 1563 unter der Regentschaft seiner Mutter, Katharina von Medici).

Jean Nicot führt die Tabakpflanze in Europa ein. Am französischen Hof wird das Tabakschnupfen zur frühesten Form des Nikotingenusses.

1562 — *Jean Ribaut erkundet die Küsten von Florida, Georgia und South Carolina für die Gründung einer Hugenotten-Kolonie.*

Die Hugenottenkriege erschüttern Frankreich (bis 1598).

In Paris bricht die Pest aus.

Das dritte Tridentinische Konzil (bis 1563) festigt die Stellung des Papsttums und legt das katholische Glaubensbekenntnis fest; damit wird die Kluft zwischen Katholizismus und Protestantismus vertieft.

1563 — Allein während dieses Jahres kapern 400 britische Seeräuberschiffe im Ärmelkanal mehr als 600 französische Schiffe.

1564 — *René de Laudonnière führt eine zweite Flotte mit Hugenotten aus Frankreich nach Florida und gründet Fort Caroline (bei Jacksonville).*

1565 — *Pedro Menéndez de Avilés vernichtet auf Befehl Philipps II. von Spanien die französische Kolonie Fort Caroline. Er gründet St. Augustine als erste dauerhafte europäische Niederlassung in Nordamerika.*

Die ersten Kartoffeln kommen aus Südamerika nach England und verbreiten sich von dort über ganz Europa.

1566 — In Frankreich werden Armensteuer und Bettelverbot erlassen.

Die Niederlande erheben sich unter Wilhelm von Oranien und Graf Egmont gegen die spanisch-katholische Herrschaft.

1567 — Um diese Zeit sterben in Südamerika schätzungsweise zwei Millionen Indianer am eingeschleppten Fleckfieber.

1571 — Königin Elizabeth I. von England leitet Katholikenverfolgungen ein.

Italienisch-spanische Flotten brechen die Seemacht der Türken in der Schlacht bei Lepranto; Spanien erlangt die Vorherrschaft im Mittelmeer.

1572 — In der Bartholomäusnacht findet auf Veranlassung der Königsmutter Katharina von Medici ein Massenmord unter den Hugenotten statt („Pariser Bluthochzeit").

Um diese Zeit verdrängen Geschütze endgültig die Steinschleudern.

1575 — Um diese Zeit haben Paris 300 000, London 180 000 und Köln 35 000 Einwohner.

1577 — Elizabeth I. von England beauftragt den Piraten Francis Drake, den spanischen Überseehandel zu stören. Er beginnt die zweite Erdumseglung (bis 1580).

1584 — *Sir Walter Raleigh gründet erste Siedlungen in „Virginia" (North Carolina). Drei Versuche der Gründung britischer Kolonien (bis 1590) scheitern („Verlorene Kolonien").*

1585 — John Davis dringt auf der Suche nach einer Nordwestpassage in die nach ihm benannte Straße zwischen Grönland und Amerika vor.

Achter Hugenottenkrieg der Katholischen Liga unter König Heinrich III. von Frankreich (bis 1588).

Krieg zwischen England und Spanien (bis 1604).

1588 — Mit der Vernichtung der spanischen Armada (160 Schiffe) durch eine englische Flotte unter Sir Francis Drake endet die spanische und beginnt die englische Seemacht.

1589 — König Heinrich III. von Frankreich wird ermordet; Nachfolger: Heinrich IV. (bis 1610).

1590 — In Frankfurt erscheint der erste Band von Theodor de Brys „Große Reisen" (Bilderatlas über „Gelegenheit und Sitten in Virginia").

Um diese Zeit kommt am französischen Hof als Eßinstrument die Gabel auf.

1596 — Krieg Frankreichs, Englands und der Niederlande gegen Spanien (bis 1597).

1598 — Heinrich IV. von Navarra, seit 1569 Führer der Hugenotten, gibt nach seinem Übertritt zum Katholizismus (1593; „Paris ist eine Messe wert") als König von Frankreich im „Edikt von Nantes" den Protestanten des Landes Religionsfreiheit. Vorläufiges Ende der Hugenottenkriege (seit 1562). Er wird 1610 von einem Katholiken ermordet.

Erste Aufstände im katholischen Irland gegen die protestantische englische Herrschaft. Das Land wird verwüstet und verarmt.

1599 — *Juan de Oñate unternimmt einen Versuch, Neu-Mexiko zu kolonisieren; er scheitert.*

1603 — *Samuel de Champlain erkundet im Auftrag der französischen Krone den Sankt-Lorenz-Strom in Kanada.*

1605 — Der niederländische Seefahrer Willem Janszoon entdeckt Australien.

1607 — Britische Siedler gründen Jamestown in Virginia.

1608 — *Samuel de Champlain gründet Quebec (Kanada).*

1609 — Henry Hudson entdeckt den nach ihm benannten Fluß in Nordamerika und (1610) die Hudson Bay.

Hugo Grotius wird mit seiner Abhandlung „Über die Freiheit der Meere" zu einem Initiator des neuzeitlichen Völkerrechts.

1610 — In Paraguay entsteht ein Jesuitenstaat mit Schutzgebieten für Indianer (bis 1768).

1615 — *Samuel de Champlain erkundet den Ottawa River sowie Lake Nipissing, Huron, Ontario und Oneida (bis 1616).*

Frankreich engagiert sich an der Seite der Huron- und Algonkin-Indianer gegen die irokesische Föderation der „Fünf Nationen" (die später von Briten unterstützt wird).

Galileo Galilei steht wegen kopernikanischer „Irrlehren" zum erstenmal vor der Inquisition und muß ihnen (1633) abschwören.

1616 — William Baffin entdeckt die nach ihm genannte Bay. Damit endet vorerst die Suche nach einer nordwestlichen Verbindung zwischen Atlantik und Pazifik (die erst 1903 bis 1906 erstmals passiert wird).

1618 — Beginn des Dreißigjährigen Krieges mit dem Aufstand der böhmischen Protestanten wegen Bruchs der kaiserlichen Zusage (1609) der Religionsfreiheit. Es kommt zum „Prager Fenstersturz".

1619 — Erstes Parlament auf nordamerikanischem Boden (Virginia).

Die ersten Negersklaven werden nach Nordamerika eingeführt.

1620 — Puritanische Pilgerväter aus England, ausgewandert auf der „Mayflower", gründen bei Cape Cod die Siedlung „Plymouth Plantation".

1624 — Kardinal Richelieu wird Erster Minister unter Ludwig XIII. Er bestimmt bis zu seinem Tod (1642) die französische Außen- und Kolonialpolitik.

1625 — Karl I. wird König von England (hingerichtet 1649). Weil er den Katholizismus begünstigt, beginnen Puritaner in größerer Zahl auszuwandern.

Mitglieder des Jesuiten-Ordens legen in der Folgezeit im Gebiet der Großen Seen ein weitgespanntes Netz von Missionsstationen an.

1626 — Niederländer gründen Nieuw-Amsterdam auf dem Boden des heutigen New York (1664 britisch).

Der Petersdom in Rom, größte Kirche der Christenheit, wird geweiht (Baubeginn 1506; Kuppel von Michelangelo).

Um diese Zeit wird der Europäische Auerochse (Ur) ausgerottet.

1628 — Die Eroberung von La Rochelle auf Befehl Richelieus bringt die Hugenotten in starke Bedrängnis.

1629 — *Briten belagern das französische Quebec und nehmen Kommandant Champlain gefangen (er kann 1632 nach dem Vertrag von St. Germain-en-Laye zurückkehren).*

1630 — Britische Siedler gründen Boston, das später zum Hauptsitz der Opposition gegen das Mutterland wird („Boston Tea Party", 1773).

Französische Piraten („Flibustiere") lassen sich in Santo Domingo (Haiti) nieder und plündern in der Karibik bis zu ihrer Niederwerfung 1697.

1632 — Lord Baltimore gründet in Nordamerika die religiös-tolerante britische Kolonie Maryland.

1635 — Auf Druck der katholischen Kirche wird der Tabakverkauf in Frankreich verboten (durch Ludwig XIV. wieder erlaubt).

1636 — Engländer gründen in Nordamerika die Kolonie Rhode Island.

Calvinisten gründen mit Harvard in Cambridge (Massachusetts) die erste nordamerikanische Universität.

Um diese Zeit wird die Chinarinde aus Amerika in die europäische Medizin eingeführt; mit ihrer Hilfe wird die in Südeuropa weit verbreitete Malaria entscheidend zurückgedrängt.

1638 — In England wird die Folter abgeschafft.

1640 — Volksaufstand gegen die Spanier in Portugal, das seit 1580 mit Spanien vereinigt war. Portugal wird wieder selbständiges Königreich.

Um diese Zeit kommen die ersten Cafés in Europa auf (Venedig).

1641 — Bürgerkrieg in England (bis 1645). Oliver Cromwell besiegt Karl I. und beherrscht das Land (bis 1658) als Lordprotektor mit absoluter Macht.

Katholiken in Irland verfolgen Protestanten („Irisches Blutbad").

1642 — Paul de Chomedey de Maisonneuve gründet Montreal (Kanada).

1643 — Ludwig XIV. („Sonnenkönig") wird König von Frankreich (übernimmt absolutistische Herrschaft 1715; stirbt 1715).

Britische Kolonien in Nordamerika schließen sich zum Dominium Neu-England zusammen.

In England werden zur Deckung der erheblich gestiegenen Staatsausgaben Getränkesteuern eingeführt.

1648 — Der Westfälische Frieden beendet den Dreißigjährigen Krieg, der in Mitteleuropa mehr als 15 000 Dörfer zerstörte. Die Bevölkerung in Deutschland ist durch Gewalt, Hunger und Seuchen von 17 Millionen Menschen (1618) auf 8 Millionen zurückgegangen.

1655 — Spanien verliert Jamaika an England, das seinen Handel mit Westindien kräftig ausweitet.

Um diese Zeit beginnen die niederländischen Buren Südafrika zu besiedeln und die eingeborenen Hottentoten blutig zu verdrängen.

Als erstes Unkraut wird das „Kanadische Berufkraut" (Dürrwurz) aus der Neuen Welt nach Europa eingeschleppt.

Um diese Zeit verbreitet sich — von Frankreich aus — der Gruß durch Hutabnehmen.

1660 — Karl II. wird König von England (bis 1685).

1662 — Um diese Zeit expandiert der Handel zwischen Europa und der „Neuen Welt".

1663 — Engländer gründen in Nordamerika die Kolonie Carolina.

1664 — Unter Ludwig XIV. beseitigt der französische Oberintendant der Fabriken, Jean Baptiste Colbert, die Binnenzölle; er fördert Handel, Verwaltung und die aufkommende Industrie nach den Grundsätzen der neuen Wirtschaftslehre des Merkantilismus (Theorie mit Ziel des Überschusses an Warenausfuhr).

1665 — Der Fürstbischof von Münster beginnt mit dem Verkauf von 7000 Untertanen an andere Staaten einen in Europa lange Zeit allgemein verbreiteten Soldatenhandel, der auch für die Geschichte Nordamerikas eine negative Bedeutung gewinnt.

1668 — In Köln wird durch ein ärztliches Gutachten die Pestseuche (wütete seit 1348 in Europa) für beendet erklärt.

1669 — *Robert Cavelier de La Salle beginnt seine erste Expedition auf der Suche nach dem „Vater der Ströme" (Mississippi) in Nordamerika.*

1670 — Die britische Hudson Bay-Handelskompanie wird gegründet.

1671 — Dänemark besetzt in der Karibik die Insel St. Thomas (1916 an die USA verkauft).

1672 — *Graf de Frontenac wird zum Gouverneur von Nouvelle-France in Quebec ernannt. Er beauftragt Jolliet und Marquette mit einer Expedition zum Mississippi, den sie 1673 erreichen.*

Der „Holländische Krieg" (bis 1679) Frankreichs, Englands und Schwedens gegen Österreich, Spanien, Brandenburg und die Niederlande lähmt die europäischen Kolonialunternehmungen in Übersee.

1673 — In England werden Katholiken von den Staatsämtern ausgeschlossen (bis 1828).

1675 — Um diese Zeit entwickelt sich Paris (540 000 Einwohner) zum kulturellen Mittelpunkt Europas. U.a. kommt der französische symmetrische Gartenstil (Park von Versailles) und das Tragen der Allonge-

Vergleichende Zeittafel

perücke auf. Die französische Küche führt in allen reichen Häusern Europas. In Paris gründen die Fabrikanten von Speiseeis ihre erste Innung.

1676 – In der britischen Kolonie Virginia rebellieren Siedler und Soldaten gegen den Gouverneur.

1679 – In England wird die persönliche Freiheit des Bürgers gegen die Königsgewalt rechtlich abgesichert („Habeas-Corpus-Akte").

1681 – *Robert Cavelier de La Salle beginnt in Nordamerika seine dritte Expedition zum Mississippi, die ihn bis zum Golf von Mexiko führt. Dort erklärt er (1682) das gesamte Gebiet bis zu den Großen Seen (Kanada), den Allegheny-Gebirgen im Osten und den Rocky Mountains im Westen als „Louisiane" zum Besitz der französischen Krone.*

Frankreich annektiert die seit 1679 besetzten linksrheinischen Gebiete einschließlich Straßburg.

1682 – William Penn, Mitglied der „Quäker" (1652 in England von dem Schuhmacher George Fox als christlich-mystische „Gesellschaft der Freunde" gegründet), siedelt eine (religiös tolerante, indianerfreundliche) Kolonie seiner Glaubensgemeinschaft in dem später nach ihm benannten Staat (Pennsylvania) an und überträgt die Quäkerbewegung auf Nordamerika.

Ein großer Komet (später nach Halley benannt) beflügelt in der westlichen Welt Religiosität, Aberglauben und die Angst vor dem Ende der Welt.

1683 – Die Türken stehen vor Wien, das gehalten wird; damit beginnt der große Türkenkrieg der europäischen Mächte (bis 1699).

Um diese Zeit machen sich die ersten deutschen Auswanderer nach Nordamerika auf (1709 etwa 14 000 Pfälzer; bis 1800 etwa 100 000 Deutsche insgesamt). In Pennsylvania wird unter Franz Daniel Pastorius Germantown gegründet.

1685 – Ludwig XIV. hebt das Toleranzedikt von Nantes (1598) auf und löst damit eine Massenflucht der französischen Hugenotten ins Ausland (u.a. protestantisches Deutschland sowie Nordamerika) aus. Dies führt zu einer großen Gewerbekrise in Frankreich.

1687 – *Sieur de La Salle wird auf dem Marsch durch Texas von Meuterern ermordet.*

Isaac Newton wird mit seinem die wesentlichen Erkenntnisse der Wissenschaft seiner Zeit zusammenfassenden Werk „Mathematische Grundlagen der Naturphilosophie" zum Begründer der modernen theoretischen Physik.

1688 – Um diese Zeit wird in den englischen Kolonien Nordamerikas immer mehr Papiergeld in Umlauf gesetzt; damit beginnt eine inflationistische Politik.

1690 – *Der Comte de Frontenac schlägt eine britische Streitmacht vor Quebec zurück.*

Der französische Naturforscher Denis Papin entwickelt eine Dampfmaschine, mit der er (1707) ein Schaufelradboot antreibt, sowie ein Tauchschiff (1692).

1697 – Die Maya-Kultur wird mit der Eroberung der Inselstadt Tayasal (Yucatán) durch die Spanier endgültig zerstört.

Um diese Zeit wird die prunkvolle Hofhaltung in Versailles zum Vorbild für die europäischen Fürsten. Die Sänfte ist das Transportmittel für Vornehme. In Deutschland gibt es etwa 100 Reichsfürsten und 1500 kleine selbständige Herrschaftsgebiete.

1701 – Beginn des „Spanischen Erbfolgekriegs" (bis 1713) um die französische Vorherrschaft in Europa.

Der Kurfürst von Brandenburg krönt sich (gegen den Einspruch des Papstes) als Friedrich I. zum „König in Preußen".

Sieur de Cadillac gründet Detroit.

1702 – In Frankreich beginnt der letzte Hugenottenkrieg (erster: 1562) mit einem Aufstand protestantischer Bauern (1710 niedergeschlagen).

Die Französische Guinea-Kompanie erhält das Recht, jährlich 4000 Negersklaven in das spanische Amerika zu liefern. Ausgedehnter Sklavenschmuggel der Engländer drückt jedoch die Kopfpreise.

1704 – England besetzt Gibraltar und erhält damit Kontrolle über den Eingang des Mittelmeers.

1713 – Friede von Utrecht beendet den „Spanischen Erbfolgekrieg" (seit 1701). U.a. bekommt England als amerikanischen Besitz Newfoundland zugesprochen.

England übernimmt vertraglich an Stelle Frankreichs den Sklavenhandel für die spanischen Kolonien.

1715 – Ludwig XV. wird König von Frankreich (bis 1774). Er schwächt die Geltung der Krone durch Verschwendung und Mätressenwirtschaft. Hohe Staatsschulden und Benachteiligung der Kleinbetriebe.

1716 – *John Law, Finanzberater der französischen Krone, gründet zur Entschuldung des Staatshaushalts eine Bank, die mit Gewinnen aus den Kolonien am Mississippi spekuliert (Börsenkurse bis 9000). Deutsche Auswanderer (German Creoles) lassen sich verstärkt für die Ansiedlung anwerben. Das Finanzimperium Laws bricht 1720 zusammen.*

In Williamsburg (Virginia) wird das erste amerikanische Theater (mit Schauspielern aus England) eröffnet.

1718 – In Europa erscheint das erste Papiergeld (Banknoten), das die großen Münzen aus Gold und Silber allmählich ablöst.

Franzosen gründen Nouvelle Orléans, das 1722 Hauptstadt der Kolonie Louisiana wird.

1727 – In Philadelphia wird die „American Philosophical Society" (wissenschaftliche Gesellschaft) gegründet, 1730 die erste Freimaurerloge.

1731 – Um diese Zeit wird für die englischen Fabrikarbeiter ein Verbot erlassen, in die nordamerikanischen Kolonien auszuwandern (es war jedoch nicht einzuhalten).

1734 – Die Petersburger Akademie startet ihre „Große Nordische Expedition", die (bis 1743) den Küstenverlauf Sibiriens erkundet (zahlreiche Teilnehmer sterben an Skorbut, darunter der Forscher Vitus Bering).

1736 – Aus Südamerika kommt das erste Kautschuk nach Europa (wichtig für die fortschreitende Mechanisierung im frühindustriellen Zeitalter).

1741 – Am „Österreichischen Erbfolgekrieg" Maria Theresias beteiligen sich alle europäischen Großmächte, auch in Übersee (bis 1748). U.a. erobert (1742) England französische Besitzungen in Amerika und Indien.

1746 – In Südindien kämpft England gegen Frankreich (bis 1763) um koloniale Interessen.

1748 – Um diese Zeit kommt aus Südamerika erstmals das bisher unbekannte Platin nach Europa.

1750 – In Deutschland finden keine Hexenprozesse mehr statt.

1754 – Beginn des amerikanischen Kolonialkrieges (bis 1763) zwischen Großbritannien und Frankreich. Zwei Jahre später beginnt der Siebenjährige Krieg Preußens (Friedrich II.) gegen eine französisch-österreichisch-russische Koalition.

In New York wird das King's College, die spätere Columbia-Universität, gegründet.

1755 – Ein Jahrhundert-Erdbeben zerstört Lissabon (mehr als 30 000 Tote).

1759 – Britische Truppen unter General Wolfe erobern von den Franzosen Quebec, ein Jahr später Montreal.

1763 – Der Friede zu Hubertusburg beendet den Siebenjährigen Krieg.

Im Frieden zu Paris verliert Frankreich Kanada und indischen Besitz an England; Louisiana fällt an England und Spanien; Spanien tritt Florida an England ab.

1766 – Louis Antoine de Bougainville beginnt seine Weltreise (bis 1769), auf der er Tahiti, die Salomonen und Neuguinea erreicht.

340

1767 – König Karl III. weist die Jesuiten aus Spanien aus.

1768 – James Cook beginnt die erste seiner drei Seereisen, während der er Australien, Neuseeland, die Südsee und Alaska erforscht (wird 1779 bei Streitigkeiten mit Eingeborenen auf Hawaii erschlagen).

1769 – Richard Arkwright erfindet in Nottingham die Spinnmaschine. Seine Spinnerei gilt als erste moderne Fabrik zu Beginn der „Industriellen Revolution".

1772 – In Frankreich wird die Inquisition beendet.

1773 – Papst Klemens XIV. löst den Jesuitenorden auf.

1774 – In der „Quebec-Akte" gewährt England für Kanada Religionsfreiheit.

1775 – Beginn des nordamerikanischen Unabhängigkeitskrieges (bis 1783) gegen Großbritannien.

1776 – Am 4. Juli verkündet der Kongreß der 13 englischen Kolonien in Nordamerika die im wesentlichen von Thomas Jefferson formulierte Unabhängigkeitserklärung. Auch die Trennung von Kirche und Staat wird beschlossen.

1778 – Benjamin Franklin erwirkt ein Bündnis zwischen den aufständischen englischen Kolonien in Amerika.

1780 – In Boston wird die „Amerikanische Akademie der Künste und Wissenschaften" gegründet.

1781 – George Washington besiegt die Briten bei Yorktown (mit Hilfe französischer Truppen und Kriegsschiffe).

1783 – Im Versailler Frieden (ausgehandelt von Benjamin Franklin) erkennt England die Unabhängigkeit der Vereinigten Staaten von Amerika an; Florida fällt an Spanien zurück.

Die Brüder Montgolfier starten die ersten Heißluftballons.

1784 – Thomas Jefferson wird Gesandter der Vereinigten Staaten in Paris. Er pflegt intensive Kontakte mit französischen Aufklärern und Naturwissenschaftlern.

In Österreich wird für alle Untertanen ein Auswanderungsverbot erlassen.

1785 – Preußen schließt einen Handelsvertrag mit der unabhängigen Union der nordamerikanischen Staaten.

1788 – Die Verfassung der Vereinigten Staaten von Amerika wird ratifiziert.

England schiebt Kriminelle nach Australien ab und beginnt damit die Kolonisation des Fünften Kontinents.

1789 – Beginn der Französischen Revolution. Aufständische erstürmen die Bastille (14. Juli). Der amerikanische Gesandte Jefferson beeinflußt die Beratungen des Parlaments über die Verfassung und über die Verkündung der Menschenrechte.

George Washington wird zum ersten Präsidenten der USA gewählt. Jefferson übernimmt das Außenministerium.

1790 – Um diese Zeit ersetzt der kurzgeschorene „Tituskopf" den Zopf und die Igelfrisur. In der Männermode kommt der Frack mit Halstuch auf.

Washington wird als Hauptstadt der USA gegründet.

1791 – Die Sodafabrikation von Nicolas Leblanc in St. Denis gilt als der Beginn der chemischen Großindustrie.

Um diese Zeit kommt die Mode des Zylinders („Quäkerhut") aus den USA nach Europa.

1792 – Der Nationalkonvent erklärt Frankreich zur Republik. Sturm auf die Tuilerien. Der Sprecher der Jacobiner, Maximilien de Robespierre, verkündet das Recht auf Arbeit. Zum ersten Mal wird die Zivilehe – ohne „kirchlichen Segen" – sanktioniert.

1793 – Letzte Hexenverbrennung in Europa (Posen).

1794 – Höhepunkt des Terrors des französischen Konvents in Paris („Die Zeit der Guillotine"), der mit der Hinrichtung seines Anführers Robespierre gebrochen wird.

1795 – Mit der Niger-Expedition von Mungo Park beginnt die Erforschung des Inneren Afrikas.

In Frankreich wird der Meter als Maßsystem eingeführt.

Das englische Armengesetz rechnet die Unterstützung auf den vorher erworbenen Lohn an (Beginn der modernen Arbeitslosenversicherung).

1797 – In Deutschland (Fichtelgebirge) wird der letzte Bär erlegt.

1798 – Der britische Admiral Nelson besiegt die französische Flotte in der Seeschlacht bei Abukir.

1799 – Napoleon Bonaparte wird Erster Konsul und faktisch Alleinherrscher von Frankreich (krönt sich 1804 zum Kaiser der Franzosen).

1799 – Alexander von Humboldt beginnt seine große Forschungsreise nach Süd- und Mittelamerika (bis 1804).

1800 – Napoleon erwirbt Louisiana von Spanien zurück.

1801 – Thomas Jefferson wird 3. Präsident der Vereinigten Staaten (bis 1809).

1803 – Napoleon verkauft das westliche Louisiana für 15 Millionen Dollar an die Vereinigten Staaten.

Seekriege zwischen Großbritannien und Frankreich (bis 1814).

Der Reichsdeputationshauptschluß leitet die Neuordnung Deutschlands ein und entschädigt die deutschen Fürsten für die an Frankreich verlorenen linksrheinischen Gebiete. Geistlicher Besitz wird säkularisiert.

1804 – *Am 14. Mai bricht im Auftrag Präsident Jeffersons eine Expedition unter Lewis und Clark zur ersten transkontinentalen Erkundung Nordamerikas auf.*

Haiti erkämpft als erste schwarze Kolonie die Unabhängigkeit.

Oliver Evans unternimmt erste Probefahrt mit seinem Straßendampfwagen durch Philadelphia.

1805 – Napoleon besiegt Österreich und Rußland in der Schlacht bei Austerlitz.

Admiral Nelson besiegt die spanisch-französische Flotte in der Schlacht bei Trafalgar.

1806 – Franz II. legt die Kaiserkrone nieder. Damit endet das Heilige Römische Reich Deutscher Nation.

Napoleon besiegt Rußland und Preußen in der Schlacht bei Jena und Auerstedt; verhängt Blockade („Kontinentalsperre") gegen Großbritannien (bis 1813).

Am 23. September kehren Lewis und Clark von ihrer erfolgreichen Expedition zum Pazifik nach St. Louis zurück. Damit ist die erste Phase der Erschließung Nordamerikas abgeschlossen.

Stichwort-Verzeichnis

(Kursive Seitenzahlen verweisen auf Bilder)

A

Acadiens 268
Ackerbau, indianischer *44*
Ácoma (Pueblo) 101, 108, 109
Alabama 64
Albany (New York) 264
Alcaraz, Diego de 55
Alexander VI. (Papst) 15, 137, 152
Algonkin (Indianerstamm) 194, 250, 302
Algonkin-Frau *155*
Alleghenies 235
Alligator *26, 131*
Alligatorenjagd, indianische *44*
Allouez, Claude Jean 202
Almagro, Diego de 8
Altamaha River 139
Alvarado, Hernando de 94, 99ff; *101*
Amazonen 62
Amberbaum *26*
America (Karte) *11*
Anticosti Island 180, 208
Apachen (Indianerstamm) 99, 104, 109, 110, 111, 112; *104, 105*
Apalacha (legendäres Königreich) *49*
Apalachee Bay 258
Apalachen (Indianerstamm) 48, 49, 61; *33*
Apalachicola Bay 48; *18, 50*
Appalachen (Gebirge) 145
Aquerra 59, 61
Arias de Ávila, Pedro (Pedrarias Dávila, Pedrarias) 8, 57
Arikara (Indianerstamm) 304f, 309; *303*
Arizona 55, 106, 108, 114; *78, 84*
Arkansas Post *269*
Arkansas River 68, 104, 106, 207, 251, 262, 263
Armada 154
Armadas, Philip 154f
Assiniboin (Indianerstamm) 312
Audiencia 56
Ayllón, Lucas → Vázquez de Ayllón, Lucas
Azteken 8, 15

B

Bad River 302
Bahamas 40
Bandelier National Monument *86*
Barlowe, Arthur 154f
Baton Rouge (Louisiana) 269
Baßtölpel *26*
Bear Paw Mountains, Schlacht bei den 293
Beaujeu, Sieur de 257f
Beaverhead River 315, 316
Beringstraße 108
Bernardino-Tal 55
Bétatakin-Pueblo *86*
Biberjagd *188*
Bigotes (Indianerhäuptling) 101, 102, 103, 104, 106
Bienville, Jean Baptiste Le Moyne, Sieur de 67, 264f, 266f
Bigelow, Martha M. (amerik. Historikerin) 70
Big Hole, Schlacht von 290, 292f, 328
Bighorn Sheep 301; *313*
Biloxi (Mississippi) 265, 266
Bimini 8, 40, 42
Bison 54, 68, 96, 99, 102, 104, 109, 230, 237, 290, 301, 304, 310, 312; *54, 279, 301, 311*
Blackfoot (Indianerstamm) 290, 299, 302, 318, 326f; *326*
Black Mesa 104
Black River 67
Blacktail Deer 301
Bodmer, Karl (Indianermaler) 307
Boise City (Oklahoma) 104
Boone, Daniel 299
Bozeman-Paß 328
Brasilien 6, 14, 15
Brazos River 70, 259
Brébeuf, Jean de 194, 196, 200
Brecht, Bertolt 48
Bressani (Jesuitenpater) 199f
Bry, Theodor de 14, 245

C

Cabeza de Vaca → Núñez
Cabeza de Vaca, Álvar
Caboto, Giovanni (John Cabot) 15, 45
Cabral, Pedro Álvares 15
Cabrillo, Juan Rodriguez 108
Cadillac, Antoine Laumet de La Mothe, Sieur de 265
Caddo (Indianerstamm) 263
Cajuns 268
„Calicut, Leute von" *12*
Caliquen 61
Calumet (Friedenspfeife) 206; *193, 207*
Canada → Kanada
Cameahwait (Shoshone-Häuptling) 318, 319
Camp Wood 297
Canadian Pacific Railway 192
Canadian River 102, 104
Caparra (Festung auf Puerto Rico) 40
Cape Disappointment 322
Cape Girardeau (Missouri) 269
Carhagouha (Indianerstadt) 185
Carlshafen (später: Indianola) 4
Carolinas 8
Cartier, Jacques 6, 138, 179ff, 183; *168, 178, 179*
— zweite Reise (Karte) *181*
Castañeda, Pedro de 94, 99, 104
Castillo, Alonso del 52ff
Cathay, Cataia (Bezeichnung für China) 138, 154
Cavelier, Jean 232, 257, 260, 262, 263
Cayuga (Irokesen-Stamm) 193, 236
Cenis (Indianerstamm) 260, 262
Chaleur Bay/Baie des Chaleurs (Quebec) 179
Champlain, Hélène Boullé de *189*
Champlain, Samuel de 6, 182ff, 197; *183, 191*
Charbonneau, Jean Baptiste, gen. Pomp(ey) 309, 310, 329, 333; *308, 334*
Charbonneau, Toussaint 307, 309ff, 333
Charlesfort 139ff; *131*
Charlotte Bay 57; *58*
Chaste, Aymar de 183
Chesapeake Bay 152
Chicago (Illinois) 208, 230; *213, 231*
Chicago River 208, 230, 251; *231*
Chickasaw (Indianerstamm) 67

C (Fortsetzung)

Chicora, Francisco 45, 46
Chinook (Indianerstamm) 322
Chopunnish (Indianerstamm) 290
Cíbola (Zuñi-Pueblo Hawikuh) 93ff
Cíbola, die Sieben Städte von 56, 92, 94, 96, 139
Cicuique (Indianerstamm) 102
Cimarron River 104
Clark, William 295ff; *275, 295, 322, 328, 334*
Clatsop (Indianerstamm) 323ff
Clearwater River 321
Cochise Mountains 55
Coligny, Gaspard de 137, 138, 142, 147; *136*
Colbert, Jean Baptiste 201f, 206, 237, 255
Colorado River 96, 102, 107, 109
Columbia Bay, 322, 323
Columbia River 290, 294, 309, 318, 322, 325; *276, 321*
Columbus, Christoph (Cristoforo Colombo) 6, 8, 10f, 12, 15, 40, 45, 56, 62; *5*
Comanchen (Indianerstamm) 260
Compagnie de la Nouvelle-France 189
Coosa River 64
Coronado, Francisco → Vázquez de Coronado, Francisco
Cortez, Hernando (Hernán Cortés) 8, 15, 48, 55, 57, 62; *8*
Courcelle, Sieur de 234, 235
Crazy Horse (Sioux-Häuptling) *291*
Croatoan (Insel) 158
Culiacán 55
Custer, George Armstrong 290; *290*
Cutifachiqui 62ff
Cuzco (Inkahauptstadt) 57, 60

D

Datha 45
Des Moines River 209
Detroit 265
Detroit River 249
Diamantklapperschlange *252*
Díaz, Melchior 102
Dieppe (Frankreich) 138, 142, 143
Dominikaner 107, 114, 258
Donnacona (Indianerhäuptling) 180f
Dorantes, Andrés 52ff
Douay, Anastase 260f
Drake, Sir Francis 108, 152f, 157; *153*
Dreißigjähriger Krieg 190
Dubuque (Iowa) 269
Duchesneau (Gouverneur) 237
Duhaut (Begleiter La Salles) 260, 261, 262
Duplessis, Maurice (Premier von Quebec) 201

E

Einbaum 252, 312, 321
Elizabeth I. (England) 142, 152, 158; *159*
„El Turco" *102*
Engmaulfrosch *26*
Española (später: Haiti) 40, 45, 48
Estavanico 52ff, 92f
Estremadura (Spanien) 57
Everglades 40, 42; *20*

342

F

Ferdinand (König von Kastilien) 8
Fieberstrauch *26*
„filles de cassettes" 266
Flamingo *43*
Flathead (Indianerstamm) 320, 323
Flint River 62
Florida 8, 10, 14, 40ff, 114, 136ff, 143ff; *118*
Florida Keys 40, 151
Folterung (von Indianern) *65*
Fort Caroline 136, 143ff; *137, 143, 149*
Fort Clatsop 323ff
Fort Crèvecœur 243, 248, 250, 251; *242*
Fort Frontenac 232, 237, 238, 243, 246, 249, 250, 251
Fort Mandan 309, 329; *306*
Fort Manuel 333
Fort Miami 239, 249, 250, 251
Fort Michilimackinac 238, 239, 249, 250, 251, 255; *215*
Fort Missoula 293
Fort Prudhomme 251, 255, 330, 332
Fort Raleigh 159
Fort Rosalie 267
Fort St. Louis (Starved Rock) 255, 262, 263
Fort St. Louis (Texas) 259, 260, 263
Fox River 202, 204f
Franz I. (Frankreich) 182
Franziskaner 106, 107, 112, 114, 147, 195
Frontenac, Louis de Buade, Comte de 204, 206, 208, 235f, 246, 250, 255, 263f; *235*

G

Gallatin River 315
Galveston Island 52
Gananoque (Ontario) 236
Garcitas Creek 259
Gaspé (Quebec) 178
Gaspé Bay 179
Gaspé-Halbinsel 178; *170, 179*
Gass, Patrick 320
Gegenreformation 136, 138, 232
Gelbfieber 8, 46, 47, 56, 69, 259, 265, 267
Georgia (Bundesstaat) 62
Georgian Bay (Lake Huron) 185, 200, 250
German Creoles 268
Gibbon, John 290, 292
Gila River 92
Gilbert, Sir Humphrey 154
Goldmine *107*
Golf von Kalifornien 109
Gordillo, Francisco 45
Gourgues, Dominique de 152
Grand Canyon 99; *74, 76*
Grand River 304
Grant, Ulysses S. 292; *292*
Green Bay (Lake Michigan) 202, 204, 208, 235, 238, 249, 250, 251
Greenville, Sir Richard 157
„Griffon" (La Salles Schiff) 238f, 243, 249; *239*
Grizzlybär 313, 315
Große Seen (Great Lakes) 268

H

Hawikuh (Zuñi-Pueblo) 95f
Hawkins, Sir John 146f, 152, 154
Heinrich IV. (Frankreich) 178
Heinrich VIII. (England) 152
Hennepin, Louis 238, 240, 242, 243f, 245f, 251; *239*
„Hereford map" (mittelalterl. Karte) 6; *5*
Hernández de Biedma, Luis 60
Hernández de Oviedo, Gonzalo 60
Hidalgo von Elvas 60
Hiens (Begleiter La Salles) 260, 262
Hill, Samuel 323
Hilton Head Island (South Carolina) 139
Hiwassee River 64
Hochelaga (Irokesensiedlung) 180; *180*

Holländer 193, 194, 199, 235, 264
Holthusen, Hans Egon 230
Hopi (Pueblo-Indianer-Stamm) 97f, 109, 112f; *98*
Hopi-Siedlung (Walpi) *98*
Hot Springs (Arkansas) *28*
Hudson Bay 256
Hudson's Bay Company 309
Hugenotten 10, 137, 138ff, 189f; *118*
Hugenotten-Kriege 142
Humber River 250
Humboldt-Strom 15
Huronen (Indianerstamm) 179, 182, 185, 187, 194f, 197, 199f, 238; *168, 186*

I

Iberville, Pierre Le Moyne, Sieur d' 262, 263, 264f
Île d'Orléans (Quebec) 180
Illinois (Indianerstamm) 197, 204, 205f, 208f, 230, 239, 240f, 245, 248f, 250, 262; *241*
Illinois River 206, 208, 232, 235, 240, 242, 249, 250, 251, 257
Indianerdorf *156*
Indianerfrau *155*
Indianerhütte *166*
Indianerkriege (Karte) *291*
Indianerlager *316*
Indianola *4*
Indienrat 8, 56
Inka 8, 57
„Inka" → Vega, Garcilaso de la
Inquisition 14
Irokesen 180, 185, 187, 193f, 195, 197, 198, 199f, 235, 236, 242, 243, 248f, 250, 251, 255, 262, 263, 264; *186, 193*
– Siedlungsgebiet (Karte) *186*
Isleta (New Mexico) 112
Isthmus von Panama 8

J

Jackson, Andrew 335; *335*
Jäger, indianische *123, 155, 185*
Jamaika 15
James I. (Jakob I.; England) 15
Jamestown (Virginia) 159
Jefferson, Thomas 269, 293ff, 298, 309, 311f, 329, 330, 332, 334; *293*
Jefferson River 315
Jerez de los Caballeros (Spanien) 57
Jesuiten 114, 147, 152, 190, 192, 194ff, 232f, 236, 237; *200*
Jogues, Isaac 198f, 200
Jolliet, Louis 204ff, 234; *204, 218*
Joseph (Häuptling der Nez Percé) 292f
Joutel, Henri 259, 260, 262
Judith River 314

K

Kalifornien 108, 114, 154
Kanada (Canada) 6, 178ff
– Karte *181*
Kankakee River 240, 250
Kansas (Bundesstaat) 106
Kansas River 300
Kanu *184*
Kap Hoorn 15
Karibik 6, 15, 44, 151
Karl V. (Kaiser) 8, 15, 45, 48, 56, 57, 95; *48*
Karmeliter 195
Kaskaskia (Siedlung der Illinois-Indianer) 208, 209
Katharina von Medici 137, 138; *138*
Kennedy, John F. 290
Kentucky (Bundesstaat) 268
Kickapoo (Indianerstamm) 205
Kino (Chino), Eusebio Francisco 114
Kirke, David 190
Kiva (heiliger Raum der Pueblo-Indianer) 101, 108; *108*
Klapperschlange *309*
Kolumbien 15
Krankenpflege, indianische *53*
Krieg, spanisch-englischer 152, 158
Kriegführung, indianische *144*
Kuba 8, 15, 151
Kugelfisch *26*

L

La Barre, Antoine Lefebvre, Sieur de 255, 257
Labrador 45, 178
Lac Frontenac (Lake Ontario) 238
La Chine (La Salles Gut) 233, 234, 263
Lachine (Quebec) 180, 208
La Crosse (Wisconsin) 269
Lafayette, Marquis de 269
Lake Allumette 182, 185
Lake Champlain *198*
Lake Erie 235, 249
Lake Huron 185, 188, 235
Lake Michigan 202, 204, 235, 238; *221*
Lake Nipissing 185
Lake Oneida 187
Lake Ontario 238, 250; *238*
Lake Pontchartrain 265
Lake Peoria 240
Lake Simcoe 185, 187, 250
Lake Superior 202
Lake Winnebago 202, 205
Lalement, Gabriel 200
Lalement, Jérôme 194
Lane, Ralph 157
La Salle, René Robert Cavelier, Sieur de 5f, 112, 178, 206, 230ff, 269; *230, 241, 254, 258, 261*
– Monument *258*
– Säule *254*
Las Casas, Bartolomé de 8, 44, 55; *45*
Laudonnière, René Goulaine de 142ff; *121*
Lavaca River 259
Laval-Montmorency, François Xavier de 201
La Vérendrye, Pierre Gaultier de Varennes, Sieur de 269
Law, John 266f; *267*
Le Caron, Joseph 184f, 187
Le Challeux, Nicolas 148, 149
Leisler, Jacob 264
Le Havre *142*
Le Jeune, Paul 195; *194*
Lemhi-Paß 317
Lemhi River 318, 320
Lévesque, René (Premier von Quebec) 178

343

Stichwort-Verzeichnis

(Kursive Seitenzahlen verweisen auf Bilder)

Lewis, Meriwether 294ff; *275, 294, 322, 328, 334*
Lewis and Clark Trail *322*
Lewis-und-Clark-Expedition 297ff
– Denkmal (Fort Benton) *275*
– Gedenkbriefmarke *334*
Liotot (Begleiter La Salles) 260, 261, 262
Little Bighorn, Schlacht am 290; *291*
Livingston, Robert R. 269
Lochsa River *276*
Lolo-Paß 320, 325; *321*
López de Cárdenas, García 94, 99
Louisiana (Louisiane) 254, 264ff, (Karte) *257*
Louisiana Purchase 269
Loyola, Ignatius von 190
Ludwig XIII. (Frankreich)
Ludwig XIV. (Frankreich) 178, 202, 230, 237, 251, 254, 255ff, 259, 263, 264
Luther, Martin 12

M

Mackinac, Straits of *217*
„Madison Buffalo Jump" (Montana) *301*
Madison River 315
Märtyrer 106, 114, 200
Magalhães, Fernão de (Ferdinand Magellan) 15
Magnolie *43*
Mais *12, 61*
Maisonneuve, Paul de Chomedey, Sieur de 199
Mandan (Sioux-Stamm) 305ff, 329
Mangrove *20, 26*
„Manifest Destiny" 335
Manitoulin (Indianerstamm) 185
Manitoulin Island 185, 250
Manrique de Rojas, Hernando de 142
Mariame (Indianerstamm) 52
Marias River 314, 326
Marine Corps *141*
Marquette, Jacques 6, 201f, 204ff, 230, 234, 251; *204, 209, 218*
Marquette River 209
Marranos 152
Marter, indianische *200*
Mascouten (Indianerstamm) 205, 242
Massachusetts 192
Matagorda Bay 5, 258; *258*

Matagorda Island 52
Mauvila 64, 65
Maya 15, 62
„Mayflower" (Schiff der „Pilgerväter") 159
Medizinmann *155, 193*
Meerbarsch *26*
Mendoza, Antonio de 92, 94, 106; *92*
Menéndez de Avilés, Pedro 147f, 150f, 152
Mesa 97f
Mexico City 55, 92, 94, 106, 109
Mexiko 8, 15, 48, 107
Miami (Indianerstamm) 205, 244, 250, 262
Michigan-Halbinsel 249
Mies van der Rohe, Ludwig 230
Mih-Tutta-Hang-Kusch (Indianerdorf) *306*
Miles, Nelson A. 293
Mimbres Mountains 55
Minitari (Indianerstamm) 309, 311, 318
Missionierung durch
– Franzosen 190, 192, 194ff, 209; *195, 204*
– Louis Hennepin 238, 245
– Spanier 106, 109, 110, 111, 114, 186, 259; *109* (Karte) *113*
Missionskirche, spanische *81, 111*
Missionsstationen
– französische 200, 201, 202
– spanische 114, 115, 152 (Karte) *113*
Mississippi (Bundesstaat) 67
„Mississippi Bubble" 267
Mississippi River 5, 6, 8, 51, 67f, 69, 70, 202, 204ff, 230, 233, 234f, 237ff, 262, 263, 264, 268, 297; *25, 224, 226, 252, 254, 297*
Missouri-Fälle (Great Falls) 315, 326; *314*
Missouri River 206, 208, 251, 290, 294, 297, 299ff, 326, 328, 329; *276, 313*
Mobile Bay 265
Mohawk (Irokesen-Stamm) 193, 236
Monroe, James 269
Montana (Bundesstaat) 315
Montcalm, Marquis de 268
Montezuma II. (Moctezuma) 15; *8*
Montreal 180, 183, 199, 233, 246, 264
Monts, Pierre du Gua, Sieur de 183
Monument Valley *90*
Moscoso, Luis de 69f
Mount Hood 322; *284*

N

Nantes, Edikt von 178
Napoleon I. (Frankreich) 268f
Narváez, Pánfilo de 8, 48ff, 57, 61
Natchez (Indianerstamm) 71, 253, 267
Natchez (Missouri) 71, 265
Natchez River 260
Navajo (Indianerstamm) 112; *82*
Navasota (Texas) 261
Neu-Frankreich → Nouvelle-France
Neu-Mexiko 92ff
New Brunswick 178
Newfoundland (Neufundland) 138, 178, 179
New Mexico (Bundesstaat) 106, 108, 114, 115; *84*
New Orleans (Nouvelle Orléans) 266, 267, 268, 269
– Bourbon Street *266*
– „French Quarter", „Vieux Carré" *233, 266*
New York (Kolonie) 256, 263
Nez Percé (Indianerstamm) 290ff, 321, 325, 328
Niagara-Fälle *246*
Niagara River 238, 249
Nieuw-Amsterdam 193
Nipissing (Indianerstamm) 183
Niza, Marcos de 92ff
Nordwestpassage 108, 154, 179, 180
North Canadian River 104
North Carolina (Bundesstaat) 45f, 155ff
North Dakota (Bundesstaat) 307
North West Company 309
Nouvelle-France 178ff (Karte) *232*, (Karte) *257*
Nova Scotia 178, 198, 268
Núñez Cabeza de Vaca, Álvar 8, 48ff
Núñez de Balboa, Vasco 8, 57

O

Ogeechee River 139
Ohio (Bundesstaat) 268
Ohio River 206, 233, 234f, 251
Ojeda, Alonso de 15
Ocale 59, 61
Okefenokee Swamp *31*
Oklahoma (Bundesstaat) 53, 106
Omaha (Sioux-Stamm) 302, 304
Oñate, Cristóbal de 94
Oñate, Juan de 108f
Oneida (Irokesen-Stamm) 193, 236
Onondaga (Irokesen-Stamm) 193, 236, 264
Ontario (Provinz) 268
Orinoco 6, 15, 62
Ortiz, Juan 57f, 61, 68
Osage (Sioux-Stamm) 242
Ottawa (Indianerstamm) 237
Ottawa River 182, 185, 188, 235
Outagami (Indianerstamm) 239
Outer Banks (North Carolina) 157ff

P

Padilla, Juan de 96, 99, 106
Painted Desert (Arizona) 96
Panama 15
Pánuco River 70
Papagei *43*
Pariser Friedensschluß 268
Parkman, Francis (amerik. Historiker) 194, 200
Parris Island (South Carolina) 139ff; *141*
Pascua Florida 40
Pazifik 8, 55, 322; *288*
Peace River 44
Pecos River 102, 115
Pee Dee River 46
Pedrarias (Dávila) → Arias de Ávila, Pedro
Peltrie, Marie-Madeleine de la 199
Pelzhandel 188, 189, 235, 237, 255, 294, 309
Pembroke (Ontario) 182, 184
Pennsylvania 256
Pensacola 51
Peoria (Illinois) *241*
– Hotel Père Marquette *177*
Pershing, John Joseph 269
Peru 8, 57
Petit-Goâve 257
Philanthropy River 315
Philipp II. (Spanien) 10, 56, 136, 138, 147, 151, 152; *138*
Philosophy River 315
Pilgerväter 159, 192
Pizarro, Francisco 8, 57, 60
Plains of Abraham 268
Platte River 300
Pomp(ey) → Charbonneau, Jean Baptiste
Pomp(ey)'s Pillar 329; *329*
Ponce de León, Juan 8, 40, 42, 44f; *40, 41*
Pontchartrain (Marineminister) 264f
Popé (Anführer der Pueblo-Indianer) 111f
Portland (Oregon) *286*
Port Lavaca (Texas) 4
Prairie Dog River 104
Prairie du Chien (Wisconsin) 269
Presidio 114
Prickly Pear 315
Prince Edward Island 179
Pueblo Bonito *86*
Pueblo-Indianer 8, 54f, 108f, 110ff (s.a. Hopi, → Tiguex → Zuñi)
Pueblo-Siedlungen 101, 103
Puerto Rico 8, 40, 151
Punta Gorda 40, 42
Puritaner 159, 192f

344

Q

Quarai (Missionsstation)
Quebec (Stadt) 6, 180,
191f, 235, 264, 268
− Champlain-Denkmal *191*
− Château Frontenac 191f;
174, 191
− Ursulinen-Kloster *192*
Quebec (Provinz) 201, 268
Quell der ewigen Jugend
40, 42, 44; *41*
Quigualtam (Indianer-
häuptling) 68
Quivira 102f, 104, 106, 109;
86

R

Raddampfer *330*
Raleigh, Sir Walter 154,
157, 158, 159; *154*
Rangel, Rodrigo 60
Red River 70, 265
Reformation 12, 178, 189
Rekollekten (Orden) 184,
190, 195, 257
„Relations des Jesuites de
la Nouvelle-France" 194,
197
Révolution tranquille 201
Rhode Island 193
Ribaut, Jacques 150
Ribaut, Jean 8f, 138ff, 150f;
121, 139
Richelieu, Armand Jean du
Plessis de 189, 190, 199
Ringmann, Matthias 6
Rio de la Plata 15, 56
Rio Grande 55, 107, 108,
111; *101*
Rio Mayo 92
Rio Yaqui 55
Rivière de Colbert (Missis-
sippi) 238
Rivière de Seignelay (Illi-
nois River) 238
Roanoke (Kolonie) 157f,
159
Roberval, Jean-François de
la Roque, Sieur de 182
Rocher Percé (Quebec) *162*
Rocky Montains 269, 290,
309
Rodriguez, Augustin 115
Rotkehl-Anolis *26*
Rouen (Frankreich) 232

S

Sabine River 53, 70, 262
Sacagawea (Shoshone-In-
dianerin) 309ff, 333; *308,
328, 334*
St. Augustine (Florida)
138, 147, 150, 152; *153*
St. Charles River 180
St. Francis Xavier (Mis-
sionsstation) 202, 204, 208
Ste. Genevieve (Missouri)
269
St. Ignace (Missionsstation)
202, 204, 209, 235
St. Johns River (Florida)
40, 136, 138, 143ff
St. Joseph (Florida) 47; *47*
St. Joseph River 239f, 249
St. Louis (Missouri) 269,
312, 329
− „Gateway Arch" *273*
St. Malo (Frankreich) 6,
179
Sainte-Marie-aux-Hurons
(Missionsstation) 200
Saint-Lusson, Daumont de
202
San Antonio (Texas) 114f
Sandburg, Carl 230
San Ildefonso, Geheimver-
trag von 268
San Juan 40
Sankt-Lorenz-Golf 179f,
183
Sankt-Lorenz-Strom 138,
179, 180f, 183; *164*
San Mateo (Fort Caroline)
150, 152
San Miguel de Gualdape
(Siedlung) 46
San Pedro River 92
Santa Cruz *94*
Santa Fe (New Mexico)
110, 112
Santee (Sioux-Stamm) 302
Santo Domingo 48, 151,
154, 257
Saturiba (Indianerhäupt-
ling) 143, 145; *121*
Sault St. Marie (Missions-
station) 202, 204, 238; *208*
Savannah River 62, 64, 139,
140
Second Mesa 97; *87*
Seeadler, Weißköpfiger *43*
Seminole Canyon 115
Seminolen (Indianer-
stamm) 47, 61
Seneca (Irokesen-Stamm)
193, 234, 236
Sevilla (Spanien) 8
Shawnee (Indianerstamm)
234, 251

Sherman, William Tecum-
seh 293
Shoshone (Indianerstamm)
309, 316ff, 328; *316*
Siebenjähriger Krieg 193,
268
Sieburg, Friedrich 209
Silberminen, spanische 136,
255
Silway River *276*
Sioux 194, 244, 245, 290,
293, 302ff, 318; *244, 291,
303*
Sioux-Häuptling *193, 292,
303*
Sitting Bull 293; *292*
Sixtus IV. (Papst) 14
Skorbut 42, 108, 180, 182
Snake River 321
Solms-Braunfels, Carl zu 4
Sonora River 92
Soto, Hernando de 8, 56ff,
106, 207, 243, 262; *57, 58,
67, 69*
South Carolina (Bundes-
staat) 8, 10, 139ff
Spanisches Moos *34*
Sulpizianer (Orden) 257
Suwannee River 49, 61; *60*

Sch

Schlangentanz *98*
Schlauchpflanze *26*
Schmuck, indianischer *97*
Schneeschuhe *185, 187*

St

Stachelfisch *26*
Starved Rock 248f, 250,
251, 255; *248*
Stockfisch 179

T

Tadoussac (Missionssta-
tion) 201
Taensa (Indianerstamm)
251ff, 263
Talleyrand, Charles Mau-
rice de 269
Talon, Jean 234, 235
Tampa Bay 48, 61
Taos (New Mexico) 101,
109; *89*
Tekakwitha, Catherine *195*
Tennessee (Bundesstaat)
268
Tennessee River 64
Teton (Sioux-Stamm) 290,
302ff
Texas 54, 114, 257, 258ff
Texas Panhandle 104
Ticonderoga, Schlacht bei
268
Tiguex (Pueblo-Indianer-
Stamm) 101, 103, 108
Tipi (Indianerzelt) *166, 316*
Tonty, Henri de 237ff,
262f, 265; *237*
Tordesillas, Vertrag von
137, 152
Tovar, Pedro de 96ff
Totonteac (Stadt) 96
Trans-Canada Highway 182
Trinity River 70, 259
Trois-Rivières (Quebec)
189, 264
Truthahn *103*
Tuscaloosa (Herrscher von
Mauvila) 64f
Tuscarora (Irokesen-
Stamm) 193
Twisted Hair (Nez Percé-
Häuptling) 321, 325

U

Unabhängigkeitskrieg,
amerikanischer 269
Ursulinen (Orden) 192,
199, 236
− Kloster (Quebec) *192*

V

Valladolid (Spanien) 6
Vargas, Diego Don 112
Vázquez de Ayllón, Lucas
8, 45f, 63
Vázquez de Coronado,
Francisco 8, 94ff; *95*
Vega, Garcilaso de la 60
Velázquez de Cuéllar,
Diego de 15
Verrazano, Giovanni da
108
Vespucci, Amerigo 6f, 15; *6*
Ville-Marie de Montréal
199
Virginia (Kolonie) 14,
155ff, 235, 256, 265,
(Karte) *156*
Vizcaíno, Sebastián 108
Vynland 15

W

Wachtel, Virginische *26*
Waldseemüller, Martin 6
Walpi (Hopi-Siedlung) *98*
White, John 157f; *155*
Wied, Maximilian Prinz zu
305f
Wilkinson, James 294
Wisconsin River 205, 245
Withlacoochee River 49, 61
Wolfe, James 268
Württemberg, Herzog Paul
Wilhelm von 333

Y

Yankton (Sioux-Stamm)
302
Yellowstone Park 293
Yellowstone River 314,
326, 328f
Yguace (Indianerstamm)
52
York (William Clarks Die-
ner) 305, 311, 312; *305*
Yukatan-Halbinsel 15

Z

Zephir-Blume *26*
Zornnatter *26*
Zuni River 92
Zuñi (Pueblo-Indianer-
Stamm) 95f, 109, 112f
Zypressen *22*

Literatur zum Thema

Kapitel 1—3

Albornoz, Miguel
„Hernando de Soto — El
Amadís de la Florida"
Ediciones Castilla, Madrid,
1971

Bannon, John Francis
„The Spanish Borderlands
Frontier 1513—1821"
University of New Mexico
Press, 1974

Beck, Warren A.
„New Mexico — A History
of Four Centuries"
University of Oklahoma
Press, 1962

Biedma, Luis Hernandez
de
„Narratives of the Career
of Hernando de Soto"
Allerton Book Co., New
York

Bolton, Herbert Eugene
„Coronado — Knight of
Pueblos and Plains"
The University of New Me-
xico Press, Albuquerque,
1949

Castillo, Bernal Diaz del
„The Discovery and Con-
quest of Mexico"
Farrar, Straus and Giroux,
New York, 1956

Covey, Cyclone
„Adventures in the
Unknown Interior of
America"
University of New Mexico
Press, Albuquerque, 1983

O'Donnell III, James
Howlett
„Southeastern Frontiers:
Europeans, Africans and
American Indians,
1513—1840"
Newberry Library Indiana
University Press, Bloo-
mington, 1982

Elvas, Hidalgo of
„A Narrative of the Expe-
dition of Hernando De
Soto into Florida"
Daniels and Smith, Phila-
delphia, 1850

Franz, Joe B.
„Texas"
W.W. Norton & Co., Inc.,
New York, 1976

Horgan, Paul
„Conquistadors in North
American History"
Texas Western Press, 1982

Horgan, Paul
„Of America — East &
West"
Farrar, Straus, Giroux,
New York

Konetzke, Richard
„Entdecker und Eroberer
Amerikas"
Fischer Bücherei KG,
Frankfurt/Main, 1963

John, Elizabeth A.H.
„Storms brewed in other
Men's Worlds"
Texas A&M University
Press, College Station

Morison, Samuel Eliot
„The European Discovery
of America — The Sou-
thern Voyages 1492—1616"
Oxford University Press,
New York, 1974

Natella, Arthur A., Jr.
„The Spanish in America
— 1513—1974"
Oceana Publications, Inc.,
New York, 1975

Oppelt, Norman T.
„Guide to Prehistoric
Ruins of the Southwest"
Pruett Publishing Com-
pany, Boulder, Colorado,
1981

Oviedo, Gonzalo Fernan-
dez
„The Expedition of Panfilo
de Narváez"
Edited by Harbert Daven-
port

San Antonio Bicentennial
Heritage Committee
„San Antonio in the Eigh-
teenth Century"

Tebeau, Charlton W.
„Man in the Everglades"
University of Miami Press,
1968

Todorov, Tzvetan
„The Conquest of
America"
Harper & Row, New York,
1984

United States De Soto
Expedition Commission
„Letter from the Chairman
United States De Soto
Expedition Commission"
Government Printing Of-
fice, Washington, 1939

Vega, Garcilaso de la
„The Florida of the Inca"
University of Texas Press,
Austin, 1980

„The Domínguez-Esca-
lante Journal — Their Ex-
pedition through Col-
orado, Utah, Arizona and
New Mexico in 1776"
Brigham Young University
Press, 1977

„A Description of the
Kingdom of New Spain
by Sr DnPedro Alonso
O'Crouley 1774" Trans-
lated and edited by Seán
Galvin
John Howell-Books

Lorant, Stefan
„The New World"
Duell, Sloan & Pearce,
Inc., New York, 1954

Memoir of Hernando d'Es-
calante Fontanedo, on the
country and Ancient In-
dian tribes of Florida,
translated from Ternaux
Compan's French transla-
tion from the original memoir in Spanish

Proclamation of Pamfilo de
Narváez. to the inhabitants
of the countries and pro-
vinces from Rio de Palmas
to the cape of Florida,
1527, translated from a
copy of the original in the
archives of the Indies,
Seville, Spain

Kapitel 4—6

Bennett, Charles E.
„Laudonnière and Fort
Caroline"
University of Florida Press,
Gainesville, 1964

Coxe, Daniel
„A description of the
english province of
Carolana, by the Spaniards
called Florida, and by
the French La Louisiane"
Daniels and Smith, Phila-
delphia, 1850

Giraud, Marcel
„Histoire de La Louisiane
Française — La Règne de
Louis XIV"
Paris, 1953

. . . L'Èpoque de John
Law, 1717—1720"
Paris, 1966

. . . La Louisiane aprés le
système de Law,
1721—1723"
Presses Universitaires de
France,
Paris, 1974

Holthusen, Hans Egon
„Chicago — Metropolis am
Michigansee"
R. Piper & Co., München,
1981

Hopkins, J. Castell
„French Canada and the
St. Lawrence"
Coles Publishing Company
Ltd., Toronto, 1974

Jacobs, Jane
„The Question of
Separatism"
Random House, Inc.,
New York, 1980

McLemore, Richard
Aubrey
„A History of Mississippi"
University Press of Missis-
sippi, Jackson, 1973

Repplier, Agnes
„Père Marquette"
Doubleday, Doran and
Company, Inc., New York,
1929

Rouse, jr., Parke
„Virginia — The English
Heritage in America"
Hastings House, New York

Rushton, William Faulkner
„The Cajuns — From Aca-
dia to Louisiana"
Farrar, Straus, Giroux,
New York, 1979

Savage, Henry, Jr.
„Discovering America
1700—1875"
Harper & Row, New York,
1979

Sieburg, Friedrich
„Frankreichs rote Kinder"
Rainer Wunderlich Verlag
Hermann Leins, Stuttgart,
1949

Lorant, Stefan
„The New World"
Duell, Sloan & Pearce,
Inc., New York, 1946

Parkman, Francis
„France and England in
North America"
Volume I: „Pioneers of
France in the New World/
The Jesuits in North Amer-
ica in the Seventeenth Cen-
tury/La Salle and the Dis-
covery of the Great West/
The Old Régime in Can-
ada"

. . . Volume II: „Count
Frontenac and New France
under Louis XIV/A Half-
Century of Conflict/Mont-
calm and Wolfe"
The Library of America,
1983

The Journal of Francis
Cavelier
Archives du Service Hy-
drographique, Paris

Perrin, William Henry
„Southwest Louisiana —
Biographical and
Historical"
New Orleans, 1891 — The
Gulf Publishing Company,
Baton Rouge, 1971,

Rathburn, Robert R.
„The Germans"
Mississippi Delta Ethno-
graphic Overview

„Memoir of Robert Cave-
lier, Sieur de La Salle, ad-
dressed to Monseigneur de
Seignelay, on the Discoveries made by him by order
of His Majesty Louis XIV.,
King of France, translated
from a copy of the original
manuscript deposited in
the Marine Department,
Paris"

„Narrative of the Expedition of M. Cavalier de La Salle, translated from a copy of the original manuscript (procès-verbal) deposited in the archives of the Ministère de la Marine et des Colonies, Paris"

„Historical Journal or Narrative of the expedition, made by order of His Majesty Louis XIV., King of France, to colonize Louisiana, under the command of M. Pierre Le Moyne d'Iberville, Governor General, translated, and printed for the first time, from a copy of the original manuscript deposited in the office of the Ministère de la Marine et des Colonies, Paris"

„Naissance de la Louisiane — tricentenaire des découvertes de Cavelier de La Salle"
Délégation aux Célébrations Nationales

„L'Amérique vue par l'Europe"
Secrétariat d'État à la Culture — Èditions des musées nationaux, 1976

„Une autre Amérique"
Musée du Nouveau Monde, 1982

„Mémoire d'un Amérique"
Musée du Nouveau Monde, 1980

André Vachon de la Sociète royale du Canada avec la collaboration de Victorin Chabot et André Desrosiers
„Rêves d'empire — Le Canada avant 1700"

„The Sun King — Louis XIV and the New World"
The Louisiana Museum Foundation, New Orleans

Harriot, Thomas
„A Brief and true report of the new found land of Virginia"
The complete 1590 Theodor de Bry Edition
With a new introduction by Paul Hulton
Dover Publications, Inc., New York, 1972

Quinn, David Beers
„England and the Discovery of America — 1481—1620"
Alfred A. Knopf, New York, 1974

Morison, Samuel Eliot
„The European Discovery of America — The northern voyages 500—1600"
Oxford University Press, New York, 1971

„Narrative of the first voyage of Jean de Ribault, made in the reign of Charles IX., King of France, under the orders and instructions of Gaspard de Coligny, Grand Admiral of France, to make discoveries and found a colony of french Protestants (Huguenots) in Florida, A.D. 1562"

„Memoir of the happy result and prosperous voyage of the Fleet commanded by the illustratious Captain-General Pedro Menendez de Aviles, which sailed from Cadiz on the morning of Thursday, June 28th, for the coast of Florida, and arrived there on the 28th of August, 1565, by Francisco Lopez de Mendoza Grajales, Chaplain of the Expedition"

Bolton, Herbert E.
„The Location of La Salle's Colony on the Gulf of Mexico"
The Southwestern Historical Quarterly, January, 1924

„An Account of Monsieur de La Salle's last Expedition and discoveries in North America, presented to the French King, and published by the Chevalier Tonty, Governour of Fort St. Louis, London edition of 1698, published by J. Tonson and S. Buckley"

„L'Histoire des troix Voyages des François en la Floride"

„L'Histoire notable de la Floride"
À Paris, chez P. Jannet, Libraire, 1853

„St. Dennis's second expedition to the Rio Grande, 1716—1719"
Southwestern Historical Quarterly

„Description of Louisiana, by Father Louis Hennepin, Récollect Missionary. Translated from the edition of 1683, and compared with the Nouvelle Découverte, the La Salle documents and other contemporaneous papers. By John Gilmary Shea, New York, 1880"

„Memoir sent by the King to M. de Denonville, Governor-General of New France, explanatory of the french possessions in north America, especially the South part of Acadia, from Pantagouet to the Kennebeck River, of the Iroquois and Hudson's Bay, done at Versailles, the 8th March, 1668, translated from a copy of the original manuscript deposited in the archives of the Ministère de la Marine et des Colonies, Paris"

Kapitel 7

Cutright, Paul Russel
„A History of the Lewis and Clark Journals"
University of Oklahoma Press, Publishing Division

La Farge, Oliver
„Die große Jagd — Geschichte der nordamerikanischen Indianer"
Fischer Bücherei, Frankfurt/Main, 1969

Gass, Patrick
„Journals of the Lewis & Clark Expedition"
Chicago, A.C. McClurg & Co., 1904

Jackson, Donald
„Thomas Jefferson & the Stony Mountains — Exploring the West from Monticello"
University of Illinois Press, 1981

Josephy, Alvin M., Jr.
„The Nez Percé Indians and the Opening of the Northwest"
University of Nebraska Press, Lincoln and London, 1965

Maximilian Prinz zu Wied
„Reise in das innere Nordamerika"
Rhenania Buchhandlung, Koblenz

„Original Journals of the Lewis and Clark Expedition 1804—1806"
Sieben Bände und ein Kartenband
Arno Press, New York, 1969

Meriwether Lewis and William Clark
„The History of the Lewis and Clark Expedition"
Edited by Elliott Coues
Drei Bände; Dover Publications, Inc., New York

Paul Wilhelm, Duke of Wurttemberg
„Travels in North America, — 1822—1824"
University of Oklahoma Press, 1973

Snyder, Gerald S.
„In the Footsteps of Lewis and Clark"
National Geographic Society, 1970

Steffen, Jerome O.
„William Clark — Jeffersonian Man on the Frontier"
University of Oklahoma Press, 1977

deVoto, Bernard
„Across the wide Missouri"
American Legacy Press, New York

Bildnachweis

Anordnung im Layout: l. = links, r. = rechts,
o. = oben, m. = Mitte, u. = unten

Fotos: Thomas Höpker/
Agentur Anne Hamann

Reproduktionen von:
Archiv für Kunst und Ge-
schichte, Berlin: 48
Archiv für Kunst und Ge-
schichte, Berlin/Museo de
America, Madrid: 92
BBC/Hulton Picture
Library: 11, 290
The Bettmann Archive,
Inc.: 40, 61, 104, 105 r.
Bibliothek des Botanischen
Museum, Berlin-Dahlem/
Jürgen Liepe: 26/27 (8),
42/43 (4), 309
Bildarchiv Preußischer Kul-
turbesitz: 98 o.
BPCC/Aldus Archive: 65,
69, 153 u., 154 l. o., 235,
237, 239 o., 244, 321 o., 335
BPCC/Aldus Archive/Bri-
tish Museum: 181 o., 261 r.
BPCC/Aldus Archive/Busi-
nessmen's Assurance Com-
pany, Kansas City/Courtesy
the Artist, Byron B. Wolfe:
102
BPCC/Aldus Archive/Col-
lection National Gallery of
Canada, Ottawa: 192
BPCC/Aldus Archive/
Kunsthistorisches Museum,
Wien: 153 r.
BPCC/Aldus Archive/Mu-
seo de America, Madrid:
9 o.
BPCC/Aldus Archive/Old
Jesuit House, Quebec: 189
BPCC/Aldus Archive/
Public Archives of Canada:
180
BPCC/Aldus Archive/
Smithsonian Institute: 98 l.
BPCC/Aldus Archive/Uni-
versitetsbiblioteket, Upp-
sala: 94
The Bridgeman Art Libra-
ry/British Library, London:
178 l., 198
The Bridgeman Art Libra-
ry/British Museum, Lon-
don: 156 r. o.
Brown Brothers: 204 (2),
254

J.E. Bulloz: 14, 138 r.
Bulloz/Bibliothéque Ser-
vice Hydrographique de la
Marine: 118/119, 120/121,
132/133
J.E. Bulloz/Musée de
Cluny: 5 r.
G. Dagli Orti/Bibliothèque
publique et universitaire,
Geneve: 136
G. Dagli Orti/Musée colo-
nial d'Antigua Guatemala:
101 r.
G. Dagli Orti/Service histo-
rique de la Marine: 130/131
Michel Delluc/Archives
Nationales, Colonies: 234
Michel Delluc/Collection
David M. Stewart, Mon-
treal: 232, 246 l., 267
Michel Delluc/Musée des
Augustines de l'hôtel-Dieu
de Québec: 200
Bruno Donzet: 53, 63, 117,
126 o. und u., 127 o.,
128/129, 134/135, 143 (2),
144 (2), 239 m. und u.
Enron Art Foundation/Jos-
lyn Art Museum, Omaha,
Nebraska: Vorsatz
vorn u. hinten, 306/307 o.,
311, 326, 327 (2),
E.T. Archive Ltd. (The
Company)/Hudson's Bay
Company Archive: 188
E.T. Archive Ltd. (The
Company)/The New York
Public Library: 44 u.,
124/125
Mary Evans Picture
Library: 191 o.
Explorer/Alain Thomas:
105 l.
Explorer Archives/Char-
met: 333
The Fotomas Index: 95
Thomas Gilcrease Institute,
Tulsa: 300
Giraudon: 142, 183, 185,
238, 256
Giraudon/Biblioteca Nacio-
nal, Madrid: 9 u.
The Granger Collection:
Titel m. u., 7, 8, 32/33,
41 l., 44 o., 58 o., 66, 107,
122/123, 127 u., 153 o., 155:
1. und 2. v. r., 179 r., 184
u., 186 u., 187, 203 o., 207,
230, 258 l., 291 o., 292 u.,
312 (2), 334 o.
Haeseler/Art Resource:
Titel r. u.
Claus Hansmann: 13, 54,
193 (2), 303 (2), 313
Claus Hansmann/Kunsthi-
storisches Museum, Wien:
138 l.

Michael Holford/British
Museum: 154 u. (2), 155: 1.
und 2. v. l., 156 l. o.
Montana Historical So-
ciety: 305, 328
National Gallery of Art,
Washington/Paul
Mellon Collection: 241 u.
The New York Public
Library: 45, 195 r.
Old Print Shop, New York:
265
Peabody Museum, Har-
vard: 268
Privatbesitz (aus: the map-
ping of America): 186 o.
Public Archives of Canada:
194
de Selva-Tapabor: 184 o.
Bradley Smith/Gemini Inc.:
103, 109 (2), 293, 294
Smithsonian/Art Resource:
316/317
Staatsbibliothek Preußi-
scher Kulturbesitz/Hand-
schriftenabteilung: 3 o., 49
Staatsbibliothek Preußi-
scher Kulturbesitz/Karten-
abteilung: 113
Ullstein Bilderdienst: 57,
195 l., 209 r., 292 o.
Woodmansterne/Clive
Friend: 5 l.

KARTEN
Günther Edelmann: 6, 10,
46, 93, 106, 110, 139, 146,
181 u., 201, 233, 260, 291
u., 299, 304, 310, 332

BÜCHER VON GEO

Bisher in gleichem Format und gleicher Ausstattung erschienen:

**Uwe George
Die Wüste**

Vorstoß zu den Grenzen des Lebens.
356 Seiten mit 270 Farbfotos.
ISBN 3-570-01665-X
Ausgezeichnet mit dem Kodak-Fotobuchpreis

**Joachim W. Ekrutt
Die Sonne**

Die Erforschung des kosmischen Feuers.
368 Seiten mit 274 Farbfotos.
ISBN 3-570-01720-6

**Peter-Hannes Lehmann/
Jay Ullal
Tibet**

Das stille Drama auf dem Dach der Erde.
374 Seiten mit 357 Farbfotos.
ISBN 3-570-01721-4

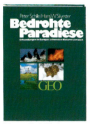

**Peter Schille/
Hans W. Silvester
Bedrohte Paradiese**

Erkundungen in Europas schönsten Naturreservaten.
350 Seiten mit 287 Farbfotos.
ISBN 3-570-04955-8
Ausgezeichnet mit dem Kodak-Fotobuchpreis

**Uwe George
Geburt eines Ozeans**

362 Seiten mit 278 Farbfotos.
ISBN 3-570-07030-1
Ausgezeichnet mit dem Kodak-Fotobuchpreis

**Loren A. McIntyre
Die amerikanische Reise**

Auf den Spuren Alexander von Humboldts.
368 Seiten mit 378 farbigen Abbildungen.
ISBN 3-570-07029-8

**Erwin Lausch
Der Planet der Meere**

Forscher entschlüsseln die Geheimnisse der Tiefe.
382 Seiten mit 440 farbigen Abbildungen.
ISBN 3-570-02058-4

**Dankwart Grube/
Thomas Höpker
Die New York-Story**

Wie aus Mannahatin eine Weltstadt wurde.
384 Seiten mit 483 meist farbigen Abbildungen.
ISBN 3-570-02056-8
Ausgezeichnet mit dem Kodak-Fotobuchpreis

**Rolf Bökemeier/
Michael Friedel
Verlorene Menschen**

Begegnungen mit Völkern, die es morgen nicht mehr gibt.
348 Seiten mit 280 Farbfotos.
ISBN 3-570-04742-3
Ausgezeichnet mit dem Kodak-Fotobuchpreis

**Wolf Schneider/
Guido Mangold
Die Alpen**

Wildnis – Almrausch – Rummelplatz.
364 Seiten mit 304 farbigen Abbildungen.
ISBN 3-570-02380-X

**Uwe George
Regenwald**

Vorstoß in das tropische Universum
380 Seiten mit 408 farbigen Abbildungen.
ISBN 3-570-04572-2

Die dörfliche Idylle, die Karl Bodmer 1832 festhielt, täuscht über das schwere Schicksal der Choctaw-Indianer hinweg: Sie wurden aus ihrer angestammten Heimat im Staat Mississippi über den großen Strom in das Gebiet von Oklahoma vertrieben